商业银行管理（第二版）

Bank Management

何自云 编著

图书在版编目(CIP)数据

商业银行管理/何自云编著.—2版.—北京:北京大学出版社,2014.9
(21世纪经济与管理规划教材·金融学系列)
ISBN 978-7-301-24653-5

Ⅰ.①商… Ⅱ.①何… Ⅲ.①商业银行—银行管理—中国—高等学校—教材 Ⅳ.①F832.33

中国版本图书馆 CIP 数据核字(2014)第 188747 号

书　　　名：商业银行管理(第二版)
著作责任者：何自云　编著
责 任 编 辑：周　玮
标 准 书 号：ISBN 978-7-301-24653-5/F·4016
出 版 发 行：北京大学出版社
地　　　址：北京市海淀区成府路 205 号　100871
网　　　址：http://www.pup.cn
电 子 信 箱：em@pup.cn　　QQ:552063295
新 浪 微 博：@北京大学出版社　　@北京大学出版社经管图书
电　　　话：邮购部 62752015　发行部 62750672　编辑部 62752926　出版部 62754962
印 刷 者：北京宏伟双华印刷有限公司
经 销 者：新华书店
　　　　　787 毫米×1092 毫米　16 开本　22.75 印张　523 千字
　　　　　2008 年 9 月第 1 版
　　　　　2014 年 9 月第 2 版　2020 年 6 月第 6 次印刷
印　　　数：17501—20500 册
定　　　价：48.00 元

未经许可,不得以任何方式复制或抄袭本书之部分或全部内容。
版权所有,侵权必究
举报电话:010-62752024　电子信箱:fd@pup.pku.edu.cn

丛书出版前言

作为一家综合性的大学出版社,北京大学出版社始终坚持为教学科研服务,为人才培养服务。呈现在您面前的这套"21世纪经济与管理规划教材"是由我国经济与管理领域颇具影响力和潜力的专家学者编写而成,力求结合中国实际,反映当前学科发展的前沿水平。

"21世纪经济与管理规划教材"面向各高等院校经济与管理专业的本科生,不仅涵盖了经济与管理类传统课程的教材,还包括根据学科发展不断开发的新兴课程教材;在注重系统性和综合性的同时,注重与研究生教育接轨、与国际接轨,培养学生的综合素质,帮助学生打下扎实的专业基础和掌握最新的学科前沿知识,以满足高等院校培养精英人才的需要。

针对目前国内本科层次教材质量参差不齐、国外教材适用性不强的问题,本系列教材在保持相对一致的风格和体例的基础上,力求吸收国内外同类教材的优点,增加支持先进教学手段和多元化教学方法的内容,如增加课堂讨论素材以适应启发式教学,增加本土化案例及相关知识链接,在增强教材可读性的同时给学生进一步学习提供指引。

为帮助教师取得更好的教学效果,本系列教材以精品课程建设标准严格要求各教材的编写,努力配备丰富、多元的教辅材料,如电子课件、习题答案、案例分析要点等。

为了使本系列教材具有持续的生命力,我们将积极与作者沟通,争取三年左右对教材不断进行修订。无论您是教师还是学生,您在使用本系列教材的过程中,如果发现任何问题或者有任何意见或者建议,欢迎及时与我们联系(发送邮件至 em@pup.cn)。我们会将您的宝贵意见或者建议及时反馈给作者,以便修订再版时进一步完善教材内容,更好地满足教师教学和学生学习的需要。

最后,感谢所有参与编写和为我们出谋划策提供帮助的专家学者,以及广大使用本系列教材的师生,希望本系列教材能够为我国高等院校经管专业教育贡献绵薄之力。

北京大学出版社
经济与管理图书事业部

第二版前言

自 2008 年本书第一版出版以来,中国银行业发生了巨大的变化,突出表现在三个方面:一是以盈利水平、资产质量、资本充足程度等诸多指标反映的经营状况,实现了飞跃式的发展;二是法律法规和监管体系更加完善;三是市场化程度大幅度提高。为了体现这些变化,笔者对教材进行了较大幅度的修改。修改内容主要包括如下四个大的方面:

第一是反映了法律法规方面的最新变化。其中最为突出的是,根据自 2013 年 1 月 1 日起正式实施的《商业银行资本管理办法(试行)》,全部重写了第十章第二节"监管资本管理",并调整了书中其他相关内容。另外,还充分反映了如下法律法规的变化:由国务院发布、自 2013 年 3 月 15 日起施行的《征信业管理条例》;由中国人民银行发布、自 2013 年 12 月 9 日起施行的《同业存单管理暂行办法》;中国人民银行 2012 年和 2013 年对利率管制政策的调整;由中国银监会发布的《贷款风险分类指引》(自 2007 年 7 月 3 日起施行)、《商业银行贷款损失准备管理办法》(自 2012 年 1 月 1 日起施行)、《绿色信贷指引》(自 2012 年 2 月 24 日起施行)、《商业银行流动性风险管理办法(试行)》(自 2014 年 3 月 1 日起施行);由国家发改委和中国银监会联合发布、自 2014 年 8 月 1 日起施行的《商业银行服务价格管理办法》。

第二是更换了三个案例分析,以使正文内容与中国银行业的经营实践更加密切地结合在一起。(1)在过去的数年中,中国商业银行最为突出的变化之一是其盈利能力的大幅度提升,以致在 2012 年的"两会"期间,出现了有关中国银行业"暴利"的激烈争论,争论中有许多对中国商业银行的误解。在本书第二章的案例分析中,我们运用该章介绍的银行经营绩效分析框架,以"关于中国商业银行利润的十二个结论"为题,详细比较、分析了中国工商银行和美国富国银行的利润来源和构成,试图澄清相关误解。(2)在被称为"互联网金融元年"的 2013 年中,互联网金融的迅猛发展极大地促进了银行业甚至整个金融业的发展变化。对此,我们除了在第一章的正文中做了比较多的评论以外,还在第三章的案例分析中以"'傻瓜'金融梦"为题,专门讨论了余额宝的创新基础及其与传统存款的区别。(3)2013年年初,从钢贸企业信贷危机,到无锡尚德破产重整,显示了中国银行业在资产质量方面面临着巨大的挑战。第九章的案例分析"贷款承诺与现金流",通过分析银行贷款风险的根源,指出了商业银行通过表外业务(中间业务)缓解表内业务风险的方法。

第三是更新了所有相关数据,并改写了相关内容。其中最为突出的是:根据中国银监会2013年年报,全面改写了第一章第二节"我国商业银行概况";根据中国工商银行和中国石化集团2013年年报,更新了第二章第二节"商业银行财务评价"和第五章第一节"企业财务分析"的全部数据和相关比率分析。同时,对文中提到的其他统计数据也进行了全面更新。

第四是更正了部分错漏,改进了部分内容的表述。

本书从这一版开始,改为由笔者独立署名,书中的错误和相关问题完全由笔者个人承担。同时,借此机会对在第一版撰写过程中提供帮助的周好文教授和钟永红教授,表示衷心感谢。

本书第二版得以顺利出版,得益于北京大学出版社张燕编辑的积极督促和周玮编辑的细致校阅,在此特别表示诚挚谢意!

由于笔者知识和能力的局限,书中的错误、纰漏之处在所难免,恳请读者批评指正。

何自云

2014年6月23日

第一版前言

2006年12月11日,我国银行业正式全面对外开放;截至2007年年底,我国总计25家中资商业银行共引进境外机构投资者33家,投资总额达212.5亿美元;在2007年7月英国《银行家》杂志的全球1 000家银行排名(排名标准是2006年年底的核心资本)中,中国有31家银行入选,且有两家银行(中国工商银行和中国银行)进入全球十大银行之列,而1999年中国仅有7家银行入选;2007年9月25日中国建设银行在上海的成功上市,标志着占中国银行业半壁江山的四大国有控股商业银行(中国工商银行、中国银行、中国建设银行、交通银行)均实现了香港和上海两地上市;2007年7月19日南京银行和宁波银行的上市,以及两个月后的9月19日北京银行的上市,标志着我国银行业"第二梯队"的发展进入了一个全新的阶段……吸引着全球目光的中国商业银行,正在创造着历史,正在推动着中国昂首迈入一个前所未有的盛世!就是在这样激动人心的背景下,我们带着对中国银行业十足的信心和满怀的希望,撰写了摆在读者面前的这本《商业银行管理》。

本书是普通高等教育"十一五"国家级规划教材,读者对象是金融学专业的本科生,也可供其他专业本科生、硕士研究生、银行从业人员及希望了解商业银行的同志参考。本书最突出的特色是,充分反映中国银行业改革与发展的实践及其未来发展趋势。本书的目标是,读者在阅读完本书以后,能够全面系统地掌握商业银行管理的基本知识,并透彻理解中国商业银行的现状、问题和未来发展趋势,了解中国商业银行所需遵循的法律法规。为了实现这一目标,我们在撰写本书的过程中,特别注意了如下几个方面:

第一,融入中国有关法律法规。在本书中讨论任何问题时,凡是有相关法律法规的,一般不进行学术上的探讨,而是直接采用法律法规中的相关规定和定义,并且在文中或以脚注的形式指明具体法律法规的名称和生效时间,以方便读者进一步查阅。这种处理,对于读者了解中国商业银行的实际情况和未来发展趋势有着非常重要的作用。原因在于:一方面,这些法律法规是中国所有商业银行都需要遵守的最低标准,从而在一定程度上代表了我国商业银行当前的实践;另一方面,这些法律法规又是在充分借鉴国际上最佳做法并结合中国实际情况的基础上制定并颁布实施的,从而又在一定程度上代表了我国商业银行的未来发展趋势。同时,我们还特别注重代表银行业发展方向的《新资本协议》,其内容和思想贯穿了全书的始终,从而保证了本书的前瞻性。

第二,避免大篇幅介绍美国商业银行。在本书中,我们仅以案例或脚注的形式介绍美国商业银行的一些做法,目的是通过比较使读者更好地理解我国商业银行经营管理中所存在的问题。但在介绍时,我们不仅明确标明"美国"字样,而且也不大篇幅介绍美国商业银行在美国法律框架和社会经济环境下的特定做法,以避免读者将美国商业银行的做法误以为是商业银行的标准做法,或者误以为就是我国商业银行的做法。

第三,大量运用实例。实例一方面有利于读者更好地理解本书内容,另一方面也使本书更贴近商业银行的实践。本书运用实例的方式主要有三种:一是在正文中举例说明,与正文的表述融为一体,这种实例的数量最多,但专门用于描述实例的文字很少,因此,占用篇幅比较小;二是正文中以专栏形式进行介绍,一般主要以计算或应用型实例为主,实例的数量少一些,但占用篇幅大一些;三是在每一章的正文结束以后,介绍一个综合性案例,以较全面地反映每章所讨论的主要问题。对于每一章所附综合性案例,除了在正文中相应地方提到以外,并不进行深入分析,而是在"案例思考题"中引导读者进行思考。

第四,充分利用互联网,密切跟踪实践。我国商业银行正处于飞速发展之中,相关知识和内容更新比较快,但教材的更新再版则具有较长的时滞。为了解决这一矛盾,一方面,我们在本书中侧重于介绍我们认为在一定时期内不会有太大变化的内容;另一方面,我们通过文中注释以及"复习思考题"中的习题,引导读者通过互联网查阅最新相关信息。

在本书出版过程中,得到了北京大学出版社的大力支持,任旭华编辑做了大量细致的工作,在此对他们表示真诚感谢!

由于笔者知识和能力的局限,书中的错误、纰漏之处在所难免,恳请读者批评指正。

编　者
2008年5月1日

目 录

第一章 商业银行的发展及其影响因素 …………………………………… 1
 第一节 商业银行的性质、功能与发展历史 ………………………… 2
 第二节 我国商业银行概况 …………………………………………… 4
 第三节 影响商业银行发展的主要因素 ……………………………… 10
 本章小结 ………………………………………………………………… 21
 复习思考题 ……………………………………………………………… 21
 案例分析 山西票号的兴衰 …………………………………………… 22

第二章 商业银行评价 …………………………………………………… 25
 第一节 商业银行的经营目标与原则 ………………………………… 26
 第二节 商业银行财务评价 …………………………………………… 29
 第三节 商业银行的监管评级与信用评级 …………………………… 37
 本章小结 ………………………………………………………………… 42
 复习思考题 ……………………………………………………………… 42
 案例分析 关于中国商业银行利润的十二个结论 …………………… 43

第三章 商业银行负债的管理 …………………………………………… 51
 第一节 负债管理概述 ………………………………………………… 52
 第二节 商业银行存款的管理 ………………………………………… 53
 第三节 商业银行借款的管理 ………………………………………… 64
 本章小结 ………………………………………………………………… 72
 复习思考题 ……………………………………………………………… 72
 案例分析 "傻瓜"金融梦 …………………………………………… 73

第四章 商业银行贷款的管理 …………………………………………… 77
 第一节 企业的贷款需求与贷款种类 ………………………………… 78
 第二节 商业银行贷款的政策和流程 ………………………………… 85
 第三节 商业银行贷款的风险分类 …………………………………… 92
 第四节 商业银行不良贷款的管理 …………………………………… 94
 本章小结 ………………………………………………………………… 96

复习思考题 ……………………………………………………………… 97
　　案例分析　300亿元银行贷款支撑的"德隆神话" ……………………… 97

第五章　商业银行贷款的信用分析 ……………………………………… 101
　　第一节　企业财务分析 ………………………………………………… 102
　　第二节　企业非财务因素分析 ………………………………………… 113
　　第三节　贷款担保分析 ………………………………………………… 116
　　第四节　贷款风险的综合分析与贷款风险度 ………………………… 123
　　本章小结 ………………………………………………………………… 124
　　复习思考题 ……………………………………………………………… 125
　　案例分析　财务分析粉碎"蓝田神话" ………………………………… 125

第六章　商业银行几类特殊贷款的管理 ………………………………… 129
　　第一节　房地产贷款的管理 …………………………………………… 130
　　第二节　个人贷款的管理 ……………………………………………… 134
　　第三节　国际贸易融资的管理 ………………………………………… 140
　　第四节　票据承兑与贴现的管理 ……………………………………… 143
　　第五节　小企业贷款的管理 …………………………………………… 145
　　第六节　弱势群体贷款的管理 ………………………………………… 151
　　本章小结 ………………………………………………………………… 154
　　复习思考题 ……………………………………………………………… 155
　　案例分析　美国次贷危机 ……………………………………………… 155

第七章　商业银行债券投资的管理 ……………………………………… 157
　　第一节　商业银行债券投资的目标与对象 …………………………… 158
　　第二节　商业银行债券投资的收益与风险 …………………………… 165
　　第三节　商业银行债券投资的管理与策略 …………………………… 170
　　本章小结 ………………………………………………………………… 173
　　复习思考题 ……………………………………………………………… 174
　　案例分析　南京银行打造"债券市场特色银行" ……………………… 174

第八章　商业银行现金资产与流动性的管理 …………………………… 177
　　第一节　商业银行现金资产概述 ……………………………………… 178
　　第二节　商业银行现金资产的管理 …………………………………… 179
　　第三节　商业银行流动性的管理 ……………………………………… 184
　　本章小结 ………………………………………………………………… 193
　　复习思考题 ……………………………………………………………… 193
　　案例分析　流动性危机摧毁美国第七大银行 ………………………… 193

第九章　商业银行中间业务的管理 ……………………………………… 197
　　第一节　商业银行的中间业务概述 …………………………………… 198
　　第二节　支付结算与银行卡业务 ……………………………………… 202

第三节　代理与托管业务 ································· 205
　　第四节　投资银行业务 ····································· 208
　　第五节　担保与承诺业务 ·································· 211
　　本章小结 ··· 213
　　复习思考题 ·· 213
　　案例分析　贷款承诺与现金流 ··························· 214

第十章　商业银行的资本管理 217
　　第一节　会计资本管理 ····································· 218
　　第二节　监管资本管理 ····································· 224
　　第三节　经济资本管理 ····································· 237
　　本章小结 ··· 243
　　复习思考题 ·· 244
　　案例分析　国有银行是否被"贱卖"？ ··············· 244

第十一章　商业银行的风险管理 247
　　第一节　商业银行风险管理概述 ························ 248
　　第二节　商业银行公司治理与内部控制 ·············· 257
　　第三节　市场风险的计量与管理 ························ 262
　　第四节　信用风险的计量与管理 ························ 271
　　第五节　操作风险的计量与管理 ························ 281
　　本章小结 ··· 286
　　复习思考题 ·· 286
　　案例分析　规则文化与银行治理的有效性 ·········· 287

第十二章　商业银行的金融创新 291
　　第一节　商业银行金融创新概述 ························ 292
　　第二节　信息技术在商业银行中的应用 ·············· 295
　　第三节　金融衍生产品及其应用 ························ 300
　　第四节　贷款证券化 ·· 313
　　本章小结 ··· 318
　　复习思考题 ·· 318
　　案例分析　美国大通银行"一份账单、一张支票系统" ·········· 318

第十三章　商业银行的市场营销 323
　　第一节　商业银行市场营销的总体框架 ·············· 324
　　第二节　商业银行产品的定价 ··························· 329
　　第三节　超越客户的期望 ································· 340
　　本章小结 ··· 344
　　复习思考题 ·· 344
　　案例分析　美国唯一AAA级银行的关系营销战略 ··· 345

参考书目 349

第一章

商业银行的发展及其影响因素

【学习目标】

1. 了解商业银行的性质、功能和发展历史。
2. 了解我国商业银行的概况。
3. 学会分析影响商业银行发展变化的主要因素。

第一节　商业银行的性质、功能与发展历史

一、商业银行的性质

《中华人民共和国商业银行法》第二条对商业银行的定义是:"本法所称的商业银行是指依照本法和《中华人民共和国公司法》设立的吸收公众存款、发放贷款、办理结算等业务的企业法人。"这个定义充分揭示了商业银行的如下性质:

(1) 商业银行是企业。商业银行必须按照《公司法》设立,在经营上以获取利润、为股东创造最大财富为最终目标(参见本书第二章),按市场经济的经营原则从事经营活动,应该拥有业务经营所需的自有资本金,依法合规经营,自负盈亏,照章纳税。

(2) 商业银行是金融企业。商业银行的经营对象与一般工商企业截然不同。工商企业的经营对象是具有一定使用价值的商品和服务,从事商品的生产和流通;而商业银行是以金融资产和金融负债为经营对象,经营的是货币这种特殊的商品。

(3) 商业银行是特殊的金融企业。与证券公司、保险公司、信托公司等非银行金融机构相比,商业银行具有其自身的特征:能够吸收公众存款,尤其是能签发支票的活期存款,并办理结算业务,从而能够创造货币;其主要资产形式是贷款;业务范围广,功能全面;在宏观政策的传导中居于主体地位。商业银行所具有的上述性质,决定了它仍然是目前受政府管制最为严格的商业机构之一。正因为如此,法律强制性地规定"银行"这一名称为这类机构所专用。[①]

在产生初期,银行只是专门从事短期性商业融资的机构,因此称为"商业银行"。但现代银行的业务范围早已超出了这一范畴,尤其是在混业经营浪潮下银行已成为"百货公司","商业"这两个字已名不符实。但由于约定俗成的缘故,"商业银行"的名称仍然沿用至今。

二、商业银行的功能

传统上一般将商业银行的功能概括为信用中介、支付中介、信用创造和金融服务四项。[②]

(1) 信用中介。信用中介功能被认为是商业银行最基本、最能反映其经营活动特征的功能,是指商业银行通过负债业务(如吸收存款),把社会上的各种闲散资金集中起来,再通过资产业务(如放款),把资金运用出去,从而在资金盈余者与资金短缺者之间架起一座桥梁,在资金所有权不发生转移的前提下,使闲置的资金资源得到最大限度的利用。

(2) 支付中介。支付中介功能,是指商业银行利用活期存款账户为客户办理各种货

[①] 《中华人民共和国商业银行法》第十一条规定:"未经国务院银行业监督管理机构批准,……任何单位不得在名称中使用'银行'字样。"

[②] 也有人将商业银行的功能重新概括为:(1) 风险管理功能;(2) 支付中介功能;(3) 信用创造功能;(4) 金融服务功能。参见何自云:《商业银行的边界:经济功能与制度成本》,中国金融出版社,2003年版。

币结算、货币收付、货币兑换和转移存款等业务活动的功能。商业银行支付中介功能的发挥,最大限度地节约了现钞的使用,并降低了流通成本,加快了结算过程和货币资本的周转,为社会化大生产的顺利进行提供了前提条件。

(3) 信用创造。信用创造功能又称货币创造功能,是指商业银行利用其可以吸收活期存款的有利条件,通过发放贷款(及从事投资业务)而派生出更多的存款,从而扩大社会货币供应量的功能。

(4) 金融服务。金融服务功能是指商业银行除了发挥前面三种功能以外,还向社会提供种类繁多的服务的功能。这些服务包括代理收付、贷款保证、贷款承诺、信息咨询、资信调查、财务顾问、衍生金融工具交易等。

三、商业银行的发展历史

(一) 欧洲大陆银行的前身:货币兑换商

"银行"(Bank)一词来源于意大利语(Banca 或者 Banco),意思是早期货币兑换商借以办理业务所使用的板凳。在 14、15 世纪的欧洲,社会生产力有了较大的发展,各国与各地区之间的商业往来也相应扩大。然而由于当时封建割据的存在,不同国家和地区所使用的货币在名称、成色等方面存在着很大的差异,对这些货币进行真伪的识别和兑换就成为商业活动中不可或缺的一个组成部分。货币兑换业务和货币兑换商由此应运而生,这是近现代银行业的开端。

在当时,各国、各地区的商人为了避免自己携带和保存货币的不便和风险,把自己的货币交给兑换商保存或者委托他们办理支付和汇兑。由于兑换商经常能保管大量的货币以及代办支付和汇兑,他们手中集存了大量货币现金,这便形成了放款业务的基础。在此情况下,兑换商逐渐开始从事信用活动,商业银行的萌芽开始出现。但在漫长的中世纪时代,信用业务并没有得到很大的发展,其中的一个重要原因是,这些由兑换商演变成的早期银行主要从事高利贷放款,它们没有为工商企业的扩大再生产提供资金,因而还不具备广泛的客户基础。

(二) 英国银行的前身:金匠

与欧洲大陆银行产生于货币兑换商不同,英国早期的银行是在金匠业的基础上发展起来的。17 世纪中叶,由于商业的迅速发展,大量的金银流入英国,为安全起见,人们经常将金银货币送到金匠铺代为保管。因此,英国的金匠业极为发达。他们受顾客委托代为保管金银货币,签发保管收据,收取保管费,还可按顾客要求,将金银划转给第三者。后来,随着商品经济发展的需要,金匠业发生了重大变化,突出表现在如下三个方面:

(1) 保管收据演变为银行券。金匠铺为顾客签发的保管收据,原来只是用做保管物品的凭证。由于交易日益频繁,提现支付的金额和次数大量增加,为方便支付、节约开支,人们就直接用保管收据——金匠券进行支付。这样,金匠券就逐渐演变为银行券。可见,保管收据是银行券的原始形式。

(2) 保管业务的划拨凭证演变为银行支票。金匠在经营金银货币的保管业务中,可以根据顾客的书面要求,将其保管的金银移交给第三者;第三者也可以以顾客签发的书面要求为凭证,将金银货币转移到其名下。以后随着保管业务发展成存款业务,这种划拨凭证就慢慢演变为银行支票。

（3）十足准备金转变为部分准备金。金匠起初对所收存的金银货币保有100%的现金准备,后来发现,由于人们存取时间相互交错,事实上并不需要十足的现金准备,而仅保留一定比例的现金就可以应付客户不时的提现之需,故可以将其中一部分用于放贷以收取利息。渐渐地,十足的现金准备就演变为部分准备金制度。

上述转变使英国早期的金匠业发生了许多变化,逐渐具有存贷功能、货币支付功能和信用创造功能。于是,金匠业就渐渐发展为从事货币信用业务的银行业。

（三）在与高利贷的斗争中发展起来的现代商业银行

资本主义生产社会化和商品经济的迅速发展,使货币收支的范围扩大、数量增加,经济高速发展对资本的需求量也大为增加。但早期的银行不仅规模小、资金力量非常有限,而且放款利息高,具有高利贷的性质,它们几乎夺去了资本家的全部利润,使他们无利可图。因此,新兴资产阶级迫切需要建立一些规模巨大,资本雄厚,且利息低,完全适合资本主义发展要求的现代银行。

资本主义银行是在新兴资产阶级同高利贷的斗争中产生的,其建立主要有两种不同的途径：一种是早期的货币兑换商、高利贷者适应新的商品经济形势,"脱胎换骨",成为新型的商业银行;另一种是按照资本主义的组织原则,以股份制的形式组建和创立的银行。其中,后者是主要形式。

第二节　我国商业银行概况

基于发展历史、使用习惯、监管实践以及各类机构的总体特征,我国商业银行划分为大型商业银行、股份制商业银行、城市商业银行、农村银行业金融机构、中国邮政储蓄银行和外资银行六大类,其总体状况如表1-1所示。

表1-1　我国银行业统计数据（截至2013年年底）

	总资产		所有者权益		税后利润		从业人员		法人
	金额（亿元）	比例（%）	金额（亿元）	比例（%）	金额（亿元）	比例（%）	人数（人）	比例（%）	机构数（个）
大型商业银行	656 005	48.7	44 394	50.6	8 382.3	54.2	1 720 705	53.5	5
股份制商业银行	269 361	20.0	15 922	18.2	2 945.4	19.1	364 103	11.3	12
城市商业银行	151 778	11.3	9 974	11.4	1 641.4	10.6	278 470	8.7	145
农村商业银行	85 218	6.3	6 726	7.7	1 070.1	6.9	284 294	8.8	468
农村合作银行	12 322	0.9	1 090	1.2	162.1	1.0	48 578	1.5	122
农村信用社	85 951	6.4	4 517	5.2	729.2	4.7	473 874	14.7	1 803
外资银行	25 628	1.9	2 732	3.1	140.3	0.9	45 424	1.4	42
新型农村金融机构和邮政储蓄银行	62 110	4.6	2 297	2.6	390.3	2.5	232 303	7.2	1 052
合计	1 348 373	100.0	87 652	100.0	15 461.1	100.0	3 215 448	100.0	2 597

资料来源：中国银行业监督管理委员会2013年年报。

一、大型商业银行

大型商业银行包括中国工商银行、中国农业银行、中国银行、中国建设银行和交通银行,通常也称为国有商业银行。截至2013年年底,这五大银行总资产达到65.6万亿元,占我国银行业总资产的比重为48.7%;从业人员172.1万人,占我国银行业的比重为53.5%;2013年税后利润8 382.3亿元,占我国银行业的比重为54.2%(参见表1-1)。

在五家国有商业银行中,由于工、农、中、建四大银行有着类似的发展历史,往往合称为"四大银行",我们先简要介绍这四大银行,然后介绍交通银行。

(一)四大银行的设立

从1949年新中国成立到1978年开始改革开放的近三十年中,绝大部分时间里,为适应高度集中的计划经济体制的需要,中国建立起了只有一家银行的"大一统"金融体系。这家银行就是1948年12月1日成立的中国人民银行,它同时承担着中央银行和商业银行的双重职能。

1978年开始改革开放以后,四大银行逐步得以恢复和发展。为了加强国家对支农资金的管理,适应农村经济体制改革的需要,1979年年初中国农业银行恢复,成为专门负责农村金融业务的国有专业银行。同年3月,为了适应对外开放和加强对外经济往来迅速发展的需要,中国银行从中国人民银行中分离出来,专门经营外汇业务,成为经营外汇业务和管理国家外汇的专业银行。从1979年8月开始,逐步把中国人民建设银行(后改名为中国建设银行)从原来隶属财政部改为由财政部代管、财政部与中国人民银行双重领导,进而独立成为经营长期信用业务的专业银行。1983年9月,国务院决定由中国人民银行专门行使中央银行职能,同时成立中国工商银行,承办原来由中国人民银行办理的工商信贷和储蓄业务。1984年1月1日,中国工商银行成立,成为专门办理城市金融、工商信贷业务的专业银行。至此,我国的专业银行体制得以确立,形成了中央银行和专业银行并存的二级银行体制。

1984年10月,我国提出有计划的商品经济概念,相应地,国有专业银行也开始了企业化、商业化方向的改革。

(二)四大银行的改革

1993年年底,国家重新确立了金融体制改革目标,国务院颁布了《关于金融体制改革的决定》,确定了我国金融体制改革的指导思想是实现银行从企业化到商业化的重大转变,在国有专业银行改革方面,提出了将国有专业银行转化为国有商业银行的方向。

1994年,组建三大政策性银行(中国进出口银行、国家开发银行和中国农业发展银行),基本完成了国有专业银行的政策性业务和商业性业务的分离工作。1998年,我国财政部发行2 700亿元特别国债,补充四大银行的资本金。1999年,成立四家资产管理公司(中国长城资产管理公司、中国信达资产管理公司、中国华融资产管理公司和中国东方资产管理公司),剥离四大银行的不良资产,实行集中管理。这些措施为四大银行的进一步改革奠定了坚实的基础。2003年年底,国家决定对资产质量相对较好、历史包袱相对较轻的中国银行、中国建设银行进行股份制改革试点,并动用450亿美元国际储备对其进行注资,标志着中国国有商业银行股份制改革正式启动。2005年4月,国家又动用国际储备150亿美元向中国工商银行注资。

2005年10月27日,中国建设银行成功在香港上市,2007年9月25日在上海上市;2006年6月1日,中国银行成功在香港上市,同年7月5日在上海上市;2006年10月27日,中国工商银行在上海和香港同时上市;2010年7月15日和16日,中国农业银行分别在上海、香港挂牌上市。四大银行上市以后,仍然是国有银行,国家仍然是其主要股东,只不过不再是国有独资商业银行,而是国有控股商业银行。

(三)交通银行的发展历史

交通银行始建于1908年(清光绪三十四年),是中国早期四大银行之一①,也是中国早期的发钞行之一。1958年,除香港分行仍继续营业外,交通银行国内业务分别并入当地中国人民银行和在交通银行基础上组建起来的中国人民建设银行。为适应中国经济体制改革和发展的要求,1986年7月24日,作为金融改革的试点,国务院批准重新组建交通银行。1987年4月1日,重新组建后的交通银行正式对外营业,成为中国第一家全国性的国有股份制商业银行,总行设在上海。

2005年6月23日,交通银行在香港成功上市,成为首家在境外上市的中国内地商业银行;2007年5月15日,交通银行回归A股,在上海上市。

二、股份制商业银行

作为我国商业银行一大类别的股份制商业银行,截至2014年6月1日,包括如下12家银行:中信银行、中国光大银行、华夏银行、广发银行、平安银行、招商银行、上海浦东发展银行、兴业银行、中国民生银行、恒丰银行、浙商银行和渤海银行。截至2013年年底,这12家银行总资产达到26.9万亿元,占我国银行业的比重为20.0%;从业人员36.4万人,占我国银行业的比重为11.3%;2013年税后利润2 945.4亿元,占我国银行业的比重为19.1%(见表1-1)。

在四大国有商业银行完成股份制改造、城市商业银行也按股份制原则进行组建并且逐步跨地区经营的背景下,继续用"股份制商业银行"这个名词来特指上述12家银行,已经不再准确。但是,由于习惯使然,加上没有别的更好的名称来概括这类具有独特历史渊源的银行,因此我们仍然使用这一名称。

适应我国经济发展起来的股份制商业银行,一方面,在一定程度上填补了国有商业银行收缩机构造成的市场空白,较好地满足了中小企业和居民的融资需求,极大地丰富了对城乡居民的金融服务,方便了百姓生活;另一方面,打破了计划经济体制下国家专业银行的垄断局面,促进了银行体系竞争机制的形成和竞争水平的提高,带动了商业银行整体服务水平、服务质量和工作效率的提高。同时,股份制商业银行按照股份制原则建立和运行,而且在经营管理中不断创新,是很多重大措施的"试验田",极大地推动了整个中国银行业的改革和发展。

---

① 另外三家银行为中央银行、中国银行和中国农民银行。

三、城市商业银行

城市商业银行是在原城市信用合作社的基础上组建起来的。城市商业银行被称为中国银行业继大型商业银行、股份制商业银行以后的"第三梯队"。截至2013年年底,我国共有145家城市商业银行,总资产为15.2万亿元,占我国银行业的比重为11.3%;从业人员27.8万人,占我国银行业的比重为8.7%;2013年税后利润1 641.4亿元,占我国银行业的比重为10.6%(见表1-1)。

1979年,我国成立了第一家城市信用合作社,其宗旨是为城市和街道的小企业、个体工商户和城市居民服务。1986年,信用合作社在大中城市正式推广,数量急剧增长,1986年年初还不到1 000家,1988年年底增加到3 265家,1994年年底进一步上升到5 200家。城市信用社的迅猛发展,在相当程度上缓解了集体企业、私营企业、个体工商户"开户难、结算难、借贷难"的矛盾,有力地促进了小企业发展和当地经济繁荣,成为地方经济发展的重要力量。但是,大多数城市信用社的组织体制和经营运行机制背离了信用合作制原则,成为面向全社会的小型商业银行。由于规模小、资金成本高、股权结构不合理、内控体制不健全等原因,其抗风险能力较弱的特点逐渐显现。

为了化解城市信用社的风险,同时促进地方经济的发展,1994年,我国决定合并城市信用合作社,成立城市合作银行。1998年,考虑到城市合作银行已经不具有"合作"性质,正式将其更名为城市商业银行。

2006年4月26日,上海银行宁波分行开业,成为城市商业银行第一家跨省区设立的分支机构,标志着城市商业银行的经营范围已经不再局限于一个城市的行政区域之内。2005年11月28日,安徽省内6家城市商业银行和7家城市信用合作社,在市场和自愿的基础上合并重组成的徽商银行正式成立;2007年1月24日,由江苏省内10家城市商业银行根据公平、自愿原则组建的江苏银行开业。这标志着我国城市商业银行开始了合并重组的征程。2013年,富滇银行获准设立中老合资银行,成为全国首家获许设立海外营业性机构的城市商业银行,有效打通了我国与老挝两国间的金融服务通道,有利于推进国家沿边金融综合改革试验区的建设,推动我国与周边国家经济金融的互通交流。

四、农村银行业金融机构

我国农村银行业金融机构包括农村信用社、农村商业银行、农村合作银行、村镇银行和农村资金互助社。其中,农村商业银行和农村合作银行是在合并农村信用社的基础上组建的;而村镇银行和农村资金互助社是从2013年开始成立的新型农村银行业金融机构。截至2013年年底,我国共有2 393家农村金融法人机构,总资产为18.3万亿元,占我国银行业的比重为13.6%;从业人员80.7万人,占我国银行业的比重为25.1%;2013年税后利润1 961.4亿元,占我国银行业的比重为12.7%(见表1-1)。

(一) 农村信用社的历史与改革

在建国初期,根据中央推行合作化运动的指示,生产、供销、信用三大合作社在农村迅速推开,到1957年年底,全国共有农村信用社8.8万多个,由农民"自愿入股",绝大部分地区实现了"一乡一社"。在随后的年代中,由于当时农村经济发展较为落后,以及在"左"的路线和错误决策的影响下,信用社受到严重挫折。合作原则被扭曲,信用社失去了合作性质。1978年以后,国家决定把信用社交给国家银行管理,先是交给中国人民银行管理,后来交给中国农业银行管理。在国有银行的领导下,信用社的业务虽然得到了一些恢复,但作为国家银行的基层机构,信用社缺乏基本的自主权,实际上已经走上了"官办"的道路。

1984年,国家提出要恢复和加强农村信用社组织上的群众性、管理上的民主性和经营上的灵活性(合称"三性"),把农村信用社办成真正的合作金融组织。此后,在农业银行的领导下,信用社开始了以"三性"为主要内容的改革。

1996年,国家提出建立和完善以合作金融为基础、商业性和政策性金融分工协作的农村金融体系,决定使农村信用社与农业银行脱钩,要办成农民入股、社员民主管理、主要为入股社员服务的真正的合作金融组织,并决定"在城乡一体化程度较高的地区,已经商业化经营的农村信用社,经整顿后可合并组建农村合作银行"。

2000年7月,农村信用社改革试点最先在江苏进行,提出用3—5年的时间使大部分农村信用社成为自主经营、自担风险、自我发展的适应农村经济发展需要的金融组织。2001年11月29日,全国第一家农村股份制商业银行张家港市农村商业银行正式成立。2003年4月8日,我国第一家农村合作银行宁波鄞州农村合作银行正式成立。

2006年年底,我国基本完成农村信用社管理体制的改革,将管理交省级政府负责,初步形成了"国家宏观调控、加强监管,省级政府依法管理、落实责任,信用社自我约束、自担风险"的管理框架。目前我国农村信用社有三种省级管理模式:有27个省(区、市)组建省级联社;北京、上海组建全市一级法人体制的农村商业银行;天津设市、区(县)两级法人的农村合作银行。2010年12月16日,重庆农村商业银行在香港挂牌上市,正式拉开了农村商业银行上市的序幕。

(二)村镇银行与农村资金互助社

2006年12月22日,中国银监会发布《关于调整放宽农村地区银行业金融机构准入政策、更好支持社会主义新农村建设的若干意见》,适当降低了在农村地区新设银行业金融机构的注册资本,县(市)、乡镇的村镇银行为300万元和100万元,乡(镇)、行政村的社区性信用合作组织为50万元和10万元,贷款子公司为50万元;同时,在投资人资格与境内投资人持股比例限制、业务准入条件与范围、新设法人机构或分支机构的审批权限和公司治理等方面也降低了门槛。

2007年1月29日,中国银监会发布并正式开始施行《村镇银行管理暂行规定》和《农村资金互助社管理暂行规定》。依据这两个规定,村镇银行是指经中国银监会依据有关法律、法规批准,由境内外金融机构、境内非金融机构企业法人、境内自然人出资,在农村地区设立的主要为当地农民、农业和农村经济发展提供金融服务的银行业金融机构。①农村资金互助社是指经银行业监督管理机构批准,由乡(镇)、行政村农民和农村小企业自愿入股组成,为社员提供存款、贷款、结算等业务的社区互助性银行业金融机构。②

2007年1月29日,中国银监会发布并正式开始施行《贷款公司管理暂行规定》。依据该规定,贷款公司是指经中国银监会依据有关法律、法规批准,由境内商业银行或农村合作银行在农村地区设立的专门为县域农民、农业和农村经济发展提供贷款服务的非银行业金融机构,并明确规定其业务范围是:"经银监分局或所在城市银监局批准,贷款公司可经营下列业务:(一)办理各项贷款;(二)办理票据贴现;(三)办理资产转让;(四)办理贷款项下的结算;(五)经中国银行业监督管理委员会批准的其他资产业务。贷款公司不得吸收公众存款。"

截至2013年年底,全国共组建1 134家新型农村金融机构(含筹建和开业),其中包括1 071家村镇银行、14家贷款公司和49家农村资金互助社,地处中西部地区的占比达62%,其中,直接和间接入股村镇银行的民间资本占比达71%,各项贷款余额中农户贷款和小微企业贷款合计占比达90%。新型农村金融机构已成为服务"三农"和支持小微企业的生力军。

五、中国邮政储蓄银行

中国邮政储蓄银行是在邮政储蓄的基础上组建的。2006年12月31日,经国务院同意,中国银监会正式批准中国邮政储蓄银行开业,同意中国邮政集团公司以全资方式出资组建中国邮政储蓄银行有限责任公司,并核准《中国邮政储蓄银行有限责任公司章程》。2007年3月20日,中国邮政储蓄银行正式挂牌营业。2012年1月21日,中国邮政储蓄银行有限责任公司依法整体变更为中国邮政储蓄银行股份有限公司。

中国银监会自2010年起的年报,在发布相关数据时,均把中国邮政储蓄银行与新型农村金融机构放在一起,同时,截至2014年6月1日,中国邮政储蓄银行一直未曾对外正式发布过年报。该行网站2012年12月10日发布的题为"邮储简介"中提供的最新数据和介绍说:"中国邮政储蓄银行经过改制前后26年的不懈努力,已成为全国网点规模最大、网点覆盖面最广、客户最多的金融服务机构。截至2012年10月底,中国邮政储蓄银行拥有营业网点3.9万多个,……服务触角遍及广袤城乡;拥有本外币账户数逾12亿户,客户总数近6亿人,本外币存款余额超过4.5万亿元,居全国银行业第五位;资产总规模

---

① 村镇银行的业务范围包括:(1)吸收公众存款;(2)发放短期、中期和长期贷款;(3)办理国内结算;(4)办理票据承兑与贴现;(5)从事同业拆借;(6)从事银行卡业务;(7)代理发行、代理兑付、承销政府债券;(8)代理收付款项及代理保险业务;(9)经银行业监督管理机构批准的其他业务。村镇银行按国家有关规定,可代理政策性银行、商业银行、保险公司、证券公司等金融机构的业务。有条件的村镇银行要在农村地区设置ATM机,并根据农户、农村经济组织的信用状况向其发行银行卡。对部分地域面积大、居住人口少的村、镇,村镇银行可通过采取流动服务等形式提供服务。

② 农村资金互助社以吸收社员存款、接受社会捐赠资金和向其他银行业金融机构融入资金作为资金来源。农村资金互助社的资金应主要用于发放社员贷款,满足社员贷款需求后确有富余的可存放在其他银行业金融机构,也可购买国债和金融债券。农村资金互助社可以办理结算业务,并按有关规定开办各类代理业务。农村资金互助社不得向非社员吸收存款、发放贷款及办理其他金融业务,不得以该社资产为其他单位或个人提供担保。

突破4.7万亿元,居全国银行业第六位,资产质量良好,资本回报率高。在各级政府、金融监管部门以及社会各界的关心支持下,中国邮政储蓄银行充分依托覆盖城乡的网络优势,坚持服务'三农'、服务中小企业、服务社区的定位,自觉承担起'普之城乡,惠之于民'的社会责任,走出了一条'普惠金融'的发展道路。"

六、外资银行

外资银行进入中国可以追溯到刚刚实行改革开放不久的1979年。当年,日本输出入银行在北京设立代表处,这是我国批准设立的第一家外资银行代表处,标志着我国银行业对外开放的序幕正式拉开。截至2013年年底,共有51个国家和地区的银行在华设立42家外资法人机构、92家外国银行分行和187家代表处。36家外资法人银行、57家外国银行分行获准经营人民币业务,总资产为2.6万亿元,占我国银行业的比重为1.9%;从业人员4.5万人,占我国银行业的比重为1.4%;2013年税后利润140.3亿元,占我国银行业的比重为0.9%(见表1-1)。2006年12月11日,我国加入世贸组织的过渡期结束,《中华人民共和国外资银行管理条例》正式生效。从当天起,我国取消外资银行在中国境内经营人民币业务的地域和客户对象限制,标志着中国银行业正式全面对外开放。

依据该条例,外资银行是指依照中华人民共和国有关法律、法规,经批准在中华人民共和国境内设立的下列机构:(1)1家外国银行单独出资或者1家外国银行与其他外国金融机构共同出资设立的外商独资银行;(2)外国金融机构与中国的公司、企业共同出资设立的中外合资银行;(3)外国银行分行;(4)外国银行代表处。其中,外商独资银行、中外合资银行和外国银行分行统称为外资银行营业性机构。

新条例的突出特征是"法人导向",也就是说,外资银行要与中国商业银行一样经营全面的外汇和人民币业务,即享受国民待遇,必须设立具有独立资格的法人银行,即外商独资银行和中外合资银行。在中国的外国银行分行的业务限定为以下三项:(1)全部外汇业务;(2)对除中国境内公民以外客户的人民币业务;(3)吸收中国境内公民每笔不少于100万元人民币的定期存款。

第三节　影响商业银行发展的主要因素

银行业受制于其所处的社会经济环境,正是这些环境因素的差异决定了银行业的发展变化。从总体上来看,不同国家、不同地区、不同时期的银行业,之所以会呈现出迥然不同的结构和特征,主要原因就在于商业银行经营环境的不同。具体来看,影响商业银行发展变化的环境因素包括社会制度、宏观经济、信息技术、金融环境、银行监管、金融基础设施、人文社会环境七个方面。

一、社会制度

在影响商业银行发展变化的外部环境因素中,制度环境居于主导和统驭地位,它影响和制约着其他外部环境的变化。

我国所实行的社会主义政治制度和经济制度,在很大程度上决定了我国商业银行的总体结构和特征,具体表现在如下几个方面:

(1) 股权结构。我国商业银行即使在引进战略投资者、改制上市以后,政府仍然保持着对银行业的绝对控制权,国家股和国有控股企业法人股仍然占绝对比例。不仅五家国有商业银行如此,股份制商业银行和城市商业银行也是如此。

(2) 银行治理。中国银监会在《WTO 与中国银行业对外开放问答》一文中明确指出,在引进外国战略投资者以后,"银行党委会的作用不但仍得到充分发挥,而且在新的体制机制下,通过董事会、监事会和高管的不同管道发挥角色各异、目标一致的作用,更好地确保了对银行的全方位控制权"。

(3) 国家对经济的宏观调控。我国政府在对经济的宏观调控方面,虽然开始越来越多地应用经济手段、法律手段和价格手段,但行政手段和数量手段的应用仍然占有相当比例,这对商业银行按市场规律自主经营的活动有一定程度的制约。

(4) 银行客户。国有企业在我国国民经济中仍然占据着重要地位,仍然是我国商业银行最主要的客户对象。因此,国有企业的改革和发展,对我国商业银行有着非常大的影响。同时,涉及个人生育、教育、就业、收入、养老等方面的制度,会影响作为银行客户的个人的行为,进而对商业银行带来比较大的影响。

(5) 政治稳定。一国的政治稳定状况,对商业银行的业务经营有着相当重要的影响。国内政局稳定,社会公众就会保持很强的储蓄倾向和投资倾向,商业银行的业务也就能够正常运营并可获得较快的发展;反之,国内政治长期动荡,动乱频繁,商业银行经营的基础条件被破坏,其业务经营活动也必然会受到严重损害。

(6) 担保。2004 年 3 月 14 日修正后的《中华人民共和国宪法》第九条规定:"矿藏、水流、森林、山岭、草原、荒地、滩涂等自然资源,都属于国家所有,即全民所有;由法律规定属于集体所有的森林和山岭、草原、荒地、滩涂除外。"第十条规定:"城市的土地属于国家所有。农村和城市郊区的土地,除由法律规定属于国家所有的以外,属于集体所有;宅基地和自留地、自留山,也属于集体所有。国家为了公共利益的需要,可以依照法律规定对土地实行征收或者征用并给予补偿。任何组织或者个人不得侵占、买卖或者以其他形式非法转让土地。土地的使用权可以依照法律的规定转让。"这些规定在一定程度上限制了上述资源作为银行担保品的能力,从而在一定程度上制约了商业银行的业务拓展。

二、宏观经济

商业银行是在商品经济的发展过程中产生并随着商品经济的发展而发展的,其发展的根本动力是经济发展中的投融资需求和服务性需求。经济环境构成商业银行运行的基础条件和基本背景,它对商业银行业务经营的制约,主要表现在宏观经济状况、经济结构和经济全球化等方面。

(一) 宏观经济状况

宏观经济状况包括经济发展水平、状况和前景等方面。经济发展水平决定了一个国家和地区商品经济的发育程度和总体经济实力,进而决定了全社会可被银行利用的资金(及其他资源)的充裕程度,以及经济主体对借贷资金和服务的需求程度,从而决定了商业银行的资金实力、业务种类和经营范围。

经济发展的状况和前景,一方面影响经济主体的收入和资产价值,另一方面影响其对未来的信心,从而对商业银行的经营管理形成直接影响。

在宏观经济方面,对商业银行影响最大的莫过于经济的周期性波动。一般来说,如果经济处于繁荣时期,银行业整体的经营状况就会比较好;而如果经济处于严重的衰退之中,银行业整体的经营状况就不大可能十分健康。

（二）经济结构

经济结构是指从不同角度考察的国民经济构成,一般包括产业结构、地区结构、城乡结构、产品结构、所有制结构、分配结构、技术结构、消费结构等。经济结构对商业银行既有直接影响,也有间接影响。(1)从直接影响来看,经济结构会直接影响社会经济主体对商业银行服务的需求,从而在一定程度上决定商业银行的经营特征。(2)从间接影响来看,由于经济结构最终会影响一国国民经济的增长速度、增长质量和可持续性,进而影响商业银行的经营发展。例如,东南亚金融危机发生的重要原因是其经济结构失衡,比如产业结构不合理,技术产业发展滞后,基础设施投资不足,出口导向型产品结构逐步丧失竞争力,国际收支出现赤字,证券、房地产行业发展过热,等等。

（三）经济全球化

经济全球化(Globalization),是指商品、服务、生产要素与信息的跨国界流动的规模与形式不断增加,通过国际分工,在世界市场范围内提高资源配置的效率,从而使各国间经济相互依赖程度日益加深的趋势。第二次世界大战以来,特别是近二十年来,在技术进步的推动下,经济全球化进程逐渐加快,成为世界经济发展的不可逆转的潮流。

经济的全球化,必然引起为经济发展服务的商业银行的全球化。商业银行走向世界,进入与本国法律制度、经济状况、文化背景等完全不同的新市场,在获得新的发展机会的同时,不仅要面对来自全球范围的、更加激烈的竞争,而且还要面对许多新的风险。同时,商业银行的全球化经营,要求各国商业银行能够遵守同样的规则,以便在同一舞台上公平竞技,从而出现了商业银行经营规则的全球化,这实际上是《巴塞尔协议》为什么能够成为全球商业银行的"圣经"的原因。

三、信息技术

现代商业银行的很多变化,均源于信息技术在商业银行中的广泛应用。美国一位著名专家曾在一次研讨会上简明扼要地概括了这种变化:"在历史上没有哪个时期金融业会发生目前这样普遍、这样深刻、这样根本性的变化。所有这些变化——及其发生的速度——都源于计算机和通信技术的超常进步。这些进步不只是进化性的(evolutionary),而是革命性的(revolutionary),它们在改变着金融业的所有各个方面。"[①]有关信息技术在商业银行中的应用参见本书第十二章。

---

① Jamie B. Stewart, The Implications of Advancing Technology for Bankers and Central Bankers, 2000, http://www.newyorkfed.org/newsevents/speeches/2000/js000911.html

信息技术对商业银行的影响,可以从阿里巴巴集团董事局主席马云在《人民日报》上发表的《金融行业需要搅局者》一文中看到端倪。他在这篇引起很大反响的文章中说:"未来的金融有两大机会,一个是金融互联网,金融行业走向互联网;第二个是互联网金融,纯粹的外行领导,其实很多行业的创新都是外行进来才引发的。金融行业也需要搅局者,更需要那些外行的人进来进行变革。……中国不缺银行,但是缺乏一个对10年以后经济成长承担责任的金融机构。今天的金融,确实做得不错,……但是靠今天这样的机制,我不相信能够支撑30年后中国所需要的金融体系。……所以,我作为一个外行者,一个不懂金融的人,对金融好奇,不是因为它能挣多少钱,而是因为它可以让很多人挣钱,可以让很多人发生变化。我希望外行人能够参与这个领域,不仅仅是来搅局,而是共同创造一个未来。金融是为外行人服务的,不是自己圈里自娱自乐、自己赚钱的。"[①]

对于马云所说的"搅局者",交通银行行长牛锡明评论说:"阿里巴巴还不是金融业的搅局者,它还游离在金融的边缘上。如果它们进入金融业,我们欢迎新的竞争者。从金融发展史看,金融的本质是资金融通。在金本位时代,这种融通的中介是传统商业银行;在纸币流通时代,是包括银行、证券、保险等机构在内的金融体系;而在数字化金融时代,又扩大到了第三方支付公司、众筹融资等互联网金融。可以说,互联网金融并不简单是技术和渠道的革新,而是颠覆商业银行传统经营模式的全新业态。未来商业银行的经营模式,我理解,将是一个以物理网点为支撑,以互联网金融为平台,以客户自助服务为主要特征的商业银行。……(但是)互联网金融要真正取代商业银行还受制于诸多因素。……首先,银行体系作为现代市场经济的核心,在市场调节和政策传导方面发挥着重要的基础性作用。金融是经济的核心,经济稳定离不开金融稳定。只要中央银行体系没有改变,中央银行发行货币、控制通胀的职能继续存在,商业银行体系作为调节市场经济、传导宏观政策的主渠道功能也就继续存在。其次,商业银行体系作为社会信用体系的中枢,在保障社会资金安全性方面发挥着关键性作用。借贷关系的产生以信用为基石,在资金融通过程中,互联网金融对于信用体系的完整性和有效性要求更高。以人人贷为例,实施平台担保将加大借贷资金的成本,而不进行担保则将大大增加风险隐患和损失概率。互联网金融如果舍弃银行信用体系而自建信用体系,有很大的难度。最后,在大额信贷业务、集成式金融解决方案方面,银行体系仍然拥有互联网金融模式难以企及的优势。大额的、复杂的金融交易,需要高程度的专业知识背景,以及法律顾问、会计审计、评估评级等专业团队的共同支持。另一方面,在最基本的贷款之外,商业银行还能提供银行承兑汇票、信用证等多种融资工具的组合,设计包括信贷、投行、租赁、信托等在内的立体融资解决方案,降低企业的融资成本。而这一点,互联网金融还难以做到。"[②]

中国人民银行在《中国金融稳定报告(2014)》中,对互联网金融进行了长篇评论,称2013年为"互联网金融元年",在概括了中国互联网金融的内涵、特征、发展阶段、积极意义、主要业态等以后,明确阐述了政府对互联网金融的监管原则:"21世纪以来,随着互联网技术和移动终端设备的广泛使用,借助网络实现资金支付、融通和信息中介服务的互

---

① 马云:《金融行业需要搅局者》,《人民日报》,2013年6月21日。
② 牛锡明:《互联网金融将颠覆商业银行传统模式》,新浪财经,2013年7月3日。

联网金融飞速发展。互联网金融有助于改善小微企业融资环境,优化金融资源配置,提高金融体系包容性,发展普惠金融。目前,我国互联网金融还处于发展的观察期,需要处理好鼓励创新与消费者权益保护、风险防范之间的关系,按照'鼓励创新、防范风险、趋利避害、健康发展'的总体要求,对其予以适度监管,促进互联网金融持续、健康、稳步发展,更好地服务实体经济。"①

可以预见,中国互联网金融将得到持续发展,而商业银行也必将更多地应用互联网技术,互联网金融和商业银行将会形成一种互补、合作、共赢的格局,消费者将会享受到更便捷、更丰富、更优质的金融服务。

四、金融环境

严格地说,商业银行经营的金融环境属于经济环境的范畴,是经济环境的一个重要组成部分。不过,因为金融环境所包含的内容较多,且对商业银行业务经营的影响具有独立的一面,所以我们在这里单独加以阐述。

影响银行业发展变化的金融环境,内容非常丰富,我们在这里主要介绍对银行业影响非常重要的四个方面,即金融市场、非银行金融机构、货币政策和金融稳定。

(一)金融市场

金融市场是金融工具交易的场所,金融工具是资金融通的载体。因此,金融市场也可以定义为资金融通的场所。金融市场的发展对商业银行的发展既有巨大的促进作用,又会形成严峻的挑战。

1. 金融市场发展对商业银行的促进作用

(1)商业银行是金融市场的重要参与者,金融市场的发展能够在很多方面直接促进商业银行的业务发展和经营管理。金融市场是商业银行融入资金的重要来源,也为商业银行富余资金的运用提供了有效的渠道。货币市场允许银行在流动性短缺时,及时融入所需资金,而在出现流动性过剩时,又可以及时将资金运用出去,提高盈利性。因此,货币市场是商业银行进行流动性管理,尤其是实现盈利性和流动性之间平衡的重要基础。资本市场不仅使得商业银行能够通过发行股票、次级债券等形式充实资本、提高资本充足率,而且更重要的是,它使得商业银行通过上市等加强治理结构建设,为其提供了强大的外部约束和有效的激励机制,从而能够有效地促进商业银行的规范运作和持续发展。

(2)货币市场和资本市场能为商业银行提供大量的风险管理工具,提高其风险管理水平,有助于银行识别其资产的风险,对风险进行定价,并在市场上通过正常的交易来转移风险。

(3)金融市场的发展能够促进企业管理水平的提高,为银行创造和培养优质客户。

(4)金融市场的发展为商业银行的客户评价及风险评估提供了参考标准。比如,上市公司的股票价格、企业发债的利率以及信用评级机构对企业或企业所发行债券进行的评级,都是银行了解借款企业的信用状况、确定存贷款利率的有效参照。

---

① 中国人民银行:《中国金融稳定报告(2014)》,中国人民银行网站。

（5）金融市场的发展能够避免整个社会对银行体系的过度依赖，避免将风险集中于银行体系，从而有助于金融稳定，进而为商业银行的发展奠定了一个良好的基础。

2. 金融市场发展对商业银行的挑战

金融市场的发展在为商业银行的发展提供有利条件的同时，也对商业银行形成了巨大的压力。

（1）随着商业银行参与金融市场程度的不断加深，金融市场波动对商业银行资产和负债的价值影响会不断加大，商业银行经营管理特别是风险管理的难度也将越来越大。

（2）银行上市发行股票或发行次级债券，银行的经营状况会直接影响其股票和债券的价格，进而影响商业银行的经营管理，尤其是可能导致银行经营管理者的短期行为。这些行为虽然短期内可能提高股票价格，但有可能损害银行的长期发展。

（3）金融市场会放大商业银行的风险事件。比如，一家银行如果出现一笔金额较大的不良贷款，或者出现某高管或职员违法被查的事件，可能因为金融市场的连锁反应，对商业银行形成比事件本身大得多的影响。

（4）随着金融市场的发展，一方面，大量储蓄者将资金投资于金融市场，会分散银行的资金来源；另一方面，大量优质企业在金融市场上筹集资金，会减少在银行的贷款，造成银行优质客户的流失。

（二）非银行金融机构

非银行金融机构，是指银行金融机构（包括商业银行、信用合作社等）以外的其他金融机构，包括金融资产管理公司、证券公司、保险公司、基金管理公司、信托公司、金融租赁公司、财务公司等。

非银行金融机构的蓬勃发展，对商业银行既有不利的一面，又有有利的一面。

从不利的一面来看，非银行金融机构在某种程度上替代了商业银行的某些功能，在很多领域同商业银行直接展开竞争，对商业银行的发展形成了巨大压力。非银行金融机构的发展，一方面增加了储蓄者和其他资金富余者的投资渠道，从而分流了商业银行的资金来源；另一方面又增加了其获得融资及其他服务的渠道，从而分流了商业银行的贷款业务和其他服务。

从有利的一面来看，非银行金融机构的发展，将通过商业银行与非银行金融机构之间的合作，大大促进商业银行的发展，尤其是促进商业银行的综合化经营，从而扩大商业银行的生存空间，提高商业银行的盈利能力。具体表现在以下几个方面：

（1）非银行金融机构可以通过其专业化服务促进商业银行的发展。比如，货币经纪公司能以其丰富的专业知识、市场经验、专业人才，尤其是其中立的立场，为银行间市场的参与者提供非常重要的经纪服务，帮助商业银行在从事相关业务时提高效率、降低成本；金融资产管理公司能以其专业化的资产管理能力，直接帮助商业银行防范和化解风险，减少损失；而证券公司则可以在商业银行改制上市过程中提供必不可少的帮助。

（2）非银行金融机构本身是商业银行的重要客户。比如，汽车金融公司、证券公司等在业务发展需要时，会从商业银行申请贷款。在保险公司的资金运用中，存款是其重要方式。① 非银行金融机构的发展,需要依赖于银行广泛的分支机构网络。代销保险公司、基金管理公司等非银行金融机构的产品,成了商业银行重要的中间业务,为商业银行带来了越来越多的手续费收入。

(3) 非银行金融机构的发展,能够丰富我国的金融体系和金融服务,促进整个金融业甚至整个社会经济的发展,从而能为商业银行的经营提供一个良好的外部环境。

(4) 非银行金融机构的规范和发展,使得商业银行本身也可以参与非银行金融机构,比如,商业银行设立基金管理公司、金融租赁公司、信托公司、保险公司等②,大大增加了商业银行业务拓展的空间。

(三) 货币政策

随着我国市场经济体制的不断完善,货币政策的重要性越来越突出。商业银行是货币政策的主要传导媒介,尤其是在中国金融体系仍然以商业银行为主体的背景下,商业银行更是货币政策最主要的传导体。正因为如此,货币政策的调整,将直接影响商业银行的经营管理。比如,存款准备金率调整会影响商业银行可以自由运用的资金量,利率调整会影响商业银行的存款成本和贷款收益,等等。同时,货币政策会改变宏观经济的实际运行以及经济主体对未来的预期,从而影响商业银行的客户和经营环境,进而对商业银行形成间接影响。

(四) 金融稳定

金融稳定是指金融体系处于能够有效发挥其关键功能的状态。在这种状态下,宏观经济健康运行,货币和财政政策稳健有效,金融生态环境不断改善,金融机构、金融市场和金融基础设施能够发挥资源配置、风险管理、支付结算等关键功能,而且在受到内外部因素冲击时,金融体系整体上仍然能够平稳运行。③

金融是现代经济的核心,维护金融稳定是国民经济健康稳定发展和社会长治久安的保障,也是商业银行正常运行的前提和基础。银行危机不但使一国多年的经济发展成果毁于一旦,而且扩大了贫富差距,加剧了社会矛盾。同时,在严重的银行危机期间,即使是运行良好、经营稳健的银行,也难以幸免遭受牵连,而本身就存在严重问题的银行,更是雪上加霜,所存在问题还会被极大地放大。1997年爆发的东南亚金融危机及其对世界经济产生的强烈冲击,使我们更深刻地感受到了金融稳定的极端重要性,也更直观地看到了金融不稳定的巨大影响。

五、银行监管

银行监管是商业银行经营的金融环境中最重要的因素之一,但由于它对商业银行的特殊重要性,我们在这里进行单独讨论。

---

① 2013年年底,在我国保险公司的总资产中,银行存款占了27.3%。数据来源:中国人民银行,《中国金融稳定报告(2014)》,中国人民银行网站。

② 截至2013年年底,已有13家商业银行投资基金管理公司,15家商业银行投资金融租赁公司,4家商业银行投资信托公司,7家商业银行投资保险公司,6家商业银行持有境外投资银行牌照,2家商业银行持有境内投资银行牌照,3家商业银行设立消费金融公司。数据来源:中国人民银行,《中国金融稳定报告(2014)》,中国人民银行网站。

③ 中国人民银行:《中国金融稳定报告(2005)》,中国人民银行网站。

(一) 放松管制的趋势

在各国经济的各类机构之中,商业银行是政府监管最为严格的机构,其资产负债表的资产方和负债方以及资产负债表以外的业务都受到严格的监管。不同国家的商业银行,以及同一国家不同时期的商业银行,之所以存在巨大的差别,在很大程度上是由具有强制性的银行监管所决定的。

从20世纪80年代初期开始,各主要发达国家逐步放松了对金融部门的管制,形成了强大的金融自由化趋势,极大地提高了资源配置的效率,进一步降低了提供金融服务的成本,推动了经济的增长。从总体上来看,银行管制之所以呈现出一种不断放松的趋势,其原因主要在于:一方面,很多管制措施已经失效。美联储前主席阿兰·格林斯潘曾指出,从20世纪80年代开始的世界范围内放松管制的浪潮,"并不是监管当局主动进行的,而是由于科学技术的进步和金融理论的发展,被监管者在事实上已经突破了竞争的障碍,从而使监管当局不得不放弃已经失效的监管"[1];另一方面,很多管制措施严重抑制了金融创新,这使社会公众未能获得本来可以获得的选择更多、质量更优、速度更快、成本更低、风险收益组合更佳的服务,也严重阻碍了商业银行的发展。

放松管制并不意味着取消监管,它只是取消一些已经失效或者弊大于利的规章制度或监管手段,对于能够促进银行业稳定、保护存款人利益、促进银行业公平竞争的监管还在不断加强。

(二) 银行监管的内容

银行监管主要包括市场准入监管、审慎经营监管、信息披露监管和市场退出监管。

(1) 市场准入监管是所有银行监管的第一步,主要包括三个方面:机构准入、业务准入和高级管理人员准入。机构准入是指批准银行业金融机构法人或分支机构的设立和变更,业务准入是指批准银行业金融机构的业务范围以及开办新的产品和服务,高级管理人员准入是指对金融机构董事及高级管理人员的任职资格进行审查核准。

(2) 审慎经营监管,也称为审慎监管或风险监管,是通过识别商业银行固有的风险种类,进而对其经营管理所涉及的各类风险进行评估,系统、全面、持续地评价一家银行的经营管理状况,从而促进商业银行的稳健经营。与审慎监管相对应的是合规监管,即侧重于依据法律法规对商业银行进行严格的准入管理和监督检查。从总体上来说,我国目前处于合规监管和审慎监管相结合、逐步向以风险为本的审慎监管过渡的时期。

(3) 信息披露监管,即要求商业银行依法将反映其经营状况的主要信息,如财务会计报告、各类风险管理状况、公司治理、年度重大事项等,真实、准确、及时、完整地向投资者、存款人及相关利益人予以公开。商业银行充分对外披露信息,是市场约束发挥作用的基本前提,而市场约束是《新资本协议》提出的确保商业银行稳健经营的三大支柱之一(参见本书第十章)。因此,信息披露是银行监管的重要内容之一。

(4) 市场退出监管。由于商业银行的特殊性,进入银行业很难,但退出银行业更加

---

[1] Remarks by Chairman Alan Greenspan, At the Conference on Bank Structure and Competition of the Federal Reserve Bank of Chicago, Chicago, Illinois, May 1, 1997, Technological Change and the Design of Bank Supervisory Policies, http://www.federalreserve.org

困难,原因在于:一家商业银行的关闭,将会影响到社会各个方面,如果不慎重,将会使社会公众丧失对银行体系的信心,甚至导致动荡。因此,监管当局对商业银行市场退出的条件、程序、后续事项的处理也有着非常详细的规定和安排。

(三)银行监管的手段

银行监管的手段包括现场检查和非现场监管两大类。现场检查是指银行业监督管理机构的监管人员通过实地查阅银行业金融机构经营活动的账表、文件、档案等各种资料和座谈询问等方法,对银行业金融机构的风险性与合规性进行分析、检查、评价和处理的一种监管手段。非现场监管是指监管部门在定期或不定期采集被监管机构相关信息的基础上,通过对监管信息的分析处理,持续监测被监管机构的风险状况,及时进行风险预警,并相机采取监管措施的过程。

六、金融基础设施

金融基础设施是指金融运行的硬件设施和制度安排,主要包括支付体系、法律法规、公司治理、会计标准、征信体系、反洗钱体系,以及由审慎金融监管、中央银行最后贷款人职能、投资者保护制度构成的金融安全网等。

与金融基础设施相关的另一个概念是金融生态环境。从狭义上讲,金融生态环境是指金融基础设施及其运行状况;而从广义上讲,金融生态环境是指金融体系运行的外部环境,是影响金融体系生存发展的各种因素的总和,包括经济、政治、文化、地理、人口等一切与金融运行相关的方面。

如果把商业银行比做汽车,金融基础设施就像道路(硬件设施)和交通规则(制度安排)。很显然,道路状况越好,交通规则越明晰,汽车也就能跑得越快,行驶也就越安全。同理,金融基础设施也直接影响甚至决定着商业银行的经营状况。

在金融基础设施的诸多构成要素中,除了前面所讨论的银行监管以外,法律环境和征信体系具有尤其突出的意义,我们在下面进行简要论述。

(一)法律环境

从一定意义上说,市场经济就是法治经济,因为没有法治的规范和保障,市场经济体制就不可能建立和完善;没有完备的市场经济法律体系作为市场运行的基础,市场就难以形成为契约所联结的诚实、信用、公平、自由的经济秩序;没有完备的法治,市场经济配置资源的功能就难以发挥有效的作用。

作为整个国民经济"神经中枢"的现代商业银行,其正常运行更依赖于健全的法制,原因在于,商业银行所提供的无论是存款服务还是贷款服务,其实质是当事人之间的一种契约,这种契约如果得不到保护,存款人就不可能在银行存款,银行就不可能贷款给借款人,银行也就无法存在。

正如前最高人民法院院长肖扬曾指出:"中国的法制建设已经驶入快车道,立法进程不断加快,司法改革不断深化,依法治国的理念日益深入人心,公民的法律意识、权利意识正在不断增强。"①但是,我国商业银行健全运行的法制基础还十分薄弱。《金融时报》2006年5月9日报道了记者对中国建设银行董事长郭树清的一篇专访。在此次专访中,郭树清提到,中国建设银行的重要举措之一是与许多地方政府签署银政合作协议,其目的之一是"为了建行能得到相关保障",并引用具体数字说,"去年(2005年)的诉讼案件中,建行胜诉97%,但是执行率只有30%左右,这一问题的解决需要政府的协助"。② 如果法院判决的执行率只有三分之一,银行作为债权人的利益就很难得到有效保护,银行的健康发展就会受到很大制约。

（二）征信体系

征信是指为了满足从事信用活动的机构在信用交易中对信用信息的需要,由专业化的征信机构依法采集、调查、保存、整理、提供企业和个人信用信息的活动。

信用是市场经济的基石,提供信用信息服务的征信是市场经济体制中重要的基础设施。对于以信用为经营基础和对象的商业银行来说,征信体系的重要性更加突出,这主要表现在以下几个方面:③

（1）征信体系有助于商业银行降低不良贷款。导致商业银行产生不良贷款的因素很多,贷款机构缺乏可靠途径获得借款人全面、真实的信用信息是重要原因之一。世界银行的一项研究表明,利用征信系统,大银行客户的违约率可减少41%,小银行可减少78%。

（2）有效、可靠的征信体系有助于降低商业银行对借款人进行资信调查的成本。前述世界银行的研究表明,加拿大银行使用征信系统和信贷信息,使发放贷款的周期从18天减少到3天,效率得到显著提高;美国商业银行在引入信用评级体制后,小企业贷款的平均处理成本从250美元减少到100美元。

（3）征信体系有助于商业银行扩大贷款对象的范围,尤其是在为中小企业和个人提供服务方面,征信体系的作用尤为突出。2003年,世界银行进行了一项全球性调查,调查对象包括51个国家的5 000家公司。调查结果表明,小公司获得银行贷款的可能性,在没有健全征信体系的情况下是28%,而在较为健全的征信体系的情况下是40%。中小企业和个人融资难一直是我国市场经济发展中的一个突出问题,其症结就在于缺乏征信体系,无法度量和防范中小企业和个人的信用风险。

随着我国经济市场化程度的加深,商业银行和社会各界对征信服务提出了迫切的要求,加快企业和个人征信体系建设已成为社会共识,并且已经取得了非常明显的成效。2013年3月15日,国务院发布的《征信业管理条例》正式实施,征信业发展步入了法制化轨道。中国人民银行制定的《征信机构管理办法》,规范征信机构设立、退出及日常监管,于2013年12月20日起实施。中国人民银行发布的《中国金融稳定报告(2014)》的统计数据显示,截至2013年年末,金融信用信息基础数据库共收录近8.4亿自然人和近1 920

---

① 肖扬:《我国法治建设上快车道 公民权利意识增强》,南方新闻网,http://www.southcn.com/news/china/zgkx/200512310136.htm。
② 郭树清:《在银政合作中追求双赢效果》,《金融时报》,2006年5月9日。
③ 以下数据参见陈建新:《征信:一项重要的基础建设》,《金融时报》,2004年6月2日。

万户企业及其他组织的信用信息,全年分别累计查询3.4亿次和1亿次。多元化的征信市场格局初步形成,征信服务产品日益丰富,征信机构快速发展。据中国人民银行的不完全调查,目前我国有各类征信机构150多家,征信行业收入为20多亿元;征信服务产品涵盖企业信用报告、个人信用报告、信用调查报告、债券主体评级报告、债券债项评级报告、借款企业评级报告、担保机构评级报告和持续跟踪评级报告等。①

七、人文社会环境

商业银行存在于一定的社会环境中,同时,商业银行又是由社会成员所组成的一个小的社会团体,从而不可避免地受到社会环境的影响和制约。人文社会环境的内容很丰富,我们下面主要从中国信用文化、消费文化的总体特征及整个社会环境等方面来简单分析其对商业银行的影响。

(一) 信用文化

信用文化是征信体系有效发挥作用的基础,进而在一定程度上决定着银行业的健康程度。

在几千年的历史长河中,中华民族的璀璨文明孕育了丰富的信用文化。随着社会和经济的发展,中国的信用文化受到了前所未有的挑战,这主要表现在以下两个方面:(1) 中国传统信用文化的基础是人与人之间通过互相接触而产生的信任,人与人之间的直接了解和道德规范构成传统信用文化的基础。然而,这种信用文化只适用于范围较狭小的社会经济活动,当人们的活动范围从一个小社区扩大到整个国家乃至整个世界时,传统的信用文化就不能满足需要。(2) 改革开放以前,我国实行传统的计划经济体制,企业的生产、交易和银行的信贷统统按国家计划进行,单一的产权制度模糊了不同交易主体之间的利益关系,不仅弱化了中国传统的信用文化,更影响了中国传统信用文化向现代信用文化的发展。

随着改革开放的逐步推进,中国迫切需要建立符合市场经济发展需要的现代信用文化。现代信用文化与中国传统信用文化的最主要区别在于如下四个方面:(1) 社会性,即信用不再仅限于相识、相知的两人之间的个人评价,而扩展为事先没有任何直接或间接关系的人们之间的社会评价;(2) 制度性,即信用不再仅依靠道德规范,而更多地依靠法律规范和制度规范;(3) 专业性,即信用不再仅来源于交易双方相互之间的直接了解,而扩展为来自专业化的第三方对交易对手的间接了解、分析和判断;(4) 商业性,即信用不仅只为交易双方所利用,而是成为一种商品,具有其他商品共有的属性。现代信用文化的这些特点,极大地拓展了它的应用,使之不仅发展成一个巨大的产业,也深刻影响着社会经济生活。

随着市场经济的发展,尤其是征信体系的建立和不断完善,中国的传统信用文化将逐步向现代信用文化发展,从而为商业银行的运行奠定一个坚实的基础。

(二) 消费文化

中国消费文化的核心特征之一是崇尚节俭。这一特征对于商业银行来说可谓是一

---

① 数据来源:中国人民银行,《中国金融稳定报告(2014)》,中国人民银行网站。

把"双刃剑",既存在有利的一面,也存在不利的一面。从有利的一面来看,它是我国储蓄率一直高居世界前列的主要原因,高储蓄率为商业银行提供了充足的资金来源。从不利的一面来看,崇尚节俭的中国百姓,难以接受"寅吃卯粮"的借贷消费,对债务的心理承受能力低,极大地制约了商业银行个人消费信贷的发展。这一方面使银行的大量资金不能以贷款形式运用出去,降低了银行的利润率,另一方面又因为贷款业务不得不集中于企业,尤其是大企业,而提高了银行的贷款风险。同时,高储蓄率必然减少消费,进而影响整个宏观经济的持续高速增长,这又会对商业银行的发展带来一定影响。

(三) 社会环境

从社会环境来看,我国正处于经济转型时期。在转型期间,社会发生着巨大的变化,社会保障体系改革、教育体制改革、住房制度改革、就业制度改革等,在社会上产生了巨大的不确定性。同时,受计划生育政策、生育观念变化等影响,子女数量普遍减少,人们的行为模式从"养儿防老"转向通过增加自身储蓄来养老。这些社会环境因素大大提高了我国居民的储蓄倾向,减少了对银行贷款的需求,也对我国商业银行的发展产生了巨大的影响。

本章小结

商业银行是企业、金融企业、特殊的金融企业。商业银行具有信用中介、支付中介、信用创造和金融服务的功能。现代商业银行的前身有两个:一是欧洲大陆的货币兑换商,二是英国的金匠。

我国商业银行包括大型商业银行、股份制商业银行、城市商业银行、农村银行业金融机构、中国邮政储蓄银行和外资银行六大类。

从总体上来看,不同国家、不同地区、不同时期的银行业,之所以会呈现出迥然不同的结构和特征,主要原因就在于商业银行经营环境的不同。影响商业银行发展变化的环境因素包括社会制度、宏观经济、信息技术、金融环境、银行监管、金融基础设施、人文社会环境七个方面。

复习思考题

1. 简要说明商业银行的性质和功能。

2. 访问中国银行业监督管理委员会的网站(http://www.cbrc.gov.cn),阅读其最新年报,查询中国银行业金融机构总资产、总负债等数据,结合本章第二节的内容,了解中国银行业的概况。

3. 结合本章第一节对商业银行发展历史的介绍、本章第二节对我国商业银行发展历史的简要回顾以及本章案例,分析影响商业银行发展的主要因素。在可能的情况下,对我国银行业与美国(或日本、英国等)银行业进行比较,进一步分析各国银行业之间存在显著差异的主要原因。

案例分析

山西票号的兴衰

票号是清代金融业的主要组成部分之一。它起源于汇兑,为不同地区间资金调拨服务,起着促进商品流通的作用。后来,其业务发展为经营存款、放款和汇兑活动,成为完整形态的金融组织。由于票号由山西商人首创,而且山西商人所建立的票号势力最大,因此,票号也称为山西票号。

票号的产生有着深刻的社会背景和历史条件,具体来说主要是:社会商品经济的发展对货币金融提出了新要求;社会商品货币经济已有所发展,商业资本与高利贷资本有了一定积累,为金融业的发展提供了一定条件;早期金融组织账局、钱庄的出现,典当业的发展,为票号的产生和经营探索了道路;随着商业贸易的扩大,时间长、费用高、安全系数低的镖局运现方式,已远远不能适应业务发展。

初期,票号的服务对象主要是商号或个人。因此,票号的规模和实力都很小。19世纪50年代,太平天国战争的爆发,使各省向北京解运京饷发生重大困难,迫使清政府放弃历来奉行的严禁京饷交商汇兑的规定,允许交由票号汇兑。此后,拨交邻省的协饷、支持军事活动的军饷以及经办洋务活动的经费,也都交由票号汇兑。在汇解清政府官方资金的同时,票号还对清政府和驻军垫支各种款项。

同时,票号通过多种方式结交官吏,其中主要有三条途径:一是资助穷儒寒士入都应试直至走马上任;二是代办、代垫捐纳和印结;三是票号财东与经理人员直接捐纳报效,买取官衔和封典。到了清代后期,官制败坏,票号和地方官僚在互相利用的基础上进一步勾结起来。官僚依恃特权,将可以动用的公款免息(或低息)存入票号;票号则对官僚个人的贪污所得付以重息,并严守秘密。这样,官僚在票号的支持下,既获得了高官厚禄,又有了藏富的保险柜;而票号则不仅取得了大量公私款项的存放,扩大其营运资本,而且取得了官僚的政治保护。

与清政府及各级官吏的密切关系,使票号获得了飞速发展,其势力越来越大,在很短的时期内达到了鼎盛。

但是,票号的黄金时期并未持续太久。票号存在的历史不到一百年,真正的辉煌也就是三十多年,其原因是多方面的。

第一,清政府自办银行的竞争,对于票号来说,就像是釜底抽薪,严重动摇了票号的生存根基。清末前,虽有中国通商银行、浙江兴业、四明等十几家商业银行的成立,对山西票号已构成了竞争威胁,但构成票号竞争主要对手的,则是官商合办的户部银行、交通银行和一些省办的银钱行号。因为户部银行(后改大清银行)具有代理国库、收存官款的职能和雄厚的资本,所以能够左右市场。过去由票号收存和承汇的官款业务,几乎全部被户部银行包揽而去。同时,户部银行利用其垄断地位对金融业的控制和操纵,更是直接威胁着票号的生存。

第二,20世纪初,外商在华银行在垄断国际汇兑之余,也极力挤入中国国内汇兑行列,与国内金融组织争夺内汇业务,这对于票号来说更是雪上加霜。

第三,19世纪末20世纪初的战乱,尤其是辛亥革命,使票号遭受了严重损失。这种损失来源于三个方面:一是兵匪对票号的抢劫,二是商号严重亏损甚至破产,三是严重的通货膨胀。

第四,在放款业务中,票号向来只强调信用,不重视抵押,大量放款没有任何物资作保证。因此,在经济危机和社会动乱中,贷款损失极为惨重。

第五,随着外国资本主义的侵入,票号旧有的商业模式已被打破,但由于票号财东和总经理"关起门来做大王、不容任何外人染指参与"的思想根深蒂固,拒绝对票号进行大幅度改革,以向现代银行转变,从而无法适应新的形势。

20世纪初,曾经风光无限的票号被时代潮流所淘汰,退出了历史舞台。

资料来源:洪葭管,《中国金融史》(第二版),西南财经大学出版社,2001年版。

案例思考题:

中国山西票号为什么没有能够发展成为现代商业银行?可进一步研究钱庄和胡雪岩的案例。

21世纪经济与管理规划教材
金融学系列

第二章

商业银行评价

【学习目标】

1. 理解商业银行的经营目标和经营原则。
2. 掌握商业银行财务评价的主要方法。
3. 了解商业银行监管评级和信用评级的内容。

商业银行评价,是运用定量和定性相结合的方法,借助系统、科学的评价指标,参照客观、合理的评价标准,对商业银行的经营业绩、状况和未来发展趋势进行科学、客观、公正的评估和判定。

第一节 商业银行的经营目标与原则

商业银行的经营目标和原则,是商业银行评价的重要基准。从某种程度上来说,商业银行评价的目标就是判断商业银行在经营管理过程中,是否达到(或能够达到)其经营目标,是否遵循了基本经营原则。

一、商业银行的经营目标

对于商业银行的经营目标,最为常见的表述是利润最大化。但是,这一目标有着非常明显的局限:(1)利润是一个会计概念,利润等于收入减去成本,而收入包括可能永远无法收回的应收收入,成本可能没有包括应该提取的贷款损失准备金。因此,利润额可能严重失真。(2)利润是一个事后评价指标,反映的是已经过去的一段时期中的经营成果,从而缺乏前瞻性。(3)利润总是与风险相对应的,在金融领域更是如此。因此,利润最大化对应的可能就是风险最大化,对银行来说,其结果可能是灾难性的。

上述缺陷使利润最大化目标逐渐被股东价值最大化(或股东财富最大化)目标所替代。股东价值最大化目标与利润最大化目标之间是紧密联系在一起的,因为银行利润会提高股东价值,而股东价值也最终体现在利润上。但是,由于股东价值主要取决于商业银行未来的盈利能力,会受到商业银行所实际承担的风险以及社会公众投资者对商业银行的综合评价的影响。因此,股东价值最大化目标要比利润最大化目标更有前瞻性,也更加全面和客观。

股东价值最大化目标也有其局限性,因为它隐含着"银行应只围绕股东(Stockholders)的利益来运营",但银行的经营活动还会影响很多其他人的利益,这些人被称为银行的利益相关者(Stakeholders),比如,监管当局、存款人、借款人、经营管理者、职员等。因此,银行在经营中还需要充分考虑这些利益相关者的利益和要求。

《中国银行业监督管理委员会关于中国银行、中国建设银行公司治理改革与监管指引》(自2004年3月11日起施行)[①]为两家银行制定了十条改革目标,其中第三条是:"以市场为导向,制定清晰明确的发展战略,实现银行价值最大化。"中国银监会在这里第一次提出的银行经营目标是"银行价值最大化",没有限定于为股东服务,显然是考虑到了"股东价值最大化"的前述局限性。

在2013年英国《银行家》杂志全球千家银行大排名中,按一级资本排名全球第四位的汇丰银行,将其"总领一切的战略目标"(Governing Objective)确定为:"股东总收益(Total Shareholder Returns,TSR)超过可比金融机构股东总收益的平均值,并且每五年翻

---

① 中国银监会后来将该指引扩展为《国有商业银行公司治理及相关监管指引》(自2006年4月24日起施行)。

一番。"① 在现实中,几乎所有商业银行都类似地仍将"股东价值最大化"作为其明确表述出来的战略目标,其原因在于:在正常条件下,股东决定着商业银行的最终决策,而且,"银行价值"中只有"股东价值"才是可直接观察的。同时,银行各个相关主体之间是相互影响的,作为一个整体的商业银行,必须能够使相关各方的利益协调一致,才能得到持续发展,股东价值也才能真正最大化。

有鉴于此,我们可以将商业银行的股东价值最大化,看成"约束条件下的股东价值最大化",也就是说,银行在满足监管当局、存款人、借款人、经营管理者和职员的要求(所施加的约束)的前提下,最大化股东价值。比如,富国银行提出,其收入增长的速度必须是成本增长速度的两倍,但"不能以牺牲客户的利益为代价"。② 汇丰银行也提出,在经营管理中必须"无条件地遵守伦理道德规范,服从监管规章制度"。③

二、商业银行的经营原则

1995 年颁布施行、2003 年年底修正后的《中华人民共和国商业银行法》第四条规定:"商业银行以安全性、流动性、效益性为经营原则。"

(一) 安全性原则

安全性原则是指银行在经营活动中,必须保持足够的清偿能力,能经得起一定的风险和损失,保持客户对银行的坚定信心。

安全性是所有企业均应坚持的原则,但对于商业银行来说更为重要。从微观角度来看,商业银行主要靠负债经营的特征,决定了客户对商业银行信心的重要性,而安全性是客户信心的基础和前提。商业银行在经营中面临着许多风险,如信用风险、市场风险、操作风险、流动性风险、法律风险、声誉风险、战略风险等(详见本书第十一章),这些风险都很容易为银行带来巨大损失;同时,银行资本在总负债中所占比重很低,银行抵御风险的能力相对较低。因此,商业银行的安全性更易受到威胁。

从宏观角度来看,商业银行与社会各个部门之间的密切联系,使其成为整个国民经济的核心,以至于列宁曾将商业银行比喻为"国民经济体系的神经中枢"。因此,银行的安全性会涉及整个社会的稳定。正因为如此,银行的安全性才受到整个社会各个层面如此高度的重视,商业银行才会受到如此严格的监管。这也是我国《商业银行法》将安全性原则放在流动性原则、效益性原则之前的主要原因。

(二) 流动性原则

流动性原则是指银行能够随时满足客户提取存款、借入贷款、对外支付的需要,保证资金的正常流动。流动性原则也可以说是包含在安全性原则之中,但鉴于流动性对于商业银行来说如此重要和突出,因此,一般将其单列出来讨论。

相对于一般企业来说,商业银行的流动性问题要更加突出,因为银行的流动性需求更加频繁、不确定性更大、弹性更小(参见本书第八章)。

---

① HSBC Annual Report 2013, http://www.hsbc.com
② Wells Fargo Annual Report 2013, http://www.wellsfargo.com
③ HSBC Annual Report 2013, http://www.hsbc.com

（三）效益性原则

效益性原则包括两个方面的内容：一是经济效益，即商业银行在经营中必须获得利润，即通常所说的盈利性；二是社会效益，即商业银行在经营中还必须承担相应的社会责任。

盈利性是商业银行经营活动的最终目标，它要求商业银行的经营管理者在可能的情况下，尽可能地追求利润最大化（及股东价值最大化），这是由商业银行的企业性质所决定的。

盈利性之所以成为商业银行的最终目标，原因在于，利润既是商业银行充实资本、加强实力、巩固信用、提高竞争能力的基础，也是股东利益所在，是银行开拓进取、积极发展业务、提高服务质量的内在动力。具体来看，盈利性对商业银行的重要性体现如下四个方面：

（1）股东要求。股东投资于商业银行，持有其股份，目的是获得利润。只有当银行取得丰厚的利润，并给其股东带来相应的收益时，股东才乐于购买和持有该股份；否则，股东将收回投资，银行将不复存在。

（2）抵御风险。银行在经营发生亏损时，可以用以往积累起来的收益来进行弥补，而银行盈利水平高，留存利润就多，其抵御风险的能力也就高。

（3）增强实力。银行盈利水平的提高，可以增强银行实力和信誉，进而提高银行的竞争力，有利于银行在激烈的竞争中求得生存和发展。

（4）激励员工。利润为银行的人力资源开发提供了坚实的物质基础，只有银行盈利，才有可能不断改善和提高员工的工资和福利水平，增强对金融专业人才的吸引力和向心力，银行的员工队伍才能稳定，银行员工的素质和工作积极性才能得到有效提高。

商业银行在追求盈利的同时，还必须同时承担其社会责任。一方面，自己在经营过程中不污染环境，保证产品质量，不做虚假广告，并融入所在社区，资助慈善事业，在改善社会福利中扮演积极的角色；另一方面，通过自己的存贷款及其他业务，促使客户达到上述要求，并促进社会和谐和环境改善。中国银监会2012年发布的《绿色信贷指引》，将"绿色信贷"提高到了防范"环境和社会风险"的高度："银行业金融机构应当从战略高度推进绿色信贷，加大对绿色经济、低碳经济、循环经济的支持，防范环境和社会风险，提升自身的环境和社会表现，并以此优化信贷结构，提高服务水平，促进发展方式转变。银行业金融机构应当有效识别、计量、监测、控制信贷业务活动中的环境和社会风险，建立环境和社会风险管理体系，完善相关信贷政策制度和流程管理。本指引所称环境和社会风险是指银行业金融机构的客户及其重要关联方在建设、生产、经营活动中可能给环境和社会带来的危害及相关风险，包括与耗能、污染、土地、健康、安全、移民安置、生态保护、气候变化等有关的环境与社会问题。"商业银行坚持绿色信贷的原则，既是其社会责任的体现，也将最终促进自身的健康发展。

为了强调效益性原则中的盈利性原则，通常也把安全性、流动性、盈利性称为银行的"三性"原则。

（四）"三性"原则之间的矛盾与一致性

在商业银行经营管理的过程中，盈利性、流动性、安全性之间既有矛盾的一面，也有一致的一面。"三性"之间的矛盾，增大了银行经营管理的难度；而"三性"之间的一致性,为银行经营者妥善处理三者关系、协调平衡三者之间的矛盾提供了可能。

"三性"之间的矛盾主要体现在盈利性与流动性、盈利性与安全性之间。我们可以通过商业银行的资产负债结构来说明这其间的矛盾。

(1) 资产结构。在商业银行的所有资产中,现金资产的流动性最高,但盈利性最低。为了保证银行的流动性,银行必须持有足够的现金资产,但这又会减少银行收益性资产(如贷款、国债)的比例,从而影响银行的盈利能力。在商业银行的收益性资产中,贷款的收益率一般要高于国债,但贷款的流动性和安全性一般又要低于国债;一项资产的期限越长,其收益率一般越高,而其流动性和安全性则越低。

(2) 负债结构。存款的成本一般要比借入款的成本低,但由于存款可以随时提取,而借入款只需在到期时偿还,因此,存款的稳定性要低一些,这会提高对银行流动性的要求(必须保持一定比例的现金以应付存款提取的需求),降低银行运用这部分资金的盈利能力。

盈利性与流动性、盈利性与安全性之间是对立的,但流动性和安全性之间通常是一致的。一般来说,安全性高的资产,因其一般可以被普遍接受,从而也具有高流动性;而流动性高的资产,因其一般可以随时转换成现金,从而也就比较安全。但安全性和流动性并不总是一致的,比如,由一家 AAA 级企业提供担保的贷款,安全性很高,但由于不存在贷款转让的市场,其流动性也就很低。而股票二级市场的存在使股票的流动性很高,但由于其价格波动性很高,所以其安全性很低。不过,与盈利性和流动性(安全性)之间所存在的对立性矛盾不同,安全性和流动性一般不存在对立性,即一项资产的高安全性不会直接导致其低流动性,如果一项安全性很高的资产流动性很低,则不是因为其安全性高,而是有别的原因(如前述例子中不存在贷款转让的市场)。

从根本上来说,银行经营管理过程中的"三性"是一致的。商业银行只有保持必要的流动性和安全性,才能从根本上保证盈利性原则的顺利实现,流动性和安全性是盈利性的基础和必要条件。因此,在经营策略上,银行首先不是追求盈利,而是先保证资金的流动和安全,在此前提下,再去追求尽可能多的盈利。同时,盈利性是安全性和流动性的最终目标和重要保证。一方面,如果银行不能保证盈利,其安全性和流动性本身也失去了意义,因为股东不赚钱,就会撤回投资、关闭银行;另一方面,银行利润能够帮助银行充实资本、增强实力,从而能够增强客户对银行的信心,提高银行的经营管理水平,这也为银行的流动性和安全性提供了重要保证。

第二节 商业银行财务评价

商业银行财务评价,是依据商业银行的财务报表及其他财务资料,对商业银行财务状况和经营成果的一种评价。财务评价是商业银行评价的基本方法,是其他各种评价方法的基础。

一、商业银行财务报表

商业银行财务报表,是商业银行依据会计准则编制的反映商业银行在某一特定日期的财务状况和某一会计期间的经营成果、现金流量等会计信息的文件,目的是为财务报表使用者做出经济决策提供特定的有价值的信息。因此,阅读并分析财务报表是具体评价商业银行的第一步。①

商业银行的财务报表一般包括资产负债表、利润表、现金流量表、所有者权益变动表和附注五个部分。资产负债表反映的是银行在某一特定日期的财务状况;利润表反映的是银行在一定会计期间的经营成果;现金流量表反映的是一定期间内银行现金(及其等价物)的流入和流出情况;所有者权益变动表反映的是构成所有者权益的各组成部分当期的增减变动情况;附注则是对前述四类报表中列示项目的文字描述或明细资料,以及对未能在这些报表中列示的重要项目的说明。

从总体上了解商业银行的主要业务并对其进行评价,最重要的是资产负债表和利润表(及两者的附注),现金流量表和所有者权益变动表提供的额外信息相对较少。我们在这里只讨论商业银行的资产负债表和利润表,并以中国工商银行②为例来加以说明。

二、资产负债表

资产负债表是反映银行在某一特定日期(如每年 12 月 31 日)财务状况的报表。这一特定日期称为资产负债表日。由于它反映的是某一时点的情况,所以又称为静态报表或时点报表,经常将其比做一张照片。资产负债表包括三个部分,即资产、负债和股东权益,并满足如下基本会计等式:资产 – 负债 = 股东权益。中国工商银行 2013 年 12 月 31 日的合并资产负债表参见表 2-1。

表 2-1　中国工商银行合并资产负债表　　　　2013 年 12 月 31 日

序号	项目	2007 年 余额(亿元)	2007 年 占总资产比例(%)	2013 年 余额(亿元)	2013 年 占总资产比例(%)
1	现金及存放中央银行款项	11 423.46	13.2	32 940.1	17.4
2	存放同业及其他金融机构款项	294.06	0.3	3 063.7	1.6
3	拆出资金	1 703.52	2.0	4 116.2	2.2
4	以公允价值计量且其变动计入当期损益的金融资产	343.21	0.4	3 725.6	2.0
5	衍生金融资产	227.69	0.3	250.2	0.1
6	买入返售款项	758.80	0.9	3 319.0	1.8
7	客户贷款及垫款	39 575.42	45.6	96 814.2	51.2
8	可供出售金融资产	5 312.41	6.1	10 008.0	5.3

---

① 同时,财务报表也反映了银行的主要业务、利润来源和经营特点,我们能从中了解银行各类业务及各项经营管理决策之间的相互关系,从而能以"鸟瞰"的方式在整体上把握商业银行的全貌,在此之后再来进一步深入探讨商业银行的各类业务和管理决策,将会收到事半功倍的效果。因此,阅读和分析财务报表,也是学习、研究商业银行的第一步和最重要的方法。

② 中国工商银行是中国最大的商业银行,也是全世界最大的商业银行。其在 2013 年英国《银行家》杂志全球千家银行大排名中,按一级资本排名全球第一位。

(续表)

序号	项目	2007年 余额（亿元）	占总资产比例（%）	2013年 余额（亿元）	占总资产比例（%）
9	持有至到期投资	13 300.85	15.3	26 244.0	13.9
10	应收款项类投资	12 117.67	14.0	3 244.9	1.7
11	长期股权投资	1.72	0.0	285.2	0.2
12	固定资产	766.28	0.9	1 358.6	0.7
13	在建工程	25.18	0.0	248.4	0.1
14	递延所得税资产	58.65	0.1	288.6	0.2
15	其他资产	933.96	1.1	1 635.5	1.7
16	**资产合计**	**86 842.88**	**100.0**	**189 177.5**	**100.0**
17	同业及其他金融机构存放款项	7 276.09	8.4	8 670.9	4.6
18	拆入资金	775.65	0.9	4 021.6	2.1
19	以公允价值计量且其变动计入当期损益的金融负债	155.90	0.2	5 536.1	2.9
20	衍生金融负债	71.27	0.1	191.7	0.1
21	卖出回购款项	1 935.08	2.2	2 993.0	1.6
22	客户存款	68 984.13	79.4	147 513.8	78.0
23	应付职工薪酬	192.06	0.2	245.3	0.1
24	应交税费	408.67	0.5	670.5	0.4
25	已发行债务证券	355.62	0.4	2 530.2	1.3
26	递延所得税负债	3.37	0.0	4.2	0.0
27	其他负债	1 242.52	1.4	4 015.5	2.1
28	**负债合计**	**81 400.36**	**93.7**	**176 392.9**	**93.2**
29	股本	3 340.19	3.9	3 513.9	1.9
30	资本公积	1 062.07	1.2	1 080.2	0.6
31	盈余公积	135.36	0.2	1 238.7	0.7
32	一般准备	408.34	0.5	2 029.4	1.1
33	未分配利润	454.40	0.5	5 119.5	2.7
34	外币报表折算差额	-10.89	0.0	-240.4	-0.1
35	**股东权益合计**	**5 442.52**	**6.3**	**12 784.6**	**6.8**
36	**负债及股东权益总计**	**86 842.88**	**100.0**	**189 177.5**	**100.0**

资料来源：根据中国工商银行2007年和2013年年报数据整理。

三、利润表

利润表是反映银行在一定会计期间（如2013年1月1日至12月31日）经营成果的报表，由于它反映的是某一期间的情况，所以又称为动态报表或时期报表，经常将其比做一段录像。利润表包括三个部分内容，即收入、成本费用和利润（或亏损），并满足如下基本等式：收入－成本费用＝利润（或亏损）。中国工商银行 2007 年和 2013 年的合并利润表参见表 2-2。

表 2-2　中国工商银行 2007 年和 2013 年合并利润表

	项目	2007 年		2013 年	
		金额（亿元）	占营业收入的比例（%）	金额（亿元）	占营业收入的比例（%）
1	利息净收入	2 244.65	88.3	4 433.4	75.2
2	利息收入	3 572.87	140.6	7 671.1	130.1
3	利息支出	－1 328.22	－52.3	－3 237.8	－54.9
4	手续费及佣金净收入	343.84	13.5	1 223.3	20.7
5	手续费及佣金收入	374.39	14.7	1 345.5	22.8
6	手续费及佣金支出	－30.55	－1.2	－122.2	－2.1
7	投资收益	20.40	0.8	30.8	0.5
8	公允价值变动净损失	－1.28	－0.1	－1.5	0.0
9	汇兑及汇率产品净损失	－68.81	－2.7	65.9	1.1
10	其他业务收入	2.77	0.1	144.6	2.5
11	营业收入	2 541.57	100.0	5 896.4	100.0
12	营业税金及附加	－145.11	－5.7	－374.4	－6.3
13	业务及管理费	－876.31	－34.5	－1 652.8	－28.0
14	资产减值损失	－374.06	－14.7	－383.2	－6.5
15	其他业务成本	－14.24	－0.6	－115.5	－2.0
16	营业支出	－1 409.72	－55.5	－2 525.9	－42.8
17	营业利润	1 131.85	44.5	3 370.5	57.2
18	加：营业外收入	32.60	1.3	29.1	0.5
19	减：营业外支出	－13.31	－0.5	－14.2	－0.2
20	税前利润	1 151.14	45.3	3 385.4	57.4
21	减：所得税费用	－331.24	－13.0	－755.7	－12.8
22	净利润	819.90	32.3	2 629.7	44.6

资料来源：根据中国工商银行 2007 年和 2013 年年报数据整理。

四、商业银行财务评价体系

商业银行的财务报表本身就为我们提供了大量的信息，但如果对这些信息进行进一步加工，计算出一些比率，我们就能从中得到更多的信息，从而能够从财务角度对商业银行进行全面的评价。

（一）杜邦分析法

商业银行的目标是"约束条件下的股东价值最大化"。从根本上来说，股东价值等于归股东所有的未来全部现金流的现值，将所有股东看做一个整体，这里所谓的"全部现金流"就是商业银行的利润。因此，虽然股东价值并不等于利润，但利润是股东价值的基础,股东价值最终必然体现和落实在利润上。从财务角度来分析股东价值,就是分析商业银行的利润;而股东所投入的资本量不同,股东所要求的利润也有所不同。因此,分析商业银行的利润,实际上是分析其资本利润率。

分析企业资本利润率的主要模型是杜邦模型(Du Pont Model),其核心是通过分解资本利润率(Return on Equity, ROE)来分析影响企业赢利水平的各种因素。这一模型随后在银行业得到广泛的应用,成为银行财务报表分析的标准方法。

(二)资本利润率的第一步分解

银行的资本利润率可以首先分解为资产利润率(Return on Assets, ROA)与股权乘数(Equity Multiplier, EM)之积,以公式表示即是:

$$ROE = ROA \times EM \tag{2-1}$$

其中,ROE = 净利润/总资本;ROA = 净利润/总资产;EM = 总资产/总资本。

资本利润率(ROE)和资产利润率(ROA)是衡量银行总体盈利程度的两个重要指标。资本利润率是银行净利润与银行股东权益(银行总资本)之比,代表银行每一单位的股东权益在分红前的净利润,其数值越大,说明银行资本的盈利水平越高。资产利润率是银行净利润与银行总资产之比,表示银行单位资产的净利润,其数值越大,说明银行资产盈利水平越高。股权乘数是银行总资产与银行股东权益之比,表示每一单位银行资本所能动员的、能为银行带来利润的银行资产的金额,反映了银行资本的"杠杆"作用,因此往往也被称为财务杠杆。一般来说,在资产盈利水平一定的情况下,股权乘数越高,银行的资本利润率也就越高。

(三)资本利润率的第二步分解

进一步地,银行资产利润率可以分解为以下两部分的乘积:(1)收入利润率(Profit Margin, PM),在数值上等于银行净利润(Net Income)除以总收入(Total Revenue);(2)资产利用率(Asset Utilization, AU),在数值上等于银行总收入除以总资产。以公式表示即是:

$$ROA = PM \times AU \tag{2-2}$$

其中,PM = 净利润/总收入;AU = 总收入/总资产。

由于净利润等于总收入减去成本和税收的余额,因此,收入利润率能够反映银行控制成本与降低税负的能力,而资产利用率则反映了银行利用资产产生收入的能力。

图 2-1 描述了资本利润率、股权乘数、资产利润率、收入利润率及资产利用率这五大系数的依存关系。

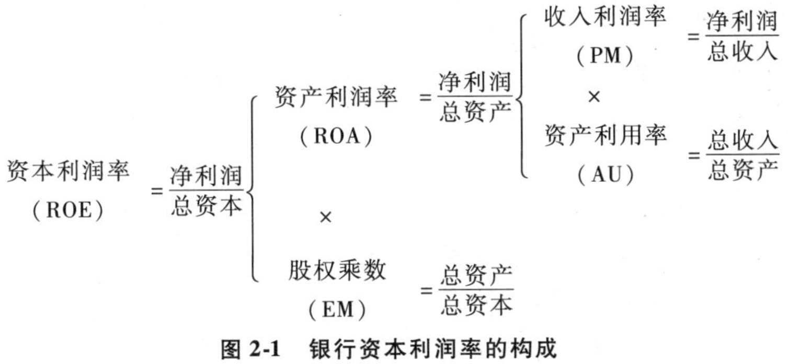

$$
\text{资本利润率(ROE)} = \frac{\text{净利润}}{\text{总资本}} \begin{cases} \text{资产利润率(ROA)} = \frac{\text{净利润}}{\text{总资产}} \begin{cases} \text{收入利润率(PM)} = \frac{\text{净利润}}{\text{总收入}} \\ \times \\ \text{资产利用率(AU)} = \frac{\text{总收入}}{\text{总资产}} \end{cases} \\ \times \\ \text{股权乘数(EM)} = \frac{\text{总资产}}{\text{总资本}} \end{cases}
$$

图 2-1　银行资本利润率的构成

(四) 资本利润率的第三步分解

我们可以进一步分解反映银行成本控制能力的收入利润率。由于银行利润等于总收入减总成本,而总成本等于利息支出(含金融企业往来支出)、非利息支出、资产减值损失及税收之和,因此,收入利润率可以分解为以下四个系数之和:

利息支出系数 = 利息支出/总收入

非利息支出系数 = 非利息支出/总收入

资产减值损失系数 = 资产减值损失/总收入

税收系数 = 所得税/总收入

影响利息支出的因素主要有三个:一是利率,即各项负债的利率高低;二是规模,即银行负债的总规模;三是结构,即在银行总负债中,不同利率负债所占的比重。在其他因素不变的情况下,利率越高、总规模越大、高利率负债占比越高,银行的利息支出就越多。影响非利息支出的因素主要包括职工工资、管理费用等,主要由银行的经营效率来决定。影响资产减值损失的因素主要是银行的资产质量。而税收负担则主要取决于一般不受银行自身控制的税率。

同时,我们也可以进一步分解反映银行收入产生能力的资产利用率。由于银行收入等于利息收入与非利息收入之和。因此,资产利用率可以分解为利息收入系数与非利息收入系数之和:

利息收入系数 = 利息收入/总资产

非利息收入系数 = 非利息收入/总资产

与利息支出一样,利息收入也受利率、规模、结构三个因素的影响,而非利息收入则主要由银行收费项目及收费标准来决定。

(五) 银行绩效的来源和提升方法

在经过上述第三步分解以后,图 2-1 可以扩展为图 2-2。

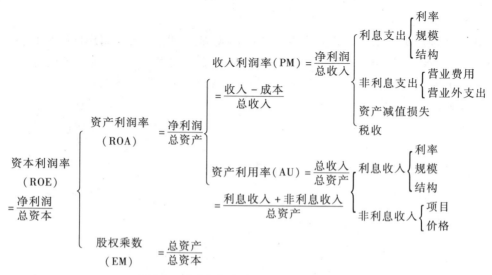

图 2-2 影响银行资本利润率的主要因素

从图 2-2 中,我们可以更加清楚地看到影响商业银行资本利润率的主要因素,并且因此而得到提高银行经营绩效的三大类方法和手段:

(1) 增加收入,包括增加利息收入和非利息收入。增加利息收入又可以从提高利率、扩大规模、提高高利率资产所占比重三个方面着手;增加非利息收入则可以采取扩大收入项目、提高收费价格等手段。

(2) 减少支出,包括四个基本方面:一是通过利率、规模、结构等方面来降低利息支出;二是通过降低工资(包括裁员)、压缩管理费用等降低非利息支出;三是通过提高资产质量来减少资产减值损失;四是尽可能降低税负。

(3) 提高股权乘数,即在尽可能的情况下,减少资本,增加负债,从而获得杠杆收益。

显然,上述方法和手段不仅会受到外部因素的制约,而且各方法相互之间往往是矛盾的。从外部约束来说,首先是监管当局的约束,比如资本充足率的要求就会限制股权乘数的提升,而利率管制也会对银行通过调整利率来增加利息收入、减少利息支出形成一定限制。其次是市场因素的约束,比如,提高贷款利率,借款人就可能转向其他银行,从而使得贷款规模下降。从内部各要素之间的矛盾来看,提高贷款利率,有可能导致资产减值损失的上升,等等。因此,银行资本利润率的提升,需要综合考虑各种相关因素。而在评价一家银行的绩效时,综合考虑其来源,既能了解其绩效来源的健康程度,又能了解其绩效的可持续性。

(六) 衡量商业银行经营绩效的其他财务指标

衡量商业银行经营绩效的财务指标,除了以资本利润率为基础分解出来的前述指标以外,通常还包括净利息收益率、净利息差和成本收入比三个指标。

净利息收益率(Net Interest Margin,NIM)是净利息收入与生息资产之间的比例,反映的是盈利资产带来净利息收入的能力。生息资产(Earning Assets)是指银行所有能带来收入的资产,可由总资产减去不能直接带来任何收入的固定资产、在建工程等项目而得到。

净利息差(Spread),通常简称利差,是生息资产的平均收益率与计息负债(Interest-Bearing Liabilities)的平均成本率之间的差额。

成本收入比(Cost/Income Ratio),也称效率比率(Efficiency Ratio),是非利息支出与扣除利息支出之后的营业收入之间的比率,反映了银行的成本控制能力。扣除利息支出之后的营业收入,等于净利息收入与非利息收入之和。

(七) 应用实例

下面我们以中国工商银行为例,来计算该行的上述财务比率。为了更加准确地评价该银行,在计算时我们进行了两项特别处理:(1) 由于银行总资本和总资产都在增长,资产负债表项目(总资本、总资产、生息资产、生息负债)均采取年平均值,即年初余额与年末余额之和除以2;(2) 净利润包含了应归少数股东所有的利润,平均总资本包含了少数股东权益。

我们首先从表 2-1 和表 2-2 以及中国工商银行 2007 年和 2013 年年报提取计算所需要的原始数据,如表 2-3 所示。

表 2-3 计算中国工商银行财务比率的原始数据

项目	来源	金额（亿元）	
		2007 年	2013 年
净利润	根据利润表相关项目计算而得	819.90	2 630
平均总资本	年初和年末总资本的简单平均值	5 080.28	12 035
平均总资产	年初和年末总资产的简单平均值	80 968.89	182 300
利息收入	取自利润表	3 572.87	7 671
非利息收入	根据利润表相关项目计算而得，包括手续费及佣金净收入、投资收益、汇兑损益、公允价值变动净损失、其他业务净收入	282.68	1 303
总收入	根据利润表相关项目计算而得，包括营业收入和营业外收入	3 855.55	5 925
利息支出	取自利润表	1 328.22	3 238
非利息支出	取自利润表的业务及管理费	876.31	1 653
资产减值损失	取自利润表	374.06	383
所得税	取自利润表	331.24	-756
平均总生息资产	取自年报"讨论与分析"部分	80 294.22	172 195
平均总计息负债	取自年报"讨论与分析"部分	74 807.06	158 205

根据表 2-3 数据，计算结果如表 2-4 所示。

表 2-4 中国工商银行 2007 年和 2013 年财务比率

项目与计算公式	计算结果	
	2007 年	2013 年
ROE = ROA × EM	16.14%	21.85%
其中，ROE = 净利润/总资本	16.14%	21.85%
ROA = 净利润/总资产	1.01%	1.44%
EM = 总资产/总资本	15.94 倍	15.15 倍
ROA = PM × AU	1.01%	1.44%
其中，PM = 净利润/总收入	21.27%	44.38%
AU = 总收入/总资产	4.76%	3.25%
利息支出系数 = 利息支出/总收入	34.45%	54.64%
非利息支出系数 = 非利息支出/总收入	22.73%	27.89%
资产减值损失系数 = 资产减值损失/总收入	9.70%	6.47%
税收系数 = 所得税/总收入	12.35%	12.75%
利息收入系数 = 利息收入/总资产	4.41%	4.21%
非利息收入系数 = 非利息收入/总资产	0.35%	0.71%
净利息收益率	2.80%	2.57%
净利息差	2.67%	2.41%
成本收入比	34.67%	28.81%

第三节　商业银行的监管评级与信用评级

评级是运用简洁的数字或字母、数字组合符号来表示绩效评价结果的方法。银行的评级主要包括两类：一类是监管评级，即政府监管当局对银行的评级；一类是信用评级，即外部信用评级机构对银行的评级。

一、监管评级

由于监管当局通常会依据评级结果，对受评商业银行采取相应的强制性措施，因此，监管当局的评级标准，在一定程度上就成了评价商业银行的强制性标准，对商业银行有着巨大的影响。

（一）骆驼评级体系的概念

在全球范围内应用最为广泛的监管评级体系，是源自美国的骆驼评级体系（CAMELS）。

骆驼评级体系，是通过考察商业银行的资本充足性（Capital Adequacy）、资产质量（Asset Quality）、管理（Management）、盈利性（Earnings）、流动性（Liquidity）和市场风险敏感度（Sensitivity to Market Risk）六大要素，系统评价银行机构整体财务实力和经营管理状况。六大要素的英文首字母组成一个英文单词"CAMELS"，该单词的含义是"骆驼"。因此，该体系称为骆驼评级体系。

在应用中，监管当局会对每个要素进行评级，在综合各个要素评级的基础上，对银行的整体状况进行综合评级。要素评级和综合评级均规定了明确的要点和评级标准，对于评级结果，国际上一般以1级至5级表示，数字越大表示级别越低。

骆驼评级体系的推出，为全面深入评价一家银行的经营管理状况提供了规范统一的方法和标准，为同一机构在不同时期经营表现的纵向比较和同类机构的横向比较提供了直观的语言和工具，从而逐渐成为各国银行业的一种共同语言。

（二）骆驼评级体系在我国的应用

从1994年开始，在世界银行的援助下，我国监管当局着手探索审慎性监管的新方法。2005年年底，中国银监会在整合、修订、完善此前监管评级方法的基础上，充分借鉴国际通行的骆驼评级法，并结合我国商业银行和银行监管队伍的实际情况，出台了《商业银行监管评级内部指引（试行）》，并于2006年1月1日开始试行。

《商业银行监管评级内部指引（试行）》确定了具有中国特色的"CAMELS＋"的监管评级体系，即对商业银行的资本充足性、资产质量、管理水平、盈利性、流动性和市场风险敏感度六个单项要素进行评级，加权汇总得出综合评级[①]，而后再依据其他要素的性质和

[①] 各要素的权重分别是：资本充足性20%、资产质量20%、管理水平25%、盈利性10%、流动性15%、市场风险敏感度10%。

对银行风险的影响程度,对综合评级结果做出更加细微的正向或负向调整。①

与国际上一般将评级结果用1级至5级表示略有不同,我国要素评级和综合评级均分为6级,用1级至6级表示,但级别高低的表示方法与国际一般惯例一致,也是数字越大表示级别越低。

（三）评级结果及其运用

对商业银行的监管评级工作结束后,监管当局会将综合评级结果以及各单项要素存在的主要风险和问题,通过会谈、审慎监管会议等途径通报给商业银行的董事会,必要时一并通报要求商业银行整改的建议。同时,监管当局还会要求商业银行在一定时限内对监管评级结果提出反馈意见。

为了防止对监管评级结果的误用和滥用,监管当局会对监管评级结果进行严格保密,并规定各级监管机构及参与评级工作的监管人员不得向第三方披露监管评级情况,而且在向银行董事会通报评级结果时,只通报受评银行的综合评级结果以及各单项要素存在的主要风险和问题,不向商业银行披露各单项要素的评级结果和具体评分情况。同时,监管机构也不会向公众披露监管评级结果,以防止评级结果可能被外界曲解而引发市场的负面评价,对商业银行造成不利影响。商业银行董事会也需要对监管评级结果严格保密,不能向董事会以外的任何人员披露,更不能出于商业目的或其他考虑向新闻媒体或社会公众披露。

因此,监管评级结果主要是监管当局内部使用,主要用于衡量商业银行的风险程度,并据以采取监管措施和行动。

二、信用评级

信用评级,又称为资信评级、资信评估或者信用评估,是由独立、中立的专业评级机构对个人、经济体与金融工具履行各种经济承诺的能力及可信任程度的综合评价。信用评级的结果一般运用简洁的字母、数字组合符号来表示(参见本书第十一章)。

商业银行信用评级是在全面分析银行面临的各种风险的基础上对其信用质量做出的综合评价。信用评级机构对商业银行进行评级并公布评级结果,既可以为银行存款人、投资者、交易对手提供较为准确的风险信息,作为存款、投资和交易的重要参考,又可以作为加强银行业信息披露与市场监管的重要手段,弥补政府监管的不足。同时,获得符合国际惯例并具有客观公正性的银行信用等级,已经成为商业银行树立稳健形象、拓展业务、降低交易成本、提高市场竞争力的一种重要策略和手段。

信用评级机构对商业银行的评级一般包括个体评级和支持评级两个方面,并以个体评级为主来确定银行的最终信用级别。商业银行信用评级的总体框架如图2-3所示。

---

① 在获得综合评级结果以后,监管当局还会考察对于银行风险可能产生重大影响的其他因素,其中主要包括:银行经营的外部环境;银行的控股股东;银行的客户群体和市场份额情况;银行及其关联方涉及国家机关行政调查、法律诉讼、法律制裁等情况;国际、国内评级机构对银行的评级情况;新闻媒体对商业银行的报道等。监管当局会根据上述因素的性质和对银行风险的影响程度,对综合评级结果做出更加细微的正向或负向调整,以增强评级结果的准确性。这些因素一般不可以改变综合评级结果,但可以通过"＋"、"－"符号标识出评级结果正向或负向的趋势。

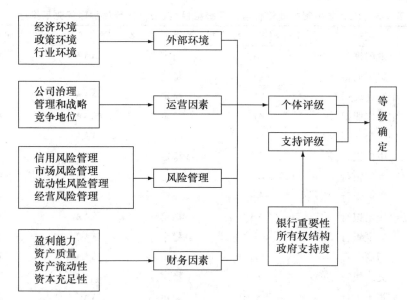

图 2-3 商业银行评级框架

资料来源:中诚信国际信用评级有限责任公司,《商业银行信用评级方法》,http://www.ccxi.com.cn

个体评级主要是对单个银行的管理和战略、财务实力及风险管理做出评价,它所关注的是受评银行因策略与财务处理失误及内部管理失当而陷入困境的可能性,主要分析影响银行信用质量的外部环境、运营因素、财务实力和内部风险管理四方面的因素:(1)外部环境着重考察银行的外部经济环境、政策环境和行业环境;(2)运营因素分析侧重于银行的公司治理、管理和经营战略、竞争地位等方面;(3)财务因素分析包括盈利能力、资产质量、资产流动性、资本充足性等分析,是银行评级过程中的分析重点;(4)风险管理着重分析银行信用风险管理、市场风险管理、流动性风险管理和经营风险管理等制度。

但是,个体评级并未考虑与评级对象有关的外部因素对信用质量的影响。一般来说,从整体上看,银行破产的成本大于其收益,一家银行倒闭有可能危及整个银行系统,进而导致经济和金融体系遭受破坏。因此,在银行面临危机时,政府(甚至其他银行等机构)通常会提供某种方式的援助。

支持评级就是考察受评银行得到来自于政府、股东等外部支持的可能性和力度。它有助于避免仅从个体因素得出评级结论的片面性,使评级结果更能全面反映受评银行的信用质量。支持评级主要从银行对政府和所有者的重要性、所有权结构以及政府的支持程度三个方面,来评估评级对象可能得到的援助。

2013 年 12 月 27 日,中诚信国际信用评级有限责任公司公布了对我国 80 家商业银行的评级结果(见表 2-5)。结果显示,80 家银行中共有 16 家银行(其中包括 4 家外资银行)的综合财务实力评级均为最高的 AAA 级,但在个体财务实力上,级别最高的也只有 AA_f^+,而瑞穗银行仅为 A_f^+,表明外部支持对银行整体评级具有非常明显的影响。

表 2-5 2013 年中国主要银行信用评级结果（按公开发行债券时间先后排序）

序号	银行	个体财务实力评级	评级展望	综合财务实力评级	评级展望
1	中国银行	AA_i^+	稳定	AAA	稳定
2	中国工商银行	AA_i^+	稳定	AAA	稳定
3	中国建设银行	AA_i^+	稳定	AAA	稳定
4	中国农业银行	AA_i	稳定	AAA	稳定
5	中国交通银行	AA_i^+	稳定	AAA	稳定
6	中信银行	AA_i	稳定	AAA	稳定
7	浦发银行	AA_i	稳定	AAA	稳定
8	兴业银行	AA_i	稳定	AAA	稳定
9	民生银行	AA_i	稳定	AAA	稳定
10	华夏银行	AA_i^-	稳定	AA^+	稳定
11	招商银行	AA_i^+	稳定	AAA	稳定
12	光大银行	AA_i	稳定	AAA	稳定
13	恒丰银行	A_i^+	稳定	AA^-	稳定
14	广发银行	AA_i^-	稳定	AA^+	稳定
15	平安银行	AA_i	稳定	AAA	稳定
16	南京银行	AA_i	稳定	AA^+	稳定
17	浙商银行	AA_i	稳定	AA^+	稳定
18	东莞银行	AA_i^-	稳定	AA	稳定
19	温州银行	A_i^+	稳定	AA^-	稳定
20	锦州银行	A_i^+	稳定	AA^-	稳定
21	江苏银行	AA_i	稳定	AA^+	稳定
22	北京银行	AA_i	稳定	AA^+	稳定
23	包商银行	AA_i^-	稳定	AA	稳定
24	盛京银行	AA_i^-	稳定	AA	稳定
25	杭州银行	AA_i	稳定	AA^+	稳定
26	重庆银行	A_i^+	稳定	AA	稳定
27	宁波银行	AA_i	稳定	AA^+	稳定
28	杭州联合银行	AA_i^-	稳定	AA^-	稳定
29	德阳银行	A_i	稳定	AA^-	稳定
30	渤海银行	A_i^+	稳定	AA	稳定
31	上海银行	AA_i^-	稳定	AA^+	稳定
32	天津银行	AA_i^-	稳定	AA	稳定
33	上海农商行	AA_i^-	稳定	AA^+	稳定
34	哈尔滨银行	AA_i	稳定	AA^+	稳定
35	大连银行	A_i^+	稳定	AA^-	稳定
36	齐鲁银行	A_i	稳定	AA^-	稳定
37	重庆农商行	AA_i^-	稳定	AA^+	稳定

（续表）

序号	银行	个体财务实力评级	评级展望	综合财务实力评级	评级展望
38	郑州银行	AA_i^-	稳定	AA	稳定
39	厦门银行	A_i	稳定	AA^-	稳定
40	攀枝花商行	A_i^+	稳定	AA^-	稳定
41	河北银行	A_i^+	稳定	AA	稳定
42	贵阳银行	AA_i^-	稳定	AA	稳定
43	营口银行	A_i^+	稳定	AA^-	稳定
44	东亚银行	AA_i	稳定	AAA	稳定
45	徽商银行	AA_i	稳定	AA^+	稳定
46	成都银行	AA_i^-	稳定	AA	稳定
47	泰隆银行	AA_i	稳定	AA	稳定
48	赣州银行	A_i	稳定	A^+	稳定
49	鞍山银行	A_i^+	稳定	AA^-	稳定
50	辽阳银行	A_i^+	稳定	AA^-	稳定
51	广西北部湾银行	A_i^+	稳定	AA^-	稳定
52	兰州银行	A_i^+	稳定	AA^-	稳定
53	南昌银行	AA_i^-	稳定	AA	稳定
54	长沙银行	AA_i^-	稳定	AA	稳定
55	张家口银行	A_i^+	稳定	AA^-	稳定
56	汉口银行	AA_i^-	稳定	AA	稳定
57	沧州银行	A_i^+	稳定	AA	稳定
58	吉林银行	A_i^+	稳定	AA	稳定
59	瑞穗银行	A_i^+	稳定	AAA	稳定
60	星展银行	AA_i^-	稳定	AAA	稳定
61	广州农商行	AA_i	稳定	AA	稳定
62	九江银行	A_i^+	稳定	AA^-	稳定
63	台州银行	AA_i	稳定	AA	稳定
64	武汉农商行	A_i^+	稳定	AA^-	稳定
65	鄞州农合行	AA_i^-	稳定	AA^-	稳定
66	曲靖银行	A_i	稳定	A^+	稳定
67	华融湘江	A_i^+	稳定	AA	稳定
68	日照商行	A_i^+	稳定	AA^-	稳定
69	阜新银行	A_i	稳定	A^+	稳定
70	泉州银行	A_i^+	稳定	AA^-	稳定
71	乐山银行	A_i	稳定	A^+	稳定
72	北京农商行	A_i^+	稳定	AA	稳定
73	三峡银行	A_i	稳定	AA^-	稳定
74	民泰银行	AA_i^-	稳定	AA^-	稳定

(续表)

序号	银行	个体财务实力评级	评级展望	综合财务实力评级	评级展望
75	青岛银行	A_i^+	稳定	AA	稳定
76	渣打银行	AA_i^-	稳定	AAA	稳定
77	海峡银行	AA_i^-	稳定	AA	稳定
78	石嘴山银行	A_i^+	稳定	A^+	稳定
79	莱商银行	A_i	稳定	A^+	稳定
80	天津滨海农商行	A_i^+	稳定	AA^-	稳定

注：下标 i 表示"个体"。

资料来源：中诚信国际信用评级有限责任公司，http://www.ccxi.com.cn

本章小结

商业银行的经营目标和原则是商业银行评价的重要基准。商业银行的经营目标是约束条件下的股东价值最大化，经营原则是安全性、流动性和效益性。

商业银行财务评价的主要依据是其财务报表，主要包括资产负债表、利润表、现金流量表、所有者权益变动表及其附注，基本方法是运用杜邦模型逐步分解资本利润率，从而得出评价商业银行财务状况和经营成果的一系列财务指标。

监管评级具有强制性，结果仅供监管当局内部使用，监管评级体系的代表是骆驼评级体系（CAMELS）。我国建立了具有中国特色的"CAMELS +"的监管评级体系，评级内容包括资本充足性、资产质量、管理水平、盈利性、流动性和市场风险敏感度六个单项要素及其他影响因素。

信用评级是由外部专业评级机构对银行信用质量做出的综合评价。商业银行的评级一般包括个体评级和支持评级两个方面。个体评级是对单个银行的管理和战略、财务实力及风险管理做出的评价，支持评级是对受评银行得到来自于政府、股东等外部支持的可能性和力度的评价。

复习思考题

1. 应该如何表述商业银行的经营目标？可访问几家商业银行的网站，从其简介或年报中寻找有关其经营目标的表述，说明你的看法。

2. 根据表2-3和表2-4所提供的数据，分析中国工商银行2013年经营绩效相对于2007年得到大幅度提升的原因。

3. 说明商业银行安全性、流动性和效益性三原则的内容及相互之间的关系，并说明银行应如何实现三者之间的平衡。

4. 说明商业银行监管评级的特点和内容。

5. 访问中诚信国际信用评级有限责任公司的网站（http://www.ccxi.com.cn）或者国内外其他评级机构的网站，查询有关中国商业银行信用评级的结果，并进行分析。

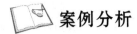案例分析

关于中国商业银行利润的十二个结论

中国商业银行是否存在暴利?这是2012年"两会"期间被广泛讨论的话题之一。首先需要指出的是,"暴利"一词带有极其强烈的感情色彩,吸引眼球、表示不满的心情时可以使用,而且如果"需要",答案一定会是"确实存在暴利"!但如果深究,支撑这一观点的"事实"或"数据"都是值得商榷的。其次,我们需要看到的是,东南亚金融危机前后,国内外普遍担忧利润低下、不良贷款高企、整个行业已经"技术上破产"的中国银行业的前景,想不到,仅仅过了10年多一点的时间,我们居然会在"16家银行成功改制上市,不良贷款率下降至1%左右,拨备覆盖率超过200%,资本充足率超过监管要求"的背景下,开始担心中国银行业利润过高了。这从一个侧面反映出中国商业银行的巨大进步。因此,如果从感情角度来看,或许我们首先应该感到"高兴"和"庆幸"。但是,相比较来看,可能更有意义的讨论,是理性分析中国商业银行的利润来源,并着眼于分析未来可以进行的改革。

离开实际数据讨论中国商业银行的利润高低及其来源,很难得出有意义的结论。在本文中,我们选择中国工商银行(以下简称"工行")和美国富国银行(Wells Fargo,以下简称"富国"),分别作为中、美两国商业银行的代表,展开基于比较的讨论。

富国在次贷危机前相当长的时期中,是美国约8 000家银行中唯一获得AAA评级的银行,次贷危机期间,因并购了原居美国第六位的美联银行(Wachovia),从而从原来的美国第五大银行升至第四位。我们之所以没有选择居于美国前三位的美国银行、花旗银行和JP摩根大通银行,主要原因是这三家银行的国际化程度非常高,而富国99%的业务是在美国国内,与工行的情形很相近。当然,如果选择美国其他商业银行,或者其他国家(地区)的商业银行,或者运用不同国家(或地区)全部或部分银行的平均值来进行比较分析,也会得出非常类似的结论(但可能需要讨论更多的因素)。

需要注意的是,为了减弱次贷危机对分析结论的影响,我们提供了次贷危机前2005年和2006年的数据,并具体与富国2006年的情形进行了比较。

(一) 商业银行利润来源的分解

商业银行的利润是其收入与支出之间的差额,收入包括利息收入和非利息收入,而利息收入包括贷款利息收入、债券及其他资产(如存放中央银行款项等)利息收入;支出包括利息支出(含存款利息支出、发行债券及其他利息支出)、减值损失(含贷款减值损失和其他资产减值损失,但由于贷款减值损失占比通常超过99%,因此,下文忽略其他资产减值损失)、非利息支出(含职工工资奖金和其他业务及管理费)、税收(含营业税及附加、所得税)以及营业外收支净额。商业银行的利润变化,通常来源于这些项目中多个项目的同时变化,从而并没有一个单一的解释(参见图2-4)。

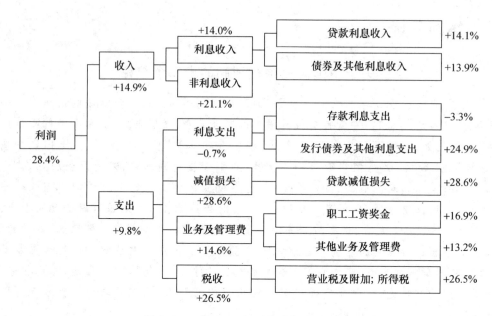

图 2-4　工行 2010 年利润增长率的分解

注：图中数据为各项目 2010 年相对于上年的增长率。
资料来源：根据中国工商银行 2010 年年报数据整理。

工行 2010 年的利润是 1 660 亿元，与 2009 年的 1 294 亿元利润相比，增长了 28.4%，但其收入只增长了 14.9%，因此，工行 2010 年的利润增长主要源于远低于收入增长率的支出增长率（9.8%），这是我们分析工行利润来源的第一个结论（简称"结论 1"，下同）。

在工行全部收入中，利息收入是主体，2010 年占比为 86.3%（2009 年占比为 85.6%），而贷款利息收入虽然是其利息收入的主体，但 2010 年它占全部收入的比例只有 58.5%（2009 年为 58.9%），来自于债券和其他资产的利息收入占全部收入的比例在 2010 年为 27.1%（2009 年为 27.4%）。同时，从增长率看，全部利息收入的增长率（14.0%）、贷款利息收入的增长率（14.1%）都低于总收入的增长率（14.9%），显示出非利息收入的增长（增长率为 21.1%）对总收入增长的贡献显著提高。因此，在工行的收入中，贷款利息收入虽然仍然占据主体地位，但所占比例已经不到 60%。而且，由于其增长率远低于利润增长率，所以，贷款业务只是工行利润高速增长的原因之一，甚至已经不是主要原因了（结论 2）；与此相关的是，非利息收入的增长对利润增长的贡献越来越大了（结论 3）。

贷款减值损失是一个比较特殊的项目，它是独立于利息支出、业务及管理费用、税收的一种支出，但实质上，它是从事贷款业务所固有的一种损失，在银行能够对贷款比较准确地按其风险进行定价时，这一损失已融入了利率中，进而也就包含在了其利息收入之中，因此，它属于贷款利息收入的一种扣减（或直接成本），这样，在分析银行的利润来源时，更好的处理方式是将其从贷款利息收入中扣除后再进行分析。

工行 2010 年的贷款减值损失相对于上年增长了 28.6%，考虑到工行不良贷款率从 1.54% 下降至 1.08%、拨备覆盖率从 164.4% 上升到 228.2% 的事实，贷款减值损失的这一增长显示出工行极大地提高了未来风险的防范能力；如果将这一部分贷款减值损失从贷款利息收入中扣除，扣除后的贷款净利息收入的增长率就从扣除前的14.1%进一步下降到了12.8%，进一步强化了前述的结论2，即贷款对工行利润增长的贡献并非如想象中那样巨大。

在2010年工行的支出中，贷款减值损失、利息支出、业务及管理费用（含职工工资奖金）、税收（含营业税和所得税）占总收入的比重分别为5.2%、34.0%、21.6%和13.1%，显示出了四者的相对重要性（参见下文的详细讨论）。其中，贷款减值损失增长了28.6%，税收增长了26.5%，远高于收入增长率（14.9%），而业务及管理费增长率为14.6%，仅略低于收入增长率。因此，远低于收入增长率的支出增长率（9.8%），主要来源于不仅没有增长、还出现了下降的利息支出。这一点非常突出，即在全部利息收入增长14.0%、贷款利息收入增长14.1%的情况下，存款利息支出下降了3.3%，由于存款利息支出占全部利息支出的比例高达88%，这样，在非存款利息增长24.9%的情况下，全部利息支出下降了0.7%。因此，存款利息支出下降，是工行支出增长远低于收入增长，进而导致利润增长率远高于收入增长率的主要原因（结论4）。

（二）商业银行收入的使用结构

把商业银行的全部收入作为一个整体，把利润作为其用途之一，进而分析商业银行的全部收入到底用于了哪些方面、为哪些主体享有，特别是通过不同国家商业银行间的比较，既有助于判断各因素对商业银行利润贡献的重要性，又有助于判断收入使用的"正当性"或"合理性"，从而使我们更好地理解商业银行的利润来源。

图2-5显示了工行和富国2010年（以及富国2006年）全部收入的使用结构。首先，工行2010年的收入利润率达到30.7%，不仅远高于富国2010年的13.6%，而且也大大高于富国2006年的17.8%。由于利润是收入用于支付所有其他项目以后的余额，因此，我们可以从图2-5中的其他项目中寻找到这些差异的原因。

我们首先可以注意到的是其中两个方面：第一，全部收入中，由职工以工资和奖金形式享有的部分，富国在2006年为20.8%，2010年达到24.2%；而工行在2010年仅为8.4%。同时，图2-4显示，这部分的增长率16.9%虽然高于收入增长率（14.9%），但远低于利润增长率（28.4%）。因此，中国商业银行"暴利"必然导致银行高工资、高奖金的观点可能是值得商榷的。而且，考虑到工资奖金与利润之间存在着此消彼长的关系，我们或许还可以得到"正是因为工资奖金支出比较低，所以商业银行利润比较高"的结论。当然，如果与中国其他行业工资水平相比较可能会发现，中国商业银行的工资已经"过高"，鉴于篇幅所限，我们无法深入讨论，但可以得出的初步结论是，相对于美国商业银行而言，中国商业银行利润率较高的重要原因之一是职工工资奖金比较低（结论5）。第二，由于所有收入都需要纳税，而政府又是工行最大的股东（2010年年底，中央汇金公司和财政部合计持有工行股份所占比例为70.7%），在工行全部收入中，由政府以税收和利润份额两部分享有的比例达到34.8%，超过了1/3；而相比较来看，富国的收入中，仅以所得税的部分向政府贡献了6.8%（2010年）和8.1%（2006年）。因此，很多商业银行的高管人员，在回应社会上关于银行"暴利"的质疑时指出，"银行的利润中，国家拿了大头"，这是符合事实的（结论6）。

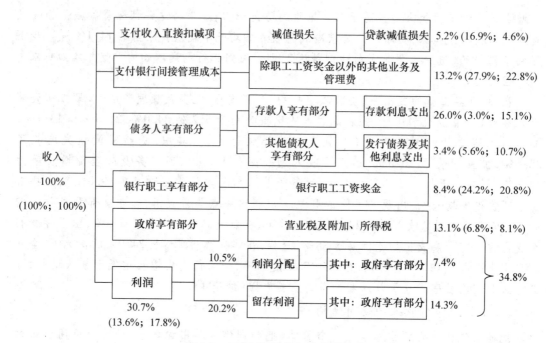

图 2-5 工行、富国收入的使用结构

注：图中数据为各项目占总收入的百分比；无括号的数字为工行 2010 年的数据；括号中的数字为富国的数据，其中，分号前为 2010 年的数据，分号后为 2006 年的数据。图中数据加总可能不等于 100%，原因是忽略了所占比例极小的"其他"项。

资料来源：根据两家银行各年度年报数据整理。

银行收入中由债务人享有的部分，即通过债务形式筹集资金而支付的利息所占比例，工行在 2010 年为 29.4%，而富国在 2010 年仅为 8.6%，这主要是受到当年美国货币政策极其宽松、联邦基金利率接近于零（全年平均为 0.18%）的影响。但是，在 2006 年联邦基金利率处于高水平（全年平均为 4.97%）的情况下，富国利息支出占全部收入的比重也只有 25.8%，仍然比工行 2010 年的水平低。尤其是从存款利息占全部收入的比例来看，富国 2010 年和 2006 年分别为 3.0% 和 15.1%，而工行 2010 年则高达 26.0%，同时，考虑到美国商业银行还有相当一部分存款不仅不支付利息，反而还要收取高额账户管理费的情况，工行的负债中成本相对较低的存款所占比例，要远高于富国（参见表 2-6）。这样，我们似乎可以得到一个结论——从与美国商业银行相比较来看，存款利率过低并不是中国商业银行利润率过高的原因（结论 7）。

用于支付没有明确享有主体的收入包括两部分：第一部分是可视为贷款利息收入直接扣减项的贷款减值损失（当然也可以看做违约借款人所享有的部分），工行仅为 5.2%，富国在 2010 年高达 16.9%，这充分显示了次贷危机的巨大影响（其中主要是并购美联银行的影响），而在比较正常的 2006 年则为 4.6%，与工行在 2010 年的水平比较接近。这在一定程度上说明，工行资产质量改善对利润有着显著的正面影响。第二部分是除职工工资奖金以外的其他业务及管理费，工行仅为 13.2%，而富国在 2006 年就高达 22.8%，到 2010 年更是高达 29.9%，再结合图 2-4 可以看到，工行此部分费用 2010 年的增长率只有13.2%,低于收入的增长率(14.9%),这显示出工行在成本控制方面不仅做得很好,而且还在不断改善,这是工行利润率要明显高于富国的重要原因(结论8)。

(三) 关于中国商业银行利差的四个误解

在讨论中国商业银行的利润时,有两个虽然众所周知且本身并无疑问的事实,却引起了关于中国商业银行利差的诸多误解,并使得关于"暴利"的讨论变得非常复杂。

第一个事实是,中国商业银行营业收入(等于净利息收入加非利息收入)中利差收入(即净利息收入)所占比例,要远高于其他国家商业银行。图2-6显示,工行在2005—2010年的6年间,利差收入占营业收入的比例平均要比富国高出30.6个百分点。当然,这一差异在逐年缩小,但2010年仍然高达27.2个百分点。

第二个事实是,中国不仅仍然实行着严格的利率管制,而且这种管制是非对称的:贷款利率可以无限上浮(例外情形是信用社上浮幅度为基准利率的2.3倍),但有最低限;存款利率可以下浮,但有最高限。这样,政府就强制性地保障了银行业利差的下限。

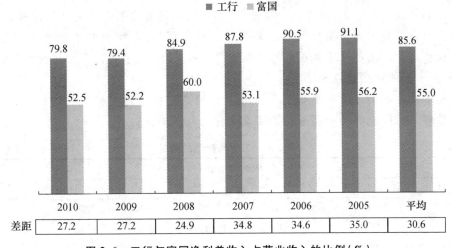

图2-6 工行与富国净利差收入占营业收入的比例(%)

资料来源:根据两家银行相应年度年报数据整理。

这两个事实导致的第一个误解是,中国商业银行的利差,就是中国人民银行所规定基准利率中一年期存贷款利率之差(下文简称"基准利差")。使用这一利差定义的缺陷是显而易见的。首先,商业银行存款和贷款的期限种类很多,不都是一年期的,而无论是存款还是贷款的利率都会随着期限的不同有很大差异。其次,按照我国目前的"存款利率管上限、贷款利率管下限"的利率管制结构,商业银行在基准利率基础上可以在一定范围内自主浮动,实际存贷利差与基准利差存在很大差异,如果仅以基准利差作为代表,必然存在较大的偏差。从2008年9月16日下调利率将基准利差缩小为3.06%以后,在此后的截至本文定稿的2012年3月24日的9次利率调整中,基准利差都没有变动(即在本文讨论的2009年和2010年始终为3.06%)。显然,这一利差不仅掩盖了中国不同商业银行之间的差异,而且也掩盖了不同时期之间的差异。从2005年左右开始,中国部分上市商业银行已经开始在其年报中按照国际惯例披露实际利差(Interest Spread),其定义是生息资产收益率(即全部利息收入与能为银行带来利息收入的全部资产平均余额之比)与计息负债付息率(即全部利息支出与银行需要支付利息的全部负债平均余额之比)之差。另外,通常译为"息差"的"Interest Margin"的定义是净利息收入与全部生息资产平均余额之比。

第二个误解是,银行利差就是指存贷款利差,即存款利率与贷款利率之间的差额。随着商业银行资产和负债形式的多样化,仅考虑存贷利差,已不能全面反映银行资金来源的利息成本和资金运用的利息收益。许多其他资产形式(如债券投资、拆出资金、买入返售款项等)与贷款一样,也能够为银行带来利息收入,而许多其他负债形式(如应付债券、拆入资金、卖出回购款项等)与存款一样,也需要支付利息。因此,在计算银行利差时,必须将这些资产和负债形式也考虑进去。同时,在西方文献中或国内外银行经营者所说的利差,除非特别说明,通常都是指"综合利差",如果我们在讨论时仅说明存贷利差,必然会导致混乱。

第三个误解是运用中国商业银行利差收入在营业收入中所占比例高,来说明中国商业银行的利差高。很显然,这是两个完全不同的比例,两者之间并没有必然的联系。

第四个误解是中国商业银行的利差要远高于美国,但实际数据表明情况正好相反,中国商业银行的利差要低于美国。这个误解非常普遍,在关于中国商业银行的"暴利"讨论中,它所引起的问题也最为严重。

从表 2-6 中我们可以看到如下三点基本结论。这些结论能够在一定程度上说明前述四个误解,同时,也有助于理解中国商业银行的利润来源。

表 2-6 工行与富国的利差 (单位:%)

	中国工商银行					
	各项目金额占生息资产比例		各项目金额增长率	平均利率/利差		
	2010 年	2009 年		2010 年	2009 年	变化
贷　　款	51.0	49.0	19.2	4.99	5.21	-0.22
其他生息资产	49.0	51.0	10.0	2.41	2.32	0.08
存　　款	83.5	83.8	14.1	1.35	1.60	-0.25
其他计息负债	9.8	9.7	15.2	1.52	1.40	0.12
净 利 差				2.35	2.16	0.19
存贷款利差				3.64	3.61	0.03
	美国富国银行					
	各项目金额占生息资产比例			平均利率/利差		
	2010 年	2009 年	2006 年	2010 年	2009 年	2006 年
贷　　款	75.7	79.0	84.3	5.13	5.05	8.11
其他生息资产	24.3	21.0	15.7	4.52	5.75	6.02
存　　款	59.2	58.0	53.8	0.45	0.59	3.21
其他计息负债	22.3	26.3	25.4	2.18	2.14	4.85
净 利 差				4.06	4.12	4.05
存贷款利差				4.69	4.46	4.91

资料来源:根据两家银行各年度年报数据整理。

第一,富国的净利差要高于工行,而不是相反。富国的利差在2006年、2009年和2010年均超过了4%,而工行的利差最高仅为2010年的2.35%,两者差异如此巨大的主要原因在于,生息资产结构中,一方面,收益率较高的贷款所占比重,富国要远高于工行,另一方面,贷款以外的其他生息资产的收益率,富国也要远高于工行(因为富国的债券投资主要是资产支持证券,而工行的债券投资主要是国债);同时,工行的存贷款利差也要低于富国(其原因主要在于富国的贷款主要投向利率相对较高的中小企业和个人消费者,而工行的贷款对象主要是企业,尤其是谈判能力很强的大型企业),因此,中国商业银行的利差是低于而不是高于美国商业银行。另外,无论是在中国还是在美国,存贷款利差与净利差都有很大差异,而在中国,两者与基准利差也大不相同,从而不能将三者混淆起来讨论。综合起来看,我们不能认为利差高是中国商业银行利润高的主要原因(结论9)。

第二,图2-4显示,工行2010年在收入大幅增长的情况下,存款利息支出下降了3.3%,表2-6显示存款的平均利率下降了25个基点,但这一幅度仅比贷款利率的下降幅度高出3个基点。之所以会在存款平均余额上升14.1%的情况下,利息支出出现下降,主要原因在于存款利率的水平本来就很低,更为重要的是,存款本身的规模非常巨大——存款是工行最主要的资金来源,为其生息资产提供了84%的融资。相比较来看,富国的这一比例不到60%。考虑到前述结论7中所讨论的存款利率情形,我们也不能认为存款利率过低是中国商业银行利润高的原因(结论10)。

第三,图2-4显示,工行贷款利息在2010年相对于上年增长了14.1%,由于贷款的平均利率下降了22个基点,因此,其主要原因在于贷款规模的高速增长(增长率达到19.2%);同时,还应注意到,存款规模的增速(14.1%)和其他计息负债的增速(15.2%)都要低于贷款规模的增速,因此,贷款规模的高速增长主要是通过工行资产结构调整,即通过相对减少收益率较低(平均只有贷款利率的一半)的其他生息资产来实现的,实际上,工行其他生息资产的增长率只有10.0%。因此,银行贷款规模的扩大是贷款利息增长,进而利润增长的重要原因(结论11)。

(四) 关于存贷款利率的进一步市场化

2009年1月,中国人民银行副行长易纲以北京大学中国经济研究中心教授的身份在《金融研究》上发表了《中国改革开放三十年的利率市场化进程》一文,在其结论中,易纲写道:"笔者笃信市场经济,坚信市场经济能给中国人民带来福祉,一直不遗余力地推进利率市场化改革。近来,笔者变得有些保守,对于中国如何进一步推进利率市场化没有想清楚,笔者的困惑主要如下:产权清晰、自由竞争和退出机制是进一步推进利率市场化的必要条件,这些条件在中国是否已经完全具备? 当前推进利率市场化的焦点在于放开贷款利率下限和存款利率上限,由商业银行自主定价。那么,我们是否允许完全的自由竞争? 而如果竞争失败,退出机制的约束又是否存在呢? 由于零售银行的外部性很强,我想上述问题没有简单的答案。从这次美国金融危机的教训看,他们也没有很好地解决这些问题。这里深层次的问题是,利率完全市场化和国家对大银行控股、存款保险以及国家注资银行等是有矛盾的。而对这一问题不进行梳理和总结,过度竞争和道德风险将难以避免。"

对于易纲的上述观点,笔者深表赞同。

目前的利率管理体制中,"贷款利率管下限"的目的,是在避免贷款恶性竞争的情况下,通过允许银行风险定价,逐步促进银行贷款从大企业转向中小企业。但实际上,贷款利率上浮的比例并不高,尤其是大中型商业银行更是如此,向中小企业转移的目标并没有实现。"存款利率管上限"的目的,除了同样避免存款恶性竞争以外,一方面是促进金融市场的发展、刺激消费;另一方面是促进银行通过适时降低利率对负债进行主动管理。但实际上,不仅存款仍然持续调整增长,而且几乎没有银行降低利率。在这种情况下,如果取消上下限,"过度竞争和道德风险"将几乎是必然的。当然,如果提高存款利率上限无疑会进一步刺激存款的增长,这与刺激消费、促进金融市场的发展目标相悖,而如果降低贷款利率下限,又仅仅是相当于放松货币政策,其对于促进利率市场化的效果将十分有限。因此,从本文所讨论的中国银行业"暴利"问题这一角度来看,存贷款利率非对称的管理体制,既不是银行利润高速增长的根本原因,也可能是在短期内无法改变的(结论12)。

(五)结论

从总体上来看,中国商业银行利润持续增长的主要原因,是成本控制能力上升(结论1、5、8)、贷款规模扩大(结论11)、存款利息支出下降(结论4)和非利息收入增长(结论2、3),而存款利率过低(结论7、10)可能并不是主要原因;同时,与通常观念相反,中国商业银行的利差不是高于,而是低于美国商业银行(结论9),从而不能将高利润归结于高利差,而且从未来改革的角度来看,"放开贷款利率下限和存款利率上限"的利率市场化改革,在短期内将难以取得实质性进展(结论12)。另外,在讨论中国商业银行的利润时,我们还必须看到的一个重要现象是,银行收入中政府享有的部分超过了三分之一(结论6),而商业银行员工工资资金所占比例不到10%(结论5)。无论如何,中国商业银行的高额利润是改革取得巨大进展的充分体现,也为进一步深化改革创造了非常好的条件,比如,推进新的资本监管体制的实施、加强银行公司治理、提高管理水平、改进分配体制、建立强有力的银行文化等,但减少商业银行利润本身可能并不宜(笔者认为也不会)成为宏观或微观银行改革的目标。

资料来源:何自云,《工行与富国,谁更暴利——关于中国商业银行利润的十二个结论》,《当代金融家》,2012年第4期。

案例思考题:

访问一家你喜欢的商业银行的网站,找到其最新年报,运用本章第二节所介绍的财务评价体系对其财务状况和经营成果进行分析,并对比本章所介绍的中国工商银行的数据以及本章案例,说明你所研究的商业银行的特点。

第三章 商业银行负债的管理

【学习目标】

1. 了解商业银行负债的种类和管理原则。
2. 理解存款对商业银行的重要性,了解存款产品创新的三个基本思路和吸收存款方式的创新,理解存款保险的目的。
3. 理解借款对商业银行的重要性,了解商业银行的借款方式和选择因素。

第一节 负债管理概述

负债是指商业银行承担的能够以货币计量、需要以资产或劳务偿付的债务。负债所代表的是商业银行对其债务人所承担的全部经济责任,是支撑商业银行资产业务的重要资金来源。

一、银行负债的构成

按照资金来源划分,商业银行的负债主要包括存款负债、借款负债、结算性负债和应付款项。其中,银行需要对前两项来源支付利息,称为计息负债;而对后两项来源一般不需要支付利息,称为非计息负债。

存款负债是商业银行的主要负债和经常性资金来源,借款负债的比重随着金融市场的发展而不断上升,对这两项负债的详细讨论分别参见本章第二节和第三节。

结算性负债,主要是指商业银行在结算过程中所占用的客户资金,主要包括汇出汇款和应解汇款两项内容。汇出汇款是指银行受客户委托汇往外地但汇入银行尚未实际解付,从而汇票尚未划回的款项;应解汇款是指银行在汇款业务中,已经收到汇款方所汇的款项,但尚未支付给收款人的款项。汇出汇款和应解汇款都属于临时性资金来源。

应付款项是商业银行按照权责发生制应当履行对外支付义务但尚未实际支付,而在表内科目内计提和反映的有关款项名目。这是一种确定性较强、商业银行日常经营必不可少的负债项目,主要包括应付利息、应付工资、应付福利费、应付代理证券款项、应付税金、应付固定资产融资租赁费、应付股利等。

二、银行负债管理的基本原则

商业银行在负债管理中,一般应遵循如下基本原则:

(1) 依法筹资原则。商业银行的特殊性使得政府对商业银行有着非常严格的监管,对于负债的管制更为严格。因此,商业银行在筹资过程中,不论采取何种筹资方式,都必须严格遵守有关法律、法规,不能进行违法筹资和违规筹资活动。依法筹资包括三方面的含义:一是商业银行的筹资范围和渠道必须合法,不能超范围吸收资金;二是商业银行筹资必须遵守相关的利率政策,不能违反利率政策吸收资金;三是不能利用不正当竞争的手段筹资。

(2) 成本控制原则。商业银行以负债形式筹集资金,必须考虑商业银行的成本负担能力和经营效益。商业银行如果能以较低的筹资成本取得大量的资金来源,并通过对这些资金的合理运用,就可获得较高的收益;反之,如果筹资成本很高,就会降低商业银行的盈利水平,甚至发生亏损。因此,商业银行在筹资过程中要加强成本控制。

(3) 量力而行原则。商业银行筹资必须考虑其经营效益和成本负担能力,不能无止境地追求资金来源,必须根据自身的条件、实力和基础,合理、适度地筹措资金,同时将所筹资金及时、合理地运用出去。

(4) 结构合理原则。商业银行不同来源、不同期限、不同工具的负债具有不同的特点、成本和风险。因此,商业银行在负债管理中,必须综合考虑各种因素,保证一个合理的负债结构。

第二节 商业银行存款的管理

一、存款的特殊性

(一) 存款是银行的象征之一

我国《商业银行法》第二条规定:"本法所称的商业银行是指依照本法和《中华人民共和国公司法》设立的吸收公众存款、发放贷款、办理结算等业务的企业法人。"第十一条规定:"未经国务院银行业监督管理机构批准,任何单位和个人不得从事吸收公众存款等商业银行业务,任何单位不得在名称中使用'银行'字样。"因此,吸收公众存款是银行的特权,从而成为银行的象征之一,这也是商业银行同时被称为"存款机构"(Depository Institutions)的原因。

存款作为商业银行的象征,还充分体现在"非法吸收公众存款罪"的罪名之中。1995年6月发布的《全国人民代表大会常务委员会关于惩治破坏金融秩序犯罪的决定》(以下简称《决定》),第一次明确界定了非法吸收公众存款或者变相吸收公众存款。1997年修订《中华人民共和国刑法》时,完全吸纳了《决定》关于非法吸收公众存款罪的规定,并以第一百七十六条做了专门规定:"非法吸收公众存款罪是指违反国家金融管理法规,非法吸收公众存款或者变相吸收公众存款,扰乱金融秩序的行为。"1998年7月13日国务院发布施行的《非法金融机构和非法金融业务活动取缔办法》,把非法吸收公众存款和变相吸收公众存款称为非法金融业务活动,并进行了明确的界定:"非法吸收公众存款,是指未经国务院银行业监督管理机构批准,向社会不特定对象吸收资金,出具凭证,承诺在一定期限内还本付息的活动;变相吸收公众存款,是指未经国务院银行业监督管理机构批准,不以吸收公众存款的名义向社会不特定对象吸收资金,但承诺履行的义务与吸收公众存款性质相同的活动。"

(二) 存款是银行重要性的主要原因

在整个社会经济中,商业银行之所以如此重要,之所以会受到如此严格的监管,最主要的原因之一在于存款对于整个社会、经济具有非常重要的意义。这主要表现在以下几个方面:

(1) 存款是居民积蓄收入的基本工具,是居民稳步提高生活质量、防范各种外部冲击的基本手段。尤其是对于低收入群体来说,存款更是关系到其生计。因此,从一定程度上来看,存款关系到整个社会的稳定。

(2) 存款是社会储蓄的基本形式,而储蓄是投资的基础,投资是经济增长的引擎。因此,存款在某种程度上决定着经济增长。自改革开放以来,我国的经济增长之所以能够获得持续的高速增长,其中最重要的原因之一在于我国银行体系获得了社会公众的信任,从而动员了大量储蓄,为经济增长奠定了坚实的资金基础。

(3) 存款是支付体系的基础,而支付体系在现代市场经济中处于核心的地位。因此,存款又对整个经济体系的正常运行有着巨大的影响。

存款的重要性衍生出了银行的重要性,这是银行为什么受到社会如此关注、受到政府如此严格监管的重要原因之一。

(三) 存款是银行脆弱性的重要来源

相对于其他金融工具来说,存款最重要、最显著的特征是存款人可以随时支取所存款项,即使存款人在存款时已与银行约定期限,存款人也有权在到期前支取存款,银行也必须在存款人需要时予以支付。我国《商业银行法》第三十三条规定:"商业银行应当保证存款本金和利息的支付,不得拖延、拒绝支付存款本金和利息。"《储蓄管理条例》规定:"储蓄机构应当按照规定时间营业,不得擅自停业或者缩短营业时间。"也就是说,存款人在支取存款时,银行不仅不能拒绝,甚至连拖延也是法律不许可的。

存款的上述特性,是商业银行脆弱性的主要原因之一。[①] 具体来看,存款可以随时支取之所以能够导致银行的脆弱性,主要是由存款的部分准备、存款支取的"先来后到"原则及存款支取的低成本所决定的。

(1) 存款的部分准备,是指商业银行对吸收来的存款,只将很少的一部分作为准备金,而将其余绝大部分以贷款等流动性较差的资产形式运用了出去。在这种情况下,银行安全运行的前提是,同时被支取的存款只占总存款的一小部分。假设存款占总负债的比例是80%,而准备金(包括库存现金和中央银行存款)占总资产的比例是10%[②],那么,银行的准备金只能满足12.5%的存款被同时支取,如果同时支取存款的比例超过12.5%,银行就会出现流动性困难,迫使银行立即变卖资产(往往会遭受损失),或者从中央银行借入资金(往往极其有限),或者从金融市场借入资金(成本往往会大幅度上升)。如果这些措施仍然不能满足存款支付的话,银行就会陷入流动性危机。

(2) 存款支取的"先来后到"原则,是指到银行支取存款的人,将会按照"先来后到"的原则得到服务,在银行失去支付能力之前到银行支取存款的人,就能够全额收回其存款的本金和利息,而在此之后去支取存款的人,就有可能遭受本金和利息的全部或部分损失。这部分存款人到底遭受多大比例的损失,主要取决于当局如何处理陷入危机的银行、该银行是否参加存款保险及其资不抵债的程度。如果当局大规模支持、接管或者安排合并陷入危机的银行,存款人的利益就不会受大的影响,但可能会存在限制存款支取或者强制存款转换的情况,存款人将因此遭受利息或者通货膨胀的损失;如果当局对陷入危机的银行进行破产清算,存款人将得到存款中被保险部分的全额赔付(如果有存款保险),其余部分将与其他债权一起参加清算后所剩余净资产的分配,存款人将遭受一部分本金和利息的损失。

---

① 商业银行的脆弱性,是指商业银行在外部冲击的作用下,极易出现流动性困难、失去清偿力、从而最终陷入危机的一种性质。贷款的高风险性、低透明性和低流动性,也是商业银行脆弱性的重要原因。详细讨论分析请参见本书第八章及以下著作:何自云,《商业银行的边界:经济功能与制度成本》,中国金融出版社,2003年版。

② 2013年12月31日,中国工商银行的存款额为14.6万亿元,占总负债的比例为82.9%;现金及存放中央银行款项为3.3万亿元,占总资产的比重为17.4%。数据来源:根据中国工商银行2013年年报数据计算。

(3) 存款支取的低成本,是指存款人支取存款时所发生的成本,相对于银行倒闭后本金的损失来说,是极低的。对于不支付利息的活期存款,存款支取的成本只是安全性和流动性的降低(如果存款人认为银行存款比手持现金更安全、更方便的话);对于支付利息的活期存款和定期存款,其成本还应加上存款支取后的利息损失(包括已存期限内应得未得利息,以及如不支取在将来期限内本应获得的利息两部分)。但如果存款人支取存款后,还可以有其他投资渠道(如购买国库券或存入存款人认为安全的其他银行),总成本还应该减去从这些投资渠道所获得的收益,这样,存款支取的成本会变得更低。

存款的部分准备,使存款人知道"如果很多存款人去支取存款的话,这家银行就会倒闭";存款支取的"先来后到"原则,使存款人深信"如果我去迟了,就会取不到存款";存款支取的低成本,使存款人形成"宁可信其有"的观念,会很容易地做出支取存款的决定。因此,存款的这三个特征,使存款人极容易挤提存款,同时支取存款的部分极容易超过银行的支付能力,从而使银行陷入流动性危机。

(四) 存款是银行正常经营的重要基础

对于商业银行的正常经营来说,存款也具有重要意义,这主要表现在如下几个方面:

(1) 存款为银行提供成本低廉的资金来源。相对于借款来说,存款的利率要低很多。①

(2) 存款是银行交叉销售其他产品的基础。存款是银行的核心产品,客户在银行开立存款账户,就有可能在银行申请贷款、进行结算、购买基金、保险等。因此,存款是银行与客户建立密切业务关系的基础。

(3) 存款为银行有效管理贷款提供丰富的信息。借款人在银行都要开立存款账户,客户存款账户能够反映客户的资金往来和业务状况,不仅能够直接为银行提供大量信息,而且也能作为佐证帮助核实银行从其他渠道所获得的信息。

(4) 存款使银行得到政府的保护。存款对于整个社会、经济的发展和稳定的重要性,使政府通过多种方式来保护银行,比如最后贷款人机制、存款保险制度、陷入困境时的政府援助等。因此,银行在经营中也更加安全。

(5) 存款降低了银行竞争的程度。存款的重要性,使政府对银行实施了非常严格的监管,不仅准入条件非常高,而且审慎经营的要求也非常严格,这就形成了银行业的进入壁垒,大大降低了银行业的竞争程度。

二、存款的种类

不同国家的存款种类有很大差异。美国商业银行的存款,主要是按照支取方式来分类,分为交易存款、储蓄存款和定期存款;而我国商业银行的存款则主要按照存款人分类,包括单位存款和个人存款两大类。

---

① 2013年中国工商银行存款的平均利率为1.98%,而应付债券的平均利率为4.03%。数据来源:中国工商银行2013年年报。

(一) 美国商业银行的存款种类

1. 交易账户

交易账户(Transaction Account)是客户出于交易目的而开立的账户。交易账户允许存款人随时提取现金,或者通过支票、可转让支付命令或电话指令等方式进行转账,用于各种交易,故称交易账户。交易账户包括传统的活期存款账户和各种新型付息支票账户。

(1) 活期存款账户。活期存款账户(Demand Deposit Account),也称支票账户(Checking Account),是没有确定存款期限、存款人可随时支取现金或使用支票进行转账支付的存款账户,开户人可以是个人,也可以是企业、政府部门以及非营利性机构。对于活期存款账户,银行需要花费大量的账户管理费用和支票处理费用。因此,美国法律明确禁止商业银行对活期存款支付利息,同时,商业银行一般会对活期存款账户收取较高的账户管理费。

(2) 可转让支付命令账户。可转让支付命令账户(Negotiable Order Withdrawal Account, NOW),是一种不使用支票,但存款人使用可以自由转让流通的支付命令作为支付指令,并由银行支付利息的存款账户。这种存款账户的存款对象仅限于个人和非营利性组织,存款利率略低于储蓄存款,存户可以使用银行规定的支付命令进行转账支付,此支付命令具有和支票相同的效力,可以自由转让、流通。这种账户兼顾了传统活期存款可以转账支付的便利,以及储蓄存款支付利息的属性,因此很受存款人的欢迎。

(3) 超级可转让支付命令账户。超级可转让支付命令账户(Super NOW)是在可转让支付命令账户的基础上发展而来的,它与 NOW 账户的主要区别就在于它有一个最低存款的限额(法定最低存款余额为 2 500 美元),同时,存款人可无限制地开出支付命令,或直接提现,或直接向第三者支付,但银行对处理承付的支票加收一定的费用。

2. 储蓄存款

储蓄存款账户(Savings Deposit Account)是存款人为积蓄货币和取得利息收入而开立的存款账户,不能签发支票,支取凭证是存折,存折不能流通、转让,存款人也不能透支。存款人仅限于个人和非营利性机构。储蓄存款分为活期储蓄存款和定期储蓄存款两种。银行有权要求储蓄存款人在支取存款 7 天前书面通知银行,但银行出于竞争的压力,通常都取消了这一要求。

除了一般性储蓄存款账户以外,货币市场存款账户(Money Market Deposit Account, MMDA)和个人退休账户(Individual Retirement Account, IRA)也属于储蓄存款账户。

3. 定期存款

定期存款(Time Deposit)是银行与客户事先约定存款期限并支付利息的存款。客户存入款项时,银行一般签发载明存款金额、利率和期限的定期存单,作为客户存款所有权及获取利息的证书,到期时凭此支取存款本息。定期存款的期限比较长而且比较固定,这就为银行提供了稳定的资金来源,对商业银行的长期放款和投资具有重要的意义。

定期存款主要包括定期存单和大额可转让定期存单两种。定期存单(Deposit Certificate)是定期存款的传统形式,存单面额不固定,存期也由储户自由选择,利率根据存入日的挂牌公告确定,在整个存期内一般保持不变。定期存单采用记名存款方式,不能转让,只能在签发银行兑现,但是可以将它作为质押品从银行取得贷款。大额可转让定期存单(Negotiable Certificate of Deposit,CD)是一种特殊的定期存单,虽然在法律上属于存款,但更具主动借款的性质。因此,我们将在本章第三节中详细讨论。

(二) 我国商业银行的存款种类

我国商业银行的存款包括单位存款和个人存款两大类。单位存款又称公司存款或对公存款,包括结算存款、定期存款、协定存款、通知存款、大额可转让定期存单等;个人存款又称为对私存款,包括结算存款、储蓄存款(含个人教育储蓄存款)、通知存款和大额可转让定期存单等。

1. 单位结算存款

单位结算存款也称为单位活期存款,类似于美国的交易存款,是一种存款人可以随时支用的存款。我国单位结算存款均按中国人民银行统一规定的活期存款利率支付利息。

中国人民银行发布的自 2003 年 9 月 1 日起施行的《人民币银行结算账户管理办法》,将单位活期存款账户划分为基本存款账户、一般存款账户、临时存款账户和专用存款账户四种。同时规定,存款人开立基本存款账户、临时存款账户(存款人因注册验资需要开立的临时存款账户除外)和预算单位开立的专用存款账户实行核准制度,经中国人民银行核准后由开户银行核发开户登记证。

2. 单位定期存款

单位定期存款,是银行与存款人双方在存款时事先约定期限和利率,到期后支取本息的存款。与个人定期存款不同,商业银行在接受单位定期存款时,开具的并不是存单,而是"单位定期存款开户证实书"(简称"证实书"),证实书仅对存款单位开户证实,不能作为质押的权利凭证。如果需要以单位定期存款进行质押,商业银行必须为此目的开立专门的存单。①

3. 单位协定存款

单位协定存款,是指单位客户按照与银行约定的存款额度开立的结算账户,账户中超过存款额度的部分,银行将其转入单位协定账户,并以优惠利率计息的一种单位存款。

4. 个人结算存款

个人银行结算账户是自然人因投资、消费、结算等而开立的可办理支付结算业务的存款账户。《人民币银行结算账户管理办法》规定:"个人银行结算账户按活期储蓄利率计息。"

个人银行结算账户有三个功能:(1) 活期储蓄功能,可以通过个人结算账户存取款本金和支取利息;(2) 普通转账结算功能,通过开立个人结算账户,办理汇款、支付水电话气等基本日常费用、代发工资等转账结算服务,使用汇兑、委托收款、借记卡、定期借

---

① 中国银监会 2007 年 7 月 3 日发布实施的《单位定期存单质押贷款管理规定》规定:"本规定所称单位定期存单,是指借款人为办理质押贷款而委托贷款人依据开户证实书向接受存款的金融机构申请开具的人民币定期存款权利凭证。单位定期存单只能以质押贷款为目的开立和使用。单位在金融机构办理定期存款时,金融机构为其开具的《单位定期存款开户证实书》不得作为质押的权利凭证。"

记、定期贷记、电子钱包（IC卡）等转账支付工具；(3) 通过个人银行结算账户使用支票、信用卡等信用支付工具。

5. 个人储蓄存款

储蓄是指个人将属于其所有的人民币或者外币存入储蓄机构，储蓄机构开具存折或者存单作为凭证，个人凭存折或者存单可以支取存款本金和利息，储蓄机构依照规定支付存款本金和利息的活动。

由国务院发布、自1993年3月1日起施行的《储蓄管理条例》规定："国家保护个人合法储蓄存款的所有权及其他合法权益，鼓励个人参加储蓄。储蓄机构办理储蓄业务，必须遵循'存款自愿，取款自由，存款有息，为储户保密'的原则。"

我国商业银行办理的储蓄存款种类包括：活期储蓄存款；整存整取定期储蓄存款；零存整取定期储蓄存款；存本取息定期储蓄存款；整存零取定期储蓄存款；定活两便储蓄存款。

6. 个人教育储蓄存款

教育储蓄存款，是指为了鼓励城乡居民以储蓄存款方式为其子女接受非义务教育（指九年义务教育之外的全日制高中、大中专、大学本科、硕士和博士研究生）积蓄资金的储蓄存款种类。

由中国人民银行发布、自2000年4月1日起施行的《教育储蓄管理办法》，规定教育储蓄的对象（储户）为在校小学四年级（含四年级）以上学生；教育储蓄为零存整取定期储蓄存款，存期分为一年、三年和六年，最低起存金额为50元，本金合计最高限额为2万元；在利率上比较优惠，一年期、三年期教育储蓄按开户日同期同档次整存整取定期储蓄存款利率计息，六年期按开户日五年期整存整取定期储蓄存款利率计息。

7. 单位与个人通知存款

通知存款，是指存款人在存入款项时不约定存期，支取时需提前通知金融机构，约定支取存款日期和金额方能支取的存款。

中国人民银行1999年1月3日发布的《通知存款管理办法》对这类存款进行了规范。通知存款不论实际存期多长，按存款人提前通知的期限长短划分为一天通知存款和七天通知存款两个品种。一天通知存款必须提前一天通知约定支取存款，七天通知存款必须提前七天通知约定支取存款。

8. 单位与个人保证金存款

保证金存款，是商业银行为保证客户在银行为客户对外出具具有结算功能的信用工具，或提供资金融通后，按约履行相关义务，而与其约定将一定数量的资金存入特定账户所形成的存款类别。在客户违约后，商业银行有权直接扣划该账户中的存款，以最大限度地减少银行损失。

按照保证金担保的对象不同，保证金存款包括银行承兑汇票保证金、信用证保证金、黄金交易保证金、个人购汇保证金、远期结售汇保证金等。

9. 同业存放

同业存放，也称同业存款，全称是同业及其他金融机构存入款项，是指因支付清算和业务合作等的需要，由其他金融机构存放于商业银行的款项。

同业存放属于商业银行的负债业务,与此相对应的概念是存放同业,即存放在其他商业银行的款项,属于商业银行的资产业务(参见本书第八章)。

三、存款管理的创新

(一) 存款人存款的目的

商业银行的存款管理,从根本上来说就是为了更好地满足存款人存款的需要,使存款人从存款中获得更多的效用。因此,商业银行在进行存款创新时,首先是深入研究存款人存款的目的,充分了解其选择在本银行存款的原因,并采取相应措施,以更好地满足存款人存款的需要,从而吸收更多的存款。

一般说来,存款人将钱存在银行,主要是追求通常所谓的"三性",即盈利性、安全性和流动性。追求盈利性,是指存款人希望能够获得更多的利息收入;追求安全性,是指存款人希望能够按照约定收回本金和利息;追求流动性,是指存款人希望能够方便地存取所存款项,或者用于支付。

在银行所提供的存款产品中,这"三性"之间通常是有冲突的。比如,盈利性较高的时候,安全性和流动性一般较低;而安全性和流动性较高时,盈利性又较低。但存款人则希望能够将"三性"充分地结合起来,不是只追求一个方面而舍弃其他。同时,不同的人追求"三性"时的侧重点又往往有所不同。研究表明,在安全性一定的情况下,富人和大额存款人一般更侧重于存款产品的盈利性,而穷人和小额存款人则侧重于其流动性;退休人员一般侧重于盈利性,而学生、普通工人则往往侧重于流动性等。

(二) 存款产品的创新

存款产品创新有三个基本思路:一是有效结合"三性",二是突出盈利性,三是突出综合服务。

1. 突出"三性"结合的存款

存款产品创新是银行存款管理创新的重要内容。银行传统的存款产品不能将"三性"有效地结合起来,比如,定期存款具有较高的盈利性,却不能签发支票,提前支取又要遭受利息损失,从而不具备流动性;活期存款虽然具有极高的流动性,但却没有盈利性,存款人有时甚至还需要向银行支付签发支票的费用。因此,存款产品创新的基本思路,是将盈利性和流动性进行重新组合,推出新的产品,以吸引新客户、留住老客户。

存款产品创新中最具历史意义的是1961年由美国花旗银行首先推出的大额可转让定期存单(CD),被称为是"银行业的革命"。CD最大的优点是将盈利性和流动性完美地结合起来,存款人既能够享受到定期存款的高利率,又能够在需要时在市场上几乎不受任何损失地变现;而对于银行来说,则是一种比定期存款更稳定的资金来源。因此,CD一推出即取得了巨大的成功。可转让支付命令账户、货币市场存款账户和超级可转让支付命令账户,也都是因为充分有效地结合了盈利性与流动性而受到普遍欢迎的。

美国商业银行所推出的自动转账服务账户(Automatic Transfer Service Account, ATS),更是直接将储蓄账户和支票账户融合了起来。这种账户的机制是,存款人同时在银行开立两个账户,一个是支付利息但不能签发支票的储蓄账户,一个是能签发支票但不支付利息的支票账户。在支票账户仅保留1美元,以维持账户的存在,存款人的资金全部存在储蓄账户中,以获得利息收入。此时,客户仍然可以签发支票用于支付,在银行收到客户所签发的支票时,自动从储蓄账户中将支票所载金额转入支票账户用于支付。这样,存款人就既能获得利息收入,也能签发支票了。

从上述存款产品创新的案例中可以看出,新的存款产品之所以能够吸引客户,是因为它将"三性"有机地结合了起来,从而能够更好地满足存款人的需要。与此同时,银行对这些产品又进行了不同的限制,如大额可转让定期存单的面额很大,而可转让支付命令账户、货币市场存款账户和超级可转让支付命令账户则在最低金额、使用对象、支票使用等方面都有诸多限制,对于自动转账服务账户,银行要收取一定手续费。但这些限制和费用并不影响其受欢迎的程度,这正如现已广泛流行的超级市场一样,虽然商场提供的服务少了,但因为顾客支付的价格低了,商场销售额和利润反而大增。

2. 突出盈利性的存款

虽然存款人追求的是"三性"的有效结合,但对于将存款作为一种投资工具的存款人来说,更强调的是其盈利性。为此,银行推出了很多具有盈利性优势的产品,其中,最为突出的是结构性存款。

结构性存款(Structured Deposit),属于收益增值产品(Yield Enhancement Products)之一,是指最终收益与一个或多个金融产品的价格表现挂钩、以提高收益率为目标的存款。协议挂钩的金融产品可以是汇率、利率、股票、指数、商品及债券等。

结构性存款可以是一种完全客户化的产品,即银行可以为客户量身定制,币种、存期、保本与否、与何种产品挂钩等要素均可由客户决定。因此,结构性存款的种类繁多。

结构性存款的突出特点是,其收益率较高,但其风险也较大,客户甚至有本金受损的风险,同时,其流动性也比较低,不仅不能签发支票,而且往往不能提前支取。这类存款较好地满足了愿意承担一定风险但希望提高盈利性的客户的需要。

3. 突出综合服务的存款

银行所提供的很多服务都与其存款相关。因此,很多银行往往将与存款相关的各种服务捆绑在一起,为客户提供综合性的服务。现金管理就是突出综合服务的创新存款的代表。

商业银行的现金管理服务,可以分为三个层次:账户层次、企业层次和企业集团层次。

(1) 账户层次。传统的存款账户都是以某种单一的形式出现的,也即在一个账户上的存款的币种、期限和其他条件是单一的。客户如果需要存储不同期限、不同币种的款项就需要开立多个账户,这不但造成储户管理的不便,也使收益与便利之间不好协调。而通过现金管理账户,客户可以将不同存款账户的资金进行自由转换,也可以委托商业银行在某个账户资金出现较多盈余时进行货币市场投资,以增加存款的收益。因此,现金管理账户实质上是银行为客户提供的一种综合性服务,是存款、投资、账户管理等多项金融服务的有机组合。

(2) 企业层次。商业银行主要可以在三个方面为企业提供现金管理服务:① 计算企业适当的现金余额,包括详细、准确地预测企业未来的现金流入量和现金流出量,以及企业出于交易需要和预防需要应保留的现金余额,然后提出保持该现金余额的最佳方法。② 运用最经济有效的方法来控制应收款和应付款。一方面,通过加速收款的办法使企业尽可能提前得到应收款;另一方面,通过推迟付款的办法尽可能合理延迟支付应付款。③ 把企业多余的现金以适当的方式进行投资,以获得收益,比如将企业的短期资金投到短期证券上等。这种服务使企业在保证充足流动性的同时,又尽可能地提高了其盈利性。

(3) 企业集团层次。银行为企业集团提供的现金管理服务一般主要包括如下四个方面:① 资金归集,也称流动性管理,即商业银行为集团公司总部提供资金归集、资金下拨的服务,并在此基础上为集团(公司)结算内部资金价格提供依据;② 账户信息查询,即商业银行提供平台,支持集团(公司)总部对集团本部和下属各成员单位的账户进行查询,以使总部实时掌握集团(公司)的资金情况,充分利用集团(公司)内部资金;③ 快速融资,即对集团(公司)总部或下属企业资金的临时性短缺,商业银行提供快速便捷的融资服务,如法人账户透支服务等;④ 快速收付款,即商业银行提供快速收付款服务,确保集团(公司)总部、下属企业对外收付款的安全高效。通过这些服务,可以大幅提高企业资金使用效率,降低资金成本。

(三) 吸收存款方法的创新

商业银行在吸收存款方面的创新很多,具有突出代表性的是交叉销售。交叉销售(Cross Selling)是指银行利用其非存款业务与存款业务之间的联系以及非银行产品与银行存款之间的联系,有效增加存款的一种方式。存款人存入这类存款的目的并不是或者不全是得到存款的"三性",而是得到银行相关的其他服务或者是其他某些方面的满足。

通过交叉销售吸收存款的方式很多,这里仅举商业银行广泛运用的四个例子。

(1) 以贷吸存,即通过发放贷款的方式吸收存款。如果一个借款人要从一家银行获得贷款,必须在该银行开立存款账户。有的银行在发放贷款之后,还规定借款人必须将贷款的一定比例保存在银行账户之中,被称为"补偿余额"(Compensating Balance)。

(2) 以代理收付业务吸存。以代发工资为例。如果以现金发放工资,在企业支取现金发放工资时,银行存款急剧减少,而在工资发放后,企业职工并不一定将钱再存入银行,甚至连消费后剩余的部分也可能因为数额较小而作为手持现金留在身上。但如果由银行代发工资,银行将职工的工资从企业账户直接划转到在本银行开户的职工账户,这样,银行的存款只是改变了户头,总金额并没有减少,而职工也只会在需要时才去支取所需要的特定金额,从而能够有效减少银行存款的流失。

(3) 以理财顾问服务吸存。随着金融市场的蓬勃发展,存款人开始大量支取存款,转而购买股票、债券、共同基金等。面对如此严峻的形势,银行开始向存款人提供各种理财咨询服务,并通过其广泛的业务网络向存款人销售共同基金、年金计划等产品。银行不仅通过销售和管理这些产品获得了丰厚的手续费和管理费,而且还因此减少了存款的流失,稳住了存款。

(4) 以认同账户吸存。认同账户(Affinity Account)是利用消费者对某个机构或某项活动的忠诚来有效增加银行存款的方式。比如,1992年5月花旗银行就向芝加哥公牛队的球迷推出了一种认同支票账户,该账户在90天之内可以免费签发支票,所有支票上面都印有芝加哥公牛队的标志,非常成功地吸收了大量存款。许多银行还纷纷与大型商场或俱乐部联合推出认同账户或者是认同银行卡,支票和银行卡上都印有该商场或俱乐部的标志,持有者在这些地方消费,将享受特别优惠。

商业银行在采取各种方式吸收储蓄存款时,需要避免使用不正当手段。中国人民银行1993年1月12日发布施行的《关于执行储蓄管理条例的若干规定》,明确列举了属于"使用不正当手段吸收存款"的五种做法:(1)以散发有价馈赠品为条件吸收储蓄存款;(2)发放各种名目的揽储费;(3)利用不确切的广告宣传;(4)利用汇款、贷款或其他业务手段强迫储户存款;(5)利用各种名目多付利息、奖品或其他费用。

四、存款保险

(一)存款保险的产生

存款保险是指为了保护中小存款人的利益,维护金融体系的安全与稳定,吸收存款的机构定期按照一定的比例向存款保险机构交纳保险费,以便在存款机构出现信用危机时,由存款保险机构向金融机构提供财务救援,或由存款保险机构直接向存款者支付部分或全部存款,以维护正常金融秩序的制度。①

作为一种有效的存款保护机制,银行存款保险起源于20世纪30年代以单一银行制为基本特征的美国。1929—1933年危机期间,5年内美国银行倒闭9 108家,大量存款人存在银行的资金化为乌有,出现了公众对银行体系完全失去信心的一种危险,银行体系濒临全面崩溃。鉴于这种严峻的局面,美国建立起了联邦存款保险公司(Federal Deposit Insurance Corporation,FDIC),确立了存款保险制度。

美国存款保险制度的成功,在世界范围内产生了积极的影响,很多国家都建立起了类似的存款保险体系。随着我国金融市场的发展,保护包括存款人在内的投资者,尤其是中小投资者利益的要求越来越迫切,我国在这方面也做出了有益的探索,先后建立了个人债权处理制度、保险业投资者保护制度和证券业投资者保护制度。② 我国从1997年开始探讨建立存款保险制度的问题,以保护存款人的利益,维护金融稳定,但截至本书定稿时(2014年5月1日),我国存款保险方案仍在激烈的讨论之中。

---

① 存款保险按照其是否非常明确地通过法律或法令的形式建立起来可以分为两类:一类是明确的存款保险体系(Explicit System),另一类是隐含的存款保险体系(Implicit System)。对于明确的存款保险体系,一般都通过中央银行法、银行法或者专门通过存款保险法建立专门的机构来负责存款保险事宜,法律详细地规定了存款保险机构的资金来源、业务范围、管理权力等。而隐含的存款保险体系则是指虽然国家并没有通过法律明确建立起存款保险制度,但是,或者因为银行都是国有的,或者因为政府曾经明确或隐含地承诺过(或过去的事例表明)政府将对所有存款实行全额保护。我国目前虽然没有建立起明确的存款保险体系,但已存在隐含的存款保险体系。本章所讨论的存款保险是指明确的存款保险体系。

② 2004年10月,中国人民银行、财政部、中国银监会、证监会联合制定并下发了《个人债权及客户证券交易结算资金收购意见》,对包括除保险类机构外的所有被处置(市场退出)金融机构的个人债权和客户证券交易结算资金进行全额或部分收购,从而建立起了过渡期间的投资者保护政策安排。2004年12月,中国保监会颁布了《保险保障基金管理办法》,以保险保障基金的形式初步建立了保险业投资者保护制度。2005年8月30日,中国证券投资者保护基金有限责任公司设立。证券投资者保护基金将按照"取之于市场、用之于市场"的原则,在证券公司被撤销、关闭和破产或被证监会采取行政接管、托管经营等强制性监管措施时,按照国家有关政策对债权人予以偿付。

（二）存款保险的目的

一个国家之所以要建立存款保险体系，主要有两个方面的原因：一是从宏观上促进银行业的稳定，防范银行危机，减弱在银行危机实际发生时对政府财政、经济增长和社会稳定的冲击；二是在微观上为商业银行提供一个安全网，创造一个公平竞争的银行环境，并促进银行改善经营管理，从而保证银行的稳健经营。这两个方面又是相辅相成、互相影响的。我们下面主要讨论存款保险在微观方面的作用。

1. 保护小额存款人的利益

保护小额存款人的利益，是存款保险体系在大多数情况下由政府出面组建或者得到政府资助的主要原因，也是规定最高保额的主要原因。保护小额存款人的原因在于：

（1）社会公正的需要。银行资产的不透明性，使得银行与小额存款人之间存在着严重的信息不对称，再加上银行出于各种主观原因（如隐瞒资产减少、盈利状况恶化的真实情况）或客观原因（如银行有为客户保密的责任）不能向小额存款人披露其所需要的各种信息，而即使银行披露这方面的信息，小额存款人也可能并不具备通过这些信息评判银行实际状况的能力、时间和精力。因此，小额存款人在银行存款时处于一种不利的地位，从而需要得到某种更为可靠的保障。

（2）社会稳定的需要。小额存款人在银行体系存款的安全，将直接影响到他们的生活是否能够保证正常，如果他们失去这部分存款，将会带来严重的社会问题。因此，从维护整个社会稳定的角度来看，小额存款人的利益也应该受到保护。

（3）银行稳定的需要。小额存款人在银行的存款构成了银行存款中的主要部分，这部分存款的稳定与否直接危及银行的安全，而这部分存款在没有政府保障的情况下，往往会变得非常不稳定，这是因为小额存款人的信息来源很少，在分析银行的实际状况时不可能经过非常理智的分析，在谣言等的作用下可能会做出提取存款以防万一的决定，从而极可能出现挤兑，引发银行危机。而存款保险体系因为规定了最高保额，从而使银行的这部分小额存款变得非常稳定，从而能够极为有效地促进整个银行体系的稳定。

2. 创造公平竞争环境

在没有存款保险体系的情况下，存款人通常喜欢选择大银行，因为存款人会觉得这些大银行的风险要小一些，主要原因在于：（1）大银行比小银行业务规模大、地域范围广、业务种类多，因此比较容易分散风险；（2）大银行比小银行资本实力雄厚，在出现风险损失时，对银行本身的冲击较小；（3）大银行因为规模很大，对于一国经济和社会的稳定具有重大影响，一般来说，政府不可能让它轻易倒闭。这样，在竞争中，小银行就会处于明显的不利地位。同时，小银行在与国有银行、参加了存款保险的国外银行分支机构等的竞争中，通常也处于明显的不利地位。存款保险体系使小银行也得到了与大银行一样的保障，从而能够增强小银行的竞争能力，使小银行自身独特的优势能够发挥出来，这样，就能够提高银行业的整体效率，降低利率和利差，从而促进投资和经济的发展。

同时，存款保险还通过完善银行的市场退出机制而促进竞争。优胜劣汰是竞争的必然结果，是市场机制充分发挥作用的重要途径。但是，由于银行所具有的特殊性，银行的市场退出将对整个宏观经济带来巨大影响，在没有事先确定好一个明确的处理机制的情况下，有可能会出现两种非常不利的情况：一是在没有相应的配套措施的情况下，经营陷

商业银行管理

入困境的银行仓促退出市场,从而为整个经济、社会带来严重的负面影响;二是因为担心银行退出市场的负面影响,采取各种措施让这家银行继续对外营业,这往往又会错过处理危机的最佳时机,进一步扩大损失。在存款保险体系中,通常包括对一家陷入困境银行的诊断、援助、退出的一系列措施和程序。因此,建立了存款保险体系的国家就能够在极短的时间内抓住最佳时机,提高危机处理的效率,尽一切可能降低危机处理的成本,从而有效地促进竞争。

3. 促进银行加强风险管理

存款保险机构一般都同时具有监管参保银行的权利和责任,它能够通过一系列的措施来对参保银行密切监督,会使银行建立有效的风险防范机制,加强风险管理。同时,存款保险机构拥有大量的专业人员,并且形成了一整套在银行出现问题后的紧急对策措施,从而能够将危机发生的损失限制在一定范围之内。

第三节　商业银行借款的管理

一、从"负债决定资产"到"资产决定负债"

在20世纪60年代以前,存款是商业银行最为主要的资金来源,而且由于居民投资替代品较少,各银行在存款方面的竞争也主要依赖于设置分支机构等成本较高、灵活性极低的竞争方式。因此,银行在负债方面的竞争并不十分激烈。

进入20世纪60年代以后,科学技术的进步和金融市场的发展,使商业银行的存款出现了大量流失,商业银行在负债方面遇到了越来越激烈的竞争。尤其是发放了期限较长的工商业贷款和房地产贷款的银行,由于存款被支取而出现了严重的流动性问题。在这种情况下,银行被迫采取创新措施,主动从金融市场借入资金,以弥补存款被支取所出现的资金缺口。在此过程中,银行发现,从金融市场借入资金不仅是扭转存款被支取这种被动局面的临时性措施,而且可以是大幅度增强银行管理主动性的经常性措施。自此,借款成为商业银行创新的又一重大领域,借款在银行总负债中所占比例节节上升,从而从根本上改变了商业银行"负债决定资产"的传统经营原则,逐渐形成了"资产决定负债"的新原则。①

在"负债决定资产"的原则指导下,银行经营是"量入为出",先有资金来源(以存款为主),再去寻找资金用途,这就使得资金往往得不到充分利用。一方面,为了防止存款人临时支取存款,银行必须保留一定比例的准备金,从而使这一部分资金难以得到充分运用;另一方面,在有了资金来源以后,很可能不能在短时间内找到符合银行要求的运用项目,如果仓促之间运用出去,又可能造成资产质量的下降,形成大量不良资产,危及银行的安全。

---

① 从静态来看,始终是负债决定资产;但从动态来看,资产决定负债才是商业性机构所应遵循的基本原则,这与企业如下经营行为的基本原理是一样的:商业企业只有在预计能销售出去的情况下,才会去进货;企业希望购置的资产的金额决定了其债务融资的金额。

在"资产决定负债"的原则指导下,银行的经营是"量出为入",先找到资金用途以后,再去寻找资金来源,这样就使资金能得到更充分的运用,从而能更好地实现银行的经营目标。因为相对于存款来说,借款具有非常明显的优点:

(1) 主动性强。在存款业务中,存款的时间、金额、期限均取决于存款人,银行的影响很有限,而在借款业务中,银行能够根据自己的实际情况来确定借款的时间、期限和金额。这一特点使银行能够更好地满足借款客户的需要,只要客户的借款符合银行的要求,银行就能够满足,而不会受到已有资金来源的限制,这样就能够建立起与客户良好的合作伙伴关系,从而有利于银行的长远发展。

(2) 利用率高。由于银行在借入资金之前已经寻找到了资金用途,因而就不存在因无法运用出去而出现资金闲置的问题;同时,银行借入的资金不需要缴纳存款准备金,因此能在不保留准备金的前提下完全运用出去。这两方面的因素大幅度提高了借入资金的利用率。

(3) 流动性风险低。由于借入资金一般都事先确定了明确的期限,不存在需要提前支付的问题,这就大大降低了银行的流动性风险。

(4) 非利息成本低。一般来说,由于借入资金不需要像吸收存款那样建立大量的分支机构,也不需要支付与清点、保管和运输现钞等相关的费用,所以,借入资金的非利息成本通常要低于存款资金的非利息成本,从而能够增加银行利润。

但是,通过借款支撑"资产决定负债"的经营模式,也具有一定的弊端和风险,这主要表现在如下三个方面:

(1) 需要以发达的金融市场为基础。银行的借款能力在很大程度上受制于金融市场的状况,只有在金融市场非常发达的情况下,"资产决定负债"的经营模式才有可能成功。

(2) 利息成本高。我国《商业银行法》规定:"商业银行破产清算时,在支付清算费用、所欠职工工资和劳动保险费用后,应当优先支付个人储蓄存款的本金和利息。"也就是说,银行偿还借款的顺序次于存款,银行借款的债权人所承担的风险要高于存款人所承担的风险。因此,借款的利率一般高于存款的利率,这对银行资产的盈利能力提出了更高的要求。

(3) 波动性大。借款的利率敏感性比存款高,这使得借款的波动性远大于存款,金融市场的变化或者银行偶发事件的影响,都可能会引起借款的大幅波动,并有可能使银行借款来源被完全关闭,从而将银行拖入危机或破产倒闭的境地。东南亚金融危机爆发的根本原因之一是,东南亚国家的很多商业银行,通过在国际金融市场上借入短期资金为国内的长期项目提供融资,最后在国际投机者的冲击下,原来借入的资金恐慌性出逃,银行又无法借入新的资金,最后导致危机的爆发。

因此,商业银行在借款管理中,应综合考虑借款相对于存款的优势和成本,充分发挥借款的主动性优势,促使银行更好地实现其经营目标。

二、短期借款的管理

短期借款是指期限在一年或一年以下的借款,主要包括同业拆借、债券回购、大额可转让定期存单、向中央银行借款等形式。

(一) 同业拆借

同业拆借是商业银行从其他金融机构借入短期资金的行为,主要用于支持资金的临时周转。同业拆借最初的交易动机是调剂商业银行的准备金,即法定准备金不足的银行向有超额准备金的银行借入资金,这样拆入方就能够以简单的方式补足准备金,避免中央银行的惩罚,而拆出行也可以使盈余的资金利用起来,提高资金效益。出于这种交易目的的同业拆借,期限一般都很短,甚至只有一天或一夜,因而有时也叫隔日或隔夜放款。随着金融市场的发展,同业拆借已成为商业银行日常融资的一种重要形式,其期限也在不断延长。

由中国人民银行发布、自2007年8月6日起施行的《同业拆借管理办法》对同业拆借的定义是:"本办法所称同业拆借,是指经中国人民银行批准进入全国银行间同业拆借市场的金融机构①之间,通过全国统一的同业拆借网络进行的无担保资金融通行为。"同时,还对交易的方式、利率、合同、期限、限额等做出了明确规定。

同业拆借具有期限短、金额大、风险低、手续简便等特点,从而能够反映金融市场上的资金供求状况。因此,同业拆借市场上的利率是货币市场最重要的基准利率之一。上海银行间同业拆借利率(Shibor)从2007年1月4日起正式运行,在每个交易日的上午11:30通过上海银行间同业拆借利率网(www.shibor.org)对外发布,为我国金融市场提供了1年以内产品的定价基准,具有极其重要的意义。

(二) 债券回购

债券回购是商业银行短期借款的重要方式,包括质押式回购与买断式回购两种。与纯粹以信用为基础、没有任何担保的同业拆借相比,债券回购的风险要低得多,对信用等级相同的金融机构来说,债券回购利率一般低于同业拆借利率。因此,债券回购的交易量要远大于同业拆借的交易量。

1. 质押式回购

质押式回购,是交易双方进行的以债券为权利质押的一种短期资金融通业务。在质押式回购中,资金融入方(正回购方)在将债券出质给资金融出方(逆回购方)融入资金的同时,双方约定在将来某一日期由正回购方按约定回购利率计算的资金额向逆回购方返还资金,逆回购方向正回购方返还原出质债券。

由中国人民银行发布、自2000年4月30日起施行的《全国银行间债券市场债券交易管理办法》规定:"债券质押式回购的期限最长为365天。"

2. 买断式回购

买断式回购,是指债券持有人(正回购方)将债券卖给债券购买方(逆回购方)的同

---

① 《同业拆借管理办法》第六条规定:"下列金融机构可以向中国人民银行申请进入同业拆借市场:政策性银行;中资商业银行;外商独资银行、中外合资银行;城市信用合作社;农村信用合作社县级联合社;企业集团财务公司;信托公司;金融资产管理公司;金融租赁公司;汽车金融公司;证券公司;保险公司;保险资产管理公司;中资商业银行(不包括城市商业银行、农村商业银行和农村合作银行)授权的一级分支机构;外国银行分行;中国人民银行确定的其他机构。"

时,交易双方约定在未来某一时期,正回购方再以约定价格从逆回购方买回相等数量同种债券的交易行为。

由中国人民银行发布、自2004年5月20日起施行的《全国银行间债券市场债券买断式回购业务管理规定》规定:"买断式回购的期限由交易双方确定,但最长不得超过91天,交易双方不得以任何方式延长回购期限。"

买断式回购与质押式回购的主要区别在于标的券种的所有权归属不同。在质押式回购中,融券方(逆回购方)不拥有标的券种的所有权,在回购期内,融券方无权对标的债券进行处置;而在买断式回购中,标的债券的所有权发生了转移,融券方在回购期内拥有标的券种的所有权,可以对标的债券进行处置,只要到期时有足够的同种债券返售给正回购方即可。因此,买断式回购能够降低对现券的占用,更加充分地发挥债券的流动性和融资功能。

但是,相对于质押式回购来说,买断式回购的风险更高。因此,《全国银行间债券市场债券买断式回购业务管理规定》规定:"进行买断式回购,交易双方可以按照交易对手的信用状况协商设定保证金或保证券。设定保证券时,回购期间保证券应在交易双方中的提供方托管账户冻结。"

(三) 大额可转让定期存单

大额可转让定期存单是一种固定面额、固定期限、可以转让的大额存款凭证。从法律上来说,发行大额可转让定期存单筹集的资金属于存款而不是借款。但是,由于大额可转让定期存单提前支取的可能性极小①,而且银行能够根据自己的实际需要,通过调整发行这种存单的数量、期限、利率来决定所吸收资金量的多少,其具有与其他形式借款类似的特点和优势。因此,从本质上来看,这种存单更接近于借款。

中国人民银行1996年11月11日修订后发布施行的《大额可转让定期存单管理办法》规定:"对城乡居民个人发行的大额可转让定期存单,面额为1万元、2万元、5万元;对企业、事业单位发行的大额可转让定期存单,面额为50万元、100万元、500万元;期限为3个月、6个月、12个月(1年);采用记名方式发行;不能提前支取;经营证券交易业务的金融机构经批准可以办理大额可转让定期存单的转让业务。"这一办法的出台虽然有利于大额可转让定期存单的应用,但由于一方面没有建立起一个统一的存单交易市场,另一方面没有比较好的方法防范盗开和伪造存单进行诈骗等犯罪活动,所以这种存单并没有在中国银行业的实践中大规模发行。

为了促进利率市场化,但又考虑到面向社会公众的存款利率放开条件还不成熟,我国开始推出仅在存款类金融机构之间流通转让的大额可转让定期存单——同业存单。由中国人民银行发布、自2013年12月9日起施行的《同业存单管理暂行办法》规定,同业存单是指由银行业存款类金融机构法人(包括政策性银行、商业银行、农村合作金融机构以及中国人民银行认可的其他金融机构),"在全国银行间市场上发行的记账式定期存款凭证,是一种货币市场工具",并规定:"同业存单的投资和交易主体为全国银行间同业

---

① 美国因此规定大额可转让定期存单不用缴纳存款准备金,但我国规定需要缴纳存款准备金。

拆借市场成员、基金管理公司及基金类产品。存款类金融机构发行同业存单,应当于每年首只同业存单发行前,向中国人民银行备案年度发行计划。存款类金融机构可以在当年发行备案额度内,自行确定每期同业存单的发行金额、期限,但单期发行金额不得低于5 000万元人民币。发行备案额度实行余额管理,发行人年度内任何时点的同业存单余额均不得超过当年备案额度。……同业存单的发行利率、发行价格等以市场化方式确定。其中,固定利率存单期限原则上不超过1年,为1个月、3个月、6个月、9个月和1年,参考同期限上海银行间同业拆借利率定价。浮动利率存单以上海银行间同业拆借利率为浮动利率基准计息,期限原则上在1年以上,包括1年、2年和3年。……同业存单发行人应当按照发行文件的约定,按期兑付同业存单本息,不得擅自变更兑付日期。"同业存单是一种电子化、标准化的货币市场产品,与同业拆借是一种互补关系。区别于拆借以短期品种为主的特点,同业存单以3个月及以上中长期限为主,可为银行提供较为稳定的资金来源,利率波动也相对较小,对于提高银行流动性管理水平、促进货币市场平稳运行具有积极意义。另外,同业拆借所借入的资金,不需要缴纳存款准备金。而通过发行同业存单所筹集的资金,要分两种情况:如果存单持有人为保险公司的,需要交存准备金;而如果持有人为非保险公司的,不需交存准备金。

(四)向中央银行借款

商业银行在需要时还可以向中央银行申请借款。但是,商业银行一般只把向中央银行借款作为融资的最后选择,只有在通过其他方式难以借到足够的资金时,才会求助于中央银行,这也是中央银行为什么被称为"最后贷款人"的原因。同时,商业银行向中央银行借款的事实,一般会对外严格保密,因为这会向银行的存款人和其他债权人以及整个金融市场暗示,这家银行已经陷入困境,从而无法通过别的方式筹集到足够资金,结果可能是灾难性的。

同时,为了防止商业银行从中央银行借款套利[①],中央银行对商业银行能够借款的限额和频率都有明确的限制性规定。比如,美国联邦储备委员会规定:存款总额在2亿美元以下的银行,向中央银行借款连续期限最多不超过5周,在26周内累计借款期限不得超过8周,借款总金额不得超过存款总额的2%;存款总额在30亿美元以上的银行,向中央银行借款连续期限最多不超过2周,在26周内累计借款期限不得超过4周,借款总金额不得超过存款总额的1%。[②]

商业银行向中央银行借款有再贴现和再贷款两种途径。再贴现是指商业银行为了取得资金,把已对客户贴现但尚未到期的商业票据,再以贴现方式向中央银行转让的票据行为。再贷款是指中央银行向商业银行发放的贷款。

三、长期借款的管理

商业银行除了大量利用短期借款以外,还在特定情况下利用长期借款,以弥补长期资金的不足。商业银行的长期借款一般采用发行金融债券的形式进行,具体包括发行普

---

① 即以低利率从中央银行借入资金,再以高利率将其运用出去。
② 资料来源:美国联邦储备委员会,http://www.federalreserve.gov

通金融债券、次级债券、混合资本债券、可转换债券等。

（一）普通金融债券

金融债券是商业银行在金融市场上发行的按约定还本付息的有价证券。[①] 我国商业银行所发行的金融债券，均在全国银行间债券市场上发行和交易。由中国人民银行发布、自 2005 年 6 月 1 日起施行的《全国银行间债券市场金融债券发行管理办法》对金融债券的发行进行了详细规定。

商业银行通过发行金融债券的方式借入长期资金，具有很多优势：（1）由于不必缴纳存款准备金，所以利用率比较高。（2）由于期限比较长，银行可以长期稳定使用。（3）发行债券均需满足监管当局所规定的条件，因此，能够发行债券本身就代表商业银行达到了这些条件；同时，在发行债券时以及在债券的存续期内，发债银行必须充分披露相关信息，并接受债券评级机构的评级、跟踪评级以及跟踪评级信息披露，因此，发债具有明显的广告宣传效应。（4）债券发行时及其在二级市场上的交易价格，都会充分反映银行的经营状况和风险，从而能够有效地促使银行改善经营管理。[②] 这些优点使得发行金融债券成为商业银行筹措长期资金的重要方式。

（二）次级债券

次级债券是金融债券的一种，是指商业银行发行的、本金和利息的清偿顺序列于商业银行其他负债之后、先于商业银行股权资本的债券。

由中国人民银行和中国银监会联合制定、自 2004 年 6 月 17 日起施行的《商业银行次级债券发行管理办法》规定，次级债券可在全国银行间债券市场公开发行或私募发行。

次级债券对于商业银行具有非常突出的意义，这主要表现在以下三个方面：（1）次级债券的期限比较长，一般为 10 年，最低不短于 5 年，属于银行可以长期使用的稳定资金来源；（2）次级债券可以计入银行二级资本，可以有效地提高银行的资本充足率，相对于发行股票补充资本的方式来说，发行次级债券程序相对简单、周期短，发行成本比较低；（3）具有与发行普通金融债券同样的广告宣传效应和市场约束作用，而且，由于次级债券投资者所承担的风险要高于存款人和一般债权人，发行次级债券对商业银行的约束力比发行普通金融债券更强。

（三）混合资本债券

混合资本债券是金融债券的一种，是指商业银行发行的既带有一定股本性质，又带有一定债务性质的资本工具。同时，混合资本在达到一定条件以后，可以按照一定标准计入商业银行的二级资本（参见本书第十章）。

2006 年 9 月 6 日，中国人民银行发布《关于商业银行发行混合资本债券的公告》，规定混合资本债券必须符合以下基本条件：

（1）期限在 15 年以上，自发行之日起 10 年内不得赎回。自发行之日起 10 年后，发

[①] 相对于下面即将介绍的、也属于金融债券的次级债券、混合资本债券和可转换债券来说，本节介绍的金融债券可以称为普通金融债券。

[②] 另外，市场约束的加强，会提高监管效率，减少监管当局以其他形式进行的监督检查，从而还会降低银行的监管服从成本。

行人具有一次赎回权,若发行人未行使赎回权,可以适当提高混合资本债券的利率。

(2) 混合资本债券到期前,如果发行人的核心资本充足率低于4%,发行人可以延期支付利息;如果同时出现以下情况:最近一期经审计的资产负债表中盈余公积与未分配利润之和为负,且最近12个月内未向普通股股东支付现金红利,则发行人必须延期支付利息。在不满足延期支付利息的条件时,发行人应立即支付欠息及欠息产生的复利。

(3) 当发行人清算时,混合资本债券本金和利息的清偿顺序列于一般债务和次级债务之后,先于股权资本。

(4) 混合资本债券到期时,如果发行人无力支付清偿顺序在该债券之前的债务,或支付该债券将导致无力支付清偿顺序在混合资本债券之前的债务,发行人可以延期支付该债券的本金和利息。待上述情况好转后,发行人应继续履行其还本付息义务,延期支付的本金和利息将根据混合资本债券的票面利率计算利息。

从上述条件中可以看出,混合资本债券比次级债券的期限更长,稳定性更高,从而能为商业银行长期稳定使用;同时,混合资本债券投资者所承担的风险比次级债券投资者所承担的风险更高。因此,混合资本债券能发挥更强的市场约束作用,也能更进一步促进商业银行改善经营管理。

(四) 可转换债券

可转换债券是指发行人依照法定程序发行的、在一定期间内依据约定的条件可以转换成股份的公司债券。

可转换债券兼具债券和股票的特性,有如下三个突出特点:(1) 债权性,即与其他债券一样,可转换债券也有规定的利率和期限,债券持有人可以选择持有债券到期,收取本金和利息。(2) 股权性,即可转换债券在转换成股票之前是纯粹的债券,但在转换成股票之后,原债券持有人就由债权人变成了公司的股东,可参与企业的经营决策和红利分配。(3) 可转换性,即债券持有人可以按约定的条件将债券转换成股票。可转换成股权是可转换债券持有人享有的一般债券所没有的选择权。债券持有人仅拥有转换的权利,而没有转换的义务。因此,如果到期债券持有人不想转换,则可继续持有债券,直到偿还期满时收取本金和利息,或者在流通市场出售变现。

由于可转换债券附有一般债券所没有的选择权,因此,可转换债券的利率一般低于普通债券的利率,银行发行可转换债券有助于降低其筹资成本。同时,可转换债券在达到一定条件以后,可以按照一定标准计入商业银行的二级资本,从而提高银行的资本充足率(参见本书第十章)。因此,可转换债券是商业银行借入长期资金的一种重要形式。但由于可转换债券在一定条件下可转换成公司股票,进而影响公司现有股东的所有权,因此,往往会受到现有股东的反对。

四、借款需求预测与借款方式选择

借款对银行的重要意义体现在"量出为入"上。因此,要真正发挥借款的作用,关键在"量出",即必须准确预测商业银行对借款的需求,并选择不同的借款形式。

(一) 借款需求的预测

借款需求的预测包括两个层次,一是预测银行的总体资金需求,二是预测以存款方式能够吸收的资金,两者相减即为银行需要通过借款方式融入的资金。确定借款需求时,不仅需要预测需求总数量,还要预测在不同时期内、不同时点上需求的具体数量,以及有可能偏离这一预测值的幅度和概率。

1. 银行总体资金需求的预测

银行的总体资金需求主要包括四个方面:(1)发展性资金需求,即用于实现银行总体计划所确定的资产增长目标、预期利润目标所需要的资金,比如,满足新增贷款、新增投资的资金需求,或者提高资本充足率;(2)利率敏感组合资金需求,即为了达到最佳筹资组合、降低利率风险的目的,在调整不同负债的到期期限、利率等的过程中形成的对某一类型负债的特别需求;(3)流动性资金需求,即满足客户支取存款、临时申请新贷款的需要而出现的资金需求;(4)再筹资资金需求,即当某一项资金来源到期之后,必须重新筹集该类资金所形成的需求,也就是保证现有资金来源不萎缩所形成的资金需求。

2. 存款资金的预测

要准确预测以存款方式能够吸收的资金,必须对目前存款客户的行为进行仔细分析,确定现有存款的稳定性,尤其是要密切关注大客户的动向,确定他们可能做出的会对银行产生较大影响的存款决策;分析潜在客户变成现实客户的可能性,分析目前和未来一段时间内的经济状况及利率变化走势,分析竞争对手的竞争战略以及存款替代品的特征,分别确定其对银行存款可能产生的影响。在上述分析的基础上,就能计算出在未来一段时间内可能吸收的存款总额。

(二)借款方式的选择

在确定了借款需求后,就需要选择借款的具体方式,这其中需要考虑的因素包括资金需求特征、借款成本、借款风险、市场状况、银行条件和监管规定等。

1. 资金需求特征

资金需求是决定借款方式的首要因素。如果只是满足结算过程中的临时资金需要,则应选择短期同业拆借;而如果需要在长期稳定占用资金的同时提高资本充足率,则需要发行次级债券或混合资本债券。

2. 借款成本

借款成本包括利息成本和营业成本两大类:利息成本是商业银行按照约定的利率,以货币的形式向债权人支付的报酬;营业成本是指在筹资过程中发生的除了利息以外的所有开支,如广告宣传费、筹资人员的工资、筹资所需设备和房屋的折旧费摊销、筹资过程的管理费以及为客户提供服务所发生的费用等。通过计算并比较不同借款方式的成本,选择成本最低的那种借款方式。

3. 借款风险

在选择借款渠道时,需要充分考虑借款方式的利率风险和履约风险。一般来说,利率风险与期限有关,期限越短,利率波动幅度就会越大,利率风险也就越高。履约风险与银行的现金流有关,必须确保所选定借款方式的现金流与银行的现金流相吻合,从而保证银行能够按时履行还本付息的义务。

4. 市场状况

金融市场的状况会直接影响借款的成本和风险。因此,银行需要根据金融市场目前的状况和未来的发展趋势,选择不同的借款方式,并设计某一借款方式的具体条件。比如,在利率比较低的时候,可以借入期限比较长、利率固定的资金;而在预计未来利率下降时,则可以缩短借款期限,或者选择浮动利率。

5. 银行条件

商业银行的规模、资本充足率、盈利能力等条件,会对借款方式有着非常重要的影响。相对来说,小银行适于选择短期融资,而大银行则在长期借款方面具有很强的优势。

6. 监管规定

监管当局对商业银行通过不同方式借入资金会有许多不同的限制和要求,满足这些要求是商业银行通过借款方式融资的基本前提。

本章小结

商业银行的负债主要包括存款负债和借款负债。商业银行在负债管理中,一般应遵循依法筹资、成本控制、量力而行、结构合理等基本原则。

存款是银行最主要的资金来源,是银行的象征,是银行重要性的主要原因,是银行脆弱性的重要来源,是银行正常经营的重要基础。不同国家的存款种类有很大差异。商业银行存款产品创新有三个基本思路:一是有效结合"三性",二是突出盈利性,三是突出综合服务。商业银行吸收存款方式的创新很多,具有突出代表性的是交叉销售。存款保险起源于美国,其主要目的和作用是保护小额存款人的利益、创造公平竞争环境、促进银行加强风险管理。

商业银行从遵循"负债决定资产"的经营原则转向遵循"资产决定负债"的经营原则,凸显了借款的重要性。商业银行的借款包括短期借款和长期借款两大类,短期借款主要包括同业拆借、债券回购、大额可转让定期存单、向中央银行借款等形式,长期借款主要包括发行普通金融债券、次级债券、混合资本债券、可转换债券等。借款管理主要包括借款需求的预测和借款方式的选择两个方面。

复习思考题

1. 访问一家你喜欢的商业银行的网站,找到其最新年报,根据该年报中所披露的数据,分析其负债的结构。

2. 访问一家你喜欢的商业银行的网站,查看其关于存款种类的相关介绍,尤其注意其最新推出的存款类新产品和新服务,并结合本章所介绍的三个基本创新思路进行分析。

3. 结合你自己到银行存款的经历和感受,说明存款的特殊性。

4. 根据你自己的经历,以及你从网站、报纸、杂志搜集到的资料,列举并评价银行"拉存款"的主要方法。

5. 搜集我国拟建立存款保险体系的相关资料和评论,说明你自己的看法和理由。

6. 你同意商业银行的经营原则应该从遵循"负债决定资产"转向遵循"资产决定负债"吗?说明你的理由。

7. 中国人民银行在其网站(http://www.pbc.gov.cn)上会每个月公布上月"金融市场运行情况",每年公布上年度"中国金融市场发展报告"。访问该网站,找到最新报告,了解我国同业拆借市场和银行间债券市场的最新发展情况。

8. 访问中国债券网(http://www.chinabond.com.cn),浏览一家商业银行债券发行的相关文件(包括发行公告、募集说明书、发行章程、信用评级分析报告、法律意见书、审计报告等),了解商业银行债券发行的主要条款。

案例分析

"傻瓜"金融梦

我有一个梦,在中国,连金融知识较少或者不愿意在金融事务上花费较多时间和精力的普通民众——"金融傻瓜"——也能公平分享经济高速增长和金融蓬勃发展的收益!

社会分工是国民财富增长的根本原因之一,而社会分工程度的不断深化,从一个侧面来看,也就是个人"傻瓜化"的过程。假设一个社会中只有甲和乙两个人,且只有种田和打猎两种活动,两个人各方面的条件以及两个人从事两种活动的方式完全相同。在没有分工的情形下,两个人既种田又打猎,他们拥有的知识也就完全相同,其中既包括种田知识(假设为1单位),也包括打猎知识(假设为1单位),整个社会的知识(总共为2单位)与两个人分别拥有的知识(也为2单位)相同。在分工情形下,假设甲只负责种田、不打猎,而乙只负责打猎、不种田,然后两人公平交换部分劳动成果。这种分工带来的专业化提高了种田和打猎的效率,通过交换提高了甲乙双方能够享受的劳动成果总量(国民财富增长了)。与没有分工的情形相比,由于甲专门负责种田,所以他的种田知识大幅度增长了(假设增长为3单位),但由于他从不打猎,所以打猎知识下降为零(即0单位);而乙相反,他的打猎知识也增长了(假设也增长为3单位),但种田知识为零(即0单位)。这样,整个社会的知识从不分工时的2单位增长为分工后的6单位,每个人在他所专长领域的知识也从1单位增长到了3单位,但在他的非专长领域,知识却从1单位下降到了0单位,而且相对于整个社会的知识来说,每个人所掌握的知识也就要少得多了(不分工时是100%,分工时只是50%)。这个例子中只是假设了两个人、两项活动的情形,而在现实世界中人口数量巨大、工作种类繁多、信息存量极其庞大、信息呈现爆炸式增长的状况下,每个人拥有的知识,相对于整个社会的知识总量来说,几乎可以说是接近于零,因此,任何人都可以坦承自己是"傻瓜"。(当然,从另一个侧面来看,我们每个人都变得越来越"聪明"了:不仅自己所掌握的知识绝对量在不断增长,而且每个人在自己专业领域所掌握的知识,也远远超过了所有没有该专业知识的人。)

金融体系的发展,是社会分工和个人"傻瓜化"的结果,而"为金融傻瓜服务"正是金融体系的基本功能之一。为什么存款保险体系风行全球,而且中国也要建立这样一个明确的体系?目的就是让普通存款人不必研究、不必担心银行的安全性,就可以把钱存进去。这就像是拿着一个傻瓜相机,只要掌握最简单的操作就可以拍摄出质量还不错的相片,而不必去了解相机的成像原理或相机本身的构造;或者稍稍复杂一点的例子,这就像是开车,在花一定时间和精力一次性地学会开车、掌握交通规则后,就只需要适时关注交通规则变化(如限行规定)或交通状况,就可以几乎永久性地享受开车的便利和乐趣。

中国已经存在的隐含存款保险体系,使中国普遍民众能够在不花太多时间和精力、不必学习太多金融知识的情况下享受银行体系的服务,但这种享受是以较大幅度地牺牲收益性为代价的。除了存款之外,当然还有很多高收益的产品,如信托、股票、期货等,但这些产品又要以较大幅度地牺牲安全性和流动性为代价。"风险与收益相匹配"的金融原理,以及"世界上没有免费午餐"的俗语,似乎为这类现象提供了充足的理由,从而使其被认为是天经地义的,但余额宝的出现,使我们对此产生了怀疑。余额宝在收益性、安全性和流动性三个方面都达到了很高的水平:它的收益率超过活期存款利率十余倍,流动性和支付能力与活期存款几乎完全一样(在某些方面甚至还超过了活期存款),而信用风险则与银行存款几乎完全等同(2013年年底余额宝所绑定基金的投资组合中,"银行存款和结算备付金"一项占全部投资的比例为92%)。余额宝模式表明,金融产品的风险与收益之间的平衡点,并不只是两个端点(或其邻近区域),其间还存在着很多种中间组合,有时甚至还存在这样一种可能,即在不牺牲或不过多牺牲安全性和流动性的情况下,大幅度提高盈利性。余额宝这类能够同时满足金融消费者多方面需求的金融产品,不仅没有了资金门槛,也几乎没有了知识门槛,不正是"傻瓜"金融梦中我们这些"金融傻瓜"所需要的产品吗?

"金融傻瓜"要求的并不是"免费午餐",而只是希望能够根据自己的贡献,获得公平的报酬。我们的贡献是储蓄,即当期消费之后暂时剩余的现金收入,它们代表的是社会资源的使用权。我们把这些使用权暂时让渡给金融部门,然后由金融部门让渡给能够高效利用这些资源的专业人士(如企业家)去创造更多的财富,我们获得的收益是这些财富中的一定比例。由于我们并不清楚未来什么时候需要收回使用权,而且担心在需要时是否能够及时收回,担心收回时是否会发生较大损失,因此,我们原来只能主要选择期限短的存款产品(如活期存款),而且想当然地认为,在做出这种选择之后,我们能够享受的、企业家所创造财富的比例也就只能接近于零;但余额宝的出现,使我们认识到,这一比例可以高出很多。实际上,一个简单的疑问是,如果中国的经济能够平均每年增长7%到8%,为什么我们让渡一年(虽然有时并没有明确约定这一期限)资源使用权只能获得0.35%的收益?

我们这些"金融傻瓜",当然也要学会一些基本理财知识,也要适当关注相关金融产品信息,尤其是需要学会自我保护、有效防范欺诈,但是,我们希望的是,不需要每天为了使自己的金融财富保值增值而花大量时间和精力去关注金融新闻,去跟踪金融价格的变化,或者去分析金融政策或经济形势变化等对自己金融财富的影响,并随时做出相应理财调整,而是可以把理财调整的时间间隔拉长,比如每个季度或每个年度调整一次,而且在调整时又能够获得可以信赖的理财专家的帮助,这就像是我们个人每年到医院进行一次体检或者汽车每年进行一次年检一样。

"傻瓜"金融梦的实现,并不需要所有金融服务都由政府提供,也不需要所有金融价格都由政府管制,更不需要政府承诺(或者要求金融产品提供者承诺)金融产品的收益率。政府需要做的实际上只有两条:一是防范系统性金融风险,比如对与余额宝绑定的基金建立规模限制规则、流动性规则、投资对象规则、信息披露规则等，并通过严格监管确保这些规则得到遵守；二是帮助防范欺诈，即保证能够在市场上销售的金融产品都是合法的，有关金融产品的公开信息是真实的，"金融傻瓜"们所签署的合同是受法律保护的。

有了政府的这两条基本保障，再加上媒体监督和市场竞争，"傻瓜"金融梦或许就能够基本实现了。新闻媒体一方面能够保证信息的及时传播，另一方面，通过报道专家的分析对金融产品的提供者形成强大的监督力。相比较来看，市场竞争则是促进"傻瓜"金融梦实现的更为强大、更为可靠的力量。比如，我们这些"电脑傻瓜"之所以会在电脑上安装运行像360卫士这类能够完全控制自己电脑的软件，就在于如果360存在安全漏洞，360的竞争对手们会毫不犹豫地把这些漏洞详细披露出来；如果余额宝真正存在法律上、安全上的致命缺陷，余额宝的竞争对手们也一定会非常乐意免费公开这些缺陷，我们这些"金融傻瓜"完全可以"搭便车"而坐享其成。

"傻瓜"金融梦的实现，极其有助于金融稳定。如果一个社会中的绝大多数人，都不花那么多时间去关注金融信息，尤其是不根据这些信息在短期内大幅度调整自己的金融资产组合，整个金融体系的波动性就极有可能大幅度降低。

"傻瓜"金融梦的实现，并不要求每个人都是"金融傻瓜"。一个金融蓬勃发展的社会总是会存在（也必须存在）金融精英，其中当然包括金融专业人士，也包括那些虽然有其他专业工作但是愿意花费时间和精力去学习、研究、实践金融的人。实际上，正是由于这些金融精英的套利交易等活动，金融市场上存在的价格扭曲才能及时得到纠正，市场才会变得比较有效，我们这些作为"价格接受者"的"金融傻瓜"也才能够享受经济增长的收益。当然，这些金融精英获得的收益，极有可能远远超过"金融傻瓜"所获得的收益，但这是他们付出时间精力和承担风险应该获得的报酬。

我有一个梦，一个"傻瓜"金融梦：中国的社会，是一个连"金融傻瓜"都能公平分享经济增长和金融发展收益的社会，而不是一个要求每个储蓄者都必须是金融精英的社会。

资料来源：何自云，《"傻瓜"金融梦》，《中国金融》，2014年第7期。

案例思考题：

结合本章案例中的讨论，说明银行存款与余额宝之间的相同点和不同点，分析余额宝的产品设计、营销策略和银行应对策略。

第四章

商业银行贷款的管理

【学习目标】

1. 理解银行贷款的特殊性及其与企业资产循环的关系,了解银行贷款的种类。
2. 了解银行贷款政策和贷款流程。
3. 了解银行贷款风险分类的标准和目的。
4. 了解银行不良贷款的管理原则和处理方式。

第一节 企业的贷款需求与贷款种类

一、贷款的种类及其特殊性

贷款是商业银行出借给贷款对象并按约定利率和期限还本付息的货币资金。在银行从事贷款业务过程中，出借资金的银行称为贷款人，而借入资金的贷款对象称为借款人。

贷款是银行授信的重要方式之一，但授信的概念更加宽泛。授信是指商业银行向客户直接提供资金支持，或者对客户在有关经济活动中可能产生的赔偿、支付责任做出保证，包括贷款、贷款承诺、承兑、贴现、证券回购、贸易融资、保理、信用证、保函、透支、拆借、担保等表内、表外业务。

（一）贷款的种类

贷款可以按照不同标准划分为不同的贷款种类，其主要分类方法包括：

（1）按借款人性质，贷款可分为公司贷款和个人贷款两类。公司贷款，又称企业贷款，是以企业单位为对象发放的贷款，主要包括流动资金贷款、票据承兑与贴现、固定资产贷款、项目贷款、房地产开发贷款、银团贷款等；个人贷款是指以自然人为借款人的贷款，主要包括个人住房贷款、个人汽车贷款、个人综合消费贷款、个人助学贷款、个人创业贷款等。

（2）按贷款的期限，贷款可分为短期贷款、中期贷款和长期贷款三类。短期贷款是指贷款期限在1年以内（含1年）的贷款；中期贷款是指贷款期限在1年以上（不含1年）5年以下（含5年）的贷款；长期贷款是指贷款期限在5年以上（不含5年）的贷款。

（3）按有无担保，贷款可分为信用贷款和担保贷款两类。信用贷款是指没有担保、仅依据借款人的信用状况发放的贷款；担保贷款是指由借款人或第三方依法提供担保而发放的贷款。按照具体担保方式，担保贷款又可分为保证贷款、抵押贷款、质押贷款三种。

（4）按照银行贷款的资金来源以及贷款中银行所承担的风险划分，贷款可分为自营贷款和委托贷款两类。自营贷款是指银行以合法方式筹集的资金自主发放的贷款，其风险由银行承担，并由银行收回本金和利息；委托贷款则是指由政府部门、企事业单位及个人等委托人提供资金，由贷款人（即受托人）根据委托人确定的贷款对象、用途、金额、期限、利率等代为发放、监督使用并协助收回的贷款。委托贷款的贷款人（受托人）只收取手续费，不承担贷款风险。

（二）贷款的特殊性

贷款的特殊性主要表现在两个方面：从银行的角度来看，贷款是其资产的主要形式和收入的主要来源；从借款人的角度来看，贷款是其外部融资的重要方式。从银行的角度来看，贷款的特殊性主要体现在贷款与商业银行的另一种主要资产形式——债券投资——的差别上,我们将在本书第八章对此进行详细讨论。下面我们主要从借款人的角度,通过贷款与借款人的另外两种外部融资方式(发行股票和发行债券)的比较,说明贷款的特殊性。

1. 贷款与发行股票的比较

与股票这种股权性融资方式相比,贷款是一种债务性融资。股权性使股票能改善企业的资本结构,降低企业因为高负债、高财务杠杆引起的破产风险,进而降低企业债务性融资的成本。但债务性使贷款具有如下优势:

(1) 直接资金成本低。从资金提供者的角度来看,购买股票的风险要远远大于发放贷款的风险,所要求的回报相应也就更高。因此,贷款的利率要比股票的红利率低。[①]

(2) 税务负担低。贷款的利息是在缴纳所得税前支付,而股票的股息是在税后支付。因此,考虑到税务成本,企业以发行股票方式融资的实际成本更高。[②]

(3) 控制权不分散。企业借入贷款,原有股东对企业的控制权并不受影响,但企业发行股票,原有股东的控制权将依据新发行股票所占比例而减少。

同时,贷款的融资费用要比发行股票的融资费用低得多。企业发行股票需要经营改制并设立股份公司、上市辅导、申报与审核、发行与上市等一系列程序,在此过程中需要聘请证券公司、会计师、审计师、律师等中介机构和专业人士,需要刊登大量广告,进行大量宣传推广活动。因此,费用非常高。

2. 贷款与发行债券的比较

相对于同属债务性融资的债券方式来说,贷款融资最突出的优势在于非标准化。从典型意义上来说,银行所发放的每一笔贷款都是根据借款人的具体需要来设计的,无论是贷款的金额、期限、利率,还是其提款和偿还安排,都是与借款人独特的未来现金流相对应的。同时,银行发放贷款时的信息依据和调查、审查、发放、回收过程,也都是非标准化的。正是这种非标准化的特征,使得贷款这种工具能够满足客户的差异化需求,并且适合于所有规模、所有类型的企业,同时也适合于普通消费者。

与银行贷款的非标准化形成鲜明对照的是有价证券(债券、股票)的标准化。无论是证券本身的金额、期限、价格确定方式,还是证券发行、交易的条件,都是标准化的,甚至证券交易方式也是可以部分标准化的,比如证券交易中的技术分析,实际上就是一种部分标准化的交易方式。

对于具有巨额资金需求的大型企业来说,债券提供了一种可能比贷款成本更低的融资方式。但相对于标准化的债券(以及股票)来说,非标准化的贷款除了前述能够满足客户的具体需要以外,还具有如下明显优势:

(1) 无巨额标准化成本。证券的标准化存在巨大的成本(如承销费、印刷费、律师费、发行手续费等),而且这种成本中相当大的一部分是固定成本(即不随筹资金额的大小而变化),这就使得证券融资只适用于大企业的巨额融资需求(以分摊巨额标准化成

[①] 贷款的利息是强制性的,而股票股息是随着企业实际经营状况的变化而变化,因此,红利率可能为零。但从长远来看,股票红利率一定会高于贷款利率,否则,股票价格会下跌。

[②] 假设股息率(在这里定义为"年度股息额与融资额之间的比例")为10%,所得税税率为33%,那么,剔除所得税的影响,将股息率转换成可与贷款利率直接比较的资金成本为:$1/(1-33\%) = 14.93\%$。

木),而不适合于小企业,更不适合于普通消费者。相对来说,非标准化贷款在这方面的成本要低得多。

(2) 获得融资的难度较低。企业作为债务人的融资需求要得到满足,债权人必须了解其投资项目,并相信该项目具有良好的发展前景。对于非标准化的贷款来说,一个项目要获得资金支持,只要让银行相信这是个好项目(而且经营者诚实可靠)即可,而通常情况下,又只要使银行中负责这笔贷款的信贷员(以及审贷委员会)得出这一结论即可,这就使得借款人获得贷款所需要的时间比较短,所需要支付的除贷款利息之外的融资费用也较低。但对于标准化的证券来说,一个项目要获得资金,则必须使在数量上一般来说非常巨大的投资者普遍认可这个项目,而这往往要花很长的时间、很高的成本。

(3) 可同时获得银行提供的咨询服务。花旗银行前首席执行官沃尔特·瑞斯顿曾经说:"一个出色的银行家应该是借款人的咨询专家。"[①]借款人在获得非标准化的贷款时,还可以获得银行信贷人员的经营管理咨询服务,这对中小企业来说价值更高。马丁·迈耶(Martin Mayer)在《大银行家》中这样描绘银行在对小企业发放贷款时,银行所起到的咨询作用:"一个小企业主现在找到的不仅是一位愿意为他提供贷款的人,还是一位工作效率高,具有丰富知识,态度慷慨耐心,极愿意提供支持、保护和建设性意见,容易接近,让人感激,价格合理的咨询专家,同时还是一位为小企业宣传呐喊的鼓动家。"[②]

(4) 在出现财务困境时银行的救助。当企业财务出现问题、陷入困境以后,银行可以采取贷款重组、业务重组、资产重组、管理重组、机构重组等措施,与借款人密切协作,共同解决所出现的问题。而以标准化证券获得融资的企业在出现问题时,证券持有者大多"用脚投票",退出该企业,不仅不能帮助企业解决困难,往往还使企业陷入更深的困境。

二、企业的资产循环与贷款需求

(一) 企业的资产循环

企业的经营活动是一个资产循环,是一个现金转换成资产、资产再转换成现金且不断重复的过程。对于不同类型的企业来说,资产循环的复杂程度是不同的。生产型企业的资产循环是从现金开始,经过购买原材料、存货、应收账款,最后再回到现金;而批发型企业的资产循环没有原材料这一环节;服务型企业的资产循环除了没有原材料这一环节以外,也没有存货这一环节;而零售型企业的资产循环只包括现金和存货两个环节。我们下面主要以生产型企业为例,进一步深入讨论企业的资产循环及其贷款需求。

企业的资产不仅包括流动资产(现金、原材料、存货、应收账款等),还包括固定资产。因此,把企业全部经营活动当做一个整体的资产循环,也应将固定资产的循环融入其中。也就是说,按照资产循环中资产的主要形态,可以将企业的资产循环分为两类:一类是流动资产循环,另一类是固定资产循环。由于只有流动资产(原材料)和固定资产的结合才

[①] 菲利普·L. 茨威格著,孙郁根等译:《沃尔特·瑞斯顿与花旗银行——美国金融霸权的兴衰》,海南出版社,1999 年版,第 557 页。

[②] 马丁·迈耶著,何自云译:《大银行家》,海南出版社,2000 年版,第 180 页。

能生产出产品,并形成存货,最后通过销售转换成应收账款和现金,因此,固定资产循环和流动资产循环实际上是紧密融合在一起的。也就是说,在时间上,固定资产循环和流动资产循环是同时进行的。

1. 流动资产循环

流动资产循环是从企业购买原材料开始,到最后销售产品、收回现金为止。这里需要注意的是,在流动资产循环中,企业并不总是运用现金来购买原材料,有时候也可以利用供应商提供的商业信用以赊购的形式获得原材料,这时就会形成应付账款。应付账款实质上是一种现金的替代品,在功能上相当于现金,也能使企业获得投入生产所需要的原材料。因此,启动企业整个资产循环的可能是应付账款而不是现金。包括应付账款的流动资产循环周期也称为营业周期。我们可以用图4-1来予以说明。从图4-1中我们可以看到,流动资产循环周期(即营业周期)等于存货循环周期加上应收账款循环周期,而流动资产循环周期减去应付账款循环周期即为需要占用现金的狭义的现金循环周期。

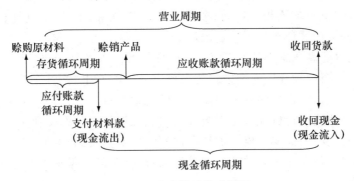

图 4-1 企业流动资产循环

2. 固定资产循环

固定资产循环是从企业运用现金(以及应付账款)购买固定资产开始,再通过折旧方式将固定资产原值不断融入存货之中,一直到以销售收入的形式最终收回购买固定资产的现金(及利润)为止。

相对于流动资产循环来说,企业固定资产循环有着完全不同的特点,这主要表现在如下三个方面:

(1)固定资产循环周期长。由于固定资产的一个重要特点是使用时间长,无论是机床、汽车还是船只,从购置到报废都可以使用几年、十几年,而像厂房等固定资产使用的期限更长,在生产经营过程中,反复多次执行职能而保持实物形态不变。因此,固定资产一般要经过若干营业周期才循环周转一次。而流动资产在一个营业周期中就循环周转一次。因此,流动资产的循环周期一般不超过一年,有的甚至只有几个月。通常情况下,一个固定资产循环一般要包括多个流动资产循环。

(2)固定资产是一次性投资、逐渐收回。企业购建各项固定资产的投资一般是一次性的,因为厂房、机器设备等必须一次性购建完成才能使用;但由于固定资产不可能在一个生产周期磨损殆尽,而是在多个生产周期内发挥作用,因此,固定资产的投资是随着产品的逐渐销售而逐渐收回的。相对来说,流动资产的投资大多是一次性投资,并且随着产品的销售而一次性收回。

(3) 固定资产投资的收回和实物更新在时间上分离。固定资产投资是随着固定资产的使用,通过企业逐渐提取折旧来收回的,但其实物更新则是在固定资产无法使用时,利用提取的折旧积累进行重新购建来实现的,两者在时间上是分离的。而流动资产投资的收回与实物形态的转移一般是同步发生的。

(二) 企业资产循环中的现金缺口与贷款需求

为了维持流动资产循环和固定资产循环联合构成的企业资产循环的正常运转,企业需要以不同的方式获取现金,以满足各种各样的现金支付需要。企业获取现金的方式很多,包括发行股票、企业经营利润、发行债券、销售资产等,同时,还可以以增加应付账款、减少应收账款的形式减少对现金的需求。但是企业所有这些方式都是有成本的:以发行股票、债券等方式获取现金的成本是显而易见的;销售资产可能会影响企业的正常运行,并遭受资产折价损失;增加应付账款可能需要支付更多的价款;减少应收账款(即减少赊销、增加现金销售)又可能不得不降价,或者导致销售数量的下降。这样,从成本效益比较的角度,企业的资产循环产生了现金缺口。

相对于前述这些高成本的方式来说,银行贷款的成本可能更低。在这种情况下,贷款就成了弥补企业资产循环中现金缺口的最好方式。实际上,弥补企业资产循环中所出现的现金缺口,正是银行贷款的基本功能。银行贷款的目的就是使企业的资产循环正常运转。同时,由于偿还银行贷款的是现金,因此,融入银行贷款的企业资产循环的正常运转,是银行贷款安全的前提和保障。正是在这种背景下,研究企业的资产循环,寻找其间所存在的现金缺口,是商业银行设计贷款种类、满足企业借款需求的起点,并贯穿于银行贷款业务的始终。

与企业资产循环所包括的两类循环相对应,企业资产循环的缺口也包括两类:一类是对应流动资产循环的流动资金缺口,另一类是对应固定资产循环的固定资金缺口。为了满足这两类现金缺口的贷款分别称为流动资金贷款和固定资产贷款(或称项目贷款)。

具体来看,在流动资金贷款方面,银行主要是为企业的存货和应收账款进行融资。为存货融资的有存货质押贷款,为应收账款融资的有票据贴现、应收账款质押贷款等,而一般性的流动资金贷款既为存货融资,也为应收账款融资。固定资产贷款则是专门为企业进行固定资产投资而发放的贷款。

无论是流动资金贷款还是固定资产贷款,其具体结构都因企业资产循环的不同而呈现出完全不同的特征。比如,企业的流动资产循环呈现出不同的随机性和不规则性。因此,就产生了单位活期存款账户透支、可循环使用信用额度等贷款形式。而在固定资产循环中,现金通常是逐步收回的,因此,固定资产贷款也通常采取分期偿还的形式;而在另外一些情况下,现金投入也是分期、分批的,所以固定资产贷款也有分期提取的。总体来说,银行贷款的形式和结构完全取决于企业资产循环的特征,在企业需要对外支付现金时,银行就可以发放贷款给企业,而当企业有现金流入时,银行就可以收回贷款。图 4-2 和图 4-3 分别显示了企业流动资产循环、固定资产循环与银行贷款之间的关系。

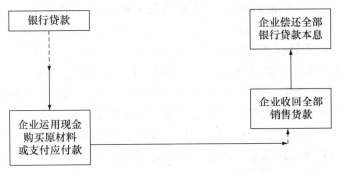

图 4-2 企业流动资产循环与银行贷款

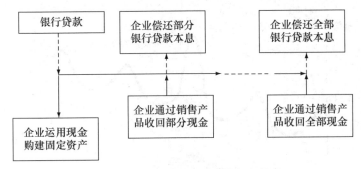

图 4-3 企业固定资产循环与银行贷款

三、企业贷款的种类

企业资产循环的构成和特征决定了商业银行企业贷款的主要形式是流动资金贷款和固定资产贷款。其他类型的贷款形式,如房地产开发贷款、高校贷款、银团贷款、国际贸易融资、专业融资等,在本质上与这两类贷款是一样的,都是为了维持借款人资产循环的正常运转,只不过由于借款人类型、规模、现金流特征、担保品种类等的不同,才单列开来。

（一）流动资金贷款

流动资金贷款是为了弥补企业流动资产循环中所出现的现金缺口,满足企业在生产经营过程中临时性、季节性的流动资金需求,或者企业在生产经营过程中长期平均占用的流动资金需求,保证生产经营活动的正常进行而发放的贷款。

1. 企业的流动资金需求

企业在生产经营过程中的流动资金需求包括两大类,一类是中长期需求,一类是短期需求,其中短期需求又包括季节性需求和临时性需求两大类。

企业在任何时点上,都需要保持一定量的流动资产,其存在形式包括现金、存货、应收账款等,这就形成了企业对流动资金的中长期需求,而且随着企业规模的扩大,流动资产的绝对额也会不断上升,对流动资金的中长期需求也会不断增长。

同时,企业的流动性资产也会因为季节性、临时性因素的影响而出现变化,企业流动资金的需求也会随之发生变化。从季节性因素来看,工业企业受自然季节的影响,在原材料储备、产品生产、产品销售和运输等方面会出现规律性的变化,比如造纸、卷烟、纺织、制糖等以农副产品为原料的轻纺工业企业,在农作物收获季节,需要大量收购和储备稻草、烟叶、原棉、甘蔗等存货;而商业企业在销售旺季(如春节)到来之前,需要增加季节性的存货储备,并支付大量的业务费用。从临时性因素来看,一些事先难以预料的客观因素会引起企业生产经营活动发生变化,比如宏观经济政策变化、自然灾害等会导致企业销售下降,市场竞争加剧会导致存货或应收账款增加等。

季节性因素的影响,使得企业的流动资金需求会随着季节的变化而出现具有一定规律的周期性波动,而临时性因素的影响又使企业流动资金的需求呈现出随机性的特点。

企业的流动资金需求可以用图4-4来表示。

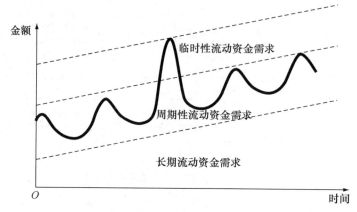

图4-4 企业的流动资金需求

2. 流动资金贷款的分类

(1) 按期限划分

为了满足企业上述不同流动资金需求,流动资金贷款按期限可分为临时流动资金贷款、短期流动资金贷款和中期流动资金贷款。

① 临时流动资金贷款:期限在3个月以内(含3个月),主要用于企业一次性进货的临时性资金需要和弥补其他支付性资金不足。

② 短期流动资金贷款:期限为3个月—1年(不含3个月,含1年),主要用于企业正常生产经营中周期性、季节性资金的需要。

③ 中期流动资金贷款:期限为1—3年(不含1年,含3年),主要用于企业正常生产经营中经常占用的长期流动性资金需要。

(2) 按方式划分

流动资金贷款按贷款方式可分为流动资金整贷整偿贷款、流动资金整贷零偿贷款、流动资金循环贷款和法人账户透支四种形式。

① 流动资金整贷整偿贷款,是指客户一次性提取全部贷款,贷款到期时一次还清全部本息。这种贷款是流动资金贷款中最常见的形式。

② 流动资金整贷零偿贷款,是指客户一次性提取全部贷款,但分期偿还贷款的本金和利息。

③ 流动资金循环贷款,是指银行与借款人一次性签订借款合同,在合同规定的有效期内,允许借款人多次提取、逐笔归还、循环使用。

④ 法人账户透支,即根据客户申请,核定账户透支额度,允许其在结算账户存款不足以支付时,在核定的透支额度内直接透支取得信贷资金的一种借贷方式。

(二)固定资产贷款

固定资产贷款,也称为项目贷款,是为弥补企业固定资产循环中所出现的现金缺口,用于企业新建、扩建、改造、购置固定资产投资项目的贷款。

1. 企业的固定资金需求

企业的固定资产在使用过程中,由于有形磨损和无形损耗,必然会产生量变和质变,局部降低或全部丧失其生产能力。为了使企业的生产经营活动能顺利进行,并且确保产品质量,减少消耗,要求对固定资产不断地更新,其具体形式有三种:一是局部更新,二是整体更新,三是新建、改建与扩建。

(1)局部更新和大修理资金需求。固定资产主要部件更换,称为局部更新,通常称作固定资产大修理,其资金需求称为大修理资金需求。大修理费用的发生时间、次数较为固定。

(2)整体更新和更新改造资金需求。固定资产使用期满,或由于无形损耗要提前废弃,需要弃旧换新,称为整体更新,其资金需求称为更新改造资金需求。

(3)新建、改造、扩建和基本建设资金需求。增加固定资产数量和提高技术装备水平,称为生产性基本建设,其资金需求称为基本建设资金需求。其中根据基本建设的形式不同,又分为新建、改建与扩建。新建是指铺新摊、建新厂的投资项目,改建、扩建是在现有企业基础上进行的以提高企业技术装备水平和扩大生产能力为目的的投资项目。

2. 固定资产贷款的种类

固定资产贷款一般是中长期贷款,但也有用于项目临时周转用途的短期贷款。按照用途划分,固定资产贷款一般包括如下四类:

(1)基本建设贷款,是指用于经国家有关部门批准的基础设施、市政工程、服务设施和以外延扩大再生产为主的新建或扩建生产性工程等基本建设而发放的贷款。

(2)技术改造贷款,是指用于现有企业以内涵扩大再生产为主的技术改造项目而发放的贷款。

(3)科技开发贷款,是指用于新技术和新产品的研制开发、科技成果向生产领域转化或应用而发放的贷款。

(4)商业网点贷款,是指商业、餐饮、服务企业为满足扩大网点、改善服务设施、增加仓储面积等所需资金,在自筹建设资金不足时向银行申请的贷款。

第二节 商业银行贷款的政策和流程

一、商业银行的贷款政策

贷款政策是商业银行内部指导贷款决策的具体行为准则。银行制定贷款政策时需要考虑:国家的相关法律、法规以及产业政策、财政政策、货币政策等政策;银行的资本状况及负债结构;社会再生产的贷款需求;银行工作人员的能力和经验。良好的贷款政策若能得到有效实施,能够统一银行贷款标准,减少银行信贷决策的随意性和盲目性,从而提高贷款质量。同时,由于贷款政策中对下至信贷员、上至信贷部门主管人员的职责及权限划分有明确的规定,各级信贷管理人员可根据政策文件的有关规定执行,这样就能极大地提高贷款效率。

一般来说,贷款政策主要包括贷款基本管理制度、贷款规模政策、贷款投向政策、贷款担保政策(参见本书第五章)、统一授信政策、关联交易政策、贷款档案管理政策等内容。

(一)贷款基本管理制度

我国《商业银行法》第三十五条规定:"商业银行贷款,应当实行审贷分离、分级审批的制度。"

审贷分离制度是指贷款的调查评估、审查批准和检查清收分离,由不同的人员负责。贷款调查评估人员负责贷款调查评估,承担调查失误和评估失准的责任;贷款审查人员负责贷款风险的审查,承担审查失误的责任;贷款发放人员负责贷款的检查和清收,承担检查失误、清收不力的责任。

贷款分级审批制是指商业银行根据业务量大小、管理水平和贷款风险度确定各级分支机构的审批权限,超过审批权限的贷款,报上级审批。

这两种制度的建立明确了相关部门、岗位的职责范围和权限,也为明确贷款流程以及流程中每个环节的具体工作要求奠定了基础。

(二)贷款规模政策

银行在一定时期可以发放的贷款金额,受制于其资金来源、内部经营管理的能力和需要,以及外部经济状况和企业的贷款需求。同时,根据我国《商业银行法》的规定,商业银行贷款应当遵守下列资产负债比例管理的规定:(1)资本充足率不得低于8%;(2)贷款余额与存款余额的比例不得超过75%;(3)流动性资产余额与流动性负债余额的比例不得低于25%;(4)对同一借款人的贷款余额与商业银行资本余额的比例不得超过10%。商业银行的贷款政策会根据上述这些因素,对其贷款规模(包括对整个银行的总规模以及对单一借款人的规模)进行具体的规定。

(三)贷款投向政策

贷款投向政策包括贷款种类政策、行业政策及地域政策等。银行贷款的投向一般受制于银行的负债结构、经营战略、传统业务背景以及银行的服务范围、服务对象等。贷款的种类及各类贷款所占比重,对商业银行贷款资产的安全性、流动性、盈利性均具有重要影响,而行业和地域的选择会在很大程度上制约银行贷款的风险程度和盈利水平。因此,贷款政策均要对此进行比较详细的规定。

(四)统一授信政策

统一授信是指商业银行对单一法人客户、单一集团客户或地区统一确定最高综合授信额度,并加以集中统一控制的信用风险管理制度。统一授信涉及四个层面:(1)业务层面,包括贷款、拆借、贸易融资、票据承兑和贴现、透支、保理、担保、贷款承诺、开立信用证等银行承担信用风险的各种表内、表外业务;(2)币种层面,既包括本币,也包括外币;(3)对象层面,对于单一法人客户,授信的对象是法人,银行不能在一个营业机构或系统内对不具备法人资格的分支公司客户授信,而对于单一集团客户,银行应确定一个对该集团客户的总体最高授信额度,银行全系统对该集团各个法人设定的最高授信额度之和不得超过总体最高授信额度;(4)地区层面,即银行对同一地区不同客户的授信,需要确定一个最高综合授信额度。这四个层面的统一授信政策,将贷款的管理纳入了整个银行的统一管理体系,对于银行实现全行范围内收益与风险的平衡至关重要。

（五）关联交易政策

根据由中国银监会发布、自 2004 年 5 月 1 日起施行的《商业银行与内部人和股东关联交易管理办法》,关联交易是指商业银行与关联方之间发生的转移资源或义务的授信、资产转移、提供服务等事项,而商业银行的关联方包括关联自然人、法人或其他组织。[①]由于交易主体在关联交易中可能会有失公允,从而损害其他利益相关者或整个银行的利益,因此,无论是国家法律、法规,还是银行内部的政策,都会对此进行严格的规定。

（六）贷款禁止政策

为了避免贷款风险,商业银行一般会在贷款政策中对于禁止贷款的对象和做法做出详细规定。由中国人民银行发布、自 1996 年 8 月 1 日起施行的《贷款通则》就明确规定,借款人有下列情形之一者,不得对其发放贷款:

(1) 不具备本通则第四章第十七条所规定的资格和条件的;

(2) 生产、经营或投资国家明文禁止的产品、项目的;

(3) 违反国家外汇管理规定的;

(4) 建设项目按国家规定应当报有关部门批准而未取得批准文件的;

(5) 生产经营或投资项目未取得环境保护部门许可的;

(6) 在实行承包、租赁、联营、合并(兼并)、合作、分立、产权有偿转让、股份制改造等体制变更过程中,未清偿原有贷款债务、落实原有贷款债务或提供相应担保的;

(7) 有其他严重违法经营行为的。

（七）贷款档案管理政策

贷款档案管理是银行信贷管理的重要工具,为银行与借款者之间的关系提供了一种书面记录。完整的贷款档案可以帮助银行提高贷款质量并减少贷款损失。如果一位商业信贷人员因为归错文档、丢弃文件或把文件埋藏在成堆的文件之中等原因而无法保存一套完整的借款者经营业绩档案,那么,他就无法追踪一位商业客户的财务动态,因而可能错过发现贷款中开始出现的问题的时机。相反,一位拥有详尽的整理得井井有条的贷款文件的商业信贷业务人员,则可以适时满足金融监管机构、贷款机构、银行内部人员和客户的信息要求。完整的贷款档案体现出银行的信贷管理水平和信贷人员的素质,可直接反映贷款的质量,在一些情况下,甚至可以决定贷款的质量。

---

① 《商业银行与内部人和股东关联交易管理办法》对商业银行的关联方进行了详细界定。

二、商业银行贷款的业务流程

一家银行的贷款业务流程会随着这家银行的贷款规模、贷款结构、组织框架、经营理念、风险管理方法等因素而有很大差异。即使是同一家银行,不同类型的贷款其流程也不完全相同。比如,公司贷款和个人贷款由于其复杂程度不同,在贷款流程上也略有不同。对于公司贷款,银行收到借款人申请以后,就需要首先对其进行信用评级,并据以确定对该借款人的最高综合授信额度,然后在此额度范围内接受客户的单笔贷款申请,并开展贷前调查、审批和发放,开展贷后管理。因此,公司贷款的流程就比较复杂。而对于个人贷款客户,并不存在客户信用评级和客户授信额度核定这两个步骤,而是直接进入贷前调查阶段。我们下面主要以公司贷款为例,说明贷款流程包括的主要环节。

(一) 贷款营销与借款人申请

随着市场化改革的深入和竞争的加剧,在贷款业务方面,我国商业银行已经在很大程度上改变了过去"等客上门、坐堂放贷",而是主动出击,深入第一线,把市场范围内所有有金融需求的客户都纳入视线,努力发现、培育和选择优质的贷款项目,并试图与客户建立起一种互动、互惠、互利、共赢的新型战略合作关系。在这种背景下,商业银行贷款流程的第一个环节就是营销,就是寻找符合银行业务发展规划和风险战略的贷款机会。

无论是借款人主动找银行要求贷款,还是银行主动向借款人推销贷款,借款人都要提出正式书面贷款申请。借款人首先需填写包括借款金额、借款用途、偿还能力及还款方式等主要内容的《借款申请书》,并提供银行根据不同贷款种类所需要的相关资料。

(二) 信用评级与授信额度核定

商业银行在受理借款人的申请以后,如果发现借款人的借款申请基本符合银行的贷款政策,给借款人放款有可能时,银行就要先评定借款人的信用等级,然后据以确定对该客户的最高综合授信额度。客户只能在最高综合授信额度的范围内申请单笔贷款。

对客户的信用评级可以由商业银行独立进行、内部掌握,也可以由外部专门评估机构进行。由于我国外部评估机构发展相对滞后,目前我国商业银行主要采用内部信用评级。银行对客户的信用评级,会考虑借款人的领导者素质、经济实力、资金结构、履约情况、经营效益和发展前景等因素。银行对客户的内部评级结果,也与外部信用评级机构的表示方法基本一致,是用字母与数字组合来表示的(参见本书第十一章),但级别的多少和具体表示方法各有不同。中国工商银行的公司客户按信用评级从 AAA 到 B 分为十二个内部评级,同时规定:具备 AA⁻ 或以上信用评级的申请人可获授无担保贷款;对于具备 AA⁻ 以下信用评级的客户,要求贷款有担保品,或由第三方保证。

商业银行在考虑了客户的信用评级,对客户信贷记录和财务需求进行综合分析与评估后确定客户的总授信额度。银行对客户所确定的总授信额度,是根据贷款政策中的统一授信政策,对客户在所有业务、所有币种、所有对象、所有地区四个层面所确定的最高综合授信额度。客户的借款申请只有在这个最高综合授信额度之内,银行才会进一步考虑。

(三) 贷款调查、审批与发放

1. 贷款调查与分析

商业银行在评定了信用等级并据以确定授信额度以后,要进一步对借款人及其所申请贷款的相关问题,以及借款的合法性、安全性、盈利性等情况进行调查,核实抵押物、质物、保证人情况,测定贷款的风险度。

银行贷款调查、分析所涉及的因素,有 5P、5W2H、5C 等不同的概括。5P 包含了五个以 P 开始的单词所代表的因素,它们分别是:借款人(People)、借款目的(Purpose)、还款来源(Payment)、还款保障(Protection)、借款前景(Perspective)。

5W2H 包含了五个以 W 开始的单词和两个以 H 开始的单词所代表的因素,它们分别是:借款人(Who)、借款资金用途(What)、生产经营或消费地点(Where)、借款时间和期限(When)、借款原因(Why)、还款方式和来源(How)以及借款金额(How much)。

但是运用最普遍的、传播最广的是 5C 概括,它包含了五个以 C 开始的单词所代表的因素,它们分别是:(1)信用(Character),是指借款人的还款意愿,主要通过借款人过去的信用记录及借款人(或其管理者)的品质、性格等来反映;(2)能力(Capacity),包括财务能力和法律能力两大类,财务能力包括短期偿债能力和长期偿债能力,而法律能力涉及借款人是否有民事行为能力,是否有权力签署受法律保护的借款合同;(3)资本(Capital),是指借款人是否有充足的自有资金,能够在经营上出现损失时予以弥补,从而保证银行债权的安全;(4)担保(Collateral),是借款的第二还款来源,在借款人无法依靠其正常收入偿还银行借款时,能够帮助银行减少损失;(5)环境(Condition),是指借款人未来经营的外在环境,它将在一定程度上决定借款人未来的收入情况,从而也就会在很大程度上决定借款人未来的偿还能力。

除了上述经典 5C 所代表的五要素以外,还有三个要素也是银行贷款调查和分析的重要内容,而且也都是以 C 开始的单词所代表的:(1)现金流(Cash Flow),由于借款人需要用现金来偿还银行借款,因此,借款人的现金流状况将在很大程度上决定银行借款的安全性;(2)控制(Control),主要是指借款企业的治理结构,一个治理结构健全的企业,其经营就会更加稳健,抗风险的能力也会更强,银行贷款的风险相应也就更低;(3)连续性(Continuity),主要是指借款人过去经营的期限和连续性,很显然,与贷款给一家刚刚成立不久或在过去很短时间内呈现爆炸式增长的"暴发户"相比,贷款给一家在不同经济周期中都能持续稳定增长的百年老店的风险要低得多。

概括起来看,商业银行在进行贷款调查和分析时,需要着重分析企业的财务因素、非财务因素和贷款担保,对此我们将在本书第五章进行详细讨论。

2. 贷款审批

商业银行在贷款审批方面,均建立了审贷分离、分级审批的管理制度。在这一制度上,如果负责贷款调查的客户经理建议批准一笔贷款,他会将包括其评估报告在内的信贷申请文件提呈相关信用审批部门的主审查人审查。主审查人对贷款申请文件进行审查后,会编制成包括其审查结果和建议的报告,然后根据借款情况及授权,将报告提交给所在分行的信贷审查委员会或更高级别的分行或总行的相关委员会审批。该委员会的决定必须进一步经有关人员(如总行的高级经理和分行高级主管)批准。一些小金额和低风险的贷款申请不需任何委员会审批,但须由拥有相应权限的信用审批主管人对主审查人提呈的报告作批复。

在上述审批过程中,如果涉及的是为大型项目(如购置固定资产、扩大产能、基础设施开发及房地产开发)融资的中期或长期贷款的申请,则相关分行会成立小组来评估有关项目。此项目评估工作按借款额不同由总行或分行的授信业务部进行。在进行该类项目评估时,银行会评估相关项目的借款人、投资伙伴和项目本身,并考虑诸如项目预计现金流量、借款人预期还款能力和其他与该笔贷款相关的信用风险等因素。银行在进行该类项目评估时一般会征询外部专业意见。

同时,如果贷款涉及担保品,银行的授信业务部也将对担保品进行独立评估。担保品的价值会于发放新贷款之前,由独立资产评估师估值,然后由银行内部的担保品评估师对独立评估师所提供的担保品估值进行审核。

3. 签订借款合同

依据自 1999 年 10 月 1 日起施行的《中华人民共和国合同法》第十二章"借款合同"的规定,商业银行发放贷款,应与借款人签订书面借款合同。商业银行的借款合同通常是标准格式,并且由银行专门法律人员审核。借款合同一般应约定借款种类,借款用途、金额、利率、借款期限、还款方式,借贷双方的权利、义务,违约责任和双方认为需要约定的其他事项。保证贷款应由保证人与贷款人签订保证合同,或保证人在借款合同上载明与贷款人协商一致的保证条款,加盖保证人的法人公章,并由保证人的法定代表人或其授权代理人签署姓名。抵押贷款、质押贷款应由抵押人、出质人与贷款人签订抵押合同、质押合同,需要办理登记的,应依法办理登记。

除了上述基本条款以外,银行为了保证自己的合法权益,一般会在合同中包含一系列特别约定,这称为约定事项(Covenants)。约定事项是指借款人允诺在贷款期间承担一系列作为和不作为的义务,通常包含积极约定和消极约定两部分内容。积极约定(Affirmative Covenants)是指借款人承诺确保执行的一系列行为,一般包括:按期向贷款人提交各种财务报表;同意贷款人查阅相关记录;保证按期纳税;在发生重大诉讼时通知贷款人;保证贷款用于约定的用途;保持最低资产净值;保持一定的流动比例及其他财务指标;等等。消极约定(Negative Covenants)是指借款人承诺绝不从事的一系列行为,一般包括:借款人不能再承担新的债务;不得在其资产或收益上设定任何担保物权;在贷款期间内不得分配股息、红利或者是只能分配少量的股息红利;不得为他人提供担保;不得对外投资或融资;不得改变其营业内容或与其他公司合并;等等。①

4. 贷款发放

银行在批准贷款、草拟好借款合同文本以后,在正式发放贷款之前,还需要满足一系列条件。比如,对于担保贷款,银行要取得担保权利;对于项目贷款,项目的部分资本必须已经到位,并且项目必须已经按照有关法律、法规的规定获得了政府的正式批准;如果贷款文件中包含附加条款,对财务比率要求进行了约定,对借款人分派股利进行了限制,

---

① 中国银监会 2004 年 7 月 16 日发布实施的《商业银行授信工作尽职指引》,在其附录中列举了十余条约定事项。

这些条件也必须满足。这些条件一般都由客户经理在发放贷款前确保落实。符合所有条件后，授权信贷人员将与借款人签署信贷文件，并发放贷款。

（四）贷后管理

贷后管理是从贷款发放之日起到贷款本息收回之时为止的贷款管理，主要内容包括贷后检查、贷款风险预警、贷后管理责任制、贷款风险分类、不良贷款管理等。我们下面简要介绍前三项内容，贷款风险分类和不良贷款管理参见本章后面的详细讨论。

1. 贷后检查

贷款发放后，银行会对借款人执行借款合同的情况及借款人的经营情况进行持续的贷后监督和检查，对客户进行定期评核，即评价和核查。商业银行会对不同客户设定不同的评核频率，其依据主要是客户的信用评级和可能影响客户偿还银行贷款能力的各种因素。

银行贷后检查的重要环节之一，是对借款企业的资金使用进行监督。对于需要重点监督的贷款，信贷部门在发放贷款的同时，就会依据合同约定，向借款企业开户行的会计部门提出具体监督要求，开户行会计部门要从贷款入账时开始协助信贷部门监督企业资金使用。贷款行信贷部门要及时了解贷款用途，发现问题应及时采取措施。

2. 贷款风险预警

在贷后管理中，最重要的是通过对所有可能影响还款的因素进行持续监测，尽可能提前发现客户潜在的风险，适时采取相应的预防和补救措施，从而减少借款人的违约风险，并使潜在损失最小化。因此，银行需要建立起有效的贷款风险预警机制，通过现场或非现场贷后检查，发现贷款风险的早期预警信号[1]，运用定量和定性分析相结合的方法，尽早识别风险的类别、程度、原因及其发展变化趋势，并按规定的权限和程序对问题贷款采取针对性处理措施，及时防范、控制和化解贷款风险。

3. 贷后管理责任制

建立贷后管理责任制，是充分调动有关方面的力量、防范贷款风险的基本前提，尤其是很多贷款的贷后管理涉及银行的诸多部门和人员，建立起相应的贷后管理责任制，对于做好贷后管理工作更显重要。

（1）明确上下级行之间的贷后管理责任。原则上，贷款行对本级行发放的贷款负有贷后管理责任，上级行可以将其发放的贷款委托下级行进行管理。委托管理的贷款要签订委托管理协议，明确相关的责任。

（2）明确相关部门的贷后管理责任。贷后管理涉及信贷、会计、风险管理、资产保全、法律等部门，必须明确相关部门在贷后管理中的分工与责任，各部门密切配合，共同做好贷后管理工作。

（3）明确相关人员的贷后管理责任。信贷员负责贷后检查和本息催收；信贷负责人负责督促、组织本部门贷后管理工作及部门协调；保全部门及有关业务人员负责不良贷款的清收转化和处置；法律部门相关人员负责研究业务中的法律问题，提供法律支持；开

---

[1] 中国银监会 2004 年 7 月 16 日发布实施的《商业银行授信工作尽职指引》，在其附录中列举了常见的 6 大类、52 条预警信号。

户行会计部门相关人员负责按照信贷部门的要求监督贷款使用等。

第三节 商业银行贷款的风险分类

2001年12月24日,中国人民银行发布《贷款风险分类指导原则》,并决定自2002年1月1日起,正式在中国银行业全面推行贷款风险分类管理。中国银监会2007年发布《贷款风险分类指引》,替代了《贷款风险分类指导原则》。

一、贷款风险分类的目的

贷款风险分类,是指银行的信贷分析和管理人员,或金融监管当局的检查人员,通过调阅信贷档案和相关文件材料等方式,获得与贷款相关的信息,在此基础上对影响贷款质量的财务和非财务信息进行分析判断,进而根据一定的标准和原则揭示贷款遭受损失的风险程度,据此对贷款质量做出评价并标明相应类别的过程。

贷款风险分类的目的主要有三个:(1)揭示贷款的实际价值和风险程度,真实、全面、动态地反映贷款的质量;(2)发现贷款发放、管理、监控、催收以及不良贷款管理中存在的问题,加强信贷管理;(3)为计提贷款损失准备金提供依据。

二、贷款风险分类的标准

依据《贷款风险分类指引》,贷款按照遭受损失的风险程度分为五类,其定义分别是:(1)正常(Normal):借款人能够履行合同,没有足够理由怀疑贷款本息不能按时足额偿还;(2)关注(Special Mention):尽管借款人目前有能力偿还贷款本息,但存在一些可能对偿还产生不利影响的因素;(3)次级(Substandard):借款人的还款能力出现明显问题,完全依靠其正常营业收入无法足额偿还贷款本息,即使执行担保,也可能会造成一定损失;(4)可疑(Doubtful):借款人无法足额偿还贷款本息,即使执行担保,也肯定要造成较大损失;(5)损失(Loss):在采取所有可能的措施或一切必要的法律程序之后,本息仍然无法收回,或只能收回极少部分。这五类贷款中,后三类为不良贷款。

从上述定义中可以看出,贷款风险分类的核心标准是还款可能性。在判断还款可能性时,考虑的主要因素包括:(1)借款人的还款能力;(2)借款人的还款记录;(3)借款人的还款意愿;(4)贷款的担保;(5)贷款偿还的法律责任;(6)银行的信贷管理。

在具体实践中,有些商业银行为了进一步加强贷款管理,对五级贷款分类制度进行了细化。比如,中国工商银行从2005年10月起,将公司贷款分为十二级,其中正常贷款细分为四级,关注贷款细分为三级,次级贷款和可疑贷款各细分为两级,损失贷款不再细分。

三、贷款损失准备

贷款损失准备是银行为了弥补贷款将来可能出现的损失而预先从银行税前利润或税后利润中提取的专门准备。贷款损失准备的准确、充足计提,能够提高银行抵御风险的能力,有助于真实核算银行的经营损益,从而保持银行的稳健经营和持续发展。

在很多西方发达国家,贷款损失准备如何计提、计提比例是多少,都是由商业银行按照审慎原则自主决定的,计提标准主要是根据贷款分类的结果和对贷款损失概率的历史统计。在转轨经济国家则一般由监管当局确定计提原则,确定计提比例的参照标准。

2001年12月24日,中国人民银行在发布《贷款风险分类指导原则》的同时,发布了《贷款损失准备计提指引》,也是自2002年1月1日起正式施行。由中国银监会发布、自2012年1月1日起施行的《商业银行贷款损失准备管理办法》,替代了《贷款损失准备计提指引》。《商业银行贷款损失准备管理办法》规定:"本办法所称贷款损失准备是指商业银行在成本中列支、用以抵御贷款风险的准备金,不包括在利润分配中计提的一般风险准备。……商业银行贷款损失准备不得低于银行业监管机构设定的监管标准。银行业监管机构设置贷款拨备率和拨备覆盖率指标考核商业银行贷款损失准备的充足性。贷款拨备率为贷款损失准备与各项贷款余额之比;拨备覆盖率为贷款损失准备与不良贷款余额之比。贷款拨备率基本标准为2.5%,拨备覆盖率基本标准为150%。该两项标准中的较高者为商业银行贷款损失准备的监管标准。银行业监管机构依据经济周期、宏观经济政策、产业政策、商业银行整体贷款分类偏离度、贷款损失变化趋势等因素对商业银行贷款损失准备监管标准进行动态调整。银行业监管机构依据业务特点、贷款质量、信用风险管理水平、贷款分类偏离度、呆账核销等因素对单家商业银行应达到的贷款损失准备监管标准进行差异化调整。"

中国银监会的前述规定,主要是明确了贷款风险分类的方法和贷款损失准备的总量标准,而将两者联系起来、确定具体计提标准的,则是财政部发布的《金融企业准备金计提管理办法》。修订后自2012年7月1日起施行的这一办法规定:

"本办法所称准备金,又称拨备,是指金融企业对承担风险和损失的金融资产计提的准备金,包括资产减值准备和一般准备。

"本办法所称资产减值准备,是指金融企业对债权、股权等金融资产(不包括以公允价值计量并且其变动计入当期损益的金融资产)进行合理估计和判断,对其预计未来现金流量现值低于账面价值部分计提的,计入金融企业成本的,用于弥补资产损失的准备金。

"本办法所称一般准备,是指金融企业运用动态拨备原理,采用内部模型法或标准法计算风险资产的潜在风险估计值后,扣减已计提的资产减值准备,从净利润中计提的、用于部分弥补尚未识别的可能性损失的准备金。……具备条件的金融企业可采用内部模型法确定潜在风险估计值。……金融企业不采用内部模型法的,应当根据标准法计算潜在风险估计值,按潜在风险估计值与资产减值准备的差额,对风险资产计提一般准备。其中,信贷资产根据金融监管部门的有关规定进行风险分类,标准风险系数暂定为:正常类1.5%,关注类3%,次级类30%,可疑类60%,损失类100%;对于其他风险资产可参照信贷资产进行风险分类,采用的标准风险系数不得低于上述信贷资产标准风险系数。"

第四节 商业银行不良贷款的管理

一、不良贷款:银行贷款业务的副产品

在 1967—1984 年担任花旗银行总裁的沃尔特·瑞斯顿,曾去视察一家县支行。这家支行的行长在向瑞斯顿汇报其贷款业务时骄傲地说:"我在这个支行工作了整整三十年。在这三十年中,我们支行没有发生过一笔不良贷款。我们的不良贷款率一直为零。"完全出人意料的是,瑞斯顿竟然回答说:"你们做得很好。但你和你们支行负责信贷工作的所有人员,从明天开始离开我们银行。我们银行不需要从来不犯错的人,尤其是信贷员。"

所有贷款都如期收回,没有一笔不良贷款,难道这不是我们银行梦寐以求的吗?瑞斯顿为什么会如此回答?原因在于,这家县支行在这么长的时间中没有一笔不良贷款,这说明银行拒绝了很多好的贷款机会,从而没有充分利用银行的资源,使银行丧失了很多的盈利机会,丢失了很多本来可能为银行带来丰厚利润的优质客户。

对于"借款人能够履行合同、有充分把握按照足额偿还本息"的正常贷款,商业银行也要提取一般准备,而且规定一般准备年末余额不得低于年末贷款余额的 1%。这充分说明,即使是"有充分把握",贷款也仍然有可能收不回。

银行在发放贷款时,不论采取什么样的评估措施,最终都需要依赖于信贷人员的主观判断,而受到信息、能力等多方面的限制,这种判断总会出现偏差;而且更重要的是,贷款从发放到回收总要经过一段时间,在这段时间内,借款人及其周围环境中存在着许多不确定性因素。因此,商业银行只要从事贷款业务,就会产生不良贷款。不良贷款是银行从事贷款业务必然存在的一种副产品,商业银行出现不良贷款是正常的,不出现不良贷款是不正常的。

二、不良贷款管理的基本原则

商业银行在不良贷款的管理中,需要遵循以下基本原则:

1. 建立不良贷款管理的常规机制

由于不良贷款是银行从事贷款业务的副产品。因此,银行不良贷款的管理就不是一次性或特例性的,而是常规性的,银行必须建立一种持续的机制来管理不良贷款。

2. 尽可能减少不良贷款发生

虽然商业银行出现不良贷款是正常的,但这只是一种客观结果,而从主观上来说,商业银行必须尽可能减少不良贷款,这是因为不良贷款对银行来说成本非常高。除了最终必须完全冲销未收回的本金和利息、直接影响银行的利润以外,不良贷款还会影响银行在客户、股东、同行中的声誉,增加管理、回收不良贷款的直接费用,降低职员士气,丧失运用应收回资金发放贷款或进行投资的机会,并可能导致监管当局的干预。

3. 明确回收不良贷款的目标

回收不良贷款的目标是实现不良贷款回收金额净现值的最大化。净现值取决于三

个因素:一是未来现金流的规模,二是未来现金流的时间,三是贴现率。因此,回收不良贷款时,应该综合分析将来可能收回的金额、可能收回的时间以及资金的机会成本,而不能只考虑其中一项因素。

4. 及早承认问题,及早采取措施

一般来说,不良贷款并不是在一夜之间形成的。因此,回收不良贷款与治病一样,越早承认问题的存在,越早采取措施越好,如果等到病入膏肓,就无能为力了。这一点的重要性在美国储贷协会危机中体现得非常明显。美国储贷协会的不良贷款问题在 20 世纪 80 年代初就已经全部暴露,当时亏损只在 100 亿美元左右,如果立即进行重组,其难度和成本相对于美国庞大的经济规模来说,几乎是可以忽略不计的。但当时美国政府并没有采取彻底重组的方法,而是采取了放松管制的措施:取消了利率管制,允许其投资多样化,降低对其资产净值的要求和改变会计处置方法等,希望储贷协会在经营中摆脱困境。但拖延并不能从根本上解决问题,反而加大了处理问题的难度和成本。很多濒临破产的储贷机构孤注一掷,涉足自己不熟悉的高风险业务领域,大量进行投机活动。到 20 世纪 80 年代末,储贷协会整个行业陷入全面破产的境地,其不良贷款增长到 4 000 多亿美元,最后被迫进行资产重组,政府为资产重组付出的成本近 2 000 亿美元。[①]

5. 设立专门机构,由专人负责

在银行内部设立专门机构,由专人负责处理不良贷款,其优势是多方面的:(1) 这是建立不良贷款管理常规机制的必要措施;(2) 能够集中有限的专门人才,便于采取专门手段,发挥专业化的优势,有利于大幅度提高效率;(3) 避免不良贷款的处置影响正常贷款业务的开展;(4) 容易明确贷款回收管理的目标;(5) 原来的信贷员(部门)很难对不良贷款的形成原因做出客观分析,从而很难提出比较现实的解决方案。

三、处理不良贷款的主要方法

在借款人出现违约时,银行需要加强催收工作,在有保证人的情况下,要求保证人代为偿还贷款本息,尽可能保证借款人或其保证人以现金形式偿还贷款全部本金和利息。如果借款人确实无力以现金形式清偿,银行可以根据不同情况采取如下方式进行处理:

1. 贷款重组

贷款重组的具体方式包括延长贷款期限、降低贷款利率、再发放一笔贷款、免除部分贷款或利息。贷款重组属于一种长期性的解决方式,要使其获得成功,必须确保能够恢复借款人的正常经营能力,否则只会使银行的损失进一步扩大。因此,采取这种方法的前提是,借款人愿意与银行密切合作,已经制订了切实可行的业务发展计划,对所有贷款提供了更高质量的全额担保,有时还需要股东增加资本投入。

2. 人员重组

一般来说,形成不良贷款的主要原因是借款人管理不善。因此,改组企业管理层,引入新生力量,实施全新的管理战略,往往是使借款人恢复正常经营、偿还所借贷款的重要途径。银行作为债权人,并没有能力直接改组借款人的管理层,但它可以通过信贷手段

---

① 周小川:《重建与再生——化解银行不良贷款的国际经验》,中国金融出版社,1999 年版,第 25 页。

向董事会或现有管理层施加压力,实现这一目标。

3. 机构重组

陷入财务困境的企业(不能偿还贷款是其表现之一),往往是很好的收购对象。所谓机构重组,就是采取收购或合并的形式,通过发挥"1+1>2"的优势,增强借款人的经营能力,使银行成功收回贷款。在此过程中,银行可以只是提出建议;也可以利用自己的信息与人才优势,通过担任财务顾问,更深入地参与收购与合并。

4. 债转股

所谓债转股就是银行将其对企业的债权转换成对企业的股权。从短期来看,这种转换能够减少企业利息负担,降低企业负债比例,提高其进一步获得外部融资的能力。但是,债转股必须能从根本上改变企业的经营管理机制,提高经营管理水平,增强盈利能力。否则,银行不仅不能收回原来的贷款,还可能使实际损失进一步扩大。

5. 转让

如果一家银行回收不良贷款的能力有限,无法采取长期方式来回收不良贷款,那么它就可以将不良贷款转让给其他回收能力较强、实力较雄厚的机构,但转让价格经常要有很低的折扣。比如,在20世纪80年代初的债务危机中,美国商业银行对拉美国家的不良贷款转让折扣率约为70%(即100万美元的贷款只卖30万美元);而在东南亚金融危机中,泰国商业银行不良贷款的折扣率更是高达85%。

6. 以物抵债

债务人、保证人或第三人以实物资产或财产权利作价抵偿银行债权的行为通常称为以物抵债。以物抵债一般有如下三种情形:(1)银行债权到期、债务人无法用货币资金偿还债务;(2)债权虽未到期,但已出现严重问题,影响债务人按时足额用货币资金偿还债务;(3)当债务人完全丧失清偿能力时,担保人也无力以货币资金代为偿还债务。

银行在收取抵债资产后应及时进行处置,尽快实现抵债资产向货币资产的有效转化。由财政部发布、自2005年7月1日起施行的《银行抵债资产管理办法》规定:"以抵债协议书生效日,或法院、仲裁机构裁决抵债的终结裁决书生效日,为抵债资产取得日,不动产和股权应自取得日起2年内予以处置;除股权外的其他权利应在其有效期内尽快处置,最长不得超过自取得日起的2年;动产应自取得日起1年内予以处置。"

7. 起诉破产

无论在什么情况下,起诉破产将是所有回收方法中的最后一种方法,只有在其他方法都不可能或者成本非常高时,才采取这种方法。原因在于,起诉破产需要花很长时间,会产生大量费用,而且净资产价值往往会所剩无几,银行最终会出现很大损失。

8. 贷款核销

对于采用上述全部清收方法以后仍然无法回收的贷款,就要予以核销。但核销以后的贷款,银行仍然要继续对借款人进行追偿。

本章小结

贷款既是银行的一种重要资产形式,也是企业外部融资的重要方式。企业的经营活动是一个资产循环。银行贷款的目的就是满足企业资产循环中所出现的现金缺口。企业的资产循环包括流动资产循环和固定资产循环,与此相对应,银行的贷款也包括流动资金贷款和固定资产贷款两大类。

贷款政策是商业银行内部指导贷款决策的具体行为准则,主要包括贷款基本管理制度、贷款规模政策、贷款投向政策、统一授信政策、关联交易政策、贷款禁止政策、贷款档案管理政策等内容。不同银行的贷款业务流程差异很大,同一家银行不同类型贷款的流程也不完全相同。

为了揭示贷款的实际价值和风险程度、加强信贷管理、为计提贷款损失准备提供依据,银行贷款按其风险程度划分为正常、关注、次级、可疑和损失五类。

只要从事贷款业务,都会产生不良贷款。因此,银行必须建立不良贷款管理的常规机制,在借款人出现违约时,采取多种方式处理不良贷款。

复习思考题

1. 访问一家你喜欢的商业银行的网站,查看其关于贷款种类的相关介绍,尤其注意其最新推出的贷款类新产品和新服务。同时,可从其最新的年报中,找到贷款构成信息。

2. 比较贷款与企业其他外部融资方式,说明企业资产循环与银行贷款之间的关系。

3. 说明贷款政策的主要内容和作用。

4. 商业银行一般也会在网站上较为详细地介绍各类贷款的借款条件、办理程序、所需资料。访问几家银行的网站,比较一下不同银行在贷款种类、贷款程序、贷款要求等方面的差异。

5. 说明五级贷款风险分类的标准和每类贷款的特征。从你所选商业银行年报中查看该银行五级分类及贷款担保准备金提取的情况及其变化。同时,访问中国银行业监督管理委员会网站(http://www.cbrc.gov.cn)。

6. 你如何理解"不良贷款是银行从事贷款业务必然存在的一种副产品"?说明不良贷款管理应遵循的基本原则,比较不良贷款的主要处理方式。

案例分析

300亿元银行贷款支撑的"德隆神话"

新疆德隆集团的前身是个体企业,于1986年正式注册成立。2000年年初,该公司进行重组,将注册地从新疆迁到上海。正是从这时开始,德隆走上了大规模、高速度的发展道路。在实业方面,德隆斥巨资收购了数百家公司,所涉行业包括番茄酱、水泥、汽车零配件、电动工具、重型卡车、种子、矿业等,其中有多家上市公司;在金融方面,德隆陆续投资控股了金新信托、南京国际信托、伊斯兰信托、德恒证券、恒信证券、中富证券、新疆金融租赁、新世纪金融租赁等金融机构,2002年德隆开始在地方城市商业银行增资扩股过程中采取多种方式进入。德隆集团参股企业众多,组织结构复杂,明的暗的公司很多。截至2002年年末,公司拥有全资和参控股公司二十余家,资产总额达136亿元,被称为

"德隆神话"。

2004年4月12日,合金投资股价大幅跳水,截至4月21日,收盘价跌幅分别为46%、42%、42%,流通市值共缩水61亿元,引发德隆危机。

2006年4月30日下午,武汉市中院公开对涉嫌变相吸收公众存款和操纵证券交易价格非法获利的德隆主案做出一审判决。德隆总裁唐万新因非法吸收公众存款罪被判处有期徒刑6年零6个月,并处罚金40万元;因操纵证券交易价格罪,被判处有期徒刑3年;决定执行有期徒刑8年,并处罚金人民币40万元。同案中起诉的三家企业和德隆的6位高管也分别受到惩罚。上海友联管理研究中心有限公司因非法吸收公众存款罪,被判处罚金3亿元;德隆国际战略投资有限公司、新疆德隆(集团)有限责任公司因操纵证券交易价格罪,被判处罚金各50亿元,创造了涉及证券市场的额度最高的罚款纪录。

德隆集团的风险成因是多方面的,其根本在于所谓的"资本运作"模式。适度资本运作是企业谋求发展的可行途径之一,但如果不以产业发展为基础,过度依赖资本运作,以各种方式"圈钱",必然要支付过高的财务成本,使企业长期陷入高负债的"资金饥渴"状态。这种高风险的融资安排使企业运营建立在十分脆弱的资金链上,一旦资金环节稍有问题,整个企业体系马上出现难以支撑的局面。德隆危机正是这一模式的必然结果,其金融风险突出表现在:

(1) 利用商业银行的贷款购买上市公司的股票并控股,使股票价格保持在高位,利用较高水平的公司市值做抵押或质押,从商业银行获得更多的贷款,用更多的银行贷款购买更多公司的股票,控制更多的上市公司,再用这些上市公司的股票做质押,获得更多的商业银行贷款,周而复始循环下去,一个企业帝国就创建了。这种"资本运作"模式的致命之处在于,一旦商业银行因宏观调控等原因停止贷款,控股集团的资金链断裂,股票价格就会迅速下滑,企业迅速出现流动性危机。据《财经》杂志报道,"德隆系"通过关联公司互保、股票质押等方式,在整个银行体系的贷款高达200—300亿元,其中:德隆在四大国有商业银行的累计贷款近200亿元;在某城市商业银行一度占用40亿元以上资金;在股份制商业银行也有几十亿元的贷款;通过委托理财、证券公司三方委托贷款等渠道占压的银行资金总额在三四百亿元以上。这种"资本运作"模式强烈依赖银行贷款,用德隆董事局主席唐万里的话说,这次危机是"由于媒体的舆论,使我们贷不到款了,一旦可以从银行贷到款,一切问题都解决了"。

(2) 利用社会短期理财资金购买上市公司股票并控股,使股票价格保持在高位,给予短期理财资金客户较高回报,以高回报水平吸引更多的社会资金进入集团,用更多的短期理财资金购买更多公司的股票,控制更多的上市公司,维持更高水平的股价,吸引更多的社会资金,周而复始循环下去,雪球越滚越大,"德隆系"控制的金融资产越来越多。"德隆系"在2000年前后的股市投机风潮中,过度依赖短期理财资金,给客户的回报偏高,在随后证券市场的大调整中,为了维护客户的利益,长期维护二级市场股价高企。同银行贷款的情形一样,在这种"资本运作"模式下,一旦理财客户出现了恐慌,开始抛售股票,就会造成股价跳水,企业出现支付危机。

(3) "德隆系"作为控股集团公司,其内部结构十分复杂,子公司与孙公司众多,就某一家子公司或孙公司而言,可能其资产负债率、自有资本的比率是清楚的,但就集团公司整体而言,其财务信息是极不透明的,银行和监管当局很难获得关于整个集团资产负债率、自有资本比率的真实信息。

(4) 突破了当前"分业经营,分业监管"的金融风险控制框架,使银行信贷资金直接流入股票市场。德隆通过一百多家关联公司和有控制权的公司,从各银行获得贷款。表面上每笔银行贷款均有"正当项目"与其相对应,但实际上"德隆系"已将大量贷款挪用于证券市场进行股权收购,而且"德隆系"借款大部分并无足额抵押,大量采用第三方信用担保。

资料来源:根据互联网相关资料整理撰写,可参见《揭开"德隆神话"的面纱 最大金融案宣判前后》,http://news.sina.com.cn/c/2006-04-30/08288826012s.shtml

案例思考题:

在本章案例中,为什么银行会向德隆集团提供金额如此巨大的贷款?从互联网上查阅相关资料,了解德隆集团的处置情况,以及商业银行和中国监管当局从这个案例中吸取的教训。

21世纪经济与管理规划教材
金融学系列

第五章

商业银行贷款的信用分析

【学习目标】
1. 掌握企业财务分析的基本方法。
2. 了解非财务因素分析的主要内容。
3. 理解抵押、质押、保证三种贷款担保方式。
4. 了解贷款信用风险的综合分析和贷款风险度的确定。

第一节 企业财务分析

商业银行针对借款企业的财务分析,是以财务报告及其相关资料为主要依据,对企业的财务状况、经营成果及其发展趋势进行分析和评价,从而为判断银行贷款的风险程度提供一个基本依据。

一、企业财务分析的依据:企业财务报告

企业财务分析的基本依据是企业财务报告。企业财务报告,是企业依据会计准则编制的反映企业某一特定日期的财务状况和某一会计期间的经营成果、现金流量等会计信息的文件,目的是为财务报表使用者做出经济决策提供特定的有价值的信息。

企业的财务报告一般包括资产负债表、利润表、现金流量表、所有者权益变动表、附注五部分。资产负债表反映的是企业在某一特定日期的财务状况;利润表反映的是企业在一定会计期间的经营成果;现金流量表反映的是一定期间内企业现金(及其等价物)的流入和流出情况;所有者权益变动表反映的是构成所有者权益的各组成部分当期的增减变动情况;附注则是对前述四类报表中列示的项目的文字描述或明细资料,以及对未能在这些报表中列示的项目的说明。

商业银行在企业财务分析中,主要分析对象是资产负债表、利润表和现金流量表(及三者的附注),本节以中国石油化工股份有限公司2013年度数据为例进行分析。该公司三种报表参见表5-1、表5-2和表5-3。

表5-1 中国石油化工股份有限公司合并资产负债表
日期:2013年12月31日

资产	余额(亿元)	结构	负债和所有者权益 (或股东权益)	余额(亿元)	结构
流动资产:			流动负债:		
货币资金	151.01	1.1%	短期借款	1 081.21	7.8%
应收票据	287.71	2.1%	应付票据	45.26	0.3%
应收账款	684.66	5.0%	应付账款	2 027.24	14.7%
其他应收款	131.65	1.0%	预收款项	810.79	5.9%
预付款项	42.16	0.3%	应付职工薪酬	8.18	0.1%
存货	2 219.06	16.0%	应交税费	358.88	2.6%
其他流动资产	213.85	1.5%	其他应付款	829.17	6.0%
流动资产合计	3 730.10	27.0%	短期应付债券	100.00	0.7%
非流动资产:			一年内到期的非流动负债	457.49	3.3%
长期股权投资	770.78	5.6%	流动负债合计	5 718.22	41.3%
固定资产	6 695.95	48.4%	非流动负债:		
在建工程	1 606.30	11.6%	长期借款	464.52	3.4%

（续表）

资产	余额（亿元）	结构	负债和所有者权益（或股东权益）	余额（亿元）	结构
无形资产	602.63	4.4%	应付债券	991.38	7.2%
商誉	62.55	0.5%	预计负债	260.80	1.9%
长期待摊费用	119.61	0.9%	递延所得税负债	79.77	0.6%
递延所得税资产	41.41	0.3%	其他非流动负债	81.87	0.6%
其他非流动资产	199.83	1.4%	非流动负债合计	1 878.34	13.6%
非流动资产合计	10 099.06	73.0%	负债合计	7 596.56	54.9%
			股东权益：		
			股本	1 165.65	8.4%
			资本公积	394.13	2.8%
			专项储备	15.56	0.1%
			盈余公积	1 903.37	13.8%
			未分配利润	2 245.34	16.2%
			外币财务报表折算差额	-20.59	-0.1%
			归属于母公司股东权益合计	5 703.46	41.2%
			少数股东权益	529.14	3.8%
			股东权益合计	6 232.60	45.1%
资产总计	13 829.16	100.0%	负债和股东权益总计	13 829.16	100.0%

资料来源：中国石油化工股份有限公司2013年年报。

表5-2 中国石油化工股份有限公司合并利润表

2013年度

项目	金额（亿元）	结构
营业收入	28 803.11	100.0%
减：营业成本	24 570.41	85.3%
营业税金及附加	1 906.72	6.6%
销售费用	443.59	1.5%
管理费用	735.72	2.6%
财务费用	62.74	0.2%
勘探费用	125.73	0.4%
资产减值损失	40.44	0.1%
加：公允价值变动损益	21.67	0.1%
投资收益	25.10	0.1%
营业利润	964.53	3.3%
加：营业外收入	34.81	0.1%
减：营业外支出	29.52	0.1%
利润总额	969.82	3.4%
减：所得税费用	256.05	0.9%
净利润	713.77	2.5%

资料来源：中国石油化工股份有限公司2013年年报。

商业银行管理

表 5-3　中国石油化工股份有限公司现金流量表
2013 年度

项目	金额（亿元）
经营活动产生的现金流量：	
销售商品、提供劳务收到的现金	32 149.62
收到的税费返还	17.47
收到其他与经营活动有关的现金	223.96
经营活动现金流入小计	32 391.05
购买商品、接受劳务支付的现金	-26 914.95
支付给职工以及为职工支付的现金	-557.31
支付的各项税费	-2 968.96
支付其他与经营活动有关的现金	-430.90
经营活动现金流出小计	-30 872.12
经营活动产生的现金流量净额	1 518.93
投资活动产生的现金流量：	
收回投资所收到的现金	41.98
取得投资收益所收到的现金	14.96
处置固定资产、无形资产和其他长期资产收回的现金净额	15.50
收到其他与投资活动有关的现金	24.99
投资活动现金流入小计	97.43
购建固定资产、无形资产和其他长期资产支付的现金	-1 549.46
投资所支付的现金	-334.87
支付其他与投资活动有关的现金	-0.50
投资活动现金流出小计	-1 884.83
投资活动产生的现金流量净额	-1 787.40
筹资活动产生的现金流量：	
吸收投资收到的现金	321.02
取得借款收到的现金	11 428.90
筹资活动现金流入小计	11 749.92
偿还债务支付的现金	-11 054.57
分配股利、利润或偿付利息支付的现金	-379.67
支付其他与筹资活动有关的现金	-0.49
筹资活动现金流出小计	-11 434.73
筹资活动产生的现金流量净额	315.19
汇率变动对现金及现金等价物的影响	-0.82
现金及现金等价物净增加（减少）额	45.90

资料来源：中国石油化工股份有限公司 2013 年年报。

二、财务比率分析

财务比率分析,是基于资产负债表和利润表所进行的分析。比率分析法把某些彼此存在关联关系的项目加以对比,计算出比率,据以确定经济活动的变动程度。比率是相对数,采用这种方法,能够把某些条件下的不可比指标变为可以比较的指标,以利于进行分析。

常用的财务分析比率一般包括三类:反映偿债能力的财务比率、反映营运能力的财务比率和反映盈利能力的财务比率。为了便于说明,本节各项财务比率的计算仍以中国石油化工股份有限公司2013年的数据为例。

(一) 反映偿债能力的财务比率

企业的偿债能力分为短期偿债能力和长期偿债能力两类。

1. 短期偿债能力

短期偿债能力是指企业偿还短期债务的能力,也就是企业的变现能力。企业如果没有足够的现金流量,就可能造成客观上的债务违约,从而影响企业的资信,增加今后筹集资金的成本与难度,还可能使企业陷入财务困境,严重的还可能导致企业破产。衡量企业短期偿债能力的指标主要有流动比率、速动比率和现金比率。

(1) 流动比率 = 流动资产/流动负债 = 0.65;

(2) 速动比率 = (流动资产 − 存货 − 待摊费用)/流动负债 = 0.26;

(3) 现金比率 = (现金 + 有价证券)/流动负债 = 0.08。

流动资产既可以用于偿还流动负债,也可以用于支付日常经营所需要的资金。流动比率高一般表明企业短期偿债能力较强,即流动资产越多、短期债务越少,则短期偿债能力越强。但流动比率如果过高,则会影响企业资金的使用效率和获利能力。流动比率是否可以充分反映企业的真实偿债能力,还要看其流动资产中现金、应收账款和存货等项目各自所占的比例,因为它们的变现能力不同。为此,可以用速动比率(剔除了存货和待摊费用)和现金比率(剔除了存货、应收账款、预付账款和待摊费用)辅助进行分析。一般认为,生产企业合理的流动比率为2、速动比率为1比较安全,过高有效率低之嫌,过低则有管理不善的可能。不同的企业应根据本企业所处行业和经营特点的不同,结合实际情况具体分析。

2. 长期偿债能力

长期偿债能力是指企业偿还到期长期债务本金及利息的能力。一般来说,企业长期负债主要用于长期投资,因而最好是用该项投资所产生的收益来偿还债务的利息与本金。衡量企业的长期偿债能力的指标通常为负债比率和利息收入倍数。

(1) 负债比率 = 负债总额/资产总额 = 54.93%;

(2) 利息收入倍数 = 经营净利润/利息费用 = (净利润 + 所得税 + 利息费用)/利息费用 = 16.46倍。

负债比率又称财务杠杆,当企业资金利润率高于债务利息时,负债能起到增加股东收益的作用,另外由于债务利息在税前支付,因此可以降低资本成本。基于以上两个原因,从企业管理者的角度而言,比较喜欢利用较多债务进行经营。但是,从债权人的角度来说,负债比率越低越好,因为企业负债越少,偿债能力就越强,违约的风险就越小。

利息收入倍数考察企业的营业利润是否足以支付当年的利息费用,它从企业经营活动的获利能力方面反映其支付利息的能力,是债权人非常关心的指标。一般来说,这个比率越高,表明企业支付利息的能力越强,债权人的利益就越有保障。

(二) 反映营运能力的财务比率

营运能力是以企业各项资产的周转速度来衡量企业对其现有经济资源的利用效率。具体反映在企业占用资产的周转率和周转速度上,周转速度越快,表明企业的各项资产进入生产、销售等经营环节的速度越快,那么其形成收入和利润的周期就越短,经营效率自然就越高。一般来说,包括以下五个指标:

(1) 应收账款周转率 = 销售净额/应收账款平均余额 = 38.44 天;
(2) 存货周转率 = 销售成本/存货平均余额 = 11.16 次;
(3) 流动资产周转率 = 销售净额/流动资产平均余额 = 8.03 次;
(4) 固定资产周转率 = 销售净额/固定资产平均净值 = 4.58 次;
(5) 总资产周转率 = 销售净额/总资产平均值 = 2.20 次。

由于上述这些周转率指标的分子、分母分别来自资产负债表和利润表,而资产负债表数据是某一时点的静态数据,利润表数据则是整个报告期的动态数据,所以为了使分子、分母在时间上具有一致性,就必须将取自资产负债表上的数据折算成整个报告期的平均额(即"期初余额"与"期末余额"的平均数)。通常来讲,上述指标越高,说明企业的经营效率越高,企业可以根据本企业上述指标与行业平均水平相比的结果,有针对性地采取措施,如合理降低库存、采用严格信用政策减少应收账款等加速企业资金周转。

(三) 反映盈利能力的财务比率

盈利能力是各方面关注的核心,不论是投资者、债权人还是企业经营者都非常关心企业的盈利能力。企业具有较强的盈利能力,才能保障投资者、债权人、经营者以及企业职工的根本利益,企业才能真正做到持续经营。一般用下面几个指标衡量企业的盈利能力:

(1) 销售毛利率 = (销售收入 - 成本)/销售收入 = 14.70%;
(2) 营业利润率 = 营业利润/销售收入 = 3.35%;
(3) 销售净利率 = 净利润/销售收入 = 2.48%;
(4) 资产利润率 = 净利润/总资产平均值 = 2.72%;
(5) 资本利润率 = 净利润/总资本平均值 = 6.08%;
(6) 每股利润 = 净利润/流通股总股份 = 0.56 元。

通过对盈利能力的分析,可以帮助经营者找出管理中存在的问题,进而采取相应的措施,改正不足,提高经济效益。上述指标中,销售毛利率、营业利润率和销售净利率分别说明企业生产(或销售)过程、经营活动和企业整体的盈利能力,指标越高则获利能力越强;资产利润率(又称为资产报酬率)反映股东和债权人共同投入资金的盈利能力;资本利润率(又称为权益报酬率)仅反映股东投入资金的盈利能力,资本利润率是股东最为关心的内容,在资产利润率相同的情况下,举债规模越大的企业资本利润率就越高,因为股东用较少的资金实现了同等的收益能力;每股利润只是将净利润分配到每一份股份,目的是更简洁地表示权益资本的盈利情况。同样,衡量上述盈利指标是否合适,还要通过与同行业其他企业的水平相比较才能得出结论。

对于上市公司来说,由于其发行的股票有价格数据,一般还要计算一个重要的比率,就是市盈率。市盈率=每股市价/每股收益,它代表投资者为获得的每一元钱利润所愿意支付的价格。它一方面可以用来证实股票是否被看好,另一方面也是衡量投资代价的尺度,体现了投资该股票的风险程度。该项比率越高,表明投资者认为企业获利的潜力越大,愿意付出更高的价格购买该企业的股票,但同时投资风险也高。市盈率也有一定的局限性,因为股票市价是一个时点数据,而每股收益则是一个时段数据,这种数据口径上的差异和收益预测的准确程度都为投资分析带来一定的困难。同时,会计政策、行业特征以及人为运作等各种因素也使每股收益的确定口径难以统一,给准确分析带来困难。

在实践当中,我们更为关心的可能还是企业未来的盈利能力,即成长性。成长性好的企业具有更广阔的发展前景,因而更能吸引投资者。一般来说,可以通过企业在过去几年中销售收入、销售利润、净利润等指标的增长幅度来预测其未来的增长前景。

(1)销售收入增长率=(本期销售收入-上期销售收入)/上期销售收入×100% =3.38%;

(2)营业利润增长率=(本期销售利润-上期销售利润)/上期销售利润×100% =9.70%;

(3)净利润增长率=(本期净利润-上期净利润)/上期净利润×100%=7.48%。

三、现金流量分析

企业偿还银行贷款,需要的是现金,因此,现金流量分析对银行判断借款人还款能力、确定贷款风险具有非常重要的意义。

(一)现金流量表

银行现金流量分析的基础是企业的现金流量表。表5-3显示,现金流量表将现金流量分为三类,即经营活动、投资活动和筹资活动产生的现金流量,同时,每类活动所涉及的现金流量又包括流入和流出两个方面。其中,经营活动是指企业投资活动和筹资活动以外的所有交易和事项[①];投资活动是指企业长期资产的购建和不包括在现金等价物范围内的投资及其处置活动;筹资活动是指导致企业资本及债务规模和构成发生变化的活动。

在企业的三种现金流量中,经营活动现金流量的计算比投资活动现金流量和筹资活动现金流量的计算更加复杂,其计算方法有直接法和间接法两种。正是这一差异,使得现金流量表的编制也有直接法和间接法两种。我国《企业会计准则》要求企业按照直接法编制并披露现金流量表的同时,还要在会计报表附注中列示按照间接法计算经营活动

---

① 在会计是,"交易"是指企业与其他主体和个人在市场交换中使经济资源或资源产权发生变动的行为;"事项"是指使经济资源或资源产权发生变动的非市场交换行为,如接受捐赠。

现金净流量的过程。

直接法又称为"自上而下法"(Top-Down Approach),是以营业收入(即从利润表最上端)为起点去计算和调整经营活动产生的现金流量。在计算和调整时,对于资产负债表科目,首先要计算各科目的变动数(等于期末余额减去期初余额),然后,再确定科目变动引起的是现金流入还是现金流出,其一般规则是:非现金资产的增加意味着现金减少,非现金资产的减少引起了现金增加;负债的增加会发生现金增加,负债的减少则引起现金减少;所有者权益的增加意味着现金增加,所有者权益的减少则引起现金减少。对于利润表上的科目,主要看收入和费用是否是现金形式,现金形式的收入是现金流入,现金形式的费用是现金流出。经营活动现金流入和流出项目如表5-4所示。

表5-4 经营活动现金流入和流出项目

	现金流入	现金流出
资产负债表科目	非现金资产的减少	非现金资产的增加
	负债的增加	负债的减少
	所有者权益的增加	所有者权益的减少
利润表科目	现金形式的收入	现金形式的费用

间接法又称为"自下而上法"(Bottom-Up Approach),是以净利润(即利润表最末一项)为起点,通过调整不涉及现金的收入、费用、营业外收支以及经营性应收应付等项目的增减变动,调整不属于经营活动的现金收支项目,据此计算并列报经营活动产生的现金流量的方法。

通过两种方法计算的企业经营活动现金流量是完全一致的,不同的是,直接法给出了企业经营活动中形成现金流入的具体来源及其金额,以及现金流出的具体去向及其金额;间接法则显示了以权责发生制为基础的净利润与经营活动现金净流量之间的差别。因此,从分析企业贷款风险的角度来看,直接法有助于我们看出不同的具体经营活动的现金流入与现金流出,更好地分析企业基于不同还款来源(特别是主营业务)的还款能力,有利于预测借款人未来的现金流量;而间接法则有助于我们清晰地看出盈利水平和现金流量的不同,更好地分析应收账款、存货以及应付账款等内容的管理和控制情况,从现金流量的角度分析净利润的质量,从而全面判断借款人未来的还款能力。

(二)经营活动现金流量分析

从总量上来看,企业经营活动产生的净现金流量可能小于零、等于零或大于零。我们不能简单地认为大于零就好,小于零就不好,需要"具体情况具体分析"。

(1)小于零。经营活动产生的现金流量小于零,意味着企业通过正常的商品购、产、销所带来的现金流入量,不足以补偿因上述经营活动而引起的现金流出。在企业发展的初期,由于在生产阶段的各个环节都处于"磨合"状态,因此设备、人力资源的利用率相对较低,材料的消耗量相对较高。同时,为了开拓市场,企业有可能投入较多资金,采用各种手段将自己的产品推向市场,从而使企业在这一时期的经营活动现金流量表现为"入不敷出"的状态,是完全正常的。但是,如果企业在正常生产经营期间仍然出现这种状态,则可能预示着比较严重的问题。

(2) 等于零。在企业经营活动产生的净现金流量等于零时,企业的经营活动净现金流量处于"收支平衡"的状态,企业正常经营活动不需要额外补充流动资金,企业的经营活动也不能为企业的投资活动以及融资活动贡献现金。这种看似"虽然不好,但也不坏"的状态,可能也蕴含着很大的风险。如前所述,按照权责发生制所计算的企业成本中,有大量的非现金消耗性成本(如固定资产折旧),因此,从长期来看,企业经营活动净现金流量等于零的状态是不可持续的。

(3) 大于零。经营活动产生的净现金流量大于零,按是否足以补偿当期非现金消耗性成本可分为三种情形:一是不能补偿,二是恰好补偿,三是补偿后仍有剩余。在第一种情形下,企业虽然在净现金流量方面的压力比前两种状态下的要小,但仍然不可持续;在第二种情形下,企业经营活动方面的现金流量压力已经解除,但无法为企业的扩大投资提供现金支持;在第三种情形下,企业经营活动产生的现金流量处于良好运转状态,其持续将对企业经营活动的稳定与发展、企业投资规模的扩大等起到重要的促进作用。

经营活动的现金流是企业偿还银行贷款的主要来源,也是其最佳来源,因此是银行分析贷款风险时的主要考察对象。

(三) 投资活动现金流量分析

企业的投资活动,主要有三个目的:① 为企业正常生产经营活动奠定基础,如购建固定资产、无形资产和其他长期资产等;② 为企业对外扩张和其他发展性目的进行权益性投资和债权性投资;③ 利用企业闲置的货币资金进行短期投资,以求获得较高的投资收益。

如果投资活动产生的净现金流量小于零,意味着企业在购建固定资产、无形资产、其他长期资产以及对外投资等方面所支付的现金之和,大于企业在收回投资、取得投资收益、处置固定资产、无形资产和其他长期资产而收到的现金净额之和,虽然说明企业投资活动的净现金流量处于"入不敷出"的状态,但表明企业正在进行业务扩张。

如果投资活动产生的净现金流量大于或等于零,意味着企业在投资活动方面的现金流入量大于流出量。这种情况的发生,或者是由于企业在本会计期间的投资回收的规模大于投资支出的规模,或者是由于企业在经营活动与筹资活动方面急需资金而不得不处理手中的长期资产以求变现,等等。因此,在这种情况下,应该对企业投资活动产生的净现金流量进行具体分析。同时,企业投资活动产生的现金流出量,有的需要由经营活动产生的现金流入量来补偿。比如,企业的固定资产支出,将由未来使用有关固定资产的会计期间的经营活动现金流量来补偿。因此,即使在一定时期企业投资活动产生的现金流入量小于零,我们也不能对企业投资活动产生的净现金流量的质量简单做出否定的评价。

(四) 筹资活动现金流量分析

企业筹资活动产生的净现金流量大于零,意味着企业在吸收权益性投资、借款等方面所收到的现金之和大于企业在偿还债务、偿付利息和股利等方面所支付的现金之和。在企业处于发展的起步阶段、投资需要大量资金、企业经营活动产生的净现金流量小于零的条件下,企业对现金的需求主要通过筹资活动来解决。因此,分析企业筹资活动产生的净现金流量大于零是否正常,关键要看企业的筹资活动是否已经被纳入企业的发展规划,是企业管理层以扩大投资和经营活动为目标的主动筹资行为,还是企业因投资活动和经营活动的现金流出失控而不得已的筹资行为。

企业筹资活动产生的净现金流量小于零,意味着企业在吸收权益性投资、借款等方面所收到的现金之和小于企业在偿还债务、偿付利息和股利等方面所支付的现金之和。这种情况的出现,或者是由于企业在本会计期间集中发生偿还债务、偿付利息和股利,或者是由于企业经营活动与投资活动在净现金流量方面运转较好、有能力完成上述各项支付。但是,企业筹资活动产生的净现金流量小于零,也可能是企业在投资和扩张方面没有更多作为的一种表现。

四、预计财务报表与敏感性分析

前面所进行的财务比率分析和现金流量分析,其基础都是企业过去的财务报表,因此,从总体上来看是对企业过去财务状况和经营成果的一种判断。但企业偿还银行贷款靠的是其未来的现金流量,尤其是其未来经营活动的现金流。因此,在前述分析的基础上,我们还必须进一步从企业的未来经营着手展开分析,这一分析是从编制预计财务报表开始的。

(一)预计财务报表的编制

预计财务报表是反映企业未来一定时期内预计财务状况和经营成果的报表,包括预计利润表和预计资产负债表等。

预计财务报表是企业进行预算管理的重要工具之一,是在日常业务预算、特种决策预算和现金预算的基础上汇总编制而成的,其目的主要是为企业的经营管理提供一个明确的目标,并帮助实现各部门之间的协调平衡、日常控制和业绩评价。但商业银行在企业财务分析过程中编制的预计财务报表,则是根据企业以前各期的财务报表,加上对企业未来经营状况的预测编制而成的,其主要目的是判断企业未来的现金流量是否足以偿还银行贷款。

由于企业资产负债表和利润表的很多项目都与销售收入直接相关,因此,编制预计财务报表的第一步是预测企业的未来销售收入。预测销售收入的工作主要是预测销售增长率,一般是在上年销售增长率或过去一段时期(如五年)的平均增长率的基础上,再结合宏观经济因素、行业周期性特征、企业的未来发展战略和市场竞争力等进行适当调整后确定。

在预测完销售收入以后,可接着预测利润表中的下一项,即销售成本。销售成本的预测可基于历史信息、行业平衡、未来竞争状况等进行。在此基础上,进一步预测企业的存货、应收账款、固定资产、固定资产折旧、管理费用、所有者权益等资产负债表和利润表的其他项目。

在进行上述预测的过程中,我们对资产、负债和所有者权益等的预测是分开进行的,其结果一般不会达到平衡,即很难实现"资产=负债+所有者权益"。但正是这种差额为银行评估企业的贷款需求提供了最为重要的信息。如果资产大于负债加所有者权益,企业就有额外的现金流,可以用于短期证券投资等;而如果资产小于负债加所有者权益,那么,其间的差额就是企业需要从外部融入的资金,如果企业没有或者不准备采用其他融资方式,那么这就是企业的借款需求。

在编制完预计利润表和资产负债表以后,我们就可以根据这两个报表来编制预计现金流量表。

(二) 敏感性分析

在编制企业预计财务报表时,需要对企业的未来经营状况(尤其是销售收入)进行一系列的假设,不同的假设就会产生不同的结果。敏感性分析就是对于这些假设与结果之间的关系进行进一步分析。

敏感性分析包括两种:一是分析预测结果的稳定性,二是分析预测结果的可能性。

预测结果的稳定性分析,就是在原来预测的基础上,对其关键假设进行上下调整,并观察预测结果的变化。如果关键假设变量的微小变化所引起的预测结果变化也很小,那么这种预测就是可靠的,可以作为贷款风险判断的依据;如果关键假设变量的微小变化就会引起预测结果很大幅度的变化,那么,这种预测就过于敏感,从而是不稳定、不可靠的,不能作为贷款风险判断的依据,或不能作为主要依据,而只能作为参考。

预测结果的可能性分析,是指在预测中,要根据实际情况,拟定不同的假设,以判断在不同的假设情形下,企业还款的能力和银行贷款的风险。具体来说,在敏感性分析中,对企业的假设至少应该包括如下三种不同的情形:(1) 最好情形,即所有一切都如计划正常发展,整个宏观经济状况良好,企业竞争优势明显,市场销路顺畅等;(2) 最坏情形,即出现很多不利情形,比如宏观经济陷入萧条,市场竞争变得非常激烈,产品销售出现下降,原材料价格上涨,管理成本上升等;(3) 最可能情形,即根据目前的信息,并运用银行信贷人员的最佳判断,根据目前的宏观经济趋势、行业及市场发展状况、企业经营战略等,最可能出现的情形。

在进行上述三种不同情形的假设中,需要注意这些情形出现的概率,尤其是对于最好情形和最坏情形,必须是合理的"最好"和"最坏"。比如,最坏情形就不能假设可能性只相当于飞机失事的情形。当然,对于什么样的"最好"(或"最坏")才属"合理",则要依赖于银行信贷员的经验和银行的一般做法了。

在做出至少这三种不同情形的假设并基于这些假设进行预测以后,需要进一步深入分析企业在不同情形下偿还银行贷款的可能性。虽然不是说银行只有在"出现最坏情形时企业仍能还款"的条件下才能发放贷款,但在发放贷款时,需要考虑到可能出现的"最坏情形",并设计好如果出现这种"最坏情形",银行如何保证贷款的安全,减少贷款的损失。

五、财务分析的局限性

财务分析能够为我们提供大量关于借款人的信息,为我们判断贷款风险提供很好的参照。本章"财务分析粉碎'蓝田神话'"的案例,充分说明了企业财务分析对于发现借款人在经营中的问题以及贷款风险有着非常重要的作用和非常强大的力量。

但是,财务分析本身也存在着很大的局限性。正是因为这些局限,使得财务分析的结论不一定能完全反映企业财务状况的全貌及其真实状况。因此,在分析企业贷款风险的过程中,一方面,不能模式化、绝对化地应用财务分析;另一方面,还需要收集更多的资料,从更多的侧面来分析贷款的风险。

财务分析的局限性,主要源于作为财务分析基础的财务报表所存在的局限性。这种局限性主要表现在以下几个方面:

（一）财务报告不完全真实、准确

财务报告的真实性和准确性是保证企业财务分析有效性的基本前提。从总体上来看,随着公司治理结构和市场机制的不断完善、政府监管的不断加强,企业做假账和硬调账的现象越来越少,但有意乱用会计科目从而操纵财务状况的情况仍十分常见。经常会被乱用的会计科目包括:其他类科目,包括其他应收款和其他应付款等;过渡性科目,比如在建工程等在期末应该结转而未结转的科目;表外科目,比如或有负债类、表外收益类科目等。在进行企业财务分析之前,我们应该核实财务报表的真实性与准确性。

（二）财务报告的信息不完备

财务报告——特别是几个主要的报表所提供的数字信息都是经过简化和综合的数据。虽然在实际会计处理过程中,为了使大量复杂的经济业务能产生有意义的管理信息,有必要通过合理的简化与综合程序,使它被集中地反映出来,但这种简化与综合总要失去一部分信息,综合的程度越高,丢失的信息也就越多。所以,以会计报表的信息对整个企业的经营业务进行反映,是非常不完备的。

（三）财务报表中非货币信息的缺陷

由于财务报表中的一些数据是以货币表达的财务信息,所以报表中对有些项目很难处理,如企业的商誉、资信等级、客户关系等,它们能使企业在经营中获得种种优势,对企业的经营与财务有巨大影响,却因为无法用货币衡量而被排除在财务报表之外。

（四）财务报告分期性的缺陷

任何企业财务报表的记录都采用"持续经营的假设",但财务信息的报告却又使用"会计分期的假设"以满足不同信息使用者的信息需求,因此,在此基础上产生的报表往往并非企业经营的"最终结果"。虽然它提供的信息可能是连贯的、衔接的,但却具有某种不确定性,并经常采用估计与判断的方法进行成本的分摊,导致财务报表所提供的许多数据信息只是代表了一种相对的近似值,并非绝对正确的结果。

（五）历史成本数据的局限性

财务报表所提供的信息,一般是以实际发生的成本为基础,反映经营过程中历史性的信息。尤其对于资产负债表而言,其数据是历史积累的数据,在正常情况下,历史数据显示了企业的发展过程,而且在会计处理上具有众多的方便性,但是在价格变动的情况下,历史信息无法反映各项资产真实的市场价值,所以客观上造成一种差距。虽然在编制资产负债表时,可以对于某些资产根据其市场价值调整其账面价值,但并不能完全改变价格变动对所有资产的影响。而且价格变动越大、经营时间越长,财务报表所列示的各项资产的成本价值与真实市价的差异也就越大。

（六）会计方法的局限性

会计准则虽然对会计处理有明确的规定,但它也具有一定的灵活性,它允许企业在一定范围内选择适合于企业产业特点以及会计管理的处理方法。这些方法的不同也会对企业财务报告产生多种多样的影响。比如企业存货和销售成本可以用先进先出法（FIFO）核算，也可以用后进先出法（LIFO）核算，亦可用平均法核算，这直接影响资产负债表中的存货金额以及利润表中的销售成本，从而影响经营利润。再如，固定资产折旧可用直线平均法计提，也可用加速法计提，这不仅关系固定资产净值，而且影响利润水平，同时还会影响现金流量状况。这些方法选择的多样性造成企业会计报表的可比性差异，虽然企业会在财务报表附注中对企业的主要会计政策有一定的表述，但这不仅要求在分析时注意到其间的变化，还需要对财务报表本身进行可比性调整。

第二节 企业非财务因素分析

一、非财务因素分析的主要内容

在分析企业贷款的风险时，除了要进行财务分析以外，还需要考虑非财务因素，其原因在于：一方面，财务分析有前述局限性，不能全面、准确地反映企业的财务状况；另一方面，影响企业还款能力和还款意愿的因素还很多，是借款人的财务状况所不能完全反映和涵盖的。

实际上，银行在收到客户的借款申请以后，往往在对客户进行深入的财务分析之前，先对其经营管理状况和所在行业进行一个概括性的分析，从总体上把握借款企业的经营特征和主要风险，这一方面为银行判断贷款风险提供帮助，另一方面也为企业财务分析提供一个重要参照。

银行在分析企业贷款的风险时，需要关注的非财务因素非常多。① 我们在下面重点分析行业因素、经营因素和管理因素。

二、行业因素分析

每个企业都处在某一特定行业中，每一行业都有其固有的风险，在同一行业中的借款人要面对基本一致的风险。掌握了某一行业的特征、表象和风险程度，知道借款人的表现在同一行业中处于什么样的水平，就可以从行业的基本状况和发展趋势来判断借款人的基本风险。行业风险分析中考察的因素主要包括如下几个方面：

（1）成本结构。企业的固定成本在总成本中所占比重越高（即其经营杠杆越高），企业产销量相同幅度的增长所导致的企业利润的增长幅度也就越高；同样，企业产销量相同幅度的下降所导致的企业利润的下降幅度也就越高。因此，一般来说，企业所在行业的经营杠杆越高，企业的风险也就越大。

（2）成熟期。新兴行业的增长率高，但一般没有明确、稳定的还款来源，贷款风险相对较高；成熟行业的增长率较低，但很稳定，贷款风险一般要小于新兴行业贷款；衰退行

---

① 中国银监会2004年7月16日发布实施的《商业银行授信工作尽职指引》在其附录中提供了一个"非财务因素分析风险提示"清单，概括了银行应该关注的主要非财务因素，总共包括5大类、34小类因素。

业的销售增长额呈下降趋势,这类行业中的企业把生存放在第一位,从而贷款风险一般比较大。

(3)周期性。如果一个行业是周期性的,则该行业的经营能在一定程度上反映经济的趋势,随着经济的繁荣而繁荣、萧条而萧条;如果一个行业是反周期性的,该行业的经营在萧条时期反而会比繁荣时期更好。受经济周期影响而波动幅度较大的行业,贷款的风险程度一般会较高。

(4)盈利性。利润是企业长期生存的基础,如果一个行业中的大部分企业亏损,则这个行业继续存在下去的可能性就值得怀疑。

(5)依赖性。一般来说,借款人所在行业对其他一个或两个行业的依赖性越大,贷款的潜在风险就越大;行业的供应链或顾客群的多元化程度越高,贷款的风险一般也就越小。

(6)产品替代性。如果一个行业的产品与替代产品在价格上差距较大,消费者可能会转向替代产品。产品的替代性越高,贷款的风险也就越大。

(7)相关法律政策。法律的改变可能对一个行业有潜在的好处,也可能使一个行业的盈利或生存受到威胁。如《野生动物保护法》的出台,使以野生动物的器官为原料的制药业受到严重的影响。同样,宏观政策也会对借款人所在的行业产生不同程度的影响。比如,房地产市场宏观调控政策就会影响房地产企业的经营,从而引起银行房地产开发贷款风险程度的变化。

(8)经济、技术环境等。经济因素和技术因素会对借款人所在的行业产生影响,如通货膨胀、地区经济形势、国际金融形势、世界能源问题、技术的重大突破和进步等。

三、经营因素分析

行业因素分析使我们对借款人所在行业整体的共性风险有所认识,但同一个行业中的不同企业又都有其独特的自身特点。要全面地评价借款人的还款能力和贷款风险,还需要在行业风险分析的基础上,进入借款人的生产经营过程,分析其自身的经营风险,具体包括以下几个方面:

(1)总体经营特征。对借款人的总体经营特征进行分析,是分析借款人经营风险的第一步。借款人的总体经营特征可以从企业生产或销售规模、企业所处的发展阶段、产品多样化程度及经营策略等方面来考察。

(2)产品分析。产品分析主要是分析产品在社会生活中的重要性和产品的独特之处。如果产品是需求稳定的常用品或必需品,如盐、小麦和牛奶等生活必需品,而且质量好,有独特之处,那么风险就低;反之,如果产品是奢侈品,如别墅等高档消费品,需求量小,替代品多,那么风险就较高。

(3)市场分析。市场分析主要考察市场竞争的激烈程度、企业对市场价格和需求的控制能力、客户的分散程度以及销售方法等。

(4)采购环节分析。企业采购环节所面临的风险主要包括原材料价格风险、购货渠道风险和购买量风险。

(5)生产环节分析。借款人生产环节的风险,主要表现在生产的连续性、生产技更新的敏感性等方面。

（6）销售环节分析。借款人销售环节的风险，主要体现在销售范围、销售网络和销售灵活性等方面。

四、管理因素分析

影响借款人管理风险的因素非常多，其中对借款人还款能力影响较为明显的因素主要包括：

（1）组织形式。借款人所采取的组织形式不同，其经营的稳定性和前景会有比较大的差异。比如，与一家治理结构规范的上市公司相比，一家实行家族制管理的企业的经营风险就要大得多。

（2）管理层的素质和经验。管理层的素质分析应主要着眼于管理层人员的文化程度、年龄结构、开拓精神、团队精神等。管理层的行业管理经验以及对所在行业的熟悉程度也是考察的重点。

（3）管理层的稳定性。企业主要管理人员的离任、死亡、更换等均会对其持续、正常经营管理产生一定的影响。如果企业领导班子内部不够团结，班子不够稳定，高级管理人员更换频繁，企业经营管理可能会经常出现问题，相应地，银行贷款的风险也会很高。

（4）经营思想和风格。如果董事会或管理层过分地以利润为中心，经营行为短期化，并且为了达到短期目标而不顾收益质量的影响，或制定的是短期化的利润分配政策，过度地分配股利，就会影响到企业稳定、持续的还款能力。同时，管理层过于冒险的经营风格会使企业经营和银行贷款均面临较高的风险。

（5）关联企业的经营管理。借款人的母公司及子公司、主要供应商、购货商等，因其与借款人在股权、资金、产品等方面有着密切的关联性，它们经营、财务状况的变化将间接影响借款人的还款能力，所以要因其关联程度的不同，依照对借款人的分析内容进行相应的分析。

（6）员工素质。员工的年龄结构、文化程度、专业水平及稳定性等，也应是管理风险分析中需考察的内容。如一个采用先进生产线的企业，其员工专业水平普遍较低，可能会影响企业的技术更新和产品创新，甚至使生产线无法生产出合格的产品。

（7）内部控制与管理。内部组织架构是否健全，是否建立了科学的决策程序、人事管理政策、质量管理与成本控制措施、年度计划及战略性远景规划、管理信息系统等，都在很大程度上影响着企业的正常运作和经营成果，并最终反映在其经营成果和还款能力方面。

（8）财务管理能力。财务管理是企业经营管理中的重点。一般来说，公司经营不利的一个重要原因是财务管理水平不高，如有的企业财务报表只是对经营成果的静态的、滞后的反映，没有起到预测作用，往往到了现金发生短缺时，管理层才知道资金流动性出现了问题。对于那些没有严格成本管理的借款人，贷款来源的保障程度就更是难以预测了。

（9）法律纠纷。借款人经常遇到一些法律纠纷问题，对借款人的还款能力会造成一定影响，有时甚至成为决定贷款偿还的主要因素。如借款人与供应商、消费者、关联企业及职工之间产生纠纷或案件,借款人因违反法律、法规或合约而受到税务、银行、工商、环保等部门单位的严重处理、处罚等。

第三节 贷款担保分析

前述对企业经营管理、行业及财务状况的分析,使我们能够较准确地认识借款人的第一还款来源和还款能力。但是,当借款人的财务状况出现恶化、借款人不按照贷款合同履行义务时,借款人提供的贷款担保为贷款的偿还提供了第二还款来源,从而能够有效地降低银行的风险和损失程度。

一、贷款担保及其种类

贷款担保是更广义的债务担保的一种。债务担保是指法律为保证特定债权人利益的实现而特别规定的以第三人的信用或者以特定财产保障债务人履行债务,保障债权人实现债权的制度。

具体到贷款担保,它是保障银行债权实现的法律措施,是为提高贷款偿还的可能性,降低银行贷款的损失风险,由借款人或第三人对贷款本息的偿还提供的一种保障手段。银行与借款人或其他第三人签订担保合同,当借款人财务状况恶化、违反借款合同或无法偿还贷款本息时,银行可以通过执行担保来收回全部或部分贷款本息。

根据自1995年10月1日起施行的《中华人民共和国担保法》(以下简称《担保法》)的规定,在我国,借贷活动的担保方式主要有抵押、质押和保证三种。在这三种担保方式中,抵押和质押属于物的担保,保证属于人的担保。因此,抵押和质押同时又受自2007年10月1日起施行的《中华人民共和国物权法》(以下简称《物权法》)的约束。同时,《物权法》第一百七十八条规定:"担保法与本法的规定不一致的,适用本法。"这一条揭示出《物权法》对《担保法》进行了一定程度的修正。在本书下面的讨论中,如涉及抵押和质押时,将主要依据《物权法》,而在涉及保证时,将主要依据《担保法》。

抵押、质押和保证三种担保方式可以单独使用,也可以结合使用。同一担保方式的担保人可以是一人,也可以是数人。在具体担保贷款业务中,提供贷款的银行(贷款人)又称为债权人、抵押权人和质权人,提供担保的人称为抵押人、出质人和保证人,担保财产称为抵押财产和质押财产①(见表5-5)。

表5-5 不同担保方式下人和物的称谓

	抵押	质押	保证
贷款人(银行)	债权人或抵押权人	债权人或质权人	债权人
提供担保的人	抵押人	出质人	保证人
担保财产	抵押财产	质押财产	—

---

① 在《担保法》中,分别称为抵押物和质押物;在《物权法》中,分别称为抵押财产和质押财产,不再使用抵押物、质押物两个词。

银行在办理贷款担保时,应当遵守国家的法律、法规、金融规章和内部的管理规定,遵循平等、自愿、公平和诚实信用的原则,以确保贷款担保具有合法性、有效性和可靠性。合法性主要是指,贷款担保符合国家法律法规的规定;有效性主要是指,在合法性前提下贷款担保的各项手续完备;可靠性主要是指,所设贷款担保确有代偿能力并易于实现。只有合法、有效、可靠的担保,才能够为银行的债权提供适当的保护。

二、贷款抵押担保分析

(一)贷款抵押及抵押权的实现

《物权法》对贷款抵押及抵押权的实现进行了如下规定:为担保债务的履行,债务人或者第三人不转移财产的占有,将该财产抵押给债权人的,债务人不履行到期债务或者发生当事人约定的实现抵押权的情形,抵押权人可以与抵押人协议以抵押财产折价或者以拍卖、变卖该抵押财产所得的价款优先受偿;抵押权人与抵押人未就抵押权实现方式达成协议的,抵押权人可以请求人民法院拍卖、变卖抵押财产。

根据上述及其他相关条款的规定,贷款抵押担保及抵押权的实现方式具有以下主要特征:

(1)提供担保的抵押人可以是借款人,也可以是借款人以外的第三人。

(2)抵押时"不转移财产的占有",即该项财产仍为抵押人所占有,抵押人仍然可以继续使用。因此,抵押在为银行债权提供担保的同时,并不影响抵押财产为借款人服务。

(3)银行可以在两类情形下实现抵押权:一是债务人不履行到期债务,二是发生当事人约定的实现抵押权的情形。第二类情形在《担保法》中并没有明确规定。《物权法》新增加的这一条规定,使银行能在借款合同中将预期违约列为实现担保物权的情形,从而能够更加有效地保护银行债权的安全。这里,预期违约是指在借款合同约定的履行期限到来之前,借款人自身行为或客观事实表明其届时将无法履约或无法完全履约。实际上,绝大多数贷款的问题都不是在一夜之间发生的,而是在贷款过程中逐渐产生和发展的,在贷款实际到期之前,很多问题就在不断显现。因此,有了这一条,在贷款出现问题时,银行就能够及时采取措施,尽可能减少损失。

(4)银行实行抵押权的方式有三种:折价,即银行与抵押权人之间协商抵押财产的价值后,以抵押直接折抵债权;拍卖,即在公开的拍卖市场上以公开竞价的方式,与出价最高的买者成交的买卖活动;变卖,即以非拍卖的形式卖出财物、换取现款的行为。

(5)银行在实现抵押权时,应首先与抵押人达成"协议",即必须先征得抵押权人的同意,如果"未就抵押权实现方式达成协议",银行"可以请求人民法院拍卖、变卖抵押财产"。因此,银行抵押权的实现往往会存在一定的困难。

(6)"抵押权人在债务履行期届满前,不得与抵押人约定债务人不履行到期债务时抵押财产归债权人所有。"根据这条规定,一方面,在银行抵押权的实现,只能以折价、拍卖和变卖三种形式,而不能采取直接获得抵押财产所有权的形式;另一方面,"在债务履行期届满时"或"在债务履行期届满后"可以约定"抵押财产归债权人所有",折价就属于双方约定"抵押财产归债权人所有"。

(7)银行的抵押权只保证银行优先受偿,多余的部分归抵押人所有,不足部分则仍然要由债务人清偿。同时,在涉及多个债权人时,还要按抵押权是否登记以及登记顺序进行清偿。

(二) 可以抵押和禁止抵押的财产

贷款抵押财产必须是借款人有权处分的,法律允许转让,同时又便于监控。《物权法》对于可以抵押和禁止抵押的财产有着明确的规定。①《物权法》和《担保法》对于禁止抵押财产的规定几乎完全相同,但对于可以抵押的财产有着相差悬殊的规定。《物权法》第一百八十条在列举了六大类可以抵押的财产之后,增加了"(七)法律、行政法规未禁止抵押的其他财产"这样一项规定。与此形成鲜明对照的是,《担保法》第三十四条在列举了五大类可以抵押的财产之后,对于"其他财产"的规定是"(六)依法可以抵押的其他财产"。很显然,《物权法》的规定极大地扩展了抵押财产的范围。

同时,《物权法》在所列可以抵押的财产清单中,非常明确地包含了"原材料、半成品、产品",这也改变了我们通常认为只有房地产、机器设备、运输工具等可以作为抵押品的观念。

另外,《物权法》承认了浮动抵押。依据《物权法》第一百八十一条的规定,"企业、个体工商户、农业生产经营者可以将现有的以及将有的生产设备、原材料、半成品、产品抵押",也就是说,不仅是"现有的"财产可以抵押,"将有的"财产也可以作为抵押。在抵押权实现情形出现以前,浮动抵押的抵押财产是不确定的,所以称为"浮动"。这相对于不承认浮动担保的《担保法》来说,是一个巨大的进步,而且,其适用范围还扩展到了个体工商户和农业生产经营者,这为商业银行开拓零售业务、服务"三农"创造了良好条件。

(三) 抵押财产的价值与抵押率

为了保证银行债权的安全,抵押财产的价值必须始终大于所担保债权的金额。为此,银行必须在办理抵押之前,认真评估抵押财产的价值,确定适当的抵押率。

1. 抵押财产的价值评估

对于抵押财产的价值,银行可以从三个途径获得:一是由借款人提供,然后银行与借款人通过协商对抵押财产进行合理的估价;二是聘用外部独立专业评估机构对抵押财产进行评估;三是由银行进行现场检查与评估。

在具体实践中,银行通常是将这三种方法结合起来使用,其中,外部独立专业评估机构的评估尤其重要。抵押财产评估机构应具备完全的独立性和权威性,评估人员应能充分胜任评估工作,例如接受过充分的专业训练,具备比较丰富的执业经验,能独立、客观、公正地进行评估工作。

为了确保抵押财产价值评估的准确性,银行首先应对评估机构和评估人员的资格和

---

① 《中华人民共和国物权法》第一百八十条规定:"债务人或者第三人有权处分的下列财产可以抵押:(一)建筑物和其他土地附着物;(二)建设用地使用权;(三)以招标、拍卖、公开协商等方式取得的荒地等土地承包经营权;(四)生产设备、原材料、半成品、产品;(五)正在建造的建筑物、船舶、航空器;(六)交通运输工具;(七)法律、行政法规未禁止抵押的其他财产。"第一百八十四条规定:"下列财产不得抵押:(一)土地所有权;(二)耕地、宅基地、自留地、自留山等集体所有的土地使用权,但法律规定可以抵押的除外;(三)学校、幼儿园、医院等以公益为目的的事业单位、社会团体的教育设施、医疗卫生设施和其他社会公益设施;(四)所有权、使用权不明或者有争议的财产;(五)依法被查封、扣押、监管的财产;(六)法律、行政法规规定不得抵押的其他财产。"

声誉进行调查,内容包括:评估机构是否具备评估特定抵押财产的资格;评估机构与所评估的财产是否存在资金或其他利益关系;评估机构与借款人或与银行内部人员之间的关系;评估机构所使用的评估方法是否适用于评估项目等。其次,银行必须有内部评估人员对独立评估师提供的担保品估值进行审核。

2. 抵押率的设定

抵押率是指贷款本息总额与抵押财产的评估价值的比率,它在某种意义上反映了抵押财产作为次要还款来源的保障程度。抵押率的确定受多种因素影响,如抵押财产类型、抵押财产所处位置、使用年限、折旧程度、功能状况、抵押财产的流动性、市场条件、贷款期限的长短和通货膨胀等。不同类型的贷款需要不同的抵押财产,抵押率也不尽相同。抵押率的高低也反映了银行对抵押贷款风险所持的态度,抵押率低,说明银行对抵押贷款采取比较审慎的态度;反之,则说明银行对此采取了较为宽松的态度。某银行对包含抵押和质押的担保所确定的抵押率和质押率如表5-6所示。

表 5-6 某银行的抵押率和质押率

担保品种类		最高贷款对担保品价值的比率
物业	房地产	70%
	土地使用权	70%
	动产	60%
货币资产	存放银行现金存款	90%
	国债	90%(基于账面值及市场价值中较低者)
	金融债	80%(基于账面值及市场价值中较低者)
	企业债	50%(基于账面值及市场价值中较低者)
	非公开买卖股本证券	50%(基于净资产价值)
	公开上市交易股票	60%(基于市场价值)

三、贷款质押担保分析

质押担保分为两类,一类是动产质押担保,另一类是权利质押担保。《物权法》对质押担保的定义是:为担保债务的履行,债务人或者第三人将其动产(或其有权处分的权利)出质给债权人占有的,债务人不履行到期债务或者发生当事人约定的实现质权的情形,债权人有权就该动产优先受偿。同时,《物权法》规定,债务人或者第三人有权处分的下列权利可以出质:汇票、支票、本票;债券、存款单;仓单、提单;可以转让的基金份额、股权;可以转让的注册商标专用权、专利权、著作权等知识产权中的财产权;应收账款;法律、行政法规规定可以出质的其他财产权利。

(一)质押担保与抵押担保的共同点

质押担保在很多方面与抵押担保相似,主要体现在如下几个方面:

(1)两者都属于物的担保。因此,都适用《物权法》的规定。

(2)债权人实现担保物权的情形都包括如下两种:债务人不履行到期债务;发生当事人约定的实现担保权利的情形。

（3）抵押权人、质权人在债务履行期届满前，都不能与抵押人、出质人约定债务人不履行到期债务时质押财产归债权人所有。

（4）债权人可以实现担保物权的方式都是三种，即折价、拍卖、变卖，且都需要与抵押人、出质人先达成协议，协议不成，都可请求人民法院出面变卖或拍卖。

（5）债权人都可以就担保财产优先受偿，且担保财产折价或者拍卖、变卖后的价款超过债权数额的部分归出质人所有，不足部分由债务人清偿。

（6）可以协议设立最高额抵押权，也可以协议设立最高额质权。①

（7）银行均要对担保财产的价值进行评估，对贷款额与担保财产价值之间的比率（分别称为抵押率和质押率）确定一个适当的限额，而且在担保财产价值发生变化时，银行也需要采取类似的措施。

（二）质押担保与抵押担保的区别

在拥有上述共同点的同时，质押担保与抵押担保也有着非常大的差异，这些差异主要表现在：

（1）担保财产不同。抵押财产包括法律、行政法规未禁止抵押的不动产和动产；质押财产包括法律、行政法规未禁止转让的动产，以及法律、行政法规规定可以出质的权利。

（2）财产的占有不同。抵押担保中，担保财产不转移占有；而在质押担保中，担保财产的占有要转移给债权人，而且债权人有"妥善保管质押财产"的义务。

（3）担保物权生效的程序不同。抵押担保中，抵押权或者是自登记时设立，或者是自抵押合同生效时设立；而质权设立的情形比较复杂，有的是自出质人交付质押财产时设立（如动产质押），有的是自权利凭证交付质权人时设立（如有权利凭证的债券质押），有的是自有关部门办理出质登记时设立（如股权质押）。

四、贷款保证担保分析

我国《担保法》第六条规定："本法所称保证，是指保证人和债权人约定，当债务人不履行债务时，保证人按照约定履行债务或者承担责任的行为。"因此，保证担保属于人的担保，是以保证人的信誉为基础的，只有在保证人自身的财产足以偿还借款人的贷款，并且保证人有能力和意愿代替借款人偿还贷款时，贷款的保证才是可靠的。因此，对贷款保证的分析和评估，首先要确保保证人具有合法资格，保证合同有效；其次要确保保证责任清晰；最后要分析保证人的资信状况，确保其具有代偿债务的能力以及意愿。

（一）保证人的资格

只有符合资格的保证人才有签署保证合同的权利，银行的利益才能受到法律的保护。我国《担保法》第七条对保证人资格有明确的规定，即只有具有代为清偿债务能力的法人、其他组织或者公民，才可以作保证人。《担保法》同时还规定，下列单位或机构不得

---

① 我国《担保法》第十四条也规定了最高额保证："保证人与债权人可以就单个主合同分别订立保证合同，也可以协议在最高债权额限度内就一定期间连续发生的借款合同或者某项商品交易合同订立一个保证合同。"

作为保证人：

（1）国家机关（但经国务院批准为使用外国政府或者国际经济组织贷款进行转贷的除外）；

（2）学校、幼儿园、医院等以公益为目的的事业单位、社会团体；

（3）企业法人的分支机构、职能部门不得为保证人，但企业法人的分支机构有法人书面授权的，可以在授权范围内提供保证。

在上述法律规定的基础上，银行通常应进一步明确可以接受的保证人应当具备的条件，明确哪类企业法人的贷款保证可以优先选择，哪些贷款保证应从严控制，并明确拒受保证的相关规定，以此明确哪些单位和个人提供的贷款保证不予接受。

（二）保证人的保证责任

依据我国《担保法》的规定，保证有一般保证和连带责任保证两种保证方式，其依据是保证责任的不同。

一般保证是指当事人在保证合同中约定，债务人不能履行债务时，由保证人承担保证责任。一般保证的保证人在主合同纠纷未经审判或者仲裁，并就债务人财产依法强制执行仍不能履行债务前，对债权人可以拒绝承担保证责任。也就是说，在一般保证方式下，如果债务人违约，银行必须经过如下三道程序才能要求保证人承担保证责任，从而代为偿还借款人所借债务：(1) 起诉；(2) 法院判决或仲裁；(3) 就债务人财产依法强制执行仍不能履行债务。

连带责任保证是指当事人在保证合同中约定保证人与债务人对债务承担连带责任的保证。连带责任保证的债务人在主合同规定的债务履行期届满没有履行债务的，债权人可以要求债务人履行债务，也可以要求保证人在其保证范围内承担保证责任。也就是说，在连带责任保证方式下，银行要求保证人代为偿还借款人所借债务的唯一条件是：借款人在主合同规定的债务履行期届满没有履行债务。

《担保法》同时还规定，当事人对保证方式没有约定或者约定不明确的，按照连带责任保证承担保证责任。很显然，从银行债权安全的角度来看，连带责任保证要比一般保证提供的保护更大。

（三）保证人的履约意愿和能力

保证意愿是保证人对履行保证责任的主观态度，与其信誉密切相关，但更主要的是取决于其保证的经济动机。一般来说，能够为借款人提供保证的保证人，主要有借款企业的股东、合伙人、高级管理人员、母公司和有业务往来的公司。一方面，它们与借款人之间往往存在不同程度的经济利益关系，比如保证人在贷款项目上有相当比例的投资份额，或者借款人提供了某项变现力很强的财产作为反担保，而该项财产又在保证人的控制之下；另一方面，它们比较了解借款人的信用状况和财务实力，从而相信借款人能够如期履约。因此，银行在分析保证的有效性时，首先必须分析保证人为什么愿意提供保证，以及为什么能够提供保证，这样，就能对保证人的保证意愿有一个比较准确的判断了。

在保证人具有保证意愿的同时，还需要具备履约的财务实力。判断保证人的财务实力，可以采取本章第一节和第二节所介绍的方法，既从保证人的经营管理及所在行业发展趋势方面进行分析,也从财务角度进行分析。同时,一些银行在保证人的资格条件中,对保证人的偿债能力做出限定,比如:信用等级低的企业提供的保证,必须经贷款审批委员会审查批准;出现资不抵债、有逾期贷款或拖欠利息的企业,不能作为贷款保证人;对借款人的全资下属企业或参加借款人合并报表的下属企业提供保证的,要审查确认其保证能力;等等。

五、贷款担保的作用和局限性

(一) 贷款担保的作用

贷款担保作为贷款的一种信用支持,其具体作用主要表现在以下三个方面:

1. 为银行贷款提供额外保障

贷款担保为银行贷款提供了第二还款来源。一个合法、有效、充分、可靠的担保,能够在借款人不履行债务时,保障银行贷款本息的安全收回。当借款人的还款能力出现明显问题,完全依靠其正常营业收入无法足额偿还贷款本息,或者缺乏还款意愿时,抵押、质押和保证就从次要还款来源变成了直接、现实的还款来源。因此,贷款担保为银行提供了额外保障,这也是贷款担保最主要的作用。

2. 贷款分类时的重要参考

在进行贷款分类时,贷款担保的充足性和可靠性将影响对贷款质量的判断,从而影响一笔贷款种类的划分。这不仅会影响银行对外公布的不良贷款率,还会影响银行提取的贷款损失准备金,并进而影响银行净利润。

3. 能在一定程度上减少资本金要求

贷款担保对银行贷款具有一定的风险缓释作用,从而影响商业银行的资本充足率。例如,自2004年3月1日起施行的《商业银行资本充足率管理办法》规定,对个人住房抵押贷款的风险权重为50%,而对企业和个人的其他债权的风险权重则为100%。除了个人住房贷款的抵押以外,现金及现金类资产和高质量的金融工具等合格质物的质押,合格保证主体的保证,都会降低所担保贷款的风险权重,从而在一定程度上减少银行资本金需求,并在其他条件不变的情况下,提高其资本充足率。

(二) 贷款担保的局限性

贷款担保的主要作用是"锦上添花",它能够使一笔好贷款变得更好,但是它不可能使一笔坏贷款变成好贷款。银行在发放贷款时,不能仅仅凭借担保而发放贷款。具体来看,贷款担保的局限性表现在:

1. 贷款担保不会改变借款人的经营和财务状况

银行对可以接受的目标客户发放贷款,贷款担保能为银行提供一种额外的保障,但不会因贷款担保而改善借款人的经营和财务状况。尽管贷款担保对银行贷款具有一定的风险缓释作用,但它毕竟是贷款的次要或第二还款来源,银行不能因为拥有贷款担保而放松甚至放弃对借款人信用状况的审核、分析评价和贷后动态管理,不应以贷款担保取代借款人的自身信用,更不应以是否提供贷款担保作为授信决策的主要依据。

2. 担保财产具有价值风险和变现风险

担保财产要实现对银行债权的保护,必须变成现金。担保财产最后是否能够转换成足以偿还银行贷款本息的现金,取决于其价值是否超过贷款本息,并且是否能够及时、低成本地变现。从我国目前的情况来看,抵押品市场深度不够,缺乏流动性,变现能力不强;同时,抵押品价值评估公允性不够,使抵押品的价值往往被高估。

3. 担保权的实现依赖于法律体系的完整

前面提到,无论是抵押权还是质权的实现,都必须首先获得债务人的同意,在与债务人达不成协议时,要通过诉讼解决。在借款人无法偿还银行贷款时,无论是抵押人还是出质人,往往都很少会主动与银行合作。因此,银行多数情况下不得不诉诸法律。即使是在保证的情况下,银行也往往需要借助于法律的强制手段。而我国目前的法律环境还存在很多缺陷(参见本书第一章)。如果没有健全的法制,银行就很难通过法律强制手段确保担保权的实现,担保对银行贷款的实际保障作用也因此而大打折扣。

4. 担保权的实现具有很高的成本

即使是在法律强制措施有效的情况下,担保权的实现也具有很高的成本。一方面,诉讼费时、费力,其成本非常高昂;另一方面,通过担保权的实现来保障银行债权,往往会使借款人丧失持续经营的能力,会使银行与客户已经建立起来的关系从此消失,从而减少本来可能为银行带来的更多收益。

第四节 贷款风险的综合分析与贷款风险度

一、贷款风险的综合分析

银行在分别从财务、经营、管理、行业、担保等角度,采用定性、定量方法对企业的借款申请进行深入分析以后,需要进一步将这些单独分析的结论进行归纳汇总,从而对借款人的还款可能性做出判断。

在对企业贷款进行综合分析时,主要需要回答两个问题:第一,企业是否具有充分的还款意愿? 第二,企业是否具有充足的还款能力?

从还款意愿来看,一方面,要通过征信体系来查阅借款人过去的还款记录及其他合同的履约情况;另一方面,主要是通过与借款人的当面交流,以及对借款人所提交资料的核实,判断借款人的诚信程度。

在还款能力方面,首先要看第一还款来源的稳健程度,这需要回答如下三类问题:(1)借款人目前的财务状况是怎样的? 现金流量是否充足? 是否有能力还款? (2)借款人未来的经营状况会是怎样的? 如何偿还贷款? (3)借款人目前和潜在的问题是什么? 对贷款的偿还会有什么影响? 借款人是否已采取适当措施进行妥善的处理?

在还款能力方面,还要看第二还款来源的稳健程度,判断在第一还款来源出现问题时,贷款担保是否能够避免或者减少银行所承担的损失。

二、贷款集中问题对贷款风险的影响

在对贷款进行综合分析时,还需要考虑贷款集中问题。贷款集中一般指银行具有某一共同特性的贷款、贷款组合或与贷款类似的其他授信业务的总量达到一定程度,从而使银行面临的信用风险因素聚集在一起而加大。这里的"某一共同特性"既包括借款人本身,也包括借款人所在的行业、地区、国家,以及授信的类型等。

根据这种"某一共同特性"的不同,贷款集中可分为很多类型,如客户集中、行业集中、地区集中、国家集中、币种集中等。客户集中通常指银行对某一客户或"关系密切"的客户群体的贷款或授信总额达到一定规模。与此类似,对借款人所在行业的贷款集中称为行业集中,对借款人所在地域的贷款集中称为地区集中,对借款人所在国家以及最终承担风险的主体所在国家的贷款集中称为国家集中,对归还贷款使用现金流的货币种类的集中称为币种集中。

从独立的角度来看,一笔贷款可能是正常的、低风险的,但如果考虑到银行整个贷款组合中的其他贷款,以及银行整个业务组合中的其他相关业务,这笔贷款的风险可能更高。原因在于,贷款集中使得各笔贷款之间不再是相互独立的,一个风险因素的变化可能会导致多笔贷款的损失增加。因此,在分析企业贷款的风险时,需要充分考虑贷款集中的影响。

三、贷款风险度

贷款风险度,是银行在综合考察企业财务因素、非财务因素、贷款担保以及贷款集中度等的影响以后,对于一笔贷款的风险程度的综合性量化表述。

各家银行贷款风险度的表示方法各不相同,有的用百分制,有的用十分制或五分制,有的运用与信用评级相对应的字母符号或者字母与数字的组合符号表示。

贷款风险度的作用主要表现在以下三个方面:(1)贷款风险度是银行贷款决策的依据。银行一般会对贷款的风险度确定一个门槛分数,比如,在采取百分制且分数越高表示风险越低的情况下,超过85分的贷款才能够批准,低于75分的将被拒绝,而处于75分和85分之间的贷款,则需要重新调查,或者要求借款人提供质量更高的担保,或者对贷款有关条款(如期限、利率等)进行调整等。(2)贷款风险度通常是各级分支机构和相关人员贷款审批权限的重要标准。(3)贷款风险度是银行贷款定价的重要依据,贷款风险度显示的贷款风险越高,贷款的利率也就越高(参见本书第十三章)。

本章小结

商业银行贷款的信用分析主要包括企业财务分析、企业非财务因素分析、贷款担保分析和综合分析等。

财务分析是对企业的财务状况、经营成果及其发展趋势进行的分析和评价,其方法主要包括财务比率分析、现金流量分析、敏感性分析等,其中,财务比率分析是最主要的分析方法。常用的财务分析比率一般包括三类,即反映偿债能力的财务比率、反映营运

能力的财务比率和反映盈利能力的财务比率。

企业非财务因素分析,能够帮助克服企业财务分析所存在的局限,从而更全面地把握贷款的风险。非财务因素分析的内容主要包括行业因素、经营因素、管理因素及社会环境因素等。

与财务分析、非财务因素分析关注贷款的第一还款来源不同,担保分析关注的是贷款的第二还款来源。贷款担保包括抵押、质押和保证三种方式。贷款担保能够使一笔好贷款变得更好,但不可能使一笔坏贷款变成好贷款。

在分别从财务、经营、管理、行业、担保等角度对贷款进行分析以后,还需要进行综合分析,充分考虑贷款集中问题对贷款风险的影响,最终确定贷款风险度,为贷款的决策和定价提供依据。

复习思考题

1. 选择一家上市公司,访问其网站,寻找其最新财务资料,按照本章第一节所介绍的方法,结合本章案例"财务分析粉碎'蓝田神话'",计算相关财务比例,分析其财务状况和财务经营成果,判断其对银行贷款风险的影响。

2. 上市公司在其年报中,除了提供相关财务资料以外,还会较为详细地介绍和分析其所在行业和宏观社会、经济环境的总体情况,以及该公司的经营状况、战略目标、发展规划,说明该公司的地位和优势。阅读你选择的这家上市公司的这些资料,参考本章第二节的介绍进行分析,判断其对银行贷款风险的影响。

3. 比较抵押、质押和保证三种担保方式,说明三种方式的利弊。

4. 如何确定一笔贷款的风险度?

案例分析

财务分析粉碎"蓝田神话"

蓝田股份有限公司(证券代码600709),1996年在上海证券交易所上市。上市后,其业绩出现持续高增长,主营业收入从1996年的4.7亿元大幅增长到了1999年的18.5亿元,增长了2.9倍;利润从0.6亿元增长到了5.1亿元,增长了7.5倍;股本从1亿元增长到了4.5亿元,增长了3.5倍;总资产从6.2亿元扩张到了23.4亿元,增长了2.8倍,从而创造了中国股市的神话。蓝田股份有限公司也因此被誉为"农业产业化的一面旗帜"。

然而,中央财经大学刘姝威教授2001年10月26日在国家机密级刊物《金融内参》上发表的一篇只有600字、题为《应立即停止对蓝田股份发放贷款》的文章,导致全国商业银行停止了对蓝田股份的贷款,使几乎完全依靠银行贷款运转的蓝田股份的资金链断裂,从而彻底打破了"蓝田神话"。

刘姝威根据从蓝田股份的招股说明书到2001年中期报告的全部财务报告以及其他公开资料,运用国际通用的财务分析方法,对蓝田股份进行了分析,其主要分析内容和结论如下:

（一）蓝田股份的偿债能力分析

2000 年蓝田股份的流动比率是 0.77。这说明蓝田股份短期可转换成现金的流动资产不足以偿还到期流动负债，偿还短期债务能力弱。

2000 年蓝田股份的速动比率是 0.35。这说明，扣除存货后，蓝田股份的流动资产只能偿还 35% 的到期流动负债。

2000 年蓝田股份的净营运资金是 -1.3 亿元。这说明蓝田股份将不能按时偿还 1.3 亿元的到期流动负债。

从 1997 年至 2000 年蓝田股份的固定资产周转率和流动比率逐年下降，到 2000 年二者均小于 1。这说明蓝田股份偿还短期债务的能力越来越弱。

2000 年蓝田股份的主营产品是农副水产品和饮料。2000 年蓝田股份的货币资金和现金及现金等价物净增加额，以及流动比率、速动比率、净营运资金和现金流动负债比率均位于"A07 渔业"上市公司的同业最低水平，其中，流动比率和速动比率分别低于"A07 渔业"上市公司的同业平均值大约 5 倍和 11 倍。这说明，在"A07 渔业"上市公司中，蓝田股份的现金流量是最短缺的，短期偿债能力是最低的。

2000 年蓝田股份的流动比率、速动比率和现金流动负债比率均处于"C0 食品、饮料"上市公司的同业最低水平，分别低于同业平均值的 2 倍、5 倍和 3 倍。这说明，在"C0 食品、饮料"行业上市公司中，蓝田股份的现金流量是最短缺的，偿还短期债务的能力是最低的。

（二）蓝田股份的农副水产品销售收入分析

2000 年蓝田股份的农副水产品收入占主营业务收入的 69%，饮料收入占主营业务收入的 29%，二者合计占主营业务收入的 98%。

2001 年 8 月 29 日，蓝田股份发布公告称：由于公司基地地处洪湖市瞿家湾镇，占公司产品 70% 的水产品在养殖基地现场成交，上门提货的客户中个体比重大。因此"钱货两清"成为惯例，应收款占主营业务收入比重较低。

2000 年蓝田股份的水产品收入位于"A07 渔业"上市公司的同业最高水平，高于同业平均值 3 倍。

2000 年蓝田股份的应收款回收期位于"A07 渔业"上市公司的同业最低水平，低于同业平均值大约 31 倍。这说明，在"A07 渔业"上市公司中，蓝田股份给予买主的赊销期是最短的，销售条件是最严格的。

作为海洋渔业生产企业，华龙集团以应收款回收期 7 天（相当于给予客户 7 天赊销期）的销售方式，只销售价值相当于蓝田股份水产品收入 5% 的水产品；中水渔业以应收款回收期 187 天（相当于给予客户 187 天赊销期，比蓝田股份"钱货两清"销售方式更优惠、对客户更有吸引力）的销售方式，只销售价值相当于蓝田股份水产品收入 26% 的水产品。

蓝田股份的农副水产品生产基地位于湖北省洪湖市，公司生产区是一个几十万亩的天然水产种养场。武昌鱼公司位于湖北省鄂州市，距洪湖的直线距离约 200 公里左右，其主营业务是淡水鱼类及其他水产品养殖，其应收款回收期是 577 天，比蓝田股份应收款回收期长95倍,但是其水产品收入只是蓝田股份水产品收入的8%。洞庭水殖公司位于湖南省常德市,距洪湖的直线距离约200公里左右,其主营产品是淡水鱼及特种水产品,其产销量在湖南省位于前列,其应收款回收期是178天,比蓝田股份应收款回收期长30倍,这相当于给予客户178天赊销期,但是其水产品收入只是蓝田股份的4%。在方圆200公里以内,武昌鱼公司和洞庭水殖公司与蓝田股份的淡水产品收入出现了巨大的差距。

武昌鱼公司和洞庭水殖公司与蓝田股份都生产淡水产品,产品的差异性很小,人们不会只喜欢洪湖里的鱼,而不喜欢武昌鱼或洞庭湖里的鱼。蓝田股份采取"钱货两清"和客户上门提货的销售方式,这与过去渔民在湖边卖鱼的传统销售方式是相同的。蓝田股份的传统销售方式不能支持其水产品收入异常高于同业企业。除非蓝田股份大幅度降低产品价格,巨大的价格差异才能对客户产生特殊的吸引力。但是,蓝田股份与武昌鱼和洞庭水殖位于同一地区,自然地理和人文条件相同,生产成本不会存在巨大的差异,若蓝田股份大幅度降低产品价格,它将面临亏损。

根据以上分析,蓝田股份不可能以"钱货两清"和客户上门提货的销售方式,一年销售12.7亿元水产品。

(三) 蓝田股份的现金流量分析

2000年蓝田股份"销售商品、提供劳务收到的现金"超过了"主营业务收入",但是其短期偿债能力却位于同业最低水平。这种矛盾来源于"购建固定资产、无形资产和其他长期资产所支付的现金"是"经营活动产生的现金流量净额"的92%。2000年蓝田股份的在建工程增加投资7.1亿元,其中"生态基地"、"鱼塘升级改造"和"大湖开发"三个项目占75%,在建工程增加投资的资金来源是自有资金。这意味着2000年蓝田股份经营活动产生的净现金流量大部分转化成在建工程本期增加投资。

根据2001年8月29日蓝田股份发布的公告,2000年蓝田股份的农副水产品收入12.7亿元应该是现金收入。如果蓝田股份水产品基地瞿家湾每年有12.7亿元销售水产品收到的现金,各家银行会争先恐后地在瞿家湾设立分支机构,会为争取这"12.7亿元销售水产品收到的现金"业务而展开激烈的竞争。银行会专门为方便个体户到瞿家湾购买水产品而设计银行业务和工具,促进个体户与蓝田股份的水产品交易。银行会采取各种措施,绝不会让"12.7亿元销售水产品收到的现金"游离于银行系统之外。但是,商业银行并没有如此动作。

根据以上分析,2000年蓝田股份的农副水产品收入12.7亿元的数据是虚假的。

(四) 蓝田股份的资产结构分析

蓝田股份的流动资产逐年下降,应收款逐年下降,到2000年流动资产主要由存货和货币资金构成,到2000年在产品占存货的82%;蓝田股份的资产逐年上升主要由于固定资产逐年上升,到2000年资产主要由固定资产构成。

2000年蓝田股份的流动资产占资产百分比位于"A07渔业"上市公司的同业最低水平,低于同业平均值约3倍;而存货占流动资产百分比位于"A07渔业"上市公司的同业最高水平,高于同业平均值约3倍。

2000年蓝田股份的固定资产占资产百分比位于"A07渔业"上市公司的同业最高水平,高于同业平均值1倍多。

2000年蓝田股份的在产品占存货百分比位于"A07渔业"上市公司的同业最高水平,高于同业平均值1倍;在产品绝对值位于同业最高水平,高于同业平均值3倍。

2000年蓝田股份的存货占流动资产百分比位于"C0食品、饮料"上市公司的同业最高水平,高于同业平均值1倍。

2000年蓝田股份的在产品占存货百分比位于"C0食品、饮料"上市公司的同业最高水平,高于同业平均值约3倍。

根据以上分析,蓝田股份的在产品占存货百分比和固定资产占资产百分比异常高于同业平均水平,蓝田股份的在产品和固定资产的数据是虚假的。

(五)刘姝威的结论

根据以上分析,刘姝威得出的基本结论是:蓝田股份的偿债能力越来越恶化;扣除各项成本和费用后,蓝田股份没有净收入来源;蓝田股份不能创造足够的现金流量以便维持正常经营活动,并保证按时偿还银行贷款的本金和利息;蓝田股份依靠银行的贷款维持运转,而且用拆西墙补东墙的办法支付银行利息;银行应该立即停止对蓝田股份发放贷款。

资料来源:刘姝威,"蓝田之谜",http://www.southcn.com/job/features/women2002/liushuwei/200302280808.htm

案例思考题:

为什么贷款几十亿给蓝田股份公司的银行,在刘姝威发表那篇文章之前未能发现蓝田所存在的问题?同时,比较本章案例中的"蓝田"与第四章案例中的"德隆"。

21世纪经济与管理规划教材
金融学系列

第六章

商业银行几类特殊贷款的管理

【学习目标】

1. 了解房地产贷款、个人贷款、国际贸易融资、弱势群体贷款的种类和特点。
2. 了解银行的商业汇票承兑业务,理解票据贴现与贷款的差异。
3. 理解小企业贷款的特殊性,了解小企业贷款的六项机制。

第一节 房地产贷款的管理

一、房地产贷款与银行危机

由于房地产单位价值高、价值稳定、市场发达、不能移动,同时,在作为抵押品从银行申请贷款时,并不影响房地产所有者的继续使用。因此,房地产是银行贷款最主要的抵押品,进而使得房地产贷款成为商业银行最主要的贷款种类之一。随着住房制度改革的深化,以及经济的持续增长,我国房地产业的发展非常迅速,房地产贷款也成为我国商业银行贷款增长最快的领域之一。

但是,房地产贷款也是许多银行危机的根源之一。20世纪80年代的美国储贷协会危机、20世纪90年代的日本银行危机和东南亚金融危机,都可以追溯到房地产贷款;2007年爆发的美国次贷危机(参见本章案例"美国次贷危机")中,房地产贷款更是主角。

房地产贷款之所以极容易导致银行危机,主要原因在于:在经济扩张时期,房地产贷款快速增长,导致房地产泡沫;而在经济增长出现转折时,房地产泡沫破灭,银行被拖入危机之中。

房地产泡沫的形成,是"价格上涨→贷款增加→价格上涨"循环的结果。具体来看,这种循环要经过如下三个主要阶段:(1)在经济扩张时期,整个社会对房地产的需求大幅度增加,促使其价格上涨。(2)由于房地产是银行贷款的最佳抵押品,在房地产价格不断上涨和银行竞争非常激烈的情况下,银行在发放以房地产为抵押品的贷款时,贷款条件不断放宽,贷款金额与房地产市场价值的比例(称为贷款抵押率或贷款成数)不断上升,有的甚至达到了1①,从而导致房地产贷款的大幅增长。(3)银行房地产贷款的增长,进一步增加了整个市场对房地产的需求,从而促使房地产价格的进一步上涨。

房地产泡沫破灭将银行拖入危机也是一个循环过程,只不过在此过程中,房地产价格和银行房地产贷款处于一种持续快速下降的状态。(1)经济扩张达到顶峰时出现转折,企业和居民的收入下降,偿还银行房地产贷款的能力下降,违约率上升;银行损失增加,同时银行因获得违约借款人抵押品的处置权而持有大量房地产。(2)企业和居民收入的下降,引起其购买房地产的能力下降;而整个社会对未来经济走势的悲观情绪,形成了房地产价格下跌的普遍预期;这两种因素以及房地产贷款违约率的上升,使银行的房地产贷款大幅度减少;这三种力量共同作用的结果,使房地产价格下跌,而房地产价格的下跌,又促进前述三种力量的强化,从而形成"价格下降→贷款减少→价格下降"的循环。(3)根据法律规定,借款人违约时银行因行使抵押权而获得的房地产必须尽快处分。②商业银行处分手中所持大量房地产,会促使房地产价格的进一步下降,从而加速前述循

---

① 即贷款金额等于房地产的市场价值。银行之所以会如此,主要是因为银行预测房地产价格会上涨,从而能够保障银行贷款的安全。

② 我国《商业银行法》第四十二条规定:"商业银行因行使抵押权、质权而取得的不动产或者股权,应当自取得之日起二年内予以处分。"

环过程。(4) 前述循环的结果,使得银行房地产贷款及其他贷款的违约率和损失大幅度上升,再加上存款人和其他债权人可能会丧失对银行的信心,从而会将银行拖入危机之中。

正是因为房地产贷款一方面是商业银行贷款的重要组成部分之一,另一方面又极易引发银行危机,因此,房地产贷款不仅受到商业银行的高度重视,也受到宏观经济调控部门和监管当局的密切关注。

二、房地产贷款的种类

房地产贷款是指与房产或地产的开发、经营、消费活动有关的贷款,主要包括房地产开发贷款、土地储备贷款、个人住房贷款和商业用房贷款四大类。

(一) 房地产开发贷款

房地产开发贷款包括住房开发贷款和商业用房开发贷款两大类。(1) 住房开发贷款是指银行向借款人发放的用于商品住房及其配套设施开发建设的贷款,贷款用途限于客户正常建造商品房及其配套设施所需的资金,一般包括拆迁费、建安费、装修费等费用的支出。(2) 商业用房开发贷款是指银行向借款人发放的用于宾馆(酒店)、写字楼、大型购物中心及其配套设施等商用项目建设的贷款。同时,对非住宅部分投资占总投资比例超过50%的综合性房地产项目,其贷款也视同商业用房开发贷款。

(二) 土地储备贷款

土地储备贷款是指为解决政府土地储备机构因依法合规收购、储备、整理、出让土地等前期相关工作时产生的资金需求而发放的贷款。

(三) 个人住房贷款

个人住房贷款是指向借款人发放的用于购买、建造和大修各类型住房的贷款,主要包括如下几类:(1) 个人住房按揭贷款,是银行向自然人为购买、建造、大修各类型住房而发放的贷款;(2) 二手房贷款,是银行向自然人在二级市场购买各类型再次交易的住房而发放的贷款;(3) 公积金个人住房贷款,是按时足额缴存住房公积金的个人在购买、建造各类型住房时,银行受住房公积金管理中心委托向借款人提供的个人住房贷款;①(4) 个人住房组合贷款,是指银行以公积金存款和信贷资金为来源,向同一借款人发放的用于购买自用普通住房的贷款,是个人住房公积金委托贷款和银行自营性贷款的组合;(5) 个人住房转让贷款,也称转按揭贷款,是指银行向在住房二级市场上购买同一银行个人住房贷款客户出售的住房(含商业用房)的自然人发放的贷款;(6) 个人住房最高额抵押贷款,是指银行向借款人发放的、以借款人自有住房作最高额抵押、可在有效期间和贷款额度内循环使用的贷款。

---

① 住房公积金,是指国家机关、国有企业、城镇集体企业、外商投资企业、城镇私营企业及其他城镇企业、事业单位、民办非企业单位、社会团体(以下统称单位)及其在职职工缴存的长期住房储金。依据国务院1999年4月3日发布、2002年3月24日修订的《住房公积金管理条例》,缴存住房公积金的职工,在购买、建造、翻建、大修自住住房时,可以向住房公积金管理中心申请住房公积金贷款,住房公积金贷款的风险由住房公积金管理中心承担。

(四) 商业用房贷款

商业用房贷款是指向借款人发放的用于购置、建造和大修以商业为用途的各类型房产的贷款,包括法人商业用房按揭贷款、商业用房抵押贷款和个人商业用房贷款三大类:(1) 法人商业用房按揭贷款,是指银行向借款人发放的购置自营商业用房和自用办公用房的贷款;(2) 商业用房抵押贷款,是指银行向借款人发放的,以其自有(包括自行开发或收购所得)的商业用房作为抵押财产,并以该商业用房的经营收入和借款人其他合法收入作为还本付息来源的贷款;(3) 个人商业用房贷款,是指银行向购买各种类型用于盈利的经营性房屋的自然人发放的贷款。

三、房地产贷款的管理

房地产贷款的管理,与一般贷款的管理在流程、制度、风险分析等方面基本一致,最主要的差别在于政策规定方面。由于房地产贷款的增加会促进房地产价格的进一步上涨,而房地产价格的过快上涨,会使社会中大量低收入人群无力购买住房,从而会影响社会的和谐程度,严重的话可能导致社会不稳定。因此,国家对房地产贷款方面的政策规定,既包括控制贷款风险的目的,也包括防止房地产价格过快上涨的目的。

中国商业银行房地产贷款的风险,总体上来看仍然比较低。2011年时任中国银监会主席刘明康在一次研讨会上对此进行了分析,并披露了详细数据:"中国房地产贷款总体风险可控。我们一直坚持,中国必须保护有限的耕地资源;中国的房地产不能为卖而买。近年来,银监会坚持认真贯彻国务院关于房地产调控的各项政策要求,努力控制房价过快上涨的势头,从抑制投机和投资、增加供给等方面入手,努力降低中国房地产贷款的总体风险水平。第一,对土地储备贷款、房地产开发贷款和个人住房贷款,分别提出了严格的监管要求和信贷标准,严控大型房企集团贷款风险,预先布局高风险房地产企业风险暴露;同时,严格执行首套住房和其他住房差别化的信贷政策,引导民众增进理性。在支持居民'自住性'住房消费的同时,着力抑制非理性的利用杠杆的投资和投机需求。第二,要求各银行业金融机构认真贯彻落实国务院决策部署,本着商业原则和审慎性要求,加大对廉租房、公租房和棚户区改造为主的保障性住房建设支持力度,有力缓解中低端住房压力。第三,督促银行不定期开展房地产贷款压力测试,根据测试结果及时做好应对预案和风控措施。经过不懈努力,最新的压力测试结果显示,我国银行业房地产风险总体可控。这与以下几方面因素密切相关。第一,我国银行体系房地产信贷资产占比相对较低。截至2011年8月末,银行业金融机构房地产贷款(包括土地储备贷款、开发贷款和个人住房按揭贷款)余额为10.4万亿元,占各项贷款的比重为19.8%,这与许多欧美银行房地产及相关资产占比动辄占半壁江山的情况有很大不同。① 第二,我国对银行业房地产金融衍生产品控制有效,证券化产品数量极少,其他创新如集合信托与房地产

---

① 2013年年末,全国主要金融机构(包括除村镇银行以外的中资银行、城市信用社、农村信用社和外资银行)房地产贷款余额14.6万亿元,占各项贷款余额的21%。其中,个人住房贷款余额为9万亿元,房产开发贷款余额为3.5万亿元,地产开发贷款余额为1.1万亿元,同比增长9.8%。数据来源:中国人民银行,《2013年第4季度中国货币政策执行报告》。

贷款余额之比仅为4%左右,风险特征相对简单。第三,从房地产贷款具体结构看,目前约98%的个人按揭贷款'贷款房价比'低于80%,按揭贷款平均'偿债收入比'为33%,超过1/2的按揭贷款和开发贷款都是在2009年第二季度房价重新高企之前发放的,开发贷款的平均抵押品比例也达到189%,即使房地产抵押品重度压力测试下跌40%,覆盖率仍高于国际通行的110%标准。这些都表明我国房地产贷款总体风险可控。另外,到目前为止,包括农村信用机构在内的银行业金融机构房地产贷款的不良率仍低于2%,不少地区继续呈下降趋势。"[1]

中国房地产信贷政策调整比较频繁,中国人民银行和中国银监会2007年9月27日联合发布的《关于加强商业性房地产信贷管理的通知》,相对来说比较具体地规定了房地产开发贷款和住房消费贷款管理政策,其主要内容包括:

(一) 房地产开发贷款的管理

对项目资本金(所有者权益)比例达不到35%或未取得土地使用权证书、建设用地规划许可证、建设工程规划许可证和施工许可证的项目,商业银行不得发放任何形式的贷款;对经国土资源部门、建设主管部门查实具有囤积土地、囤积房源行为的房地产开发企业,商业银行不得对其发放贷款;对空置3年以上的商品房,商业银行不得接受其作为贷款的抵押物。

(二) 土地储备贷款的管理

商业银行不得向房地产开发企业发放专门用于缴纳土地出让金的贷款。对政府土地储备机构的贷款应以抵押贷款方式发放,且贷款额度不得超过所收购土地评估价值的70%,贷款期限最长不得超过2年。

(三) 个人住房贷款的管理

商业银行只能对购买主体结构已封顶住房的个人发放住房贷款,且应重点支持借款人购买首套中小户型自住住房的贷款需求:对购买首套自住房且套型建筑面积在90平方米以下的,贷款首付款比例不得低于20%;对购买首套自住房且套型建筑面积在90平方米以上的,贷款首付款比例不得低于30%;对已利用贷款购买住房又申请购买第二套(含)以上住房的,贷款首付款比例不得低于40%,贷款利率不得低于中国人民银行公布的同期同档次基准利率的1.1倍,并且贷款首付款比例和利率水平应随套数增加而大幅度提高,具体提高幅度由商业银行根据贷款风险管理相关原则自主确定,但借款人偿还住房贷款的月支出不得高于其月收入的50%。

商业银行不得发放贷款额度随房产评估价值浮动、不指明用途的住房抵押贷款;对已抵押房产,在购房人没有全部归还贷款前,不得以再评估后的净值为抵押追加贷款。

另外,为了控制商业银行个人住房贷款的风险,中国银监会2004年9月2日发布施行的《商业银行房地产贷款风险管理指引》还对贷款成数、月供收入比和债务率进行了明确规定:

---

[1] 刘明康:《坚定信心,扎实工作,科学发展我国银行业——刘明康主席在CEO组织峰会上的讲话》,2011年10月19日,中国银监会网站。

(1) 贷款成数。贷款成数是指贷款金额与贷款所购买住房的交易价格和市场价值较低者之间的比率。商业银行应根据各地市场情况的不同制定合理的贷款成数上限,但所有住房贷款的贷款成数不得超过80%。

(2) 月供收入比和债务率。月供收入比是指借款人每月房产支出与月均收入的比例,债务率是指借款人每月债务支出与收入比。其中,每月房产支出包括住房贷款每月还款额和每月物业管理费两部分;借款人每月债务支出包括每月房产支出和每月其他债务(如汽车贷款)偿还额。商业银行应将月供收入比控制在50%以下(含50%),应将债务率控制在55%以下(含55%)。

(四) 商业用房购房贷款的管理

利用贷款购买的商业用房应为已竣工验收的房屋。商业用房购房贷款首付款比例不得低于50%,期限不得超过10年,贷款利率不得低于中国人民银行公布的同期同档次利率的1.1倍,具体的首付款比例、贷款期限和利率水平由商业银行根据贷款风险管理相关原则自主确定;对以"商住两用房"名义申请贷款的,首付款比例不得低于45%,贷款期限和利率水平按照商业性用房贷款管理规定执行。

第二节 个人贷款的管理

一、个人贷款的概念和特点

(一) 个人贷款的概念

个人贷款(Personal Loan),是指以自然人为借款人的贷款。虽然部分个人贷款也用于生产经营,但绝大多数个人贷款主要用于消费。因此,个人贷款又称消费者贷款(Consumer Loan),或者消费贷款(Consumption Loan)。由于个人与家庭的其他成员是紧密联系在一起的,个人贷款的使用通常也会惠及(甚至直接用于)家庭其他成员,个人贷款的偿还也是以整个家庭的收入为保障的。因此,个人贷款也可称为家庭贷款(Family Loan)。在本节的讨论中,除非特别指明,个人也指家庭。

(二) 生命周期与个人贷款需求

正如企业贷款是为了弥补企业资产循环中所产生的现金缺口一样,个人贷款也是为了弥补个人的收入与支出之间所产生的现金缺口。如果个人的收入大于当期的支出,个人就会产生储蓄;如果个人的收入小于当期的支出,个人就需要贷款。因此,个人的贷款需求是与其收入和支出决策密切相关的,影响个人收入和支出的所有因素,都会影响个人的贷款需求。

个人的贷款需求与其生命周期密切相关。从总体上来看,人的一生可以分为成长期、青年期、成年期、成熟期、老年期五个阶段。在成长期,主要依赖父母提供资金,满足支出的需要;在青年期,开始有收入,但由于刚刚走上工作岗位,收入很低,而成家、买房、事业发展等形成大额支出,此时就会产生贷款需求;在成年期,收入继续增长,但子女教育、更换住房及汽车、偿还原来贷款的本息等形成巨大支出,贷款余额可能保持稳定,甚至有一定幅度的增长;在成熟期,收入达到整个一生的高峰,子女逐渐独立,贷款余额开始下降,储蓄不断增长;在老年期,由于退休而使收入出现大幅度下降,贷款已基本还清,主要依靠退休金和储蓄生活。因此,个人的贷款需求,主要是在其生命周期的青年期和成年期;而个人贷款的偿还,主要在成年期和成熟期。

(三) 个人贷款与企业贷款的差异

个人贷款与企业贷款在贷款政策、贷款流程、风险分类标准、不良贷款管理等方面都有很多相似的地方,但两者之间也有着明显的差异,主要表现在如下几个方面:

(1) 贷款金额和数量。企业贷款的单笔金额比较大,笔数相对比较少;而个人贷款正好相反,笔数比较多,而单笔金额比较小。对于银行来说,企业贷款相对比较集中,因此风险比较高;而个人贷款相对比较分散,从而风险也就比较低。但从另外一个角度来看,如果不能以自动化的方式来管理个人贷款,那么,数量众多的小额个人贷款的管理成本,平均来看就要远高于企业贷款的管理成本。

(2) 还款意愿。企业是有限责任的。因此,在企业出现资不抵债时,企业就会宣告破产,使银行贷款遭受损失。相对来说,个人在贷款中是近似于无限责任的。[①] 从这一点来看,个人的还款意愿要比企业更强。

(3) 信息数量和质量。有一整套的法律制度、会计准则等来约束企业的经营行为和财务报告,而且还有外部审计等。因此,企业为银行提供的信息一般都比较全面、规范、准确。个人在其行为方面受到的约束相对来说要小得多,能够为银行提供的财务信息也极其有限,即使有,也由于没有外部审计、详细报告标准等原因,其可靠程度也就比较低。因此,在个人贷款的风险评价中,借款人的信誉显得更加重要。

(4) 利率弹性。利率弹性衡量的是给定的利率变动幅度对借款人要求贷款数量的影响程度。企业贷款的利率弹性要比个人贷款的利率弹性大,其中最主要的原因是,企业外部融资的渠道很广泛,选择余地大。一方面,企业可以从很多不同的银行获得贷款;另一方面,企业还可以利用贷款以外的很多其他融资方式,如在金融市场上发行股票、债券、短期商业票据等,或者利用赊购或预售等商业信用方式融资。相对来说,个人外部融资的渠道少,选择余地小,往往只有从银行贷款一条渠道,而且有时还不得不仅与某一家银行往来。因此,个人贷款的利率弹性就比较低,即使是在银行贷款利率比较高的情况下,借款人也不得不向银行贷款。这是个人贷款利率平均来看要高于企业贷款利率的重要原因。

(5) 宏观经济影响。企业贷款满足的是借款人的投资需求,而个人贷款满足的是借款人的消费需求。从整个国民经济的角度来看,投资需求只是一种中间需求,企业贷款所支持的产品是固定资本形成和存货,尚未完成马克思所说的从生产者到消费者之间的"惊险跳跃";而消费需求则是一种最终需求,它所支持的产品已经得到消费者认可,"惊险跳跃"已经完成。这正是我国把启动消费作为一个战略任务的重要原因。因此,从宏观经济的角度来看,个人贷款更能够促进整个经济的健康发展。

---

① 之所以说是"近似于无限责任",原因在于,在很多国家,个人(家庭)也都可以宣告破产。

二、个人贷款的种类

个人贷款目前主要分为四大类,即个人住房贷款、个人消费贷款、个人经营贷款和个人信用卡透支。

个人住房贷款是个人贷款最主要的组成部分,包括个人住房按揭贷款、二手房贷款、公积金个人住房贷款、个人住房组合贷款、个人住房转让贷款、个人住房最高额抵押贷款等。

个人消费贷款一般包括个人汽车贷款、助学贷款、个人消费额度贷款、个人住房装修贷款、个人耐用消费品贷款、个人权利质押贷款等。

个人经营贷款,是指银行对自然人发放的用于合法生产、经营的贷款。

当信用卡的持卡人利用信用卡的信用消费功能进行透支消费或取现时,所产生的累计未还款金额,就是个人信用卡透支。

三、个人信用评分

个人贷款与企业贷款的前述巨大差异,使得银行在分析个人的信用时,不可能像分析企业的信用时那样,通过对财务报表、非财务因素等的分析来评定其信用,而主要只能运用个人交易及个人状况的历史数据来评定其信用,这是个人贷款管理与企业贷款管理最大的区别。在习惯上,对企业信用的评定通常称为信用评级(Credit Rating),对个人信用的评定通常称为信用评分(Credit Scoring)。个人信用评分包括征信机构评分和银行内部评分。

(一)征信机构评分

个人信用评分的基础是个人的信用信息,即与个人信用相关的历史交易记录和个人状况信息。虽然消费者购买的金融产品越来越多,但只在一家银行购买所有金融产品的消费者越来越少,这样,有关客户的信用信息分散在不同的银行、不同的金融机构之中。同时,消费者个人的其他交易(如是否按时缴纳水电费、电话费、天然气费等)的相关信息,以及关于个人教育、就业、住房等方面的信息,都有助于判断个人的信用,但这些信息更是分散到各个企事业单位、学校等机构之中。因此,银行必须借助于外部市场的信息,才能够了解和掌握客户全部的金融资产、负债和信用事项。

征信机构正是在解决上述问题的基础上所产生的信用管理机构。美国的个人征信业非常发达,美国每个成年人试图到银行开立个人账户、申请贷款、安装电话、签发个人支票、申请信用卡、购买汽车或房产、寻找工作或者提升职务时,相关机构都会向征信机构查询他的信用评分。信用评分越高,表示他的风险越低,获得相应服务的可能性就越高,享受到的利率和其他待遇也就越优惠。

美国最著名的个人征信机构是20世纪50年代由工程师Bin Fair和数学家Earl Isaac创立的Fair Isaac & Company,该公司所评定的个人信用评分简称为FICO,FICO的信用评分应用得非常广泛,以至于FICO已成为美国个人信用评分的代名词。FICO信用评分的计算方法至今未向社会完全公开。为了减少人们对FICO信用评分的疑问,Fair Isaac公司公布了一小部分FICO信用评分的打分方法,如表6-1所示。

表 6-1 FICO 信用评分的打分方法

项目								
住房	自有 / 25	租赁 / 15	其他 / 10	无信息 / 17				
现地址居住时间（年）	<0.5 / 12	0.52—2.49 / 10	2.5—6.49 / 15	6.5—10.49 / 19	>10.49 / 23	无信息 / 13		
职务	专业人员 / 30	半专业 / 44	管理人员 / 31	办公室 / 28	蓝领 / 25	退休 / 31	其他 / 22	无信息 / 27
工龄（年）	<0.5 / 2	0.52—1.49 / 8	1.5—2.49 / 19	2.5—5.49 / 25	5.5—12.49 / 30	>12.5 / 39	退休 / 43	无信息 / 20
信用卡	无 / 0	非银行信用卡 / 11	主要贷记卡 / 16	两者都有 / 27	无回答 / 10	无信息 / 12		
银行开户情况	个人支票 / 5	储蓄账户 / 10	两者都有 / 20	其他 / 11	无信息 / 9			
债务收入比例	<15% / 22	15%—25% / 15	26%—35% / 12	36%—49% / 5	>50% / 0	无信息 / 13		
一年以内查询次数	0 / 0	1 / 1	2 / 3	3 / −7	4 / 4	5—9 / −20	无记录 / 0	
信用档案年限	<0.5 / 3	11	2 / 3	3—4 / 15	5—7 / 30	>7 / 40		
循环信用透支账户个数	0 / 0	1—2 / 5	3—5 / 8	>5 / −4				
信用额度利用率	0—15% / 15	16%—30% / 0	31%—40% / −3	41%—50% / −10	>50% / −18	第一满意线 / 24	第二满意线 / 29	第三满意线
毁誉记录	无记录 / 1	有记录 / −29	轻微毁誉 / −14					

资料来源：石庆焱、秦宛顺著，《个人信用评分模型及其应用》，中国方正出版社，2006 年版，第 52 页。

征信机构所提供的信用评分,为商业银行确定目标客户,并为客户确定适合的产品和激励措施,进行产品定价和确定营销手段,提供了重要的参考依据。同时,征信机构对个人进行信用评分的方法和相关指标,也为银行提供了有价值的参考。

(二)银行内部评分

征信机构所提供的个人信用评分,并不能直接作为银行对个人提供贷款(及其他授信服务)的决策基础。美国的法律明确禁止银行以征信机构所提供的信用评分,作为拒绝消费者个人贷款申请的唯一理由。银行在具体审批客户的贷款申请时,还需要充分考虑到自己的业务目标、内部制度、监督规章和客户关系等因素,建立银行内部的信用评分体系,并将其结果作为贷款决策的依据。

与银行依据贷款风险度审批企业贷款时一样,银行在依据信用评分审批个人贷款时,通常也会对个人信用评分确定一个门槛分数。比如,在采取百分制且分数越高表示风险越低的情况下,超过85分的贷款将被自动批准;低于75分的贷款将被自动拒绝;而处于75分和85分之间的贷款,则需要与借款人当面讨论,以获得更多的信息,再加上信贷人员的主观判断以做出最后决策。

不同商业银行在其内部个人信用评分体系中所考虑的因素有较大差异,对每个因素的赋值差异更大。某商业银行内部个人信用评分体系所考虑的因素,主要包括住房、目前住址期限、受雇期限、贷款申请人年龄、与本银行业务关系、年收入、月债务负担和失信情况等,其分值如下①:

1. 主要住房   最高分为60分
  (1)所有或购买   60分
  (2)租借   8分
  (3)其他   25分
2. 目前住址时间   最高分为35分
  (1)6个月以下   12分
  (2)6个月至2年   15分
  (3)2年至6年   22分
  (4)6年以上   35分
3. 受雇于当前雇主时间   最高分为48分
  (1)1年以下   12分
  (2)1年至3年   15分
  (3)3年至5年   25分
  (4)5年以上   48分
  (5)退休   48分
  (6)失业(有子女资助)/离婚(对方支付生活费用)/社会救济   25分
  (7)操持家务   25分

---

① 资料来源:石庆焱、秦宛顺著,《个人信用评分模型及其应用》,中国方正出版社,2006年版,第52页。

（8）失业且无社会救济　　　　　　　　　　　　　　　12 分
4. 贷款申请人年龄　　　　　　　　　　　　　　　　　　最高分为 20 分
　　（1）45 岁以下　　　　　　　　　　　　　　　　　　　　4 分
　　（2）45 岁以上　　　　　　　　　　　　　　　　　　　 20 分
5. 与本银行业务关系　　　　　　　　　　　　　　　　　最高分为 60 分
　　（1）结算和储蓄　　　　　　　　　　　　　　　　　　 60 分
　　（2）结算　　　　　　　　　　　　　　　　　　　　　 40 分
　　（3）储蓄　　　　　　　　　　　　　　　　　　　　　 40 分
　　（4）贷款和结算/储蓄　　　　　　　　　　　　　　　　30 分
　　（5）仅仅贷款　　　　　　　　　　　　　　　　　　　 10 分
　　（6）无任何业务　　　　　　　　　　　　　　　　　　 10 分
6. 年收入　　　　　　　　　　　　　　　　　　　　　　最高分为 50 分
　　（1）15 000 元以下　　　　　　　　　　　　　　　　　 5 分
　　（2）15 000～25 000 元　　　　　　　　　　　　　　　15 分
　　（3）25 000～40 000 元　　　　　　　　　　　　　　　30 分
　　（4）40 000 元以上　　　　　　　　　　　　　　　　　50 分
7. 月债务偿还　　　　　　　　　　　　　　　　　　　　最高分为 45 分
　　（1）200 元以下　　　　　　　　　　　　　　　　　　 35 分
　　（2）200～500 元　　　　　　　　　　　　　　　　　　25 分
　　（3）500 元以上　　　　　　　　　　　　　　　　　　 10 分
　　（4）无债务偿还　　　　　　　　　　　　　　　　　　 45 分
8. 失信情况　　　　　　　　　　　　　　　　　　　　　最高分为 15 分
　　（1）未调查　　　　　　　　　　　　　　　　　　　　　0 分
　　（2）无记录　　　　　　　　　　　　　　　　　　　　　0 分
　　（3）2 次以上失信　　　　　　　　　　　　　　　　　-20 分
　　（4）一次失信　　　　　　　　　　　　　　　　　　　　0 分
　　（5）无失信　　　　　　　　　　　　　　　　　　　　 15 分

（三）个人信用评分体系的利弊

　　个人信用评分体系的建立,是商业银行贷款组合中个人贷款所占比例大幅度提升的前提。个人信用评分体系的优点在于:(1) 个人信用评分体系给银行提供了一个客观和一致的评估方法。信用评分采用客观的评分方法,由计算机自动完成评估工作,有助于克服人为因素的干扰,防止片面性,避免歧视,能使银行更好地遵守国家的法律和法规。(2) 个人信用评分以大量历史数据和统计理论为基础,可以精确估计个人贷款的风险,为银行提供了一个可靠的技术手段,能够帮助银行有效地防范不良贷款。(3) 个人信用评分可以使银行更加精确地界定可以接受的个人贷款风险,从而扩大客户群和个人贷款的发放。(4) 银行可以以信用评分体系为基础,建立贷款自动化操作系统,使银行能够自动进行贷款决策。这一方面极大地提高了银行个人贷款操作的效率,降低了个人贷款管理的成本;另一方面,申请人能够得到更迅速的答复,从而能进一步扩大银行的个人贷款业务。

但是,个人信用评分的基本思想,是把借款人过去的信用历史资料与数据库中的全体借款人的信用习惯相比较,检查借款人的发展趋势与经常违约、随意透支甚至申请破产等各种陷入财务困境的借款人的发展趋势是否相似,然后据以预测借款人将来的还款可能。因此,个人评分的准确性,不仅依赖于大量可信的数据以及准确的预测模型,而且需要对数据不断更新,不断检测模型的准确性,并在需要时进行更新。

第三节 国际贸易融资的管理

一、企业在国际贸易中的困难

企业在国际贸易中,由于进出口双方所存在的空间距离,以及货物运输、单据传递等存在的时间差而产生两个方面的问题:一是信用,二是资金。从信用问题来看,进口商担心付款以后收不到货,所以希望先收货、再付款,而出口商则担心发货以后收不到款,所以希望先收款、再发货;从资金问题来看,进口商在拿到货与实际支付货款之间,出口商在购入或生产出口商品、发货到最后收回货款之间,都会存在一定的资金缺口,因此需要从银行方面获得融资。信用问题和资金问题通常结合在一起,制约着国际贸易的发展。

国际贸易融资,是银行围绕国际贸易及其结算的各个环节为进出口商提供的资金融通和相关服务的总和,其目标就是解决企业在国际贸易中的上述两重困难。与其他业务不同的是,国际贸易融资业务集中间业务与资产业务于一身,无论对银行还是对进出口企业均有着积极的影响,已成为许多国际性银行的主要业务之一。许多银行设在国外的分支机构,主要业务就是开展国际贸易结算与融资,其业务收入可占到银行总收入的80%。

二、商业银行提供的国际贸易融资服务

商业银行提供的国际贸易融资服务,可以分为两大类:一类是进口方银行为进口商提供的服务,另一类是出口方银行为出口商提供的服务,参见表6-2。①

---

① 从广义上来看,出口信贷也是国际贸易融资的一种。出口信贷是一国为了支持和扩大本国大型机械、成套设备、大型工程项目等的出口,提高国际竞争能力,以对本国的出口给予利息补贴并提供信贷担保的办法,鼓励本国的银行解决本国出口商资金周转的困难,或满足国外进口商对本国出口商支付货款需要的一种融资方式。由于出口信贷主要属于政策性业务,因此,我们在这里不单独讨论。关于信用证的详细介绍,请参见本书第九章。下面我们主要讨论进出口两地银行联合解决资金问题时所提供的主要服务。需要注意的是,下面所介绍的服务中,有的业务(如减免保证金开证、提货担保等)不是贷款业务,只是一种银行的担保,属于中间业务的范围,为了表述的方便,我们均在这里进行介绍,但国际保理业务的内容较为复杂,我们在这里只作简要介绍,更为详细的介绍请参见本书第九章。

表 6-2 商业银行提供的国际贸易融资服务

银行	融资服务种类	进口商或出口商的融资需求
进口方银行为进口商提供	减免保证金开证	进口商申请开立信用证时需要交存保证金
	提货担保	货物先于正本货运单据到港,进口商希望先提货
	进口押汇	进口商收到单据后需要支付货款
出口方银行为出口商提供	打包放款	出口商收到信用证后需要资金以准备出口货物
	出口押汇	出口商发货之后、收到货款之前,出现资金缺口
	国际保理	
	福费廷	
	出口票据贴现	

（一）进口方银行为进口商提供的服务

进口方银行为进口商提供的服务,主要包括减免保证金开证、提货担保、进口押汇等。

1. 减免保证金开证

减免保证金开证是银行应进口商的申请,减收或免收保证金开出信用证的一种融资业务。

银行在为企业开立信用证之前,为了降低银行作为第一付款人的风险,一般要求企业存入一定比例的保证金。具体保证金的比例依据企业信用级别的不同而有所不同。比如,有家银行就规定,AAA 级企业收取的保证金比例不低于信用证金额的 10%,AA 级企业收取的保证金比例不低于信用证金额的 30%,A 级企业收取的保证金比例不低于信用证金额的 60%。

银行为进口商减免保证金开证,可以减少进口商的资金占用,相当于是对进口商的一种融资。

2. 提货担保

提货担保是当信用证项下正本货运单据未收到,而货物已到港时,进口商可向银行申请开立提货担保书,交给承运单位先予提货,待客户取得正本单据后,再以正本单据换回原提货担保书。

提货担保可使进口商及时提货,避免压仓,既可减少货物滞留码头的仓储费,又可使申请人避免因货物市场行情及品质发生变化而遭受损失。

3. 进口押汇

进口押汇是银行收到信用证项下的单据后,向进口商提供的用于支付该信用证金额的短期资金融通。

进口押汇使进口商在推迟偿付信用证项下款项的条件下,先得到信用证项下的单据,从而得以提取货物,并在销售完所进口货物以后,再以所收回的资金偿还银行的融资款。

（二）出口方银行为出口商提供的服务

出口方银行为出口商提供的服务包括打包放款、出口押汇、国际保理、福费廷、出口票据贴现等。

1. 打包放款

打包放款是出口商凭供货合同和国外银行开来的以自己为受益人的信用证向银行申请的短期贷款。出口商必须保证贷款资金用于信用证项下出口货物的组织和装运（即贷款名称中的"打包"），并保证按信用证的规定向贷款银行提交合格的单据，供银行对外寄单索汇。

打包放款可以使出口商获得短期资金周转，组织货源，履行出口合同。这种贷款属于专款专用，即仅用于为执行信用证而进行的购货等用途，且以信用证项下的收汇作为第一还款来源。同时，在贷款时，信用证正本须留存于贷款银行，以确保在贷款银行交单。

2. 出口押汇

出口押汇是出口商将全套出口单据交其往来银行或指定银行，由银行按照票面金额扣除从押汇日到预计收汇日的利息及有关费用，将净额预先付给出口商的一种短期融资方式。银行根据信用证或出口合同要求对外寄单索汇，并用收汇款项归还融资款。

出口押汇使出口商能提前从银行得到货款，提高资金周转速度，并可提前办理结汇，规避汇率风险。

3. 国际保理

国际保理是一项集商业资信调查、应收账款管理、信用风险担保及融资于一体的综合性金融服务，适用于采取非信用证结算方式的国际贸易项下的融资。

保理业务不仅适用于国际贸易，也适用于国内贸易。关于保理业务的详细内容参见本书第九章。

4. 福费廷

福费廷也称"包买票据"，是指银行无追索权地买入因真实贸易背景而产生的远期本票、汇票和债务的行为。福费廷的特点是金额大、期限长、对出口商无追索权。常见的福费廷交易单据包括远期信用证项下经银行承兑的汇票、进口方银行担保的远期本票和汇票等。

福费廷业务能够改善出口商的现金流，消除出口商因应收账款而产生的远期收汇、利率和汇率变动风险，规避进口方国家的政治、经济、资金转移风险。

5. 出口票据贴现

出口票据贴现是指远期信用证项下汇票经开证行承兑，或者跟单托收项下汇票由银行加具保付签字后，在到期日之前到当地银行将汇票以折扣价格取得资金的一种融资方式。银行支付的金额为汇票金额扣除从付款日到到期日及一定天数收汇时间的贴现利息。

出口票据贴现使出口商能够提前从银行得到应收账款，加速资金周转，提前办理外汇结汇，规避汇率风险。

第四节 票据承兑与贴现的管理

一、票据及其种类

（一）票据的概念

票据有广义和狭义之分。广义的票据包括各种有价证券和商业凭证,如股票、债券、发票、提单、保险单等。狭义的票据则是《票据法》所规定的结算或信用工具,包括汇票、本票和支票（通常称为"三票"）,是发票人无条件约定自己或委托第三人支付一定金额并可流通转让的有价证券。

（二）汇票、本票、支票

汇票是由出票人签发,委托付款人在见票时或指定日期按期无条件支付一定金额给收款人或持票人的票据。汇票分为商业汇票和银行汇票两种,前者为企业签发,后者为银行签发。

本票是出票人签发的,承诺自己在见票时无条件支付确定的金额给收款人或者持票人的票据。我国《票据法》规定只有银行本票,企业不能签发本票。因此,不存在商业本票。

支票是出票人签发的,委托办理支票存款业务的银行或者其他金融机构在见票时无条件支付确定的金额给收款人或者持票人的票据。支票属银行票据,分为现金支票和转账支票两种,前者用于支取现金,后者用于银行转账。

（三）票据的功能

票据是商品交易出现信用交易即商业信用的产物。一方面,票据是一种支付工具,能够代替现金支付,并突破现金支付在时间上和空间上存在的障碍,从而降低现金结算的成本,促进商业银行交易和经济发展。另一方面,票据又是一种信用工具,它使得商品交易双方能够通过票据提供和获得商业信用,并通过票据贴现的形式,将商业信用纳入银行信用的范畴,为银行的资金运用提供了一个新的资产形式,也为企业的融资提供了一个新的渠道。

二、票据承兑

承兑仅就汇票而言,对于本票和支票无所谓承兑。承兑是指汇票付款人承诺在汇票到期日支付汇票金额的票据行为。

商业银行的票据承兑业务,是指银行应承兑申请人的申请,根据购销双方合法的商品交易,在商业汇票上签字盖章,表示到期无条件对票据付款的一种业务。商业汇票一经银行承兑,即成为银行承兑汇票,承兑银行就成为汇票的主债务人,承担到期支付票款的经济责任。

商业汇票之所以向银行提出承兑申请,是因为在商品交易中,收款人可能对付款人的资信和支付能力并不充分了解,担心到期得不到付款,而银行资力雄厚、资信可靠,银行承兑就提高了票据的信用,降低了其风险。因此,银行承兑是商业票据广泛流通的一个重要条件。

从银行角度来看,商业汇票承兑是一种授信业务,是对商业汇票付款人到期付款提供的一种担保,在实质上相当于对汇票付款人提供的一种融资。

三、票据贴现

（一）贴现、转贴现与再贴现

票据贴现,是指商业汇票的持票人在汇票到期日前,为了取得资金,在贴付一定利息后,将票据权利转让给商业银行的票据行为,是商业银行向持票人融通资金的一种方式。因此,票据贴现是一种票据转让行为,通过贴现,票据持有人卖出票据,提前拿到了现金,而银行则买入了一项资产(即票据),相当于发放了一笔贷款,获得了利息收入。

商业银行在通过票据贴现方式买入商业汇票以后,还可以通过转贴现和再贴现的方式融入资金。

转贴现是指商业银行为了取得资金,将未到期的已贴现商业汇票再以贴现方式向另一商业银行转让的票据行为,是商业银行间融通资金的一种方式。

再贴现则是商业银行为了取得资金,将未到期的已贴现商业汇票再以贴现方式向中央银行转让的票据行为,是中央银行的一种货币政策工具。

（二）票据贴现与贷款的比较

票据贴现与贷款都是商业银行为企业提供资金融通的方式,都属银行的授信业务。实际上,银行在对外公布的财务报表中,一般都将票据贴现包含在贷款项下,并不单列。但是,票据贴现与贷款相比,也有很多不同的特点,具体表现在如下方面:

(1)融资性质。贴现是一种票据买卖关系,而贷款则是一种借贷关系,双方的权利、义务不尽相同。

(2)融资对象。申请贴现的仅限于依法从事经营活动的企业法人和其他经济组织,但申请贷款的还可以是自然人。

(3)融资基础。贴现必须以真实、合法的商品交易为基础,而且这些交易通常是在贴现之前就已完成的交易,而贷款项下的商品交易要在贷款发放以后才会发生。

(4)融资期限。按照我国目前的规定,票据贴现的期限最长不超过6个月,而贷款的期限可长达30年(如住房抵押贷款)。

(5)融资利息。贴现的利息采取预扣的方式,而贷款的利息一般采取分期支付或到期支付的形式。因此,在其他条件相同的情况下,贴现的实际利率要比贷款高(参见本书第十三章)。

(6)融资利率。按照我国目前的利率管制规定,贴现利率采取在再贴现利率基础上加百分点的方式生成,加点幅度不超过同期贷款利率,而贷款利率最低不能低于中国人民银行规定的贷款基准利率的90%。由于再贴现利率要远低于贷款基准利率,因此在实践中,贴现利率要低于贷款利率。

(7)还款人和还款金额。贴现到期以后,"偿还"(实际就是"支付")银行款项的是票据承兑人,而不是直接从银行获得资金的票据贴现申请人,所支付款项是票据上所载明的金额。而贷款到期以后,偿还银行款项的是直接从银行获得资金的借款人,还款金额除了本金以外,还包括利息。

(8) 流动性。对于贴现来说,在到期前,银行可以通过转贴现和再贴现的方式融入资金。而对于贷款来说,由于贷款的流通市场非常狭小,银行很难在到期前通过转让的方式变现。因此,贴现的流动性要远远高于贷款。

(9) 融资风险。银行办理贴现的票据要经过承兑,而且通常是银行承兑,再加上贴现有真实的商品交易为背景,期限比较短。因此,对银行来说,贴现的风险相对较低。而一般来说,贷款的风险相对要高一些。

(10) 办理手续。由于票据及贴现等几乎都是标准化的,因此,办理手续相对比较简单。而贷款则要根据借款人的具体情况办理,手续相对较为复杂。

第五节 小企业贷款的管理

一、小企业贷款的风险与收益

根据中国银监会2007年6月29日发布施行的《银行开展小企业授信工作指导意见》①,小企业是指资产总额1 000万元(含)以下,或年销售额3 000万元(含)以下的企业、各类从事经营活动的法人组织和个体经营户;小企业贷款是指单户总额500万元(含)以下的贷款。

小企业贷款的风险相对比较高,但如果管理得当,也能够获得比较高的收益。

(一) 小企业贷款的风险

从总体上来看,小企业具有抗风险能力弱,财务信息不全,融资渠道单一,担保能力不足,资金需求"急、频、短、小"等特点,从而使得小企业贷款的风险比较高。

1. 抗风险能力弱

小企业的规模小,在生产经营中常常集中于某一行业、某一地区甚至某一产品,分散程度低。小企业的经营状况和风格,常常受制于主要经营者个人。因此,一方面,经营者个人所面临的风险也就成为整个企业的风险;另一方面,企业的发展局限于经营者个人的能力和视野。小企业在经营管理上的分工程度低,往往一人兼管多项工作,既不可能获得专业化分工的好处,又可能产生许多经营管理上的漏洞。小企业的资本金比较少,很难承担在经营过程中所出现的损失。因此,小企业的抗风险能力比较弱,银行贷款的安全程度也就比较低。

---

① 《银行开展小企业授信工作指导意见》是在修订中国银监会2005年所发布的《银行开展小企业贷款业务指导意见》的基础上发布的,将"小企业贷款"扩展成了"小企业授信",从而不仅涵盖了为小企业提供的流动资金贷款、周转贷款、循环贷款、打包贷款、出口退税账户托管贷款等传统贷款业务,而且也涵盖了商业汇票承兑及贴现、买方或协议付息票据贴现、信用卡透支、法人账户透支、进出口贸易融资、应收账款转让、保理、保函、贷款承诺等业务。我们在这里主要讨论小企业贷款,但其原则和经验均适用于传统贷款以外的其他业务。

2. 财务信息不全

小企业的经营活动比较简单，一般又没有能力支付高额的工资。因此，往往并没有固定的财务人员，而由经营者个人或其亲友兼任，或者由从外部聘用的兼职人员担任；工商、税务等监管部门也无法对小企业进行深入监管；由于小企业一般无法承担外部审计的巨额费用，而且由于小企业的规模小、资产容易隐藏等特点，外部审计的困难也非常大，这样，小企业所提供的财务信息往往没有外部审计。因此，小企业的财务信息往往质量差、准确度和可信度低，银行往往难以准确地判断小企业的风险，并据以设计、管理贷款。

3. 担保能力不足

小企业的固定资产、流动资产或权利一方面可能数量少、价值低、价值不稳定；另一方面，外部债权人往往无法确切地判断其价值，或者无法对其实施有效的控制。因此，这些资产或权利难以成为借取债务的担保和反担保。同时，政府支持的担保体系，受制于其本身的实力和经营管理局限，往往也无法满足小企业的担保需求。

4. 融资渠道单一

由于小企业的抗风险能力弱、财务信息不全、担保能力不足的特点，其外部融资能力非常低，一般主要依靠自我积累，或者通过向亲朋好友借贷的方式筹集资金。小企业外部融资的渠道几乎完全局限于银行，而且是本地的某一家银行。融资渠道的这种单一性，进一步加大了其融资的困难，使其融资渠道更是局限于单一渠道，形成恶性循环，使银行贷款的风险加大。

5. 资金需求"急、频、短、小"

小企业在经营管理过程中，往往需要在短时间内抓住"稍纵即逝"的商业机会。因此，其融资需求具有时间急、频率高、期限短、金额小的特点。这一方面使银行贷款的管理成本比较高；另一方面，也提高了为小企业提供贷款服务的要求，银行必须具有快速反应、迅速决策的能力。

（二）小企业贷款的收益

虽然小企业贷款的风险和管理成本都比较高，但是，由于小企业贷款的客户基础大、利率高、贷款分散、政府支持，商业银行如果能够建立起健全的小企业贷款管理机制，控制住其风险和管理成本，就能够获得较高的收益。

1. 客户基础大

在世界各国的经济中，小企业虽然规模很小，但其数量极其巨大。自改革开放以来，随着我国个体、私营等非公有制经济不断发展壮大，小企业的数量大幅度增加。因此，银行小企业贷款的客户基础非常庞大。

2. 利率高

与大中型企业贷款相比，小企业贷款的利率要高很多，原因主要有两个方面：一方面，小企业的融资渠道单一，谈判能力低，除了银行贷款以外，往往没有别的融资渠道，从而被迫接受银行的高利率；另一方面，小企业贷款的风险高、管理成本高已是众所周知的事实。因此，小企业也容易接受高利率。

3. 派生业务多

银行通过为小企业发放贷款可以派生出许多能够为银行带来收入的其他业务，如存款、结算、代收代付等,从而提高银行小企业贷款的综合收益。

4. 贷款分散

小企业贷款的金额一般要比大中型企业贷款的金额小得多,集中度低。因此,由小企业贷款组成的贷款组合的风险度比较低。

5. 政府支持

小企业在繁荣城乡经济、扩大社会就业、改善居民生活、促进创新和社会稳定等方面具有非常重要的作用和意义。因此,各国政府都采取了多种多样的政策支持小企业的发展。我国政府也大力支持小企业的发展。自 2003 年 1 月 1 日起施行的《中华人民共和国中小企业促进法》为促进我国小企业的发展奠定了坚实的法律基础。在此前后,国家相关部委出台了很多政策支持小企业的发展。比如,2006 年 10 月 5 日,财政部、国家发改委联合发布了《中小企业发展专项资金管理办法》,决定由中央财政预算安排,设立专项资金用来支持中小企业专业化发展,其中,中小企业每个项目最多可以获得 200 万元无偿资助,而以金融机构贷款为主投资的固定资产建设项目,则可以采取贷款贴息方式获得资助。政府对小企业强有力的支持,也在一定程度上降低了小企业贷款的风险。

二、小企业贷款管理的"六项机制"

中国银监会发布的《银行开展小企业授信工作指导意见》指出,"银行开展小企业授信应增强社会责任意识,遵循自主经营、自负盈亏、自担风险和市场运作的原则,实现对小企业授信业务的商业性可持续发展";同时,"应根据小企业授信的特点和内在规律开展小企业授信,做到程序可简、条件可调、成本可算、利率可浮、风险可控、责任可分"。因此,商业银行开展小企业贷款,一方面是商业银行社会责任的体现;另一方面,又要以商业性为原则,不能将小企业贷款当做慈善事业或无偿援助,要力求小企业贷款本身能为银行带来适当的利润,从而保证小企业贷款的可持续发展。我国银监会提出的"六项机制"[①],正是我国银行业金融机构从事小企业贷款经验的概括和总结。

(一) 风险定价机制

风险定价机制,是指坚持收益覆盖成本和风险的原则,在法规和政策允许的范围内,根据风险水平、筹资成本、管理成本、贷款目标收益、资本回报要求以及当地市场利率水平等因素,自主确定贷款利率,对不同小企业或不同贷款实行差别定价。风险定价机制是银行从小企业贷款业务中获得高收益的基本保证。

(二) 独立核算机制

独立核算机制,是指银行通过改进和完善成本管理,建立以内部转移价格为基础的独立核算机制和内部合作考核机制,制定专项指标,单独考核小企业贷款业务的成本和收益。独立考核机制是小企业贷款在管理上所具有的独特特点的必然要求,只有进行单

---

① 中国银监会 2005 年发布的《银行开展小企业贷款工作指导意见》,对小企业贷款的"六项机制"进行了比较全面的总结和概括;2006 年 10 月 8 日发布实施的《商业银行小企业授信工作尽职指引(试行)》,为"六项机制"的贯彻实施提出了许多建议;2007 年 6 月 29 日发布实施的《银行开展小企业授信工作指导意见》则进一步提升和完善了"六项机制"。

独考核,才有可能判断小企业贷款业务的盈利性,并据以制定相应的策略。

(三) 高效审批机制

高效审批机制,是指在控制风险的前提下,合理设定审批权限,优化审批流程,提高审批效率。小企业贷款在需求上所具有的时间急、频率高、金额小等特点,要求银行必须在短时间内对客户的需求做出反应和决策。因此,高效审批机制是银行小企业贷款业务的基本要求。

建立高效审批机制的关键是适当授权和程序简化。适当授权是指要对分支机构、客户经理、贷款审查人员给予一定的贷款审批权限;程序简化是指对小企业贷款环节可同步或合并进行,比如,对小企业客户的营销与贷款的预调查可同步进行,贷款的调查与审查可同步进行,前期贷款后的检查与当期贷款调查可同步进行,而对小企业信用评估、贷款额度的核定、贷款审批环节可合并进行。

(四) 激励约束机制

激励约束机制是独立核算机制的必然要求,是指银行通过制定专门的业绩考核和奖惩机制,加大资源配置力度,突出对分支机构和贷款人员的正向激励,可提取一定比例的小企业贷款业务净收益奖励一线业务人员。在对分支机构进行考核时,应将小企业贷款情况纳入考核范围,考核指标应包括其所创造的经济增加值,新增和存量贷款户数、笔数和金额,贷款质量,管理水平等。在对客户经理进行考核时,可采取与业务量、已实现业绩贡献及资产质量挂钩的方式;对其他小企业贷款人员的考核,可采取薪酬与其业务、效益和贷款质量等综合绩效指标挂钩的方式。

(五) 专业化人员培训机制

专业化人员培训机制,是指商业银行应加强对小企业贷款工作人员的培训,使其更新理念,掌握小企业贷款业务特点和风险控制方法,提高营销及收集、整理、分析财务和非财务信息的能力,熟悉小企业贷款工作职责和尽职要求,逐步形成良好的小企业信贷文化。小企业贷款管理的特殊性,要求小企业贷款管理人员必须具备特殊的技能。因此,必须建立专业化人员培训机制。

(六) 违约信息通报机制

违约信息通报机制,是指银行通过贷款后监测手段,及时将小企业违约信息及其关联企业信息录入本行信息管理系统或在内部进行通报;定期向中国银监会及其派出机构报告;通过银行业协会向银行业金融机构通报,对恶意逃废银行债务的小企业予以联合制裁和公开披露。违约信息通报机制是提高小企业违约成本、促使小企业按时履约、强化小企业信用意识的重要措施。

三、小企业贷款管理中的软信息

小企业特殊的经营规律,以及小企业贷款业务的独特性质和风险,决定了小企业贷款在管理上的特殊性,这种特殊性突出地体现在软信息的应用方面。实际上,软信息是银行在小企业贷款管理中需要建立前述"六项机制"的根本原因。

(一) 软信息与硬信息

在银行贷款过程中,借款人向银行提供的信息可以分为软信息和硬信息两大类。(1) 软信息(Soft Information)是指不能按标准化办法收集和处理,从而无法通过书面方式在借款人与银行之间以及在银行内部准确传递的信息,用通俗的语言来说,是"只可意会、不可言传"的信息。借款企业经营管理者的性格、企业文化、企业信用、与供应商及客户的关系、社会形象等均属软信息。在银行贷款业务中,软信息主要是非财务信息。因此,往往将非财务信息与软信息等同起来。(2) 硬信息(Hard Information)是与软信息相对应的概念,是"可以言传"的信息。借款企业所提供的财务报表、外部评级、经营计划、贷款担保等,均属硬信息。在银行贷款业务中,硬信息主要是财务信息。因此,往往也将财务信息与硬信息等同起来。

软信息所具有的"只可意会、不可言传"的特点,决定了银行获得软信息的主要方式,是与借款人的长期交往,尤其是与借款人面对面的接触。相比较来看,硬信息所具有的"可以言传"的特点,使得银行在获得硬信息时,并不一定需要通过面对面接触的方式,而可以通过电话、传真、电子邮件、书面文件等方式传递。

(二) 软信息对小企业贷款管理的影响

由于小企业的财务信息不健全,因此,与大中型企业相比,小企业能够提供给银行的信息主要是软信息。这一点决定了小企业贷款在管理上具有如下重要特点:

1. 注重与小企业的直接接触

软信息的收集,主要依靠与借款人面对面的接触和交流。因此,在小企业贷款中,银行特别注重与小企业的直接接触。这一点决定了小银行在小企业贷款中更具优势,因为小银行与小企业在同一城市甚至同一社区,与借款人直接接触的成本更低,所能了解的软信息也更多。

2. 注重多渠道收集信息

与借款人面对面的接触虽然非常重要,但通过这种方式所能收集到的信息,往往会受到时间、地点、环境等的影响而具有很大的局限性,很可能是片面的。因此,为了从多个角度准确地对借款人的信用状况进行分析和判断,银行需要通过多种渠道收集借款人的信息。一方面,客户经理可在商业银行服务所在社区建立广泛的、经常性的社区关系,以便于收集信息和监督贷款的使用情况;另一方面,银行应建立和加强与地方政府、公安、税务、工商、行业协会和会计师事务所、律师事务所、信用管理咨询公司等机构的沟通协调,关注并收集与小企业及其业主或主要股东个人相关的公共信息、法定信息、身份信息和信用交易信息等。

3. 注重贷款决策者的主观判断

由于小企业所能提供的信息大部分是无法量化的软信息,因此,小企业的贷款决策,主要需要依靠客户经理和贷款审查人员的主观判断。虽然为了提高贷款决策的效率,银行在小企业贷款的管理过程中,需要建立小企业信用评分体系,但信用评分在贷款决策中只起一个参考作用。

4. 注重贷款的充分授权

由于软信息的收集依赖于与借款人的直接接触，小企业的贷款决策又在一定程度上依赖于决策者的主观判断，再加上软信息在银行内部无法准确地传递，因此，银行在小企业贷款的管理中，需要充分授权，让直接接触借款人的客户经理和贷款审查人员拥有一定的贷款决策权力。这一点是小银行在小企业贷款中更具有优势的又一重要原因，也是大银行要从事小企业贷款就必须在一定程度上下放信贷决策权的主要原因。①

在考察一个没有财务报表的小企业时，贷款人员能够做到的就是花时间与企业业主在一起，了解企业的发展前景、业主本人的品德等信息。但由于这样的信息具有模糊性和人格化特征，难以用书面报表形式进行统计归纳，因此，很难在组织结构复杂的大银行内部进行传递。除非赋予基层的贷款人员贷款的决定权，否则，他在事前生产软信息的积极性就会受到严重的影响。但这样做又可能面临银行内部信息不对称而产生的代理问题和利益冲突。

5. 注重运用软信息创新贷款担保方式

小企业贷款担保能力弱的特点，使得银行在小企业贷款管理中必须勇于创新，以通过新型担保方式来降低银行所承担的风险。在小企业贷款担保方式的创新中，最具代表性的是经营业主联户担保以及经济联合体担保。即当经营业主联户或经济联合体中某一企业在向银行申请贷款时，由组成该经营业主联户或经济联合体的全体企业共同担保，当借款人违约时，由全体企业按照约定共同出资偿还银行贷款。这种担保之所以能够有效，原因在于，构成经营业主联户或经济联合体的企业往往具有密切的地域、人员和业务等方面的联系，相互之间拥有充分的软信息。这一方面使得这些企业能够比较准确地判断彼此的信用状况，另一方面又能对合作者在信守诺言、履约还款等方面形成强大的压力。

6. 注重与借款人的长期关系

除了与借款人的直接接触以外，与借款人的长期合作关系也是软信息的重要来源之一。因此，银行在小企业贷款中，一般特别注重与借款人建立长期稳定的合作关系。同时，由于软信息在银行与银行之间不易传递，借款人也希望能够与银行保持长期的合作关系，因为借款人改换银行、中断与原来银行所建立起来的关系，就会使其丧失已向银行传递的软信息的价值。因此，与借款人之间长期稳定的合作关系，还有助于降低借款人的利率弹性，从而使银行能够从小企业贷款业务中获得更高的收益。

7. 注重对客户经理的管理

在小企业贷款管理中，客户经理的地位更加重要，原因在于：(1) 软信息的收集，需要客户经理与借款人直接接触；(2) 贷款的决策主要依赖于客户经理的主观判断；(3) 客户经理往往拥有较大的贷款决策权；(4) 银行与借款人之间的关系，通常主要是客户经理与小企业主个人之间的关系。这些因素使得银行在小企业贷款管理中，必须特别注重对客户经理的管理。

---

① 我国大型商业银行在进一步推进改革的过程中，逐渐上收了分支机构尤其是县级机构的信贷权力，目前县级分支机构一般都不能直接审批贷款。很显然，这对这些银行开拓小企业贷款业务是非常不利的。

第六节 弱势群体贷款的管理

一、弱势群体贷款的概念和内容

弱势群体贷款,是指针对在经济发展中处于相对贫困的群体所发放的支持性贷款。从我国当前的经济发展现状而言,弱势群体主要包括贫困学生、农民、下岗失业人员等,弱势群体贷款主要包括助学贷款、小额贷款等。①

经济发展不均衡是一个世界性的普遍问题。因此,各国都从整体利益出发,通过弱势群体贷款来支持经济落后地区、产业和群体的发展,使生产力和财富在地区之间、产业之间和国民之间的分布更为合理,以实现经济社会的均衡发展。从国际经验看,弱势群体贷款的方式主要有两种:(1)政府直接参与型,是指政府设立政策性银行,直接向弱势群体提供资金支持;(2)政策引导型,是指政府通过制定优惠政策,引导商业银行等市场力量加大对这些领域的贷款支持。

改革开放以来,我国经济经历了长期持续、平稳、快速的发展,综合国力大幅度提高,人民生活显著改善。但是,我国弱势群体仍然大量存在,他们无法与社会中的其他群体同等程度地享受经济增长带来的繁荣和利益,从而严重影响着社会的和谐和经济的可持续发展。因此,我国政府和社会各界非常重视弱势群体贷款的发展。

与国际经验一致,我国弱势群体贷款也包括政府直接参与型和政府引导型两类,前者主要是指政策性银行对弱势群体所提供的贷款,后者主要是指商业银行在政府政策的引导下对弱势群体所提供的贷款。我们在本章主要介绍后者。

与小企业贷款一样,银行对弱势群体的贷款,一方面是银行应当承担的社会责任,另一方面也能为银行培养忠诚的客户,开拓大量的业务,并为银行带来适当的利润。

二、助学贷款

助学贷款制度有利于引导学生树立自立自强、诚实守信的观念,有利于鞭策学生勤奋学习、努力上进,有利于推动高校学生素质教育的改革,为学生获得公平、公正的教育机会,是社会保障体系的重要内容。我国助学贷款包括国家助学贷款和商业助学贷款两大类。

(一)国家助学贷款

国家助学贷款是面向中华人民共和国(不含香港和澳门特别行政区、台湾地区)高等院校中经济确实困难的全日制本、专科学生,研究生,第二学位学生发放的助学贷款。贷款仅能用于学生的学费及生活费。

随着我国高等学校在校生规模的不断扩大,高校中贫困家庭学生的人数迅速增加,

---

① 从广义上来看,也可以将小企业贷款包括在弱势群体贷款之中,但与本章所讨论的学生贷款和小额贷款相比较来看,小企业贷款的商业性更浓,而且小企业主一般也不属我们在这里所说的"处于相对贫困的群体",因此,我们在本章所说的弱势群体贷款不包括小企业贷款。

原有的资助政策和措施已难以覆盖和完全解决所有贫困家庭学生的问题。为进一步完善资助政策,加大资助工作力度,我国在借鉴国外经验的基础上,结合本国国情制定了国家助学贷款政策。我国国家助学贷款1999年开始试点,从2000年9月1日起,在全国范围内全面推行,所有普通高等学校均能申办国家助学贷款。

2003年,第一批国家助学贷款进入了还款期,出现了较高比例的不良贷款,暴露出了政策设计和运行机制上存在的缺陷。2004年6月12日,国务院转发了教育部、财政部、银监会、人民银行四部委《关于进一步完善国家助学贷款工作的若干意见》,对国家助学贷款政策、实施机制、风险防范、组织领导等方面进行了重大调整和完善。其中,国家助学贷款政策的调整主要体现在如下三个方面:

(1) 财政贴息。2004年以前的做法是,在整个贷款合同期间,对学生贷款利息给予50%的财政补贴;2004年以后,考虑到贫困家庭学生在校期间本来就经济困难,无力支付利息,实行借款学生在校期间的贷款利息全部由财政补贴,毕业后全部自付,借款学生毕业后开始计付利息。

(2) 还贷年限。2004年以前规定,自学生毕业之日起即开始偿还贷款本金、4年内还清;2004年以后,实行借款学生毕业后视就业情况,在1—2年后开始还贷、6年内还清的做法。借款学生办理毕业或终止学业手续时,与经办银行确认还款计划,还款期限由借贷双方协商确定。若借款学生继续攻读学位,借款学生要及时向经办银行提供连续攻读学位的书面证明,财政部门继续按在校学生实施贴息。借款学生毕业或终止学业后1年内,可以向银行提出一次调整还款计划的申请,经办银行应予受理并根据实际情况和有关规定进行合理调整。贷款还本付息可以采取多种方式,可以一次或分次提前还贷。提前还贷的,经办银行要按贷款实际期限计算利息,不得加收除应付利息之外的其他任何费用。

(3) 贷款代偿。对毕业后自愿到国家需要的艰苦地区、艰苦行业工作,服务期达到一定年限的借款学生,经批准可以奖学金方式代偿其贷款本息。

(二) 商业助学贷款

商业助学贷款,是银行对正在接受非义务教育学习的学生、学生家长或法定监护人发放的、以支持学生完成学习为目的的一种商业性贷款。商业性助学贷款与商业银行所发放的个人贷款在管理上完全一样。

我国所有商业银行均可开办商业助学贷款,贷款只能用于学生的学杂费、生活费以及其他与学习有关的费用;财政对商业助学贷款不贴息,各家商业银行都可开办;大多是担保贷款;贷款期限一般不超过5年,还款期的起始时间一般不超过借款学生毕业后的第一个月。由于我国信用体系尚不健全,商业银行的商业助学贷款规模还比较小,仅是国家助学贷款的一种补充。

三、小额贷款

小额贷款是指专向贫困或中低收入群体所提供的额度很小的贷款。① 小额贷款是各

---

① 助学贷款(尤其是国家助学贷款)和额度较小的小企业贷款,也可以纳入小额贷款的范畴。

国扶贫工作的一个重要组成部分。

2006年度诺贝尔和平奖被授予孟加拉银行家穆罕默德·尤努斯及其创建的孟加拉乡村银行——格莱珉银行,以表彰他和他的银行"自下层为促进经济和社会发展所做的努力"。瑞典皇家学会在颁奖词中说:"持久的和平只有在大量的人口找到摆脱贫困的方法时才会成为可能,而小额贷款就是这样的一种方法,既有利于社会和经济的发展,也有利于提高民主和民权。"

截至2006年年底,尤努斯的格莱珉银行为639万人提供了无担保的小额贷款,其中58%的借款人及其家庭成功脱离了贫穷线,而与此同时,格莱珉银行已经保持了连续9年的盈利记录,成为兼顾公益与效率的标杆。因此,尤努斯及其小额贷款模式成为小额贷款的典范,说明商业银行从事小额贷款,不仅能够促进社会经济的发展,而且能够从中获得利润。

我国小额贷款主要包括农户小额贷款和下岗失业人员小额担保贷款两大类。

(一)农户小额贷款

城乡发展不平衡是我国经济社会发展中的突出问题之一,其重要原因(以及突出表现)是城乡金融改革发展的不平衡。在这种不平衡的金融发展背景下,农户很难获得必要的金融服务,从金融机构获得贷款则更加困难,从而陷入一种"无法获得贷款→无法摆脱贫困→更难获得贷款"的恶性循环。农户小额贷款就是一种以农户为贷款对象、帮助农户走上"贷款→脱贫→再贷款→致富"的良性循环轨道的贷款。

我国提供农户小额贷款的机构主要是农村信用社(以及在此基础上组建的农村合作银行、农村商业银行)和村镇银行、资金互助社等银行业金融机构,但小额信贷组织和贷款公司这两类农村非银行金融机构①也提供农户小额贷款。

我国农村信用合作社(及其他农村银行业金融机构)开展的农户小额贷款,主要包括两种形式,一是农户小额信用贷款,二是农户联保贷款。

1. 农户小额信用贷款

农户小额信用贷款,是指信用社基于农户的信誉,在核定的额度和期限内向农户发放的不需抵押、担保的贷款。2001年12月,中国人民银行发布施行的《农村信用社农户小额信用贷款管理指导意见》对这类贷款进行了规范,建议信用社对这类贷款采取"一次核定、随用随贷、余额控制、周转使用"的管理办法。农户小额信用贷款的用途非常广泛,主要包括:(1)种植业、养殖业方面的农业生产费用贷款;(2)小型农机具贷款;(3)围绕农业生产的产前、产中、产后服务等贷款;(4)购置生活用品、建房、治病、子女上学等消

---

① 小额贷款组织是2005年年底出现的一种由民间资本全额出资的商业性机构,由中国人民银行审批,其基本框架是:在业务种类上"只贷不存",即只发放贷款,不吸收存款,贷款的所有资金来源是自然人的股本投资;在贷款利率上,完全放开,但不能超过中国人民银行所确定的法定贷款利率的四倍;在业务对象上,主要服务于"三农",重点是种植业、养殖业、林果业、农副产品加工业、农村流通业、农村中介服务和其他农村社会事业的生产者和经营者;在经营地区上,小额信贷组织只能在所在的行政区域,原则上不能跨区域。依据中国银监会2007年1月29日发布施行的《贷款公司管理暂行规定》,贷款公司是指由境内商业银行或农村合作银行在农村地区设立的专门为县域农民、农业和农村经济发展提供贷款服务的非银行业金融机构,其业务范围包括:(1)办理各项贷款;(2)办理票据贴现;(3)办理资产转让;(4)办理贷款项下的结算;(5)经中国银行业监督管理委员会批准的其他资产业务。贷款公司不得吸收公众存款,营运资金为实收资本和向投资人的借款。

费类贷款。

2．农户联保贷款

农户联保贷款，是指社区居民组成联保小组，信用社对联保小组成员发放的由联保小组成员相互承担连带保证责任的贷款。中国银监会2004年10月10日发布施行的《农村信用合作社农户联保贷款指引》，对这类贷款进行了规范。农户联保贷款实行"个人申请、多户联保、周转使用、责任连带、分期还款"的管理办法。

农户联保贷款的核心是联保小组。联保小组由居住在贷款人服务区域内的借款人组成，一般不少于5户。设立联保小组应当向贷款人提出申请，经贷款人核准后，所有成员应当共同与贷款人签署联保协议。联保小组自联保协议签署之日设立。联保小组所有成员在遵循"自愿组合、诚实守信、风险共担"原则的基础上，履行下列职责：（1）按照借款合同约定偿付贷款本息；（2）督促联保小组其他成员履行借款合同，当其他借款人发生贷款挪用或其他影响贷款偿还的情况时，及时报告贷款人；（3）在贷款本息未还清前，联保小组成员不得随意转让、毁损用贷款购买的物资和财产；（4）对联保小组其他借款人的借款债务承担连带保证责任，在借款人不能按期归还贷款本息时，小组其他成员代为偿还贷款本息；（5）民主选举联保小组组长；（6）共同决定联保小组的变更和解散事宜。

（二）下岗失业人员小额担保贷款

下岗失业人员小额担保贷款，是指由银行对下岗失业人员发放的贷款。这种贷款的金额比较小，由政府所建立的下岗失业人员小额贷款担保基金提供担保，贷款资金必须用于借款人自谋职业、自主创业或合伙经营和组织起来就业的开办经费和流动资金。

中国人民银行、财政部、国家经贸委及劳动和社会保障部2003年1月10日联合发布施行的《下岗失业人员小额担保贷款管理办法》，对下岗失业人员小额担保贷款进行了详细的规定。小额担保贷款金额一般掌握在两万元左右，贷款期限一般不超过两年。小额担保贷款利率按照中国人民银行公布的贷款利率水平确定，不得向上浮动。从事微利项目[①]的小额担保贷款由中央财政据实全额贴息，展期不贴息。各省、自治区、直辖市以及地级以上市都建立了下岗失业人员小额贷款担保基金，所需资金主要由同级财政筹集，贷款担保基金收取的担保费不超过贷款本金的1%，由地方政府全额向担保机构支付。

下岗失业人员小额担保贷款是促进下岗失业人员再就业的重要手段，对提高社会和谐程度、保障经济可持续发展具有重要意义。

本章小结

房地产贷款主要包括土地储备贷款、房地产开发贷款、个人住房贷款和商业用房贷款四大类，是银行的主要贷款种类之一，但也是许多银行危机的根源之一。国家对房地

---

① 微利项目是指由下岗失业人员在社区、街道、工矿区等从事的商业、餐饮和修理等个体经营项目，具体包括：家庭手工业、修理修配、图书借阅、旅店服务、餐饮服务、洗染缝补、复印打字、理发、小饭桌、小卖部、搬家、钟点服务、家庭清洁卫生服务、初级卫生保健服务、婴幼儿看护和教育服务、残疾儿童教育训练和寄托服务、养老服务、病人看护、幼儿和学生接送服务。

产贷款方面的政策规定,既包括控制贷款风险的目的,也包括防止房地产价格过快上涨的目的。

个人贷款主要包括个人住房贷款、个人消费贷款、个人经营贷款和个人信用卡透支四大类。个人贷款与企业贷款有很多相似的地方,有明显的差异,这种差异使得信用评分成了银行个人贷款管理的核心。个人信用评分包括征信机构评分和银行内部评分。

国际贸易融资是银行为了解决企业在国际贸易中同时面临的信用问题和资金问题,围绕国际贸易及其结算的各个环节为进出口商提供的资金融通和相关服务的总和。

商业汇票承兑是银行的重要表外授信业务之一,相当于是对汇票付款人提供的一种融资。票据贴现是银行贷款的重要方式之一,但与贷款在很多方面存在显著差异。

小企业贷款的风险相对比较高,但如果管理得当,也能够获得比较高的收益。小企业贷款的六项机制是我国银行业金融机构从事小企业贷款经验的总结。小企业贷款在管理上的特殊性主要源于软信息的作用。

我国商业银行开展的弱势群体贷款包括国家助学贷款、商业助学贷款、农户小额信用贷款、农户联保贷款、下岗失业人员小额担保贷款等。

复习思考题

1. 访问中国人民银行和中国银监会的网站,了解房地产贷款的最新政策,分析这些政策出台的原因和影响。

2. 我国很多商业银行非常明确地提出了"零售战略",表现在贷款领域,将大量增加对个人的贷款。访问一家你喜欢的商业银行的网站,了解其个人贷款的种类、办理程序和要求。

3. 说明征信体系在个人贷款管理中的作用。从互联网上收集资料,了解中国人民银行所建立的个人征信体系的最新进展及其应用情况。

4. 企业在国际贸易中遇到的主要问题是什么?商业银行所提供的国际贸易融资服务是如何克服这些困难的?

5. 比较银行票据承兑、票据贴现与贷款。

6. 说明小企业贷款的特殊性和小企业贷款的六项机制。什么是软信息?说明软信息在小企业贷款管理中的作用。

7. 说明弱势群体贷款的概念和种类。商业银行为什么要为弱势群体提供贷款?在开展这类业务中,银行如何控制风险并获得盈利?

案例分析

美国次贷危机

2007年4月,美国第二大次级抵押贷款公司新世纪金融(New Century Finance)破产,美国次贷危机爆发。8月初,美国住房抵押贷款公司申请破产保护,危机进一步升级。

2007年9月14日、15日,英国北岩银行(Northern Rock)遭到挤兑,慌乱的投资者挤满了该银行位于英国各地的70家分行提取存款,并使其网站和电话银行出现瘫痪。储户在9月14日一天内就提取了10亿英镑,估计约占其总存款的4%。北岩银行被挤兑,标志着发源于美国的次贷危机,似乎已经演变成了一次全球性危机。

次贷危机的全称是次级住房抵押贷款危机。次级贷款(Sub-prime Mortgage),是指美国商业银行及其他住房抵押贷款机构向信用级别较低、收入证明缺失、负债较重、收入较低的人提供的住房贷款。

次贷危机也称为次债危机,即次级住房抵押贷款债券危机。次级住房抵押贷款债券是次级住房抵押贷款证券化所形成的债券。

美国新经济泡沫的破裂以及2001年爆发的"9·11事件"对美国经济带来了巨大的冲击。为了刺激整个经济,在2001年之后的短短1年半时间内,美联储连续12次降息。美联储的超低利率助长了金融机构贷款的增长,并且刺激了房地产市场不断走高。

在这种背景下,很多从事住房抵押贷款的银行、金融公司大举发放住房抵押贷款。在激烈的竞争面前,不少金融机构降低住房抵押贷款准入标准,开始为信用级别较低的借款人发放贷款,而且还大幅度降低首付款比例,甚至下降到了零,贷款金额甚至还超过了所购买住房的金额。为了筹集更多资金发放这类贷款,贷款机构又将这些贷款证券化,转换成债券,在全世界销售。中国商业银行也购买了一定数量的此类债券。

在房地产价格持续上涨的背景下,次级贷款的风险很小。同时,由于次级贷款的利率很高,无论是发放次级贷款的机构,还是购买次级贷款债券的机构,都能从中获得高额的收益。正是在这种背景下,次级贷款和次级贷款债券呈现出飞速增长的态势。

但是,美联储自2004年6月至2006年6月的两年之内,连续17次提息,联邦基金利率从1%提高到5.25%。利率大幅攀升,不仅加重了购房者的还贷负担,而且导致房地产市场大幅降温,从而引发危机。

资料来源:根据互联网相关资料整理、撰写。

案例思考题:

说明房地产贷款与银行危机的关系。结合本章案例,从网站上搜集相关资料,了解此次危机的最新进展和影响,分析其成因及对中国的启示。

第七章

商业银行债券投资的管理

【学习目标】

1. 理解商业银行债券投资与贷款的差异,了解银行债券投资的目标、分类和对象。
2. 了解债券投资收益的来源、衡量方法和影响因素,了解债券投资的风险。
3. 了解商业银行债券投资管理的基本原则和主要投资策略。

第一节 商业银行债券投资的目标与对象

一、商业银行债券投资及其目标

(一) 债券投资与贷款的比较

从资金流动的角度来看,商业银行的债券投资与贷款完全一样,都属于商业银行的授信行为和资金运用方式,债务人到期时都会按照约定的利率、期限偿还银行的本金,并支付利息,两者都会使商业银行面临类似的信用风险、市场风险等。两者的差别似乎只是融资凭证的不同,债券投资中的融资凭证是债券,而在贷款中的融资凭证是借款合同。但是,更深入的分析表明,银行的债券投资与贷款存在着显著差别(见表7-1)。

表7-1 银行债券投资与贷款的区别

	债券	贷款
银行主动性	强	弱
对债务人的影响	小	大
管理成本	高	低
分散难度	易	难
流动性	强	弱
风险程度	低	高
收益率	低	高

1. 银行主动性不同

在债券投资业务中,银行是否买进或卖出债券,完全根据自己的资金实力和市场行情独立自主地做出决策;同时,在急需资金时,可随时主动抛出未到期债券以收回资金。

但是,在贷款业务中,银行处于相对被动的地位:(1) 客户申请。在贷款业务中,客户必须主动提出贷款申请,银行根据其信用状况和借款用途、企业经营情况等条件决定贷款与否。因此,银行无法自己单方面决定向某客户发放贷款。(2) 被动贷款。为了保持与客户的关系,尤其是为了留住关系非常密切、信用好的大客户,即使在银行资金紧张或者利率较低时,银行往往也不得不尽可能地满足客户的贷款要求。(3) 不能随时收回。在银行急需资金时,银行一般并不能随时收回贷款。其原因在于:一是贷款合同中规定银行没有提前收回的权利;二是由于企业已经将贷款运用于生产经营,从而即使银行有收回的权利,企业也无法偿还;三是贷款没有完善的二级市场,变现能力极差;四是银行提前收回或转卖将严重影响与客户的关系。

2. 对债务人的影响不同

在债券投资业务中,银行只是债券发行人众多债权人中的一员,与债务人的关系并不密切,对债务人的了解,主要依据债券发行人和债券承销机构所公开的有关信息资料及自己日常积累的资料来进行分析,一般不与债务人直接打交道。在购买债券之后,银行对债务人的经营,也只能通过在债券市场上买卖债券(即"用脚投票")的方式进行适当约束。在债务人出现财务困难时,银行很容易通过卖掉债券退身,这对债务人来说相当于是"雪上加霜",不利于债务人摆脱困境。在债务人违约时,银行作为债权人拥有较多的权利,能够对债务人施加更多的影响和干预,但由于银行仅是众多债权人之一,很难达成对债务人和银行均有利的债务重组协议。因此,总体上来看,银行在债券投资中对债务人的影响较为有限。

但在贷款业务中,银行是主债权人,对借款人的影响非常大:(1) 贷款前的影响。银行在接到借款人的申请以后,借款人需要向银行提供全面的信息,甚至包括企业不能对外公开披露、包含商业机密的信息,银行在借款人提供的信息以及自己通过各种调查和其他方式收集信息的基础上,对借款人及其贷款申请进行全面的分析评估,最后做出贷与不贷、贷多贷少的决策。(2) 贷款合同。银行为了保护其贷款的安全,通常会在贷款中对借款人的经营管理施加很多限制。(3) 贷后检查。在借款人获得贷款后,银行会对借款人使用贷款的情况进行密切检查,促使借款人遵守合同约定,确保银行贷款的安全。(4) 咨询建议和帮助。在贷款中,银行通常会利用其信息优势、人才优势、资金优势等为借款人提供咨询建议和帮助,促进借款人改善经营管理,并克服经营中的困难。(5) 贷款重组。在贷款中,银行通常是唯一的债权人①,从而更加容易与借款人达成对双方有利的贷款重组协议。

3. 管理成本不同

相比较来看,商业银行债券投资的管理成本要低得多,而贷款的管理成本则要高得多,主要原因在于债券是一种标准化的金融工具,而贷款则是一种非标准化的金融工具。

债券无论是在金额、期限和价格确定方式上,还是在债券发行人的标准、债券发行的条件和程序等方面,都是标准化的,甚至债券交易方式也是可以部分标准化的,比如债券交易中的技术分析,实际上就是一种部分标准化的交易方式。债券所具有的这种标准化特征,使得债券投资中所需要的信息系统、分析软件、投资经理(及其所具备的投资技能)等具有非常明显的规模效应,债券投资的规模越大,平均成本也就越低。因此,在债券投资中,银行的管理成本相对比较低。

从典型意义上来说,银行所发放的每一笔贷款都是根据借款人的具体需要设计的,无论是贷款的金额、期限、利率,还是其提款安排和偿还安排,都是与借款人独特的未来现金流相对应的。同时,发放贷款时的信息依据和调查、审查、发放、回收过程,也都是非标准化的。正是这种非标准化的特征,使得银行贷款管理的规模效应较弱,几乎每一笔贷款都需要经过贷前调查、贷时审查、贷后检查的过程,而且在每一个过程中,都需要银行员工(信贷员)的亲自参与。因此,贷款的管理成本非常高。

4. 分散难度不同

管理成本的巨大差异,使银行债券投资的分散难度远低于贷款的分散难度。在债券投资中,银行几乎可以在足不出户的情况下,投资于任何地区、任何行业、任何发行人、任

---

① 在银团贷款中,银行是众多债权人之一。但由于在银团贷款中,债权人具有很高的同质性(均为银行),比债券投资中债权人的同质性高得多,因此,也更容易达成重组协议。

何期限的债券,从而能够完全根据投资组合的需要进行分散。

但是,在贷款业务中,银行的分散能力受到极大的限制:(1)监管规章的限制。监管当局往往会禁止商业银行异地发放贷款,这就限制了银行贷款的地区分散。(2)银行贷款管理能力的限制。要防范贷款风险,银行必须充分了解借款人以及借款人所处的行业和地区,但银行信贷员的能力是有限的。

5. 流动性不同

债券有着完善的二级市场,而且能够作为担保品或回购交易对象使银行很容易获得融资,从而具有很强的流动性。而贷款一般不具有二级市场,即使能够转让,一方面,可以转让的贷款需要具备很高的要求;另一方面,转让市场狭小。因此,贷款的流动性要低得多。

债券与贷款在流动性方面的差异,主要原因在于债券是标准化的,透明度比较高,投资者能够比较容易地判断其质量,从而比较容易定价;而贷款则是非标准化的,保密义务使得银行无法向潜在投资者披露全部信息。因此,贷款的透明度比较低,投资者无法准确地判断一笔贷款的质量,也就无法对其进行准确的定价。

6. 风险程度不同

由于透明度、分散难度和流动性的不同,债券投资和贷款的风险程度也各不相同。与贷款相比,债券的透明度更高、分散更容易、流动性更强、操作的标准化程度更高,因此,债券投资的信用风险、流动性风险、操作风险、法律风险等比贷款更低。但由于债券在二级市场上的交易比较频繁,而贷款在二级市场上交易较少,通常是持有到期,因此,债券投资的市场风险要比贷款更高。综合起来看,在一般情况下,债券投资的风险要低于贷款的风险。

7. 收益率不同

虽然债券投资的管理成本低、分散难度低、流动性高、风险较低,但是,债券投资的收益率要低于贷款的收益率。中国工商银行2013年贷款的平均收益率为5.80%,而债券投资的收益率仅为3.74%。①

(二)债券投资的目标

商业银行债券投资的目标,主要是平衡流动性和盈利性,并降低资产组合的风险,提高资本充足率。

1. 平衡流动性和盈利性

相对于贷款来说,债券的流动性要强得多;而相对于现金资产来说,债券的盈利性要高得多。因此,债券投资是平衡银行流动性和盈利性的优良工具。同时,由于债券投资的管理成本比较低,所投资债券中占主要部分的国债一般不需要缴纳所得税。因此,债券投资能够增加银行的收益,实现提高盈利性的目标。

2. 降低风险,提高资本充足率

由于债券投资容易分散、流动性强,而且银行所投资债券的发行人的信用级别一般

---

① 资料来源:中国工商银行2013年年报。

较高。因此,商业银行进行债券投资,能够有效地降低银行资产组合的风险;同时,在计算资本充足率时,银行所投资高级别债券的风险权重比较小,因此,在其他情况相同时,减少贷款、增加债券投资,能有效提高银行的资本充足率。

(三) 债券投资的分类

自 2007 年 1 月 1 日起施行的《企业会计准则第 22 号——金融工具确认和计量》规定,金融资产应当在初始确认时划分为下列四类:(1) 以公允价值计量且其变动计入当期损益的金融资产,包括交易性金融资产和指定为以公允价值计量且其变动计入当期损益的金融资产(Fair Value through Profit or Loss);(2) 持有至到期投资(Held to Maturity Investments);(3) 贷款和应收款项(Loans and Receivables);(4) 可供出售金融资产(Available for Sale Assets)。

1. 以公允价值计量且其变动计入当期损益的投资

以公允价值计量且其变动计入当期损益的投资,主要是指交易性投资[①],即取得这类投资的目的主要是近期内出售或回购。这类投资在资产负债表中以公允价值[②]计量,同时,公允价值的变动要计入当期损益。

2. 持有至到期投资

持有至到期投资,是指到期日固定、回收金额固定或可确定,且银行有明确意图和能力持有至到期的投资。这类投资在期末时需要采用实际利率法、按摊余成本计量[③],但要进行减值测试,即对其账面价值进行检查,有客观证据表明该金融资产发生减值的,就需要计提减值准备。《企业会计准则》对银行将某项金融资产划分为此类资产做了比较严格的限制,目的是防范银行通过此种做法随意调节盈亏。

3. 应收款类投资

应收款类投资,是指在活跃市场[④]中没有报价、回收金额固定或可确定的投资。与持有至到期投资一样,这类金融资产期末时也要采用实际利率法按摊余成本计量,并进行减值测试,在需要时计提减值准备。

4. 可供出售类投资

可供出售类投资,是指初始确认时即被指定为可供出售的投资,以及除前述应收款类投资、持有至到期投资及以公允价值计量且其变动计入当期损益的投资以外的各类投

---

① 另外还包括指定为以公允价值计量且其变动计入当期损益的投资。

② 公允价值,是指在公平交易中,熟悉情况的交易双方自愿进行资产交换或者债务清偿的金额。在公平交易中,交易双方应当是持续经营企业,不打算或不需要进行清算、重大缩减经营规模,或在不利条件下仍进行交易。

③ 金融资产摊余成本,是指该金融资产的初始确认金额经下列调整后的结果:(1) 扣除已偿还的本金;(2) 加上或减去采用实际利率法将该初始确认金额与到期日金额之间的差额进行摊销形成的累计摊销额;(3) 扣除已发生的减值损失(仅适用于金融资产)。其中,实际利率法,是指按照金融资产(含一组金融资产)的实际利率计算其摊余成本及各期利息收入或利息费用的方法。实际利率,是指将金融资产在预期存续期间或适用的更短期间内的未来现金流量,折现为该金融资产当前账面价值所使用的利率。在确定实际利率时,应当在考虑金融资产所有合同条款(包括提前还款权、看涨期权、类似期权等)的基础上预计未来现金流量,但不应当考虑未来信用损失。金融资产合同各方之间支付或收取的、属于实际利率组成部分的各项收费、交易费用及溢价或折价等,应当在确定实际利率时予以考虑。金融资产的未来现金流量或存续期间无法可靠预计时,应当采用该金融资产在整个合同期内的合同现金流量。

④ 活跃市场是指同时具有下列特征的市场:市场内交易的对象具有同质性;可随时找到自愿交易的买方和卖方;市场价格信息是公开的。

资。对于这类投资,银行也需要按公允价值对其进行后续计量,公允价值变动直接计入所有者权益。

5. 四类投资的比较

商业银行债券投资的上述分类,改变了此前金融企业会计制度中对投资采取长、短期分类核算的方法,有助于更清晰地界定不同资产类型的投资和收益。从前面的讨论中我们可以发现,四类投资划分的主要依据是银行持有的目的和意向,是在投资时就予以标识和确认的。不同类别投资的差异主要表现在三个方面:一是期末计量标准;二是是否需要计提减值准备;三是公允价值变动的处理(见表7-2)。

表7-2 四类投资的差异

	期末计量标准	减值准备	公允价值变动
以公允价值计量且其变动计入当期损益的投资	公允价值	不用计提	计入当期损益
持有至到期投资	摊余成本	需要计提	不考虑
应收款类投资	摊余成本	需要计提	不考虑
可供出售类投资	公允价值	需要计提	计入所有者权益

二、商业银行债券投资的对象

商业银行债券投资的对象,与债券市场的发展密切相关。我国商业银行债券投资的对象主要包括国债、金融债券、中央银行票据、资产支持证券和公司债券等。

(一)国债

国债是由财政部发行的以政府为保证的债券。由于国债以国家信用为后盾,因此,通常被认为没有信用风险,国债利率通常被当做无风险利率的代表,在计算资本充足率时,国债的风险权重通常为零。同时,由于国债的二级市场非常发达,国债买卖、回购、逆回购等非常方便,而且国债利息收入不用缴纳所得税,因此,国债是商业银行证券投资的主要对象。

美国国债分为一年期以下的国库券(Treasury Bills,T-Bills)、一年期到十年期的中期国债(Treasury Notes,T-Notes)和十年期以上的长期国债(T-Bonds)三种。同时,美国商业银行的债券投资对象,还包括信用级别仅次于国债、由联邦政府下属机构发行的政府机构债券(Obligations of Federal Agencies),以及由市政府发行的市政税收债券(Municipal Tax Warrants)等。

我国国债不论期限长短,统称为国库券。国债包括凭证式国债和记账式国债两种。①凭证式国债以填具"国债收款凭证"(凭证上记载购买人姓名、发行利率、购买金额等内容)的形式记录债权;记账式国债不需印制券面或填制凭证,是利用账户通过电脑系统完成国债发行、交易及兑付的全过程。

---

① 在1981年恢复发行国债时,国债的主要形式是无记名国债,即实物国债。1994年我国首次向个人投资者发行凭证式国债,并于1995年推出记账式国债,1998年财政部决定停止无记名国债的发行,我国最后一期无记名国债即1997年无记名(一期)国债已于2000年到期,无记名国债从此退出我国国债市场。

国债有交易所和银行间债券交易市场两个发行及流通渠道。1997年6月5日,商业银行停止在证券交易所进行债券回购和现券买卖业务;同年6月16日,全国银行间债券市场正式启动,商业银行的债券交易只能在银行间债券市场进行。

(二)金融债券

由中国人民银行发布、自2005年6月1日起施行的《全国银行间债券市场金融债券发行管理办法》(以下简称《办法》)第二条规定:"本办法所称金融债券,是指依法在中华人民共和国境内设立的金融机构法人在全国银行间债券市场发行的、按约定还本付息的有价证券。本办法所称金融机构法人,包括政策性银行、商业银行、企业集团财务公司及其他金融机构。"

根据上述《办法》,我国金融债券分为以下三类:(1)政策性金融债券,即由国家开发银行和两家政策性银行(中国进出口银行、中国农业发展银行)发行的债券;(2)商业银行债券,包括商业银行普通债券、次级债券、可转换债券、混合资本债券等(参见本书第三章);(3)其他金融债券,即企业集团财务公司及其他金融机构所发行的金融债券。

在金融债券中,政策性金融债券的信用级别最高。由于政策性银行是以国家信用为后盾的,因此,政策性金融债券的信用风险与国债的信用风险几乎相当,常被称为"准国家信用",计算资本充足率时,其风险权重也为零,从而是商业银行债券投资的主要对象。商业银行债券和其他金融债券的信用风险,要比国债和政策性金融债券的高,尤其是商业银行次级债券和混合资本债券,投资者所承担的信用风险更高。

(三)中央银行票据

中央银行票据,简称央行票据或央票,是指中国人民银行面向全国银行间债券市场成员发行的、期限一般在一年以内的短期债券。

中国人民银行于2003年第二季度开始发行中央银行票据。与财政部通过发行国债筹集资金的性质不同,中国人民银行发行票据的目的不是筹资①,而是作为一种重要的货币政策手段。同时,央行票据的发行,改变了目前我国货币市场、债券市场缺乏短期工具的现状,有利于促进货币市场发展,有利于中央银行公开市场操作的进行。另外,连续发行央行票据将形成稳定的短期市场利率水平,为货币市场提供基准利率,从而为中央银行推进利率市场化改革创造条件。

央行票据具有无风险、期限短、流动性高等特点,从而是商业银行债券投资的重要对象。

(四)资产支持证券

资产支持证券是资产证券化产生的证券。2005年12月15日,国家开发银行发行的开元信贷资产支持证券(简称开元证券)和中国建设银行发行的建元个人住房抵押贷款支持证券(简称建元证券)在银行间债券市场公开发行,标志着资产证券化业务正式进入中国内地(参见本书第十二章)。

资产支持证券与一般证券有着明显的区别:

---

① 中央银行具有无限扩张信用的能力,因此,不需要依靠发行债券筹资。

（1）破产保护。资产支持证券是一种信托受益凭证，代表特定目的信托的信托受益权份额，受托机构以信托财产为限向投资机构承担支付资产支持证券收益的义务。即使发行人破产，投资机构依然能按约定受偿；倘若信托财产不足以偿付证券，投资机构不能要求发行人用其他财产来偿付证券。

（2）分为不同等级。依托同一个资产池可发行不同等级的资产支持证券，它们按照约定的顺序或特定的分配方法享有信托利益，因而具有不同的风险水平。例如，依托50亿元的资产池可分别发行20亿元优先级证券和30亿元次级证券，资产池收到的贷款本息首先保证偿还优先级证券，而次级证券要吸纳整个资产池的风险。

（3）提前偿还风险。资产支持证券分期偿付本息，本金余额会随之递减。同时，如果借款人提前偿还贷款，受托机构也会把提前收到的贷款本金转给投资者，投资者收到资产支持证券本息的时间不完全确定，资产支持证券的收益率因而也不完全确定。因此，投资者具有较大的提前偿还风险。

我国资产支持证券只在全国银行间债券市场上发行和交易，其投资者仅限于银行间债券市场的参与者。因此，商业银行是其主要投资者。

（五）公司债券

公司债券也称为企业债券，是公司依照法定程序发行，约定在一定期限内还本付息的债券。① 相对于国债来说，公司债券的信用风险要高一些，流动性也要低一些，但收益率则要高一些。

1993年8月2日国务院发布施行的《企业债券管理条例》规定："办理储蓄业务的机构不得将所吸收的储蓄存款用于购买企业债券。"按此规定，公司债券并不是商业银行的投资对象。

2005年5月23日，中国人民银行发布《短期融资券管理办法》，允许符合条件的企业在银行间债券市场向合格机构投资者发行短期融资券。② 2005年12月13日，中国人民银行发布《关于公司债券进入银行间债券市场交易流通的有关事项的公告》，允许符合条件的公司债券进入银行间债券市场交易流通（公司债券募集办法或发行章程约定不交易流通的债券除外）。这样，我国商业银行也可以投资于公司债券了。

2007年8月14日，中国证监会正式颁布施行《公司债券发行试点办法》，预示着我国公司债券发行进入了一个新阶段。随着公司债券的发展，公司债券将成为我国商业银行越来越重要的投资对象。

---

① 在实践中，企业债券与公司债券有着一定差异。企业债券是按照《企业债券管理条例》规定发行与交易、由国家发展与改革委员会监督管理、一般由银行等金融机构担保的债券，其发债主体为中央政府部门所属机构、国有独资企业或国有控股企业，因此，它在很大程度上体现了政府信用。公司债券的管理机构为中国证券监督管理委员会，发债主体为按照《中华人民共和国公司法》设立的公司法人，在实践中，其发行主体为上市公司，其信用保障是发债公司的资产质量、经营状况、盈利水平和持续盈利能力等。公司债券在证券登记结算公司统一登记托管，可申请在证券交易所上市交易，其信用风险一般高于企业债券。

② 由中国人民银行发布、自2008年4月15日起施行的《银行间债券市场非金融企业债务融资工具管理办法》取代了《短期融资券管理办法》，放宽了非金融企业在银行间债券市场发行债券的条件。

第二节 商业银行债券投资的收益与风险

一、债券投资的收益

(一) 债券投资收益的来源

债券投资的收益,是商业银行买卖、持有债券而在一定时期内所获得的报酬,主要来源于利息收入、资本损益和利息再投资收益三个方面。

1. 利息收入

债券利息收入,是指按债券票面所载利率计算出的利息。

2. 资本损益

债券资本损益,是指购买价格与销售价格①(或到期偿还本金)之间的差额。例如,一份票面为 100 元的债券,如果以 110 元的价格购入,则债券到期时投资者就会出现 10 元的资本亏损;如果以 90 元的价格购入,则投资者就会获得 10 元的资本利得。

3. 利息再投资收益

债券利息再投资收益,是指将债券利息再投资所得到的收入。再投资收益取决于债券的利息支付时间,如果票据利率相同,利息支付时间越早,债券的实际收益率越高。

(二) 债券投资的收益率②

债券收益率(Bond Yield)是指在一定时期内,一定数量的债券投资收益与投资额的比率,通常用年率来表示,用于衡量和比较债券的收益。由于投资者所投资债券的种类和中途是否转让等因素的不同,收益率的概念和计算公式也有所不同。

1. 附息票债券的收益率

附息票债券(Coupon Bonds),是指定期支付利息的债券。这种债券在票券上附有息票,其上载明应付利息的金额和日期,通常每 6 个月为一期,息票到期时,持券人可剪下息票凭以向发行人领取本期的利息。

附息票债券的收益率有以下几种:

(1) 名义收益率(Nominal Yield),又称票面收益率(Coupon Yield),是票面利息与面值的比率,其计算公式是:

$$名义收益率 = 票面利息 / 面值 \times 100\% \tag{7-1}$$

名义收益率没有考虑债券市场价格对投资者收益产生的影响,衡量的仅是债券发行人每年支付利息的货币金额,一般仅供计算债券应付利息时使用,而无法准确衡量债券投资的实际收益。

---

① 按交易价格所包含的内容,债券交易分为净价交易和全价交易两种。净价交易是指以不含有自然增长应计利息的价格进行报价并成交的交易方式,即,将债券价格与应计利息分解,价格只反映本金市值的变化,交易成功进行资金清算时,以债券净价加应计利息(全价)进行结算。全价交易是指以包含应计利息的价格进行报价并成交的交易方式。2001 年 7 月,我国首先在全国银行间债券市场建立了国债净价交易制度,2002 年 3 月,证券交易所也开始实行国债的净价交易。计算债券投资的资本损益时,购买价格、销售价格或到期偿还金额,都应使用净价。

② 本节所给出的计算公式仅为说明基本计算方法而大大简化,在实践中,各收益率的计算公式要复杂得多。

（2）即期收益率（Current Yield），是债券票面利率与购买价格之间的比率，其计算公式是：

$$即期收益率 = 票面利息/购买价格 \times 100\% \qquad (7-2)$$

即期收益率反映的是以现行价格购买债券时，通过按债券票面利率计算的利息收入而能够获得的收益，但并未考虑债券买卖差价所能获得的资本利得收益。因此，也不能全面反映债券投资的收益。

（3）持有期收益率（Holding Period Return），是债券买卖价格差价加上利息收入后与购买价格之间的比率，其计算公式是：

$$持有期收益率 = (出售价格 - 购买价格 + 利息)/购买价格 \times 100\% \qquad (7-3)$$

持有期收益率不仅考虑到了债券所支付的利息收入，而且还考虑到了债券的购买价格和出售价格，从而考虑到了债券的资本损益。因此，比较充分地反映了投资者的实际收益率。但是，由于出售价格只有在投资者实际出售债券时才能够确定，从而是一个事后衡量指标；在事前进行投资决策时只能进行主观预测出售价格。因此，这个指标在作为投资决策的参考时，具有很强的主观性。

（4）到期收益率（Yield to Maturity），是指收回金额与购买价格之间的差价加上利息收入后与购买价格之间的比例，其计算公式是：

$$到期收益率 = (收回金额 - 购买价格 + 利息)/购买价格 \times 100\% \qquad (7-4)$$

与持有期收益率一样，到期收益率也同时考虑到了利息收入和资本损益。而且，由于收回金额就是票面金额，是确定不变的，因此，在事前进行决策时就能准确地确定，从而能够作为决策的参考。但到期收益率仅适用于持有到期的债券。

2. 零息债券的收益率

零息债券（Zero Coupon Bonds），也称贴现债券（Discount Bonds），是指在发售时是折价发行，在到期之前并不支付利息，只在到期时按票面金额进行偿付。因此，贴现债券的收益就是购买价格与收回现金之间的差额。由于零息债券没有息票，所以，对于零息债券来说，不存在名义收益率和即期收益率，其持有期收益率和到期收益率的计算公式分别为：

$$持有期收益率 = (出售价格 - 购买价格)/购买价格 \times 100\% \qquad (7-5)$$

$$到期收益率 = (收回金额 - 购买价格)/购买价格 \times 100\% \qquad (7-6)$$

3. 所得税与利息支付方式对收益率的影响

（1）所得税对收益率的影响。由于有些债券的收益需要缴纳所得税，而有些债券的收益不需要缴纳所得税，因此，在比较不同债券的实际收益时，还需要考虑税收的影响。具体比较方法有两个：将应税债券的收益率转换成税后收益率，然后与免税债券的收益率进行比较；将免税债券的收益率转换成应税收益率，然后与应税债券的收益率进行比较。[①] 转换的公式如下：

$$应税债券的税后收益率 = 税前收益率 \times (1 - 税率) \qquad (7-7)$$

$$免税债券的应税收益率 = 免税收益率/(1 - 税率) \qquad (7-8)$$

---

① 这里仅考虑了所得税对利息的影响，而没有考虑所得税对资本损益的影响。

例 7-1 说明了所得税对债券收益率的影响。

例 7-1 所得税对债券收益率的影响

假设 2014 年 7 月 1 日发行的 A 和 B 两种零息债券,票面金额都是 100 元,期限均为一年。但 A 债券的发行价格为 85 元,B 债券的发行价格为 87 元;A 债券属于应税债券,B 债券属于免税债券。假设适用税率均为 33%,请比较 2014 年 7 月 1 日两种债券的到期收益率。

1. 在不考虑所得税的影响时,两种债券的到期收益率分别为:

A 债券的到期收益率 = (100 − 85)/85 × 100% = 17.65%

B 债券的到期收益率 = (100 − 87)/87 × 100% = 14.94%

因此 A 债券的到期收益率高于 B 债券的到期收益率,高出 2.71 个百分点。

2. 在考虑所得税的影响时,前面计算结果表明,A 债券的应税收益率为 17.65%,而 B 债券的免税收益率为 14.94%。

(1) 将 A 债券的应税收益率转换成免税收益率,即

A 债券的免税收益率 = A 债券的应税收益率 × (1 − 33%)

  = 17.65% × (1 − 33%)

  = 13.59%

因此,如果两种债券均为免税债券,A 债券的到期收益率比 B 债券的到期收益率低,差额为 1.35%。

(2) 将 B 债券的免税收益率转换成应税收益率,即

B 债券的应税收益率 = B 债券的免税收益率/(1 − 33%)

  = 14.94%/(1 − 33%)

  = 19.40%

因此,如果两种债券均为应税债券,A 债券的到期收益率比 B 债券的到期收益率低,差额为 1.75%。

由于 1.75% × (1 − 33%) = 1.35%,因此(1)和(2)两种方法的计算结果完全一致。

(2) 利息支付方式对收益率的影响。由于零息债券在债券有效期内并不支付利息,因此,无所谓利息支付方式对其收益率的影响。对于附息票债券来说,债券利息的不同支付方式,会通过影响债券利息的再投资收益而影响债券的收益率。在利息支付方式不同时,要统一将债券到期前所支付的利息转换成到期时的利息,然后再进行比较。转换的方法,与计算一笔现金流的未来值的方法一样,所适用的利率可以是票面利率,也可以是利息实际支付时的市场利率。例 7-2 说明,在其他条件一致的情况下,到期前支付利息会提高债券的收益率,而且所支付利息再投资的利率越高,债券的收益率也越高。

例 7-2 利息支付方式对债券收益率的影响

假设 2014 年 7 月 1 日发行的 A 债券和 B 债券,票面利率都是 10%,票面金额都是 100 元,发行价格均为 95 元,期限为一年。但 A 债券的利息到期时一次性支付,而 B 债券每半年支付一次利息。假设 2015 年 1 月 1 日 B 债券支付利息时的市场利率为 9.5%。请计算 2014 年 7 月 1 日 A 债券和 B 债券的到期收益率。

(1) A 债券到期收益率的计算

A 债券的到期收益率 = (100 - 95 + 10)/95 = 15.79%

(2) B 债券到期收益率的计算

如果 B 债券 2015 年 1 月 1 日所获利息按当时的市场利率 9.5% 再投资,那么:

B 债券的到期收益率 = [100 - 95 + 5 + 5 × (1 + 9.5%/2)]/95 = 16.04%

如果 B 债券 2015 年 1 月 1 日所获利息按债券的票面利率 10% 再投资,那么:

B 债券的到期收益率 = [100 - 95 + 5 + 5 × (1 + 10%/2)]/95 = 17.11%

(三) 影响债券收益的因素

从债券收益的三个来源以及前述债券收益率的计算方法中可以看出,影响债券收益的因素可以分为三大类:一是债券属性,二是债券价格的变化,三是债券利息再投资收益。由于债券价格的变化主要取决于市场利率和债券发行人信用品质的变化,而利息再投资收益主要取决于债券属性和市场利率,因此,影响债券收益的因素也可以分为如下三类:一是债券属性,二是市场利率的变化,三是债券发行人信用品质的变化。

1. 债券属性

债券属性包括债券的票面金额、票面利率、利息支付方式、是否免税、是否可以流通转让等因素。票面金额和票面利率决定了投资者可以获得的利息收入;利息支付方式决定了投资者是否可以获得利息再投资收入;是否免税决定了投资者利息收入是否还应该缴纳所得税,从而决定了银行实际获得的税后利息收入;是否可以流通转让,会影响银行的流动性风险,从而影响债券投资者所要求的流动性风险溢价,并进而影响债券的价格。因此,债券属性是影响债券收益的基本因素。

2. 债券价格的变化

在衡量债券收益的四个收益率中,除了名义收益率不受债券价格影响以外,即期收益率、持有期收益率和到期收益率都受债券价格的影响。因此,债券价格是影响债券收益的重要因素。

债券是一系列未来现金流的承诺,其价格等于这些未来现金流的现值。由于未来现金流的现值取决于未来现金流的时间、金额及贴现率,所以债券的价格取决于这三个因素。债券未来现金流的时间和金额,由前述债券属性决定,也就是说,在债券发行时就已确定。因此,债券价格的变化就取决于贴现率的变化,贴现率上升,会使债券价格下降;而贴现率下降,债券价格就会上升。

债券贴现率的变化,主要取决于两个因素:一是市场利率的变化,二是债券发行人信用品质①(Credit Quality)的变化。市场利率与贴现率呈同方向变化②;而债券发行人的信用品质与贴现率呈反方向变化,如信用品质下降会因为降低其信用风险溢价而使贴现率下降。因此,市场利率上升,信用品质下降,都会通过使贴现率下降而引起债券价格的上升,并进而提高债券的收益率。

3. 债券利息再投资收益

债券利息的再投资收益主要取决于再投资的金额、期限和利率,而再投资的金额和期限由前述债券属性中利息支付方式(以及票面金额和票面利率)决定,而再投资利率取决于市场利率。因此,债券利息的再投资收益取决于债券属性和市场利率。

二、债券投资的风险

商业银行债券投资的风险,主要包括信用风险、价格风险、利率风险、购买力风险、流动性风险、政治风险、操作风险等,各种风险的计量、管理请参见本书第十一章。

1. 信用风险

信用风险,是指债券发行人不能按照约定的时间和金额还本付息,或者因为债券发行人信用品质下降导致债券价格下降,从而使债券投资者遭受损失的可能性。一般来说,国债的信用风险最小,因为政府举债是以国家的整个经济实力作后盾,除非国家发生巨大的政治经济危机,一般不会出现信用风险。相对来说,企业债券的信用风险要高一些。

2. 价格风险

价格风险是指债券市场上债券行情变化给持券人带来损失的可能性。例如,债券市场上对某债券的需求突然减少,引起债券价格下跌,如果银行此时出售所持有的债券,就会遭受价格下跌所导致的损失。

3. 利率风险

利率风险是指因市场利率变化给债券投资者带来损失的可能性。如前所述,利率的变化一方面会通过影响贴现率而影响债券的价格,另一方面又会通过影响利息的再投资收益而影响债券的总收益。

4. 购买力风险

购买力风险,又称通货膨胀风险,是指由于通货膨胀、货币贬值给投资者带来损失的可能性。银行投资的目的是获利,在遇到通货膨胀时,尽管到期银行可以得到预期金额的利息,并收回本金,但如果此时货币的实际购买力已经下降,那么银行的实际获利将大大下降。例如,假设银行按票面价格购入一种息票利率为5%的债券。在没有通货膨胀的情况下,投资者所能获得的实际收益率为5%;如果有3%的通货膨胀,实际收益率为2%;如果通货膨胀率在5%或5%以上,实际收益率将降为零或为负。

5. 流动性风险

流动性风险,是指由于债券投资者在需要时无法以适当的价格将所持债券转换成现

---

① 信用品质一般用信用级别表示,信用品质上升即是信用级别上升,如 B 级上升为 A 级。
② 如果不考虑债券发行的信用风险。

金,从而给投资者带来损失的可能性。商业银行投资于债券的目的之一,就是增强资产的流动性。因此,银行所投资的债券需要能够随时变现。

6. 政治风险

政治风险,是指由于政局动荡、战争等政治上的原因而给投资者带来损失的可能性。例如政府更迭、政府倒台、政变等政治事件,都会对债券投资产生影响,使债券投资的利益落空,甚至丧失掉本金。所以商业银行投资于债券必须考虑政治环境和政治气候。

7. 操作风险

操作风险,是指商业银行在债券投资过程中,由于不完善的内部资金管理程序、有问题的人员或外部事件而造成损失的风险。

第三节 商业银行债券投资的管理与策略

一、债券投资的管理

(一)债券投资管理的基本原则

1. 统一授信

债券投资是商业银行的授信业务之一,在债券投资过程中,商业银行也要承担信用风险。因此,商业银行总行及分支机构的债券投资应纳入统一的授信管理(参见本书第四章)。由总行授信管理部门根据交易对手、债券发行人的信用状况制定统一的授信额度,购买同一债券的总量不得超过对债券发行人核定的投资额度,对同一交易对手的交易总量不得超过对交易对手核定的授信额度范围。

2. 统一授权

授权是指商业银行对其所属业务职能部门、分支机构和关键业务岗位开展业务权限的具体规定。依据中国人民银行1996年发布施行的《商业银行授权、授信管理暂行办法》,商业银行授权分为基本授权和特别授权两种方式、直接授权和转授权两个层次,同时,商业银行的授权不得超过监管当局核准的业务经营范围,转授权不得大于原授权。(1)基本授权是指对法定经营范围内的常规业务经营所规定的权限;特别授权是指对法定经营范围内的特殊业务,包括创新业务、特殊融资项目以及超过基本授权范围的业务所规定的权限。(2)直接授权是指商业银行总行对有关业务职能部门和管辖分行的授权;转授权是指管辖分行在总行授权权限内对本行有关业务职能处室(部门)和所辖分支行的授权。

商业银行在债券投资业务中,遵循统一授权经营的基本原则,是统一授信原则的必然要求。在具体实施中,一般采取分级授权方式,资金营运部门的负责人在取得上一级授权后,在转授权范围内对下级交易员进行转授权。

3. "三性"平衡

商业银行进行债券投资的目的,包括增强安全性、提高流动性、增加盈利性,但这"三性"之间是相互矛盾的。因此,商业银行在债券投资过程中,需要综合考虑,以求取得安全性、流动性和盈利性这"三性"之间的平衡。商业银行平衡"三性"主要是通过债券投资组合的建立和调整来实现的。

（二）债券投资的内部控制

商业银行的内部控制体系,包括债券投资业务的授权管理、授信管理、业务操作程序、计量分析、信息反馈、会计核算、账务核对、绩效考核、检查监督等管理制度,应覆盖债券投资业务的全过程、所有操作环节和各风险点。同时,应合理设置控制环节,各业务环节都具备有效的控制机制,岗位责任制度健全,控制职能的职责界定清晰,各岗位职责之间能够相互监督和制约。

债券投资业务的岗位,一般包括前台交易、中台风险控制、后台审核与清算三类。(1) 前台债券交易员负责在授权权限内管理交易头寸,控制交易风险,实现交易业务预期目标。(2) 中台风险控制人员的职责包括:定期对投资授信额度的管控和使用情况进行检查;对每笔债券投资和买卖的合规性以及是否超权限进行核查,进行风险评估及实时监控;对债券组合定期进行评估和比较效益分析,通过独立的通道提交评估报告和建议。(3) 债券后台人员主要起监督、交易审核的作用,负责检查是否有异常情况、交易确认书是否完备;在取得债券交易确认书后,进行资金划拨和清算;对债券投资审批单、交易确认书等涉及交易的整套资料整理归档,妥善保管。会计和清算部门对所发生的交易准确记账,同时与其他相关部门及交易对手、债券托管行进行定期对账。

（三）债券投资的组合管理

商业银行在债券投资中取得安全性、流动性和盈利性三者之间的平衡,主要是通过债券投资的组合管理来实现的。

不同商业银行具有不同的风险承受能力、收益要求和投资周期;同时,不同债券受到各种不同因素的影响,其风险收益特征也各不相同。因此,商业银行在进行债券投资时,应充分运用现代投资组合理论(Modern Portfolio Theory, MPT),正确认识每一种债券的风险、收益、流动性和时间等方面的特征,选择适当的债券,形成与银行所能接受的收益和风险水平相匹配的最适当、最满意的有效投资组合。

债券投资的组合管理,一般包括如下几个步骤:

(1) 确定债券投资政策。债券投资政策是商业银行进行债券投资的指导方针和实施准则的总和,包括风险水平的划定、投资规模的大小、投资策略、管理措施、期望收益率、期限结构等具体问题的确定。

(2) 进行债券投资分析。在债券投资政策明确以后,提出债券组合的可能目标,确定具体的债券和债券组合的特征。主要集中在对具体债券方向的考察上,对债券的风险收益各方面因素进行分析,了解相关政策信息,预测在投资期间可能出现的各种情况。

(3) 组建债券投资组合。在适合的债券范围内,确定具体的债券和各债券之间的比例。要选择合适的投资时机,并了解个别债券的波动和走势,在构建债券组合时要注意分散化的目标,达到一定风险水平下的收益最大化。

(4) 投资组合修正。债券投资的组合随着时间的推移和实践的证明,会有更优的选择出现。因此需要不断地对债券投资的组合进行管理和修正,力求达到债券投资的最优化。

(5) 投资组合业绩评估。对债券组合的管理还体现在对组合业绩的定期评估方面，通过评估总结来进行投资风险和收益的衡量，捕捉市场规律，以便于提高管理水平。

二、债券投资的策略

商业银行债券投资的主要策略是分散化投资策略，其中，最为常用的是梯形投资策略和杠铃投资策略这两种期限分散策略。

（一）分散化投资策略

分散化投资策略，是指银行不应当把投资资金全部用来购买一种债券，而应当依据债券的收益率和风险程度，加以适当的选择、搭配，同时购买多种债券，形成一个债券组合，以降低风险承担的投资方法。这种策略是商业银行经常运用的投资方法，它通过银行所持有各种债券收益和损失的互相抵消，大量减少甚至消除各种债券所独有的非系统性风险，使银行稳定地获取一定的投资收益。

商业银行在债券投资中进行分散的具体方法包括：(1) 行业分散，即不要集中购买一个行业的债券和股票，以免碰上行业性不景气，使投资者蒙受损失。(2) 发行者分散，即不要把全部资金集中购买同一企业发行的债券，以免这一企业经营亏损或倒闭时，投资者遭受损失。(3) 投资期限上的分散，即对长、中、短三种期限进行合理搭配，不能使投资集中于某一种期限。(4) 投资地域的分散，即不要把全部资金集中购买某一地区发行的债券，而应购买全国各地发行的债券。

商业银行债券投资的有效性，主要取决于两个因素，即债券之间的相关度和债券的数量：债券之间的相关度越低，债券组合的数量越多，分散效果越好。

（二）梯形投资策略

梯形投资策略（Ladder Investment Strategy），是指商业银行将全部投资资金平均投放在各种期限的债券上，从而使自己保有各种期限的债券数量相同的一种投资政策。其具体做法是：先用资金买入各种期限的债券，每种期限购买的数量相同。当期限最短的债券到期时，收回资金，然后再把所收回的资金投放出去，用于购买长期债券，如此循环往复。这样就能使银行每时每刻保持有各种到期日的债券，并且数量相等。这种策略如用图形表示，很像是距离相等的阶梯，故称梯形投资策略（见图7-1）。

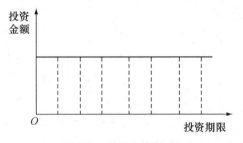

图7-1 梯形投资策略

梯形投资策略的优点是：简便易行，易于掌握；投资者无须对市场利率进行预测，可省去许多麻烦；可获得市场平均收益率。但这种投资策略缺乏灵活性，当有利的投资机会出现时,银行不能做出及时反应,往往失掉获取厚利的机会;同时,当投资者出现临时性或突发性的较大资金需求时,短期债券的数量往往不能满足其需求,而长期债券流动性差,要想迅速出售必须大幅度压低价格,这样就会使银行受损。

(三) 杠铃投资策略

杠铃投资策略(Barbell Investment Strategy),是指银行将资金集中投资于短期债券和长期债券,很少投资或者放弃中期债券的一种投资政策。这种策略如用图形表示,呈两头大、中间小的形状,很像杠铃,故称之为杠铃投资策略(见图7-2)。这种方法并不是把资金完全在长、短期债券上进行平均分配,而是根据具体情况做出选择。

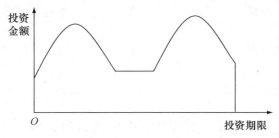

图7-2 杠铃投资策略

与梯形投资策略相比,杠铃投资策略的优点较为明显:(1)形式灵活,可根据市场利率变化,经常进行调整。如预期长期市场利率将下降、长期债券价格将上涨时,银行可将一部分短期债券卖掉,购入长期债券。经过一段时间以后,如果长期债券价格确实上扬,银行就可将其卖出,便可获利。(2)可为银行提供较高的流动性。由于持有相当数量的短期债券,可以对付临时出现的大量流动性需求,从而保证银行经营的稳定性和安全性。

本章小结

债券是商业银行仅次于贷款的一种重要资产形式,但与贷款相比呈现出显著的差异。银行债券投资的目标主要是平衡流动性和盈利性,降低资产组合的风险,提高资本充足率。银行的债券投资分为四大类。我国商业银行债券投资的对象主要包括国债、金融债券、中央银行票据、资产支持证券和公司债券。

债券投资的收益主要来源于利息收入、资本损益和利息再投资收益,通常用各种不同的收益率来衡量,其影响因素包括债券属性、债券价格和债券利息再投资收益三个方面。债券投资风险主要包括信用风险、价格风险、利率风险、购买力风险、流动性风险、政治风险、操作风险等。

商业银行债券投资管理需遵循统一授信、统一授权、"三性"平衡的基本原则,加强内部控制,并通过组合管理来实现"三性"的平衡。商业银行债券投资的主要策略是分散化投资策略,其中,最为常用的是梯形投资策略和杠铃投资策略这两种期限分散策略。

复习思考题

1. 说明商业银行债券投资与贷款的差异。为什么我国商业银行债券投资在其总资产中的比例在过去几年中上升速度如此之快？

2. 说明商业银行债券投资的目标和分类标准。

3. 访问中国债券网（http://www.chinabond.com.cn），了解我国商业银行债券投资的对象以及债券市场的状况。

4. 说明债券投资收益的来源、衡量方法和影响因素，说明银行在债券投资中所面临的风险。

5. 商业银行在债券投资中，应遵循什么原则？说明并比较梯形投资策略和杠铃投资策略。

案例分析

南京银行打造"债券市场特色银行"

2007年7月19日，南京银行在上海上市，成为我国城市商业银行的首批上市银行之一。在发行上市期间，"债券市场特色银行"是南京银行广为宣传的经营特色之一。2006年，其资金业务对银行营业净收入的贡献度为12.11%，对营业利润的贡献度为16.17%，高于行业平均水平。银行的资金业务主要是债券业务，2006年，债券业务在总资产中占比为38.48%，对利息收入的贡献度为31.77%。

为了打造"债券市场特色银行"，南京银行采取了如下措施：

（一）设置独立运营机构

为了实现资金业务的专业化管理目标，提高资金运作效率，有效防范资金业务风险，2002年9月，南京银行正式成立了资金营运中心。除资金头寸和同业拆借业务由南京银行计划财务部和资金营运中心共同协作管理以外，南京银行资金业务的日常交易、投资、管理等工作都由资金营运中心负责实施。

在部门设置中，按照前、中、后台业务分工协作的配置原则，南京银行资金营运中心内设五个业务部门，其中前台业务部门是投资交易部、结算代理部和票据中心，中台业务部门为综合研究部，后台业务部门为清算结算部。

1. 前台。投资交易部负责管理运用南京银行债券投资资金，落实日常债券资产管理、流动性管理，具体包括资金头寸安排、网上资金同业拆借、自营债券回购、自营债券买卖、债券承销、债券分销、公开市场操作等；结算代理部负责结算代理客户的拓展管理工作，包括代理回购、代理债券买卖、代理客户分销、代理结算以及代理客户的理财服务等；票据中心负责南京银行票据贴现、转贴现及再贴现业务的操作。

2. 中台。综合研究部负责基础分析研究、宏观经济和行业研究、风险控制、业务创新、产品研发、内部员工培训等工作；负责落实资金营运中心内部资金业务风险控制的具体相关工作，并负责撰写和披露风险报告，包括交易性债券和交易员个人敞口债券评估周报、风险控制月报等。

3. 后台。清算结算部负责匡算资金头寸、债券自营和代理的债券结算,办理资金清算及账务核算,会计系统操作与维护,会计资料保管等工作。为了杜绝操作风险,债券后台结算、资金清算、账务核算等工作都采取了经办与复核分离的双人操作模式。

(二) 注重推进业务创新

为保持竞争优势,南京银行在机构理财、个人理财和债券结算代理业务领域展开了积极的产品创新,陆续推出银行间债券市场资金联合投资项目、债券市场收益可选择集合信托计划、债券结算代理业务"债市列车"系列产品、金融债理财等新业务品种。

南京银行的债券业务主要包括债券结算代理和债券理财两大类。

南京银行债券结算代理业务主要包括:(1) 代理客户债券买入,即企业(机构客户)向南京银行提出债券买入申请,签订债券买卖协议,通过南京银行在银行间债券二级市场上办理债券买入交易,购买的债券可以后期在二级市场卖出获利,或持有到期获息。(2) 代理客户债券卖出,即机构客户向南京银行提出债券卖出申请,签订债券买卖协议,通过南京银行在银行间债券二级市场上进行债券卖出交易。(3) 代理客户债券分销,即机构客户向南京银行提出认购申请,并签订分销协议。机构客户从一级市场买入债券后,可以后期在二级市场上卖出,也可以持有到期获取利息收入。(4) 代理客户债券回购,即机构客户有临时资金需求时,可以通过债券正回购方式融入资金,以在银行间市场购买或分销购入的国债、政策性金融债及中央银行票据等作为质押物,向南京银行进行回购取得资金,也可通过债券逆回购方式融出资金,实现资金流动性管理。

南京银行债券理财业务主要包括:(1) 金梅花债券结算代理业务理财产品是指企、事业法人有短期富余资金时,不愿意承担市场价格波动的风险,同时又期望得到较高收益率,可以运用协议债券作为载体,通过结算代理方式,使客户在保证流动性充足的前提下盘活资金,提高资金回报率。协议期间如遇临时性资金需要,可以用协议债券做质押回购融入资金调剂使用。(2) 机构资金联合投资项目是指以中小金融机构为主要参与对象,通过集合投资运作的方式,归集资金并主要投资于银行间货币市场和债券市场,借助于南京银行的专业投资实力,在有效控制投资风险的前提下,为项目参与人带来高额的资金回报率。

(三) 注意加强风险控制

南京银行根据市场环境和行情的变化特点,在充分研究、分析宏观经济和金融形势、货币政策、供求关系等诸因素的基础上,不断修正和调整风险指标,并据此制定投资策略;制定了包括管理制度、业务操作流程在内的风险控制制度;投入使用了专业技术分析和风险管理软件,开发使用了债券综合业务系统,实现了审批流程和风险监测的电子化、系统化管理,达到了初步的实时监控。

资料来源:南京银行股份有限公司,《首次公开发行股票(A股)招股说明书》,http://www.njcb.com.cn/。

案例思考题:

结合本案例,访问南京银行的网站(http://www.njcb.com.cn),了解并分析其最新债券战略。

第八章

商业银行现金资产与流动性的管理

【学习目标】

    1. 了解商业银行现金资产的构成、作用和特点。

    2. 了解商业银行现金资产管理的基本原则,以及银行在各类现金资产管理中应注意的问题。

    3. 了解银行流动性的需求和来源,理解银行流动性问题的成因,了解银行流动性管理理论以及银行流动性的度量指标。

第一节　商业银行现金资产概述

一、商业银行现金资产的构成

现金资产，是商业银行持有的库存现金以及与现金等同的可随时用于支付的银行资产。我国商业银行的现金资产主要包括三项，即库存现金、存放中央银行款项和存放同业及其他金融机构款项。①

（一）库存现金

库存现金是指商业银行保存在金库中的现钞和硬币。库存现金的主要作用是银行用来应付客户提现和银行本身的日常零星开支。因此，任何一家营业性的银行机构，为了保证对客户的支付，都必须保存一定数量的现金。但由于库存现金是一种非营利性资产，而且保存库存现金还需要花费银行大量的保卫费用。因此从经营的角度讲，库存现金不宜保存太多。库存现金的经营原则就是保持适度的规模。

（二）存放中央银行款项

存放中央银行款项是指商业银行存放在中央银行的资金，即存款准备金。商业银行存放中央银行款项，包括法定存款准备金和超额准备金两项内容。

法定存款准备金，是商业银行以其存款总额为基础，按照中央银行规定的法定比率（称为存款准备金率），向中央银行缴存的存款准备金。规定缴存存款准备金的最初目的，是保证商业银行的支付和清算，避免商业银行因受到好的贷款条件的诱惑而将资金过多地贷出，从而影响自身资金的流动性和对客户的支付能力。之后它逐渐演变成为货币政策工具，中央银行通过调整存款准备金率，影响商业银行的信贷扩张能力，从而间接调控货币供应量。法定存款准备金在正常情况下一般不得动用。因此，按法定比率缴存准备金具有强制性，而所缴存的准备金一般也不具备流动性。

超额准备金是指商业银行存放在中央银行、超出法定存款准备金的那部分存款。这部分存款犹如工商企业在商业银行的活期存款一样，是商业银行在中央银行账户中保有的用于日常支付、债权债务清算的资金，或者作为资产运用的备用资金。超额准备金是商业银行的可用资金。因此，其多寡直接影响着商业银行的信贷扩张能力。中央银行的法定存款准备金率之所以能够作为调节信用的手段，正是因为法定存款准备金率的变化会影响商业银行超额准备金的多少。

其他国家的中央银行，有的只对法定存款准备金计付利息，有的对所有存款准备金都不计付利息，但我国对所有存款准备金都计付利息，且利率相对较高。

---

① 美国商业银行的现金资产称为现金及应收银行款项（Cash and Due from Banks），除了包括我国商业银行现金资产的三项内容以外，还包括第四项，即支票托收过程中产生的在途资金（Cash Items in the Process of Collection, CIPC）。

(三) 存放同业及其他金融机构款项

存放同业存款是指商业银行存放在其他银行和金融机构的存款。在其他银行保存存款的目的是在同业之间开展代理业务和结算收付。由于存放同业的存款属于活期存款性质,可以随时支用,因而属于银行现金资产的一部分。

二、商业银行现金资产的作用

商业银行持有的现金资产,主要有以下四个方面的作用:

(1) 满足客户提现的需要。银行的库存现金,主要是为满足顾客日常交易的需要提供硬币和现钞,其数量反映了顾客的现金存款和提取数量的多少。

(2) 满足管理部门对法定存款准备金的要求。

(3) 满足支付结算的需要。商业银行存在中央银行的超额准备金,以及存放同业或其他金融机构款项,主要目的是满足银行日常支付结算的需要。

(4) 满足支付同业手续费的需要。银行与同业(及其他金融机构)之间,需要经常相互办理代理业务,从而需要在同业及其他金融机构用现金余额支付手续费。

三、商业银行现金资产的特点

商业银行的现金资产,具有频繁性、波动性、强制性和矛盾性的特点。

(1) 频繁性。银行的经营对象是货币资金,货币的特性就是流动,只有在流动中才能真正发挥其作用,只有在不断的周转中才能增值。因此,银行现金资产的流动非常频繁。

(2) 波动性。银行现金资产的需求和供给,受很多因素的影响,而且很多方面是银行自身难以控制的。因此,银行的现金资产存在很强的波动性。

(3) 强制性。银行必须及时保证存款人以现金形式提取存款,必须按中央银行规定的存款准备金率缴存法定准备金。因此,现金资产在很大程度上是强制性的。

(4) 矛盾性。现金资产具有非常高的流动性,但其缺陷是盈利能力非常低,库存现金不能给银行带来任何收益,反而需要花费大量的保管成本。对于存放中央银行款项,在中国有一定的存款利息收入,但利率很低;而在美国则没有任何利息收入。因此,现金资产存在着高流动性与低盈利性之间的矛盾。

第二节 商业银行现金资产的管理

一、现金资产的管理原则

现金资产是商业银行流动性最强的资产,持有一定数量的现金资产,主要目的在于满足银行经营过程中的流动性需要。但由于现金资产基本上是一种无盈利或微利资产,过多地持有这种资产,将会失去许多盈利机会,使银行的盈利性下降。因此,银行持有现金资产需要付出机会成本。银行现金资产管理的任务,就是要在保证经营过程中流动性需要的前提下,将持有现金资产的机会成本降到最低程度,作为银行经营安全性和盈利性的杠杆服务于银行整体经营状况最优化目标。为此,银行在现金资产的管理中,应当坚持总量适度原则、适时调节原则和安全保障原则。

(一) 总量适度原则

现金资产管理的总量适度原则是指银行现金资产的总量必须保持在一个适当的规模上。现金资产保留过少,银行就不能应付正常的提现需要和合理的资金需求,最终会导致银行的流动性风险和银行信誉、客户的丧失;而如果现金资产保留过多,由于现金资产是一种无利或微利资产,银行所付出的机会成本就会增加,使银行的盈利性受到影响,最终也会威胁银行经营的安全。只有坚持现金资产的适度规模,才能实现银行经营安全性和盈利性的统一,促进银行经营总目标的实现。

(二) 适时调节原则

现金资产的适时调节原则是指银行要根据业务过程中的现金流量变化,及时地调节资金头寸,确保现金资产的规模适度。当现金收大于支而使现金资产存量超过其适度规模时,银行应及时将多余部分头寸运用出去;而当现金支大于收而使现金资产存量小于适度规模时,银行应及时筹措资金补足头寸。因此,适时调节资金头寸是银行实现现金资产规模适度的必要手段。

(三) 安全保障原则

商业银行大部分现金资产主要由其在中央银行和同业的存款及库存现金构成。其中,库存现金是商业银行业务经营过程中必要的支付周转金,它分布于银行的各个营业网点。在银行的业务经营过程中,需要对库存现金进行保管、清点、运输等管理活动。由于库存现金是以现钞的形式存在,因此,必然面临被盗、被抢和清点、包装差错及自然灾害的损失风险。因此,银行在现金资产特别是库存现金的管理中,必须健全安全保卫制度,严格业务操作规程,确保资金的安全无损。

二、库存现金的管理

(一) 库存现金的管理方法和目标

银行库存现金是银行现金流入与流出的余额。一方面,库存现金必须满足客户提取现金的需要,因此,库存现金不能太少;另一方面,库存现金不仅不能为银行带来任何收益,还需要花费大量管理成本,而且中央银行通常会对银行的库存现金有一定的限制,因此,库存现金不能太多。

银行的库存现金主要受两方面因素的影响:一是库存现金的被动变化,即银行业务活动中现金的流入和流出,一般不受银行自身的控制;二是库存现金的主动调节,即银行在库存现金不够时从中央银行发行库调入现金,在库存现金过多时存入中央银行发行库。因此,银行库存现金的管理,主要是通过预测库存现金的被动变化,并主动安排与中央银行发行库之间的现金往来,以确保库存现金的适度。

(二) 影响银行库存现金的因素

影响银行库存现金的因素比较复杂,商业银行必须综合考虑各种因素,预测库存现

金的被动变化,并考虑到银行主动调节库存现金的可能,以确定银行库存现金的需要量。具体来看,影响银行库存现金的因素主要有:

1. 现金收支规律

银行的现金收支在数量上和时间上都有一定的规律性。例如,对公出纳业务,一般是上午大量支出现金,而下午则大量收入现金。在一个年度当中,由于季节性因素的影响,有的季节银行现金收入多而支出少,而有的季节则支出多而收入少。银行可以根据历年的现金收支状况,认真寻找其变化规律,准确地预测银行现金的收支。但需要注意的是,银行往往会遇到一些意想不到的现金支出,严重时甚至可能导致灾难性后果。因此,银行需要建立应急计划,确保银行的安全。

2. 营业网点的多少

银行经营业务的每一个营业网点,都需要有一定的库存现金。银行营业网点越多,对库存现金的需要量也就越多。因此,从一般情况来说,库存现金的需要量与银行营业网点的数量是成正比的。

3. 后勤保障的条件

银行库存现金数量与银行的后勤保障条件也有密切关系。一般来说,如果银行后勤保障条件较好,运送现金的车辆、保安充足且服务周到,则在每个营业性机构就没有必要存放太多的现金;否则,就必须在每个营业网点存放较多的现金,但这又会增加占压现金的费用。

4. 与中央银行发行库的距离、交通条件及发行库的规定

一般来说,商业银行营业网点与中央银行发行库距离较近、交通运输条件较好,商业银行就可以尽量压缩库存现金的规模。同时,中央银行发行库的营业时间、出入库时间的规定,也对商业银行的库存现金产生重要影响。如果中央银行发行库的营业时间短,规定的出入库时间短和次数少,势必增加商业银行的库存现金。

5. 商业银行内部管理

除上述因素外,商业银行内部管理,如银行内部是否将库存现金指标作为员工工作业绩的考核指标,是否与员工的经济利益挂钩,银行内部各专业岗位的配合程度,出纳、储蓄柜组的劳动组合等,都会影响库存现金数量的变化。

(三)银行库存现金的主动调节

商业银行库存现金的主动调节,主要是通过将多余的现金存入中央银行发行库、在现金不够时从中央银行发行库调入来实现的。因此,银行库存现金的主动调节,主要是测算最适送钞量和现金调拨临界点。

(1)为了保持适度的库存现金规模,商业银行的营业网点需要经常性地调度现金头寸,及时将多余的库存现金送往中央银行发行库。但运送现金需要花费一定的费用,如果这种费用过大,超过了占压较多现金而付出的成本,就得不偿失了。因此,银行必须对运送现金的成本、收益进行详细的测算和比较,从而确定最适送钞量。在这个最适的送钞量上,银行为占用库存现金和运送现金所花费的费用之和应当是最小的。

(2)在库存现金低于其需要量时,银行就需要从中央银行发行库调入现金。由于银行从提出现金调拨申请到实际收到现金需要经过一段时间,特别是对于那些离中央银行

发行库比较远的营业网点,必须要提前进行计划和安排,而不能等库存现金用完了以后才申请调拨。同时,为了应付一些临时性的大额现金支出,银行还需要有一个额外的保险库存量。因此,银行必须确定一个现金调拨临界点,据以确定现金调拨的时间,从而确保库存现金的适度。

（四）银行的现金管理责任

我国对现金的使用实行严格的行政管理。由国务院发布、自1988年10月1日起施行的《现金管理暂行条例》第二条规定:"凡在银行和其他金融机构(以下简称开户银行)开立账户的机关、团体、部队、企业、事业单位和其他单位(以下简称开户单位),必须依照本条例的规定收支和使用现金,接受开户银行的监督。国家鼓励开户单位和个人在经济活动中,采取转账方式进行结算,减少使用现金。"因此,银行具有监督其开户单位遵守现金管理法规的责任。

（五）银行的反洗钱职能

由于现金存取一般是洗钱活动中最重要的环节之一。因此,反洗钱是银行现金管理的重要职责之一。

自2007年1月1日起施行的《中华人民共和国反洗钱法》对反洗钱的定义是:"本法所称反洗钱,是指为了预防通过各种方式掩饰、隐瞒毒品犯罪、黑社会性质的组织犯罪、恐怖活动犯罪、走私犯罪、贪污贿赂犯罪、破坏金融管理秩序犯罪、金融诈骗犯罪等犯罪所得及其收益的来源和性质的洗钱活动,依照本法规定采取相关措施的行为。"我们可以从这个定义中推导出洗钱的定义,即洗钱是通过隐瞒、掩饰非法资金(包括七种犯罪的所得及收益)的来源和性质,通过某种手法把它变成合法资金的行为和过程。

洗钱的关键之处在于通过种种资金的转移,使得资金的最终形态和最初源泉在形式上差别巨大、在距离上遥不可及,使国家监管机构无法追寻到该资金的最初源泉,从而能以合法的形式进行支配。由于洗钱活动涉及数额巨大,要进行大规模的转移,一般都需要依赖金融体系尤其是商业银行进行转化,因此,商业银行在反洗钱工作中具有中心地位。商业银行有效的反洗钱体系包括以下几个构成部分：

(1) 保持商业银行的独立性。犯罪分子往往会通过以下形式影响商业银行的独立性,从而使洗钱活动变得更加隐蔽:拉拢、腐蚀商业银行内部人员；自己设立商业银行(或地下钱庄)；参股商业银行；接收破产的商业银行；在商业银行中安插董事、经理人员；等等。因此,反洗钱首先需要保持商业银行的独立性。

(2) "了解你的客户"。商业银行在为客户办理业务(比如开户)之前,要对其身份的合法性进行调查,并弄清楚资金的真正来源。如果客户无法提供令人满意的证明材料,银行应拒绝与其发生交易行为。

(3) 妥善保存相关资料。商业银行应在规定的期限内,妥善保存客户身份资料和能够反映每笔交易的数据信息、业务凭证、账簿等相关资料。

(4) 报告大额和可疑交易。商业银行在业务经营中,应及时报告大额和可疑交易,以及时发现和阻止洗钱活动。其中,大额支付交易,是指规定金额以上的人民币支付交易；可疑支付交易,是指交易的金额、频率、流向、用途、性质等有异常情形的人民币支付交易。①

（5）职工培训。为了防范洗钱的发生，商业银行要加强对全体员工尤其是一线职工的培训，使他们能够熟知有关防范洗钱的法律规定，并掌握有关的业务技巧和技能。

三、存款准备金的管理

中央银行所确定的存款准备金政策，是商业银行存款准备金管理的基础。存款准备金管理分为法定存款准备金管理和超额准备金管理两项内容。

（一）存款准备金政策

存款准备金政策与再贴现政策、公开市场业务一起并称为现代中央银行的三大货币政策。我国的存款准备金制度，是在1984年中国人民银行专门行使中央银行职能时建立起来的。我国目前的存款准备金制度具有以下特点：(1) 对所有存款准备金都支付利息，且利率相对较高；(2) 存款准备金率的计提基础是全部存款，因此，存款准备金计提基础较大；(3) 存款准备金率比较高②；(4) 自2004年4月25日起实行差别存款准备金率制度，即金融机构适用的存款准备金率与其资本充足率、资产质量状况等指标挂钩，金融机构资本充足率越低、不良贷款比率越高，适用的存款准备金率就越高，反之就越低。③

（二）法定存款准备金的管理

商业银行对于中央银行的法定存款准备金要求只能无条件地服从。因此，对存款准备金的管理，主要是准确计算法定存款准备金的需要量，及时上缴应缴的准备金，确保满足法定准备金的要求。

（三）超额准备金的管理

超额准备金是商业银行最重要的可用头寸，是银行用来进行投资、贷款、清偿债务和提取业务周转金的资产。商业银行在中央银行的超额准备金虽然也能获得一定的利息收入，但与其他盈利资产如贷款和投资等相比，属于微利资产。因此，银行在超额准备金账户保留的存款不宜过多。银行超额准备金管理的重点，就是要在准确测算超额准备金需要量的前提下，适当控制规模。

在测算超额准备金需要量时，需要充分考虑存款的增加和减少、贷款的发放与收回、向中央银行借款、同业往来、法定存款准备金等内容。

四、存放同业款项的管理

存放同业款项是指商业银行存放在其他商业银行和金融机构的活期存款。商业银

---

① 由中国人民银行发布、自2003年3月1日起施行的《人民币大额和可疑支付交易报告管理办法》，列举了大额和可疑支付交易的类型。由中国人民银行发布、自2003年3月1日起施行《金融机构大额和可疑外汇资金交易报告管理办法》，详细规定了大额外汇资金交易、可疑外汇现金交易和可疑外汇非现金交易的类型。
② 2008年6月7日上调后达到17.5%。
③ 相比较来看，美国对所有存款准备金都不支付利息，且仅对交易存款净余额计提款准备金。经2006年12月21日调整后(美联储每年调整一次)，单个交易存款账户净余额为0至850万美元的部分，存款准备金率为0%；单个交易存款账户净余额为850万美元至4580万美元的部分，存款准备金率为3%；单个交易存款账户净余额为4850万美元以上的部分，存款准备金率为10%。美国富国银行的年报显示，2006年该行平均存款余额为3103亿美元，而其中央银行平均存款余额仅为17亿美元，仅占0.55%。另外，美国实行的是统一存款准备金制度。

行持有这类资产的原因在于代理业务的需要。

任何一家银行,由于业务特点和人力、物力的限制,都不可能在其业务触及的每一个地方都设立分支机构,如果在没有分支机构的地区开展金融业务,就需要委托当地的银行等金融机构来代理。商业银行在其代理行保持一定数量的活期存款,主要目的就是支付代理行代办业务的手续费。代理行可以将同业存入的款项用于投资,并以投资的收入补偿它们提供代理服务的成本,并获取利润。

同业存款过多,会使银行付出一定的机会成本,而同业存款过少,又会影响银行委托他行代理业务的开展,甚至影响本行在同业之间的信誉。因此,同业存款也应当保持一个适度的量。

第三节 商业银行流动性的管理

一、商业银行流动性与现金资产

流动性是商业银行经营的三原则之一,是指银行能够随时满足客户提取存款、借入贷款及对外支付的需要,保证资金的正常流动。由于满足客户提取存款、借入贷款及对外支付均需要现金,而银行获得或持有现金是有成本的。因此,银行流动性的实质,是在成本适当的情况下获得所需现金的能力。这与现金资产管理的基本原则是一致的。

流动性问题是商业银行破产的直接原因,也是很多金融危机的"导火线"。具体来说,保持充足的流动性有以下几方面的意义:(1)增进市场信心,向市场表明商业银行是安全的并有能力偿还借款;(2)确保银行有能力实现贷款承诺,稳固客户关系;(3)避免商业银行的资产廉价出售;(4)降低商业银行借入资金所需支付的风险溢价。

(一)流动性的需求

商业银行流动性的需求,在很大程度上是对商业银行现金资产的强制性需求,需求种类及其强制性主要表现在如下方面:

(1)存款提取需求。商业银行必须满足客户随时提取其所存存款的本金和利息;否则,可能会引发挤兑,导致商业银行破产倒闭。

(2)贷款需求。贷款是商业银行为客户提供的核心服务之一,是商业银行吸引和留住客户的重要手段。因此,对于客户正常、合理的贷款需求,商业银行必须满足,否则会丧失优质客户,牺牲市场份额。

(3)投资需求。为了利用市场机会,商业银行还必须拥有足够的现金,以投资于各种不同类型的债券。这一方面提高了盈利能力,另一方面补充了商业银行流动性的需要。

(4)还款需求。一家银行在金融市场所发行债券到期时,以及从其他银行、金融机构和中央银行借入的资金到期时,都需要还本付息,形成对流动性的强制需求,如不能及时满足,该银行将被逐出金融市场,严重时甚至会破产。

(5)营业支出需求。商业银行在其正常经营过程中,会发生许多支出,如支付利息、手续费、员工工资及奖金、房租和水电费、税收等,这些都需要现金支付,从而形成流动性需求。这些需求如不能得到满足,商业银行的正常经营将受到严重影响。

(6) 股利支付需求。在健全的股票市场中，股利支付也是强制性的，形成大量的现金需求。如果商业银行不能及时支付股利，其股票价格可能出现下降，严重时可能引发商业银行信誉危机，并出现灾难性的后果。

（二）流动性的来源

银行的流动性主要来源于两个方面：一是资产方，二是负债方。

1. 来自资产方的流动性

来自资产方的流动性，是指银行资产的变现能力，其核心思想是，如果客户需要资金，银行就直接运用手中所持有的现金进行支付；如果手中的现金不够，就将所持有的资产（如有价证券）在市场上抛售、变现，转换成现金以后，再用于支付。

衡量银行资产变现能力高低有两个基本标准：(1) 变现时间，即银行需要花费多长时间才能寻找到购买者来购买其资产，从而将资产转换成现金。(2) 变现成本，即银行在销售其资产、将其转换成现金时，需要花费多高的成本。银行资产的变现成本包括两个方面：一是交易成本，即寻找购买者、谈判、签订合同、进行交割等发生的成本；二是资产变现时遭受的损失，即实际销售价格（变现收入）低于其公平市场价格①的部分。显然，一项资产的变现时间越短、变现成本越低，其变现能力就越高，流动性就越强。

2. 来自负债方的流动性

来自负债方的流动性，是指银行借入资金的能力，其核心思想是，如果客户有资金需求，银行在不动用（或无法动用）手持现金或可变现资产的情况下，能够通过吸收存款、在公开市场上发行债券或存单，或者在同业市场上拆借，通过"借新债、还旧债"，满足客户对现金的需求。

与衡量银行资产变现能力高低的标准一样，衡量银行借入资金能力高低也有两个基本标准：(1) 借入资金的时间，即银行需要花费多长时间才能寻找到适当的债权人，并从其手中借入现金。(2) 借入资金的成本，即银行在借入资金时需要花费的交易成本、需要支付的利息成本。显然，借入资金所需时间越长、利率越高，银行来自负债方的流动性就越弱。

二、商业银行流动性问题的成因

商业银行的流动性问题，简单地说，就是现金的入不敷出，即银行的现金流出超过现金流入，从而引发银行经营管理中的问题。商业银行流动性问题的主要原因在于两个方面：一是银行资产负债在期限、币种、分布上的错配（Mismatch），二是银行风险的积聚。

（一）资产负债的错配

1. 期限的错配

商业银行资产负债期限的错配，是指在未来特定时段内，银行到期资产的数量（现金流入）与到期负债的数量（现金流出）的不对称。最常见的资产、负债的期限错配情况是，商业银行将大量短期借款（负债）用于长期贷款（资产），即"借短贷长"。因此，有可能因到期支付困难而面临较高的流动性风险。这种"借短贷长"的资产负债结构导致商业银

---

① 公平市场价格一般是指自愿的买卖双方在知情、谨慎、非强迫的情况下通过公平交易所达成的价格。

行资产所产生的现金流入,在极少情况下能够刚好弥补因支付负债所必需的现金流出。

2. 币种的错配

商业银行资产负债币种的错配,是指在未来特定时段内,银行到期资产的币种与到期负债的币种不对称。在这种情况下,一旦本国或国际市场出现异常波动,外币债权方通常因为对债务方(国内商业银行)缺乏深入了解,可能要求债务方提前偿付债务。此时,国内商业银行如果不能迅速满足外币债务的偿付需求,将不可避免地陷入外币流动性危机,并严重影响其在国际市场上的声誉。

3. 分布的错配

商业银行资产负债分布的错配,是指商业银行资产的运用对象与负债的运用对象不对称。资产的分布结构,将决定银行现金流入的稳定性和多样性;而负债的分布结构,将决定银行现金流出的稳定性和多样性。

从资产的分布结构来看,需要注意资产种类、贷款对象、时间跨度、还款周期等方面的分散,否则会增加流动性风险。比如,贷款过度集中于房地产企业,则会很容易在房地产行业不景气时,造成不良贷款大量增加、无法按期回收贷款,导致银行的正常现金流入受阻。

从负债的分布结构来看,需要注意负债种类、期限、对象的分散,从而提高银行资金来源的稳定性,降低银行现金意外的大额流出,引发流动性问题。一般来说,零售性质的资金(例如居民储蓄)与批发性质的资金(例如同业拆借、发行票据)相比,其稳定性更高,因为其资金来源相对更加分散、同质性更低。

(二)银行风险的集聚

银行的流动性问题,是其信用风险、市场风险、操作风险、法律风险、声誉风险及战略风险等长期积聚的结果,是银行经营稳健程度的综合反映。银行的流动性归根结底是一种信心的游戏,只要银行能够获得存款人、债权人、股东的信心,存款人会将存款继续留在银行,并有新的存款人不断增加在该银行的存款,债权人会乐意将钱借给银行,股东会对银行不断提供支持,银行也就不会存在流动性的问题。

纵观世界各国主要商业银行倒闭的实际案例,一家银行陷入流动性危机甚至最终破产倒闭,一般会呈现如下规律性的发展路线:

(1)银行高速增长,银行的资产负债在期限结构上严重错配,并向高风险的借款人发放大量贷款,从而承担了大量风险。

(2)由于宏观环境或内部经营的急剧变化,银行出现巨额损失。

(3)新闻媒体集中报道(有时会夸大)银行所遇到的困难,引起金融市场的强烈(有时甚至是过度的)反应。

(4)银行出现流动性困难,为了筹集资金,一方面,不得不提高利率,以留住老的存款、吸收新的存款,或者高成本借入大量资金;另一方面,不得不大量抛售手中持有的资产,并出现巨大损失。

(5)银行利率的提升和资产抛售,一方面,向市场传递了银行陷入困境的信息,可能引发存款人纷纷提取其存款,其他债权人拒绝对到期债务展期;另一方面,进一步提高了银行的成本,降低了其盈利性。另外,银行抛售资产,还可能引发资产市场的价格下跌

(甚至暴跌),进一步扩大银行抛售资产的损失。

上述第二到第五个环节,循环往复、不断加强,直到将银行拖入危机和破产的深渊。本章案例"流动性危机摧毁美国第七大银行",充分说明了银行流动性问题的成因,以及银行危机爆发的上述规律性特征。

三、商业银行流动性的管理

流动性问题是商业银行破产的直接原因,也是很多金融危机的"导火索"。良好的流动性状况,是银行安全的重要保障和基础。因此,注入流动性是银行陷入困境以后最重要的解救措施之一。具体来说,保持充足流动性对银行的重要意义表现在以下方面:(1)增强市场信心,向市场表明商业银行是安全的,并有能力偿还借款;(2)确保银行有能力实现贷款承诺,稳固客户关系;(3)避免商业银行的资产廉价出售;(4)降低商业银行借入资金所需支付的风险溢价。

(一)商业银行流动性管理理论的发展

从商业银行的发展历史看,流动性管理的重心及其管理理论都处在不断变化发展之中。商业银行流动性管理理论主要有三种:资产管理理论、负债管理理论和资产负债综合管理理论。

1. 资产管理理论

从商业银行产生到20世纪60年代,西方商业银行所强调的都是单纯的资产管理。资产管理理论认为,银行资金来源的规模和结构是银行自身无法控制的外生变量,它完全取决于客户存款的意愿与能力;银行不能主动地扩大资金来源,而资金业务的规模与结构则是其自身能够控制的变量,银行应主要通过对资产规模、结构和层次的管理来保持适当的流动性,实现其经营管理目标。这种管理理论随着历史的发展又经历了以下几个发展阶段。

(1)商业贷款理论(Commercial Loan Theory),是20世纪30年代以前流行的资产管理理论,其主要观点是:银行的资金来源于客户的存款,而这些存款是要经常提取的。如果存款人在需要资金时,无法从银行提出自己的存款,银行就要倒闭。因此,为了应付存款人难以预料的提款,银行只能将资金用于发放短期自偿性(Self-Liquidating)商业性贷款①,而不能发放长期贷款或进行长期投资。商业贷款理论,使银行的资金运用只能是贷款,且只能是短期商业性贷款。

(2)资产转换理论(Shiftability Theory),是在1930年以后西方国家证券市场蓬勃发展背景下产生的理论,其主要观点是:银行的贷款不能仅依赖于短期和自偿性。只要银行的资产能在存款人提现时随时转换为现金,维持银行的流动性,就是安全的,这样的资产不管是短期还是长期,不管是否有自偿性,都可以持有。这一理论,一方面,使商业银行资产形式从贷款扩展到了有价证券,另一方面,使商业银行贷款的期限有所延长。

(3)预期收入理论(Anticipated Income Theory),是在第二次世界大战后西方各国经

---

① 自偿性贷款的含义是,贷款的目的是购买存货,偿还贷款的资金来源是销售该存货所获得的销售收入。期间,存货并没有发生变化,因此,称为自偿。

济的恢复和发展使得对长期资金需求大量上升的背景下产生的一种理论,其主要观点是:决定贷款安全性的,不是贷款的用途,也不是担保品,而是借款人的预期收入。只要借款人的预期收入有保障,期限较长的贷款也可以安全收回;如果借款人的预期收入不稳定,期限短的贷款有可能会缺乏流动性。另外,银行根据借款人的预期收入,安排放款的到期日,或采取分期偿还的方式,就能保持有规律的现金流入,维持高度的流动性。这种理论使银行的贷款从短期商业性贷款扩展到了长期固定资产贷款和消费者贷款,大大拓宽了银行的贷款对象和业务领域。

2. 负债管理理论

从20世纪70年代开始,金融环境发生了巨大的变化。战后西方各国经济稳定增长,金融市场迅速发展,非银行金融机构与银行在资金来源的渠道和数量上展开了激烈的竞争。大额可转让定期存单、回购协议等多种创新融资工具的产生极大地丰富了银行的资金来源渠道,使得负债结构多样化且日趋复杂,银行开始注重负债管理,从而产生了负债管理理论。

负债管理理论的基本观点是:银行可以积极主动地通过借入资金的方式来维持资产流动性,支持资产规模的扩张,以获取更高的盈利水平。这种主张以负债的方法来保证银行流动性需要的理论,使传统的以流动性为先的经营管理理念,转为流动性、安全性、盈利性并重的经营管理理念;同时,使银行在管理手段上有了质的变化,将管理的视角由单纯资产管理扩展到负债管理,使银行能够根据资产的需要来调整负债的规模和结构,增强了银行的主动性和灵活性,提高了银行的资产盈利水平。

3. 资产负债综合管理理论

资产负债综合管理理论(Asset and Liability Management Theory)产生于20世纪80年代,它强调对银行的资产和负债进行全面的管理,银行建立一个专门的资产负债管理委员会(Asset and Liability Management Committee, ALCO),来负责银行资产与负债的综合协调管理,从资产和负债两方面结合起来保证银行的安全性、流动性和盈利性,保证资产负债结构的及时性和灵活性,以此保证银行具有充足的流动性。

这一理论并不是对资产管理理论和负债管理理论的否定,而是既吸取了两者的精华,又克服了两者的缺陷,并对其进行深化和发展,可以说是一种平衡理论。一方面,它避免了资产管理理论过于偏重安全性和流动性,以牺牲盈利性为代价的弊端;另一方面,它摆脱了负债管理理论过多地依赖外部条件、经营风险很大的缺陷。

(二)资产负债比例管理

资产负债比例管理,是资产负债管理理论指导下的具体管理策略,是指对银行的资产和负债规定出一系列的比例,通过资产结构、负债结构的共同调整,在保证商业银行一定盈利性、流动性的前提下,谋求商业银行风险的最小化,以保证银行经营的安全。

1994年,中国人民银行发布《关于对商业银行实行资产负债比例管理的通知》,决定从1994年开始对商业银行的资金使用实行比例管理,并于1996年发布了《资产负债比例管理监控、监测指标和考核办法》,在我国商业银行中全面推行资产负债比例管理。

我国1995年公布施行、2003年修订后的《商业银行法》第三十九条规定:"商业银行贷款,应当遵守下列资产负债比例管理的规定:(一)资本充足率不得低于8%;(二)贷款余额与存款余额的比例不得超过75%；（三）流动性资产余额与流动性负债余额的比例不得低于25%；（四）对同一借款人的贷款余额与商业银行资本余额的比例不得超过10%。"

由中国银监会发布、自2006年1月1日起施行的《商业银行风险监管核心指标（试行）》，废除了中国人民银行1996年发布的《资产负债比例管理监控、监测指标和考核办法》，用风险性指标取代了原来的合规性指标（但《商业银行法》所规定的前述四个资产负债比例管理指标仍然有效），使我国资产负债管理超越了比例管理的初级阶段，进入了一个全新的以风险为本的高级阶段。

2007年开始的国际金融危机中，许多银行尽管资本充足，但仍因缺乏流动性而陷入困境，金融市场也出现了从流动性过剩到紧缺的迅速逆转，凸显了流动性的重要性。危机后，国际社会对流动性风险管理和监管予以前所未有的重视。巴塞尔委员会在2008年和2010年相继出台了《稳健的流动性风险管理与监管原则》和《第三版巴塞尔协议：流动性风险计量、标准和监测的国际框架》，构建了银行流动性风险管理和监管的全面框架，在进一步完善流动性风险管理定性要求的同时，首次提出了全球统一的流动性风险定量监管标准。2013年1月，巴塞尔委员会公布《第三版巴塞尔协议：流动性覆盖率和流动性风险监测标准》，对2010年公布的流动性覆盖率标准进行了修订完善。

2014年3月，根据第三版巴塞尔协议的相关要求，并结合我国的实际情况，中国银监会发布实施了《商业银行流动性风险管理办法（试行）》（以下简称《流动性办法》），以进一步完善我国银行业流动性风险监管框架，促进商业银行提高流动性风险管理的精细化程度和专业化水平，合理匹配资产负债结构，增强商业银行和整个银行体系应对流动性冲击的能力。

（三）商业银行流动性的监管指标

与第三版巴塞尔协议一致，《流动性办法》将流动性管理指标分为两类，一类是合规性的监管指标，另一类是用于分析、评估流动性风险的监测工具。合规性的监管指标包括流动性覆盖率、存贷比、流动性比例三个，没有引入第三版巴塞尔协议中所规定的净稳定资金比例，主要原因是在《流动性办法》发布时，巴塞尔委员会正在修订这一比例的相关标准，中国银监会表示，待巴塞尔委员会完成对净稳定资金比例的修订后，将结合我国实际，进一步修改完善《流动性办法》，引入这一比例。

1. 流动性覆盖率

流动性覆盖率（Liquidity Coverage Ratio，LCR）的目的是在确保商业银行具有充足的合格优质流动性资产，能够在监管当局规定的流动性压力情景下，通过变现这些资产满足未来至少30天的流动性需求。商业银行流动性覆盖率的最低监管标准是100%，其计算公式为：

$$流动性覆盖率 = \frac{合格优质流动性资产}{未来30天现金净流出量} \times 100\%$$

未来30天现金净流出量是指在相关压力情景下，未来30天的预期现金流出总量与预期现金流入总量的差额。流动性覆盖率所设定的压力情景包括影响商业银行自身的特定冲击以及影响整个市场的系统性冲击，如：一定比例的零售存款流失；无抵（质）押批发融资能力下降;以特定抵(质)押品或与特定交易对手进行短期抵(质)押融资的能力下降;银行信用评级下调1—3个档次,导致额外契约性现金流出或被要求追加抵(质)押品;市场波动造成抵(质)押品质量下降、衍生产品的潜在远期风险暴露增加,导致抵(质)押品扣减比例上升、追加抵(质)押品等流动性需求;银行向客户承诺的信用便利和流动性便利在计划外被提取;为防范声誉风险,银行可能需要回购债务或履行非契约性义务。

合格优质流动性资产是指在流动性覆盖率所设定的压力情景下,能够通过出售或抵(质)押方式,在无损失或极小损失的情况下在金融市场快速变现的各类资产。合格优质流动性资产应当具有以下基本特征:属于无变现障碍资产;风险低,且与高风险资产的相关性低;易于定价且价值稳定;在广泛认可、活跃且具有广度、深度和规模的成熟市场中交易,市场波动性低,历史数据表明在压力时期的价格和成交量仍然比较稳定;市场基础设施比较健全,存在多元化的买卖方,市场集中度低;从历史上看,在发生系统性危机时,市场参与者倾向于持有这类资产。同时,合格优势流动性资产还需要满足如下操作性要求:商业银行应当具有变现合格优质流动性资产的政策、程序和系统,能够在流动性覆盖率所设定的压力情景下,在30天内随时变现合格优质流动性资产,以弥补现金流缺口,并确保变现在正常的结算期内完成。

2. 净稳定资金比率

净稳定资金比率(Net Stable Funding Ratio,NSFR),用于衡量商业银行在未来1年内,用稳定资金支持表内外资产业务发展的能力。净稳定资金比率的最低监管标准是100%,其计算公式为:

$$\text{净稳定资金比率} = \frac{\text{可用的稳定资金}}{\text{需要的稳定资金}} \times 100\%$$

可用的稳定资金,是指在持续存在的压力情景下,在1年内能够保证稳定的权益类和负债类资金来源;需要的稳定资金,是指需要稳定资金支撑的表内外资产。[①]

第三版巴塞尔协议引入的流动性覆盖率和净稳定资金比率这两个新流动性风险计量标准,目的是增加全球银行体系的优质流动性资产储备水平,鼓励银行通过结构调整减少融资的期限错配、增加长期稳定资金来源,防止银行在市场繁荣、流动性充裕时期过度依赖批发性融资,减少流动性危机发生的可能性和冲击力。新流动性风险计量标准引入了压力情景,弥补了现有监管指标仅侧重衡量银行在正常经营状态下流动性状况的不足。同时,通过由国际组织制定统一的监管指标,提升流动性风险计量标准在各国和地区执行的一致性,在全球范围内增强了流动性风险管理和监管的操作性和有效性。[②]

3. 存贷比

《流动性办法》中规定了存贷比的监管要求是不高于75%,其计算公式为:

$$\text{存贷比} = \frac{\text{贷款余额}}{\text{存款余额}} \times 100\%$$

[①] 有关"可用的稳定资金"和"需要的稳定资金"的具体界定,请参见中国银监会可能会于2015年修订的《流动性办法》。

[②] 参见:陈颖、甘煜,《巴塞尔协议Ⅲ的框架、内容和影响》,《中国金融》,2011年第1期。

作为流动性管理的存贷比指标存在很多缺陷,已几乎形成了普遍的共识。2014年3月,中国银监会在发布《流动性办法》时的答记者问中,对仍然将其作为强制性的监管,做出了如下解释:"存贷比是《商业银行法》规定的法定监管指标。从国内外实践来看,存贷比在管控流动性风险、控制信贷过快增长和维护银行体系稳定方面发挥了一定的积极作用。但是,随着商业银行资产负债结构、经营模式和金融市场的发展变化,存贷比监管也出现了覆盖面不够,风险敏感性不足,未充分考虑银行各类资金来源和运用在期限和稳定性方面的差异,难以全面反映银行流动性风险等问题。为适应我国金融市场的发展变化和商业银行资产负债多元化的趋势,银监会不断对存贷比监管加以完善,如将小型微型企业贷款专项金融债所对应贷款、支农再贷款从存贷比分子中扣除,并从2011年开始推行月度日均存贷比指标,在抑制银行突击吸存、降低存款波动性等方面,取得了一定效果。鉴于存贷比是《商业银行法》中的法定监管指标,《流动性办法》仍将存贷比纳入,作为流动性风险监管指标之一,并与《商业银行法》中的相关表述保持一致。同时,银监会高度重视改进存贷比监管的相关工作,密切关注金融深化和金融创新的发展以及我国宏观经济形势变化,将在加强与有关部门沟通协调、充分听取业界意见的基础上,按照与时俱进、积极稳妥、逐步完善的原则,不断完善存贷比监管考核办法,并积极推动立法机关修订《商业银行法》。"

4. 流动性比例

《流动性办法》中规定了流动性比例的监管要求是不低于25%,其计算公式为:

$$流动性比例 = \frac{流动性资产余额}{流动性负债余额} \times 100\%$$

对于流动性资产和流动性负债,《流动性办法》中并没有明确界定,但2006年开始实施的《商业银行风险监管核心指标(试行)》规定:"流动性资产包括:现金、黄金、超额准备金存款、一个月内到期的同业往来款项轧差后资产方净额、一个月内到期的应收利息及其他应收款、一个月内到期的合格贷款、一个月内到期的债券投资、在国内外二级市场上可随时变现的债券投资、其他一个月内到期可变现的资产(剔除其中的不良资产)。流动性负债包括:活期存款(不含财政性存款)、一个月内到期的定期存款(不含财政性存款)、一个月内到期的同业往来款项轧差后负债方净额、一个月内到期的已发行的债券、一个月内到期的应付利息及各项应付款、一个月内到期的中央银行借款、其他一个月内到期的负债。"

(四)商业银行流动性的监测指标

《流动性办法》规定的流动性监测指标,包括资产负债期限错配、融资来源多元化和稳定程度、无变现障碍资产、重要币种流动性风险以及市场流动性等不同维度的相关指标。

1. 流动性缺口和流动性缺口率

流动性缺口是指以合同到期日为基础,按特定方法测算未来各个时间段到期的表内外资产和负债,并将到期资产与到期负债相减获得的差额,其计算公式是:

未来各个时间段的流动性缺口 = 未来各个时间段到期的表内外资产 −
未来各个时间段到期的表内外负债

流动性缺口率是指未来各个时间段的流动性缺口与相应时间段到期的表内外资产的比例,其计算公式是:

$$流动性缺口率 = \frac{未来各个时间段的流动性缺口}{相应时间段到期的表内外资产} \times 100\%$$

流动性缺口(率)是衡量银行流动性的常用指标,它衡量的是在未来的一定时间内,银行能变现的资产是否能够偿还到期的债务。缺口为正,表示银行在该期限内到期的资产足够偿还到期的债务;缺口为负,表示银行在该期限内到期的资产无法偿还到期的债务,需要以其他方式筹集资金偿还到期债务。

2. 核心负债比例

核心负债比例是指中长期较为稳定的负债占总负债的比例,其计算公式是:

$$核心负债比例 = \frac{核心负债}{总负债} \times 100\%$$

其中,核心负债包括距离到期日三个月以上(含)的定期存款和发行债券,以及活期存款中的稳定部分;总负债是资产负债表中负债总计的余额。

从性质来看,核心负债(Core Liabilities)是指对利率的变化不敏感,并且不随经济条件和季节周期变化而变化的负债。与核心负债相对应的是易变负债(Volatile Liabilities),是指对利率变化非常敏感,利率的变动将引起其较大变化。相比较来看,核心负债的稳定性要比易变负债的稳定性高得多。因此,核心负债依存度越高,银行的流动性风险也就越低。

3. 同业市场负债比例

同业市场负债比例是指商业银行从同业机构交易对手获得的资金占总负债的比例,其计算公式是:

$$同业市场负债比例 = \frac{同业拆借 + 同业存放 + 卖出回购款项}{总负债} \times 100\%$$

4. 最大十户存款比例

最大十户存款比例是指前十大存款客户存款合计占各项存款的比例,其计算公式是:

$$最大十户存款比例 = \frac{最大十家存款客户存款合计}{各项存款} \times 100\%$$

5. 最大十家同业融入比例

最大十家同业融入比例是指商业银行通过同业拆借、同业存放和卖出回购款项等业务从最大十家同业机构交易对手获得的资金占总负债的比例,其计算公式是:

$$最大十家同业融入比例 = (最大十家同业机构交易对手同业拆借 + 同业存放 + 卖出回购款项)/总负债 \times 100\%$$

6. 超额备付金率

超额备付金率是指商业银行的超额备付金与各项存款的比例,其计算公式是:

$$超额备付金率 = \frac{超额备付金}{各项存款} \times 100\%$$

其中,超额备付金,是商业银行在中央银行的超额准备金存款与库存现金之和。

7. 重要币种的流动性覆盖率

重要币种的流动性覆盖率是指对某种重要币种单独计算的流动性覆盖率,其计算公式与流动性覆盖率相同。

本章小结

我国商业银行的现金资产主要包括三项:一是库存现金,二是存放中央银行款项,三是存放同业及其他金融机构款项。商业银行的现金资产具有非常重要的作用,同时具有频繁性、波动性、强制性和矛盾性的特点。

商业银行现金资产管理的基本原则是总量适度、适时调节和安全保障。在库存现金的管理中,商业银行应准确预测需要量,主动调节,并在此过程中充分行使现金管理和反洗钱管理的职责。在存款准备金的管理中,要确保满足法定准备金的要求,并适当控制超额准备金的规模。在同业存款的管理中,需要保持一个适度的量。

银行流动性的需求是对银行现金资产的需求,流动性的来源包括资产和负债两个方面。银行流动性问题主要源于两个方面:一是银行资产负债在期限、币种、分布上的错配,二是银行风险的积聚。

商业银行流动性管理理论包括资产管理理论、负债管理理论和资产负债综合管理理论三种。我国商业银行的资产负债管理已超越了比例管理的初级阶段,进入了以风险为本的高级阶段。商业银行流动性管理指标主要包括合规性的监管指标和用于分析、评估流动性风险的监测工具两大类。

复习思考题

1. 说明我国商业银行现金资产的构成。
2. 说明商业银行现金资产的作用和特点。
3. 商业银行在现金资产管理中应该遵循哪些基本原则?说明商业银行在库存现金、存放央行款项、存放同业款项的管理中,分别需要注意的主要问题。
4. 说明商业银行流动性的需求和来源,以及商业银行流动性的监管指标和监测指标。
5. 说明商业银行流动性管理理论的主要内容。

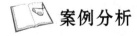

案例分析

流动性危机摧毁美国第七大银行

1984年9月26日,当时位居美国第七大银行、拥有124年历史的大陆伊利诺伊银行信托公司(Continental Illinois National Bank and Trust Company, CINB,以下简称"大陆银行"),正式接受美国政府的破产重组计划:联邦存款保险公司以持有该银行80%的股份成为大陆银行的新主人。

20世纪70年代末,大陆银行一改往日保守的经营理念,开始追求积极的增长战略,并确定了成为"美国三大工商业贷款银行之一"的战略目标。

在这一政策的指导下,大陆银行开始了其积极的资产扩张。1977—1981年,大陆银行广泛地拓展了其海外业务的范围和规模,并且通过提供优惠条件、赋予信贷管理人员更多自主权、成立房地产贷款业务部等方法,大幅度提高了其贷款业务的竞争力,吸引了能源、公共事业、房地产等行业的大量客户。1981年年底,大陆银行已经成功地实现了既定的目标,一跃成为美国最大的工商业贷款银行。

1981年年底,第二次石油危机导致油价高企的状况出现逆转,石油价格开始下跌,许多能源公司相继陷入了困境,出现了巨额亏损,并且波及为其提供融资的银行。大陆银行在此前处于贷款高速增长期,能源行业是其重点业务拓展对象,能源相关贷款在总贷款中所占比例非常高。因此,能源公司大面积亏损,也给大陆银行带来了巨大的损失。

1982年7月,宾场银行(Penn Square Bank)宣布破产。很快,很多人意识到大陆银行似乎也要厄运将至了,因为大陆银行曾从宾场银行购入了总值为10亿美元的能源贷款。这意味着宾场银行的破产直接带来了大陆银行将近10亿美元的巨额亏损。1982年年底,大陆银行一次性冲销这部分贷款中的5亿美元。此时,有关大陆银行受宾场银行破产牵连的消息不胫而走,投资者对于大陆银行的信心再度遭受重挫,许多股票分析师对大陆银行的利润预测下调了50%。瞬间,大陆银行的股票犹如烫手山芋一般被疯狂抛售,股价在1982年7月底降至每股16美元,与上年同期相比跌幅达到62%。

1982年,美国三家最大的破产企业均为大陆银行的重要客户。1982年8月,墨西哥政府宣布无力偿还外债,引发了拉美债务危机,这使得拥有大量拉美国家贷款的大陆银行再受重创。这使大陆银行的情况进一步恶化。

随着资产业务状况的不断恶化,大陆银行的流动性问题也开始显现,并最终引发了政府干预下的破产重组。大陆银行流动性危机的根源,可以追溯到支撑其业务迅速扩张的筹资方式。

美国当时的联邦法对银行在地域范围上的业务扩张有很严格的限制,同时,伊利诺伊州的法律也明文禁止银行开设三家以上的分支机构。在这种背景下,大陆银行要支撑其资产业务的迅速扩张,必须依靠存款以外的其他资金来源,即在金融市场上主动借入资金。同时,为了降低成本,大陆银行采取的主要是在联邦基金市场上进行短期拆借,同时在货币市场上发行期限不超过一年的大额可转让定期存单(CD)。大陆银行的零售业务规模本来就很小,其负债结构本来就很不稳定,而这种政策则更进一步地提高了其不稳定性。1977年,在大陆银行的总存款中,个人受保存款这类非常稳定的核心存款所占比例为30%,而1981年则进一步降至20%。再加上大陆银行借入资金的期限都非常短,而其资产期限都非常长,这种资产负债结构在期限上的严重错配,为其流动性危机埋下了祸根。

宾场银行的倒闭,使大陆银行的这种融资模式难以为继。在宾场银行破产之后的短短三周之内,大陆银行的CD已从"高级别CD"名单中除名,这标志着大陆银行的融资链条被割断,因为"高级别CD"名单中的存单是美国规模最大、实力最雄厚、信用级别最高的银行所发行的在二级市场上流动性最高的存单。这一除名,使人们对于大陆银行的

CD失去了信任,在原来的CD到期之后,那些大公司、货币市场共同基金等机构投资者立即撤出资金,不再展期。在短短的几个星期内,大陆银行的存款减少了100亿美元,占到存款总额的将近三分之一。在意识到无法从国内市场获得足够的资金之后,大陆银行不得不转向海外借取利率更高、期限更短的欧洲美元,而这无疑是"饮鸩止渴",大陆银行资金的不稳定程度不减反增。

1983年,大陆银行的业绩并没有明显好转,其资金来源中存在的问题也变得更加明显。1983年12月31日,大陆银行仅有25%的借款来源于相对稳定的国内资金市场,来源于CD、欧洲美元、商业票据和隔夜拆借等渠道的高波动性负债,在总负债中所占比例达到了64%。

1984年5月,市场上陆续传出消息说,一家日本银行正在考虑收购大陆银行。顿时,大陆银行即将倒闭的消息在市场上引起了极大的恐慌。国外银行纷纷收回对大陆银行的信贷额度,并且拒绝购买大陆银行的CD。那些没有存款保险的储户、一般债权人、欧洲美元市场的大额存款人的信心开始动摇,存款人不再为其到期的CD和欧洲美元存款展期。在同业拆借市场上,大陆银行也陷入困境。曾经为大陆银行带来巨大竞争优势的电子银行系统,在此时充分显示了"双刃剑"的另一"刃":存款提取的速度因此而大大提高。在相关不利消息出现的第一天(5月9日),芝加哥交易所就从大陆银行提走了5 000万美元的存款,在短短的10天之中(截至5月19日),大陆银行的存款流失超过60亿美元。

1984年5月11日,美国联邦储备体系贷款36亿美元给大陆银行,以弥补其流动性的不足。这是美联储自建立以来一次性为一家银行提供的最大一笔借款。在接下来的一周内,为了缓解存款挤提所带来的流动性压力,以摩根银行为首的美国16家最大银行联合起来为大陆银行提供了总额为45亿美元的临时贷款。但是,即使是如此巨额的资金注入也没有减缓存款的挤提,市场上的恐慌犹存,如果这种状况持续下去,整个金融体系的稳定将受到威胁,系统性风险将有可能变成现实。

在这种情况下,美国政府开始干预大陆银行。大陆银行的破产,是美国金融史上最大的一次银行破产重组事件,也是有史以来获得联邦存款保险公司破产援助最多(高达45亿美元)的一家银行,最后导致联邦存款保险公司银行保险基金净损失超过11亿美元。

资料来源:何自云、师敏,《英雄末路——美国第七大银行的破产重组》,《农村金融研究》,2005年第6期。

案例思考题:

结合本章案例,说明银行流动性问题的成因,以及一家银行陷入流动性危机甚至最终破产倒闭的规律性特征。

第九章

商业银行中间业务的管理

【学习目标】

1. 了解中间业务的概念、种类及其与传统存贷款业务之间的关系。
2. 理解中间业务蓬勃发展的原因。
3. 了解商业银行的支付结算业务、银行卡业务、代理业务、资产托管业务、投资银行业务和担保业务。

商业银行管理

第一节　商业银行的中间业务概述

传统商业银行的主要收入来源是发放贷款和证券投资的利息收入,其利润主要来自于利息收入与利息支出之间的利差。但随着银行竞争的不断加剧,利差出现持续下降,商业银行为了增加利润,积极开拓新兴业务,以增加非利息收入。这些业务统称为中间业务,也称为收费业务或表外业务。

一、中间业务与表外业务

中间业务是指商业银行在资产业务和负债业务的基础上,不运用或较少运用银行的资金,以中间人或代理人的身份为客户办理代理、委托、担保和信息咨询等业务。由于商业银行在办理这些业务的过程中,不直接作为信用活动的一方出现,不涉及自己的资产与负债的运用,业务的发生一般不在资产负债表中反映,商业银行的资产、负债总额也不受影响,所以称为中间业务。

中国人民银行于2001年6月21日发布施行的《商业银行中间业务暂行规定》[①]对中间业务的界定是:"中间业务是指不构成商业银行表内资产、表内负债,形成银行非利息收入的业务。"这个界定表明,中间业务有两个重要特征:一是不形成商业银行资产和负债,从而不进入商业银行资产负债表;二是产生非利息收入。正是因为这两个特征,中间业务也称为表外业务或收费业务。"表外业务"指的是中间业务是商业银行资产负债表以外的业务,"收费业务"指的是银行通常以收取手续费(而不是利息)的形式从这些业务中获得非利息收入。

在上述意义上,中间业务等同于表外业务,商业银行的业务也因此划分为资产业务、负债业务和中间业务(也称为表外业务)三大类。这是在广义上使用中间业务和表外业务这两个概念。但这两个概念也有并列使用的时候,即在狭义上,中间业务与表外业务分别指两类不同的业务。此时,商业银行业务划分为四大类,即资产业务、负债业务、狭义的中间业务和狭义的表外业务。

狭义的表外业务是指那些虽然不在资产负债表中反映,但由于同资产业务和负债业务关系密切,在一定条件下会转变为资产业务和负债业务,从而会在商业银行的资产负债表中得到反映的业务。比如,甲银行为一家企业提供担保,以便企业向乙银行申请一笔金额为100万元、期限为一年的贷款。担保合同约定,贷款到期时,如果企业违约,甲银行将代替企业偿还乙银行的100万元贷款。甲银行在提供担保时,并不需要实际拿出100万元。因此,这笔业务不需要进入资产负债表,但在一年后此笔贷款到期时,如果企业违约,甲银行将需要拿出100万元支付给乙银行,此时,甲银行的资产负债表就会发生变化,即现金资产减少100万元(支付给了乙银行),应收款增加100万元(甲银行应向企

[①] 中国人民银行2008年1月22日发布公告,废除了《商业银行中间业务暂行规定》,但它对中间业务的界定和分类仍有可借鉴之处。

业追索这100万元)。同时,在这类业务中,商业银行要承担一定的风险,从而需要在表外进行记载以便对其进行反映和管理。从这个意义上讲,狭义的表外业务中的"表外",除了包含"不在资产负债表之内"的意思,还有"需要在表外进行记载"的意思。

同时,狭义的表外业务也称为"或有负债业务"或"或有资产业务"。在上述担保业务的例子中,一年后企业是否违约存在着不确定性,违约可能发生也可能不发生,从而是"或有"的。如果发生,甲银行就要支付给乙银行100万元,在支付前,这相当于是对乙银行的一项负债,只不过这项负债是"或有"的,因此称为"或有负债";而在支付后,甲银行的资产就增加了一项金额为100万元的应收款,当然这项资产也是"或有"的,因此称为"或有资产"。

与狭义的表外业务不同,在狭义的中间业务中,商业银行一般并不承担风险,这类业务不仅在发生时不进入银行的资产负债表,而且在将来也永远不会进入银行的资产负债表,因为它既不是或有资产,也不是或有负债。比如,在结算业务中,由于银行不垫款,只是代为办理有关手续,因此,银行并不承担任何风险。①

表9-1概括了有关中间业务的几个概念的区别。在本书中,除非特别指明,我们是在广义上使用中间业务和表外业务的概念。

表9-1 有关中间业务的几个概念

广义的中间业务=广义的表外业务=收费业务=资产负债表以外的业务	
狭义的中间业务	狭义的表外业务
永远不进入银行的资产负债表,不属于或有资产或或有负债	发生时不进入银行的资产负债表,将来有可能进入银行的资产负债表,属于或有资产或或有负债
办理时银行不承担风险	银行需要承担一定的风险

商业银行中间业务的种类繁多,而且还在不断增长,因此,其分类方法也比较多。中国人民银行发布的《商业银行中间业务暂行规定》,将中间业务分为七类:(1)结算类中间业务,包括国内外结算,例如汇款、托收、资金清算业务等;(2)银行卡类中间业务;(3)代理类中间业务,包括代理证券业务、代理保险业务、代理政府等机构委托、代收代付等;(4)担保类中间业务,包括各种担保、备用信用证、承兑等;(5)承诺类中间业务,包括贷款承诺等;(6)交易类中间业务,例如远期外汇买卖、外汇期货、外汇期权、外汇掉期等②;(7)其他中间业务,如投资基金托管业务、信息咨询、财务顾问、保管箱业务等。

巴塞尔银行委员会将商业银行中间业务分为四类:(1)传统中间业务,包括结算、代理、信托、租赁、保管、咨询等业务;(2)各类担保业务,主要包括贷款偿还担保、履约担保、票据承兑担保、备用信用证等;(3)贷款承诺业务,主要有贷款限额、透支限额、备用

---

① 严格来说,银行办理狭义的中间业务时,也存在一定风险,比如,在办理支付结算业务中,银行也有可能因为欺诈、计算机系统故障等原因出现损失。但这属于操作风险的范围,而银行在办理狭义的表外业务时,除了存在这类操作风险以外,主要存在的是信用风险、市场风险等。

② 按照2007年1月1日起施行的新《企业会计准则》,衍生金融产品也要进入资产负债表,因此,已不再属于中间业务。我们将在本书第十二章对金融衍生产品进行详细介绍。

贷款承诺和循环贷款承诺等;(4)金融工具创新业务,主要包括金融期货、期权业务,货币及利率互换业务等。

二、中间业务与传统存贷款业务之间的关系

中间业务与传统存贷款业务之间的关系,主要表现在两个方面:一是中间业务在传统存贷款业务的基础上产生,二是中间业务促进传统存贷款业务的发展。

(一)中间业务在传统存贷款业务的基础上产生

从总体上来看,中间业务发展的基础规律是:商业银行充分利用在从事传统资产负债业务(主要是存贷款)的过程中所形成的各种有利条件和优势,在并不大幅度增加成本的同时,通过向社会提供各种新的金融服务,获取大量手续费收入。比如,银行之所以能够提供代发工资服务,主要是因为单位和企业都在银行开立存款账户。

具体来看,商业银行开展中间业务的条件和优势主要有:

(1)经营特许权优势。银行业一直都受着政府严格的管制,虽然受到来自非银行金融机构创新浪潮的不断冲击,银行仍然是唯一拥有经营支票存款业务特许权的机构,社会上几乎所有机构和个人都必须在银行开立存款账户,银行因此而几乎能够垄断结算、代收代付等业务。

(2)业务优势。为经济主体以贷款等方式提供资金支持,是商业银行对社会、经济发展的特殊贡献之一。对于像贷款承诺这类中间业务来说,客户实际需要的是商业银行所能提供的传统资产负债业务(贷款),正是因为银行能够发放贷款,银行才能提供贷款承诺。因此,许多中间业务直接就是银行传统资产负债业务的延伸。

(3)客户优势。在办理存贷款和结算等业务的过程中,银行与政府、企业和个人都建立起了比较稳定的业务联系。因此,银行具有其他机构无法比拟的客户优势,它既可以将其对某一部分客户提供的服务延伸到其他客户,也可以作为客户与客户之间的中介,提供其他服务。客户优势是商业银行能够提供代理证券、保险等销售的重要基础。

(4)信誉优势。由于银行业的特殊性,银行不仅拥有巨额资本金,有政府严格监管的制约,还受到政府安全网(如最后贷款人制度、存款保险制度等)的保护。因此,银行具有非常高的信誉,从而能够有效提供基金托管、担保等服务。

(5)硬件优势。为了保证银行经营的安全,银行通常会有非常精良的安全装备和安全设施,这使得银行能够提供其他机构基本不可能提供的保管箱等服务。同时,银行还有遍布各地的营业网点,这也使其能够更广泛地接触客户。

(6)人才优势。银行在传统存贷款业务的基础上,集中了大量知识渊博、经验丰富的各行各业专家。他们既了解金融领域的各种法规、惯例、运作程序和技巧,也了解经济、金融发展的现状和趋势,了解企业的经营管理、家庭的消费和投资习惯,因此能够提供财务顾问、管理咨询等服务。

(7)信息优势。由于银行与社会各界广泛的接触,再加上自身业务的需要,银行集中了大量信息,并且建立了信息收集、整理、分析、检索的完备系统。因此,银行就能借此提供各种信息咨询服务。

从总体上来看,商业银行开展中间业务时,虽然往往也要进行一些专门投资,发生一

些额外成本,比如,开展咨询顾问服务需要聘请专门顾问人员、建立资讯系统,但与单独开展同样业务比较起来,其投资和成本都要低得多。

(二) 中间业务促进传统存贷款业务的发展

商业银行的中间业务,不仅能够借用银行在其传统资产负债业务的基础上已经产生的上述诸多优势,从而增加银行收入和利润,同时,还能够有效地促进银行的传统资产负债业务。比如,如果一家银行能够提供高效、准确、周到的结算服务,那么,企业就会非常愿意将钱存在这家银行,并从这家银行申请贷款,从而增加银行的存贷款业务。再比如,银行的代发工资业务会使其增加存款,因为如果是企业提取现金发放工资,职工可能就会以现金形式持有工资,或者存入其他银行,而代发工资是将钱直接存入职工在银行的账户上,职工就可能只在需要使用现金时再取款,这样,银行存款就增加了,而且还可能增加了一位会从银行购买大量其他服务的优质客户。

商业银行中间业务的迅猛发展对其经营管理产生着重要影响,并进而促进了商业银行传统存贷款业务的发展。表现在以下方面:(1) 多层次、多品种的中间业务拓宽了盈利来源渠道,结束了银行单纯依赖存贷利差获取利润的局面,提高了银行利润的稳定性;(2) 中间业务的发展能够提高银行的声誉,稳定和吸引客户,扩大银行的市场份额;(3) 促使银行不断提高多方面的素质,如金融创新能力、各类专业人才、现代化服务手段和高质量服务水平等;(4) 促使商业银行重新考虑经营管理战略,如分支机构网点的设置、人员的配置、业务结构的调整、客户的选择与市场推广等。

三、商业银行中间业务蓬勃发展的原因

在过去数十年中,商业银行的中间业务呈现出蓬勃发展的基本态势,而且还有不断加速的趋势,究其原因,大致有如下几个方面:

(1) 社会经济主体对银行服务需求的增加。随着社会经济的发展,服务业在整个经济中所占比重不断上升,社会经济各个主体对服务的要求不断上升,对银行服务的种类、数量和质量的要求也"水涨船高",这极大地扩大了社会对商业银行中间业务的需求,从而为商业银行中间业务的发展奠定了基础。比如,银行个人理财服务发展的前提是"有财可理",只有在人们生活水平普遍提高、金融资产在总资产中所占比重达到一定程度时,才会需要银行帮助理财,才会形成对银行理财服务的需求。

(2) 金融业竞争的加剧。金融市场的发展和大量非银行金融机构的涌现,以及金融管制的放松,使得商业银行的竞争环境变得极为严峻,利差越来越小,来自传统业务的利润越来越少。残酷的竞争为商业银行开展中间业务提供了强大的推动力,使其不得不开拓新业务,以增加收入,提高利润率。

(3) 资本充足率监管的加强。各国在放松外汇、利率等金融管制的同时,为了确保银行业的稳定,又普遍加强了对银行资本充足率的管制。商业银行为了回避对资本充足率的监管而转向不直接在资产负债表中反映的中间业务,有力地促进了商业银行中间业务的发展。

(4) 银行经营风险的增加。通货膨胀使利率波动幅度大大增加,加大了利率风险;布雷顿森林体系解体后的浮动汇率的普遍实行,使汇率风险大大增加;经济的周期性波

动,使信用风险大为提高;同时,竞争的加剧也使得各金融机构更多地涉足高风险业务;等等。银行经营风险的增加,一方面,使商业银行把注意力更多地投向不需承担风险,但又能给银行带来可观的手续费收入的中间业务;另一方面,使商业银行对规避风险的需求也大大增加,这都极大地促进了中间业务的发展。

(5)科技的发展和应用。科学技术尤其是计算机和现代通信技术的发展和广泛应用,从物质技术方面为银行有效开拓中间业务提供了保障。进入20世纪80年代,电子技术不仅用于银行办理存取款和结算等传统业务,而且建立起了全国、全世界范围的计算机及通信网络,形成了完备的自动化出纳、转账和信息处理系统,地理位置分割已不再成为业务联系的障碍,全球主要金融市场的业务能够紧密地联系在一起,任何证券买卖、外汇交易、资金划拨、行情报价等业务都可以全天候24小时不间断进行。这不仅使金融活动所需要的交易时间和成本大为降低,而且为许多新的金融业务——尤其是银行的中间业务的发展与开拓提供了技术条件和广阔的市场。

第二节 支付结算与银行卡业务

一、支付结算业务

(一)支付结算的概念和作用

支付结算,是指客户之间由于商品交易、劳务供应等经济活动而产生债权债务关系,通过现金和银行存款转移方式完成的货币给付及其资金清算过程。支付结算按性质分为现金支付结算和转账支付结算两种。现金支付结算是指以现金的支付来完成货币的收付以及债权债务的清偿;转账支付结算是指通过银行票据或转账方式来完成货币的收付及债权债务的清偿。在我国,由于严格划分使用现金和转账结算的范围,习惯上将转账结算简称为"结算"。

具体来看,商业银行所提供的支付结算服务,能够起到如下作用:(1)通过票据和信用卡等支付工具的推广应用,可以方便经济活动,促进商品流通,减少现金使用,大大降低交易成本;(2)通过规范银行账户制度,加强账户管理,有利于防止利用银行账户逃债、逃贷、逃税和套取现金,有利于打击洗钱行为和防止腐败;(3)通过建立快速、高效、安全的现代化支付清算系统,有利于防范支付风险,加速资金周转,提高社会资金使用效益;(4)通过加强对支付结算统一法规制度的制定和执行的监督管理,有利于规范支付结算行为,严肃支付结算纪律,维护正常的经济、金融秩序,促进经济的健康发展。

(二)结算方式

我国商业银行办理的转账结算方式,主要包括汇兑结算、票据结算、托收结算、信用证结算四种。

1. 汇兑结算

汇兑是汇款人委托银行将款项汇给异地收款人的结算方式,即汇款人主动支付款项的结算行为。它适用于单位、个体经济户和个人各种款项的结算,在银行没有开户的单位和个人也可办理。

银行汇兑结算是汇出行通过将付款命令通知汇入行进行的,因而汇兑结算中一般涉及四个当事人,即汇款人(付出款项的人)、收款人(接收款项的人)、汇出行(受汇款人委托汇出款的银行)和汇入行(受汇出行委托解付汇款的银行)。汇兑结算按凭证传递的方式不同,分为信汇和电汇两种。信汇通过普通邮寄方式传递凭证,速度较慢,但费用较低;而电汇则通过电子方式传递凭证,速度较快,但费用较高。

2. 票据结算

票据结算主要包括银行汇票结算、商业汇票结算、银行本票结算和支票结算四种。

(1) 银行汇票,是汇款人将款项交当地银行、由银行签发经汇款人持往异地办理转账结算或支取现金的票据。这种结算方式方便灵活,既可以由汇款人自己携带,又可以背书转让,因此使用的范围比较广泛,是异地结算的主要方式。

(2) 商业汇票,是收款人或付款人(或是承兑申请人)签发、由承兑人于到期日向收款人或被背书人支付款项的票据。由于银行汇票以银行为签发人,所以兑付银行具有无条件付款的责任。因此,银行汇票无须承兑。但商业汇票一般需要承兑,按承兑人的不同,分为商业承兑汇票和银行承兑汇票(参见本书第六章)。

(3) 银行本票,是申请人将款项交存银行,由银行签发给其凭以办理转账结算或支取现金的票据。银行本票的发票人即付款人,是承诺式的信用证券。在同城范围内进行商业交易、劳务供应和其他款项结算的单位、个体经济户及个人均可使用银行本票。

(4) 支票,是银行的存款人签发给收款人,并委托开户银行将款项支付给收款人的票据。银行在接受存款人的存款后,以存款额度为限替代存款人支付款项。长期以来,我国的支票只能在同城范围内使用,但从 2007 年 7 月起,支票已可以全国通用。

3. 托收结算

托收结算是债权人(出口商或售货人)根据贸易合同发运货物后向债务人(进口商或购货人)为收取款项而开出汇票,委托银行代为收取的一种结算方式。托收在国际贸易的款项结算中应用比较广泛。

办理托收时,要由债权人或售货人(或出口商)开出一份以外地购货人或债务人(或进口商)为付款人的汇票,将汇票和其他单据交给开户行,由开户行寄给债务人或购货人(或进口商)所在地的开户银行,请其向债务人收取款项后,寄回并转交债权人。因此,托收结算与汇兑结算不同,结算工具与资金不是相向流动,而是形成对流、逆向流动。

托收结算方式按照汇票是否附有货运单据,分为光票托收和跟单托收两种。

(1) 光票托收。光票是指不附带货运单据的汇票。光票托收即委托人仅凭资金单据委托银行向付款人收款的托收方式。在国际结算中,光票托收通常用于收取出口货款尾数、样品费、佣金、代垫费用和其他贸易从属费用的结算。

(2) 跟单托收。即委托人凭附有货运单据的汇票,委托银行向进口方收取货款的托收方式。在国际贸易中,由于货运单据代表着货物所有权,跟单托收清楚地表明了买卖双方存在的债权债务关系。因此跟单托收在国际贸易中应用比较广泛。

4. 信用证结算

由中国人民银行发布、自 1997 年 8 月 1 日起施行的《国内信用证结算办法》,将广泛应用于国际贸易结算的信用证结算方式带入了国内结算中。该办法对信用证的定义是:"本办法所称信用证,是指开证行依照申请人的申请开出的,凭符合信用证条款的单据支付的付款承诺。"

在国际结算中,信用证是进口方银行(开证行)应进口商(申请开证人)的要求,向出口商(受益人)发出的,授权出口商签发以银行或进口商为付款人的汇票,并保证对符合条款规定的汇票和单据必定承兑和付款的保证文件。

信用证结算与其他结算方式相比较,主要有三个特点:(1)信用证是以银行信用为基础,即把原来应由进口商履行的凭单付款责任转由银行来履行,以银行的信用保证代替商人的信用保证,银行负有第一付款人的责任。因此,信用证对银行来说,不仅提供了结算服务,而且提供了信用保证的服务。(2)信用证是一项独立的保证文件,它虽依贸易合同而开立,但并不依附于贸易合同。(3)信用证业务的处理仅以单据为依据。即信用证业务是一种单据买卖,银行只凭单据办理业务。

二、银行卡业务

银行卡是由经授权的金融机构(主要指商业银行)向社会发行的具有消费信用、转账结算、存取现金等全部或部分功能的信用支付工具。

(一)银行卡的种类

依据不同的标准,银行卡可以分为不同的种类。

按清偿方式,银行卡分为信用卡和借记卡两大类。信用卡包括贷记卡和准贷记卡,而借记卡包括转账卡、专用卡和储值卡。

信用卡按是否向发卡银行交存备用金分为贷记卡、准贷记卡两类。贷记卡是指发卡银行给予持卡人一定的信用额度,持卡人可在信用额度内先消费、后还款的信用卡。准贷记卡是指持卡人须先按发卡银行要求交存一定金额的备用金,当备用金账户余额不足支付时,可在发卡银行规定的信用额度内透支的信用卡。

借记卡按功能不同分为转账卡(含储蓄卡,下同)、专用卡、储值卡。借记卡不具备透支功能。转账卡是实时扣账的借记卡,具有转账结算、存取现金和消费功能。专用卡是具有专门用途(指在百货、餐饮、饭店、娱乐行业以外的用途)、在特定区域使用的借记卡,具有转账结算、存取现金功能。储值卡是发卡银行根据持卡人要求将其资金转至卡内储存,交易时直接从卡内扣款的预付钱包式借记卡。

银行卡还有很多其他分类方式:(1)依据结算的币种不同,银行卡可分为人民币卡和外币卡;(2)按使用对象不同,银行卡可分为单位卡和个人卡;(3)按载体材料的不同,银行卡可以分为磁性卡和智能卡(IC卡);(4)按使用对象的信誉等级不同,银行卡可分为金卡和普通卡;(5)按流通范围不同,银行卡可分为国际卡和地区卡。

(二)银行卡的功能

银行卡的功能是由发卡银行根据社会需要和内部经营能力所赋予的,主要有以下四种:

(1)转账结算功能。即持卡人在特约商户购物消费之后,无须以现金支付款项,只需要递交信用卡进行转账结算即可。这是信用卡最主要的功能。

（2）储蓄功能。持卡人可以在发行信用卡的银行所指定的储蓄所办理存款或支取现金业务，还可以在发卡银行所属的自动柜员机上凭卡存取现金。

（3）汇兑功能。当信用卡持有者外出旅游、购物或出差，需要在外地支取现金时，可以持卡在当地发卡银行的储蓄所办理存款手续，然后持卡在异地发卡银行的储蓄所取款。

（4）消费贷款功能。持卡人在消费过程中的各种费用超过其信用卡存款账户余额时，在规定的限额范围内，发卡银行允许持卡人进行短期的透支行为。从实质上讲，这是发行信用卡的银行向顾客提供的消费贷款。

银行卡的四大功能，不仅大大方便了持卡人与特约商户的购销活动，而且减少了社会现金流通量，节约了社会劳动。

（三）银行卡业务的收入

商业银行从事银行卡业务，有四个收入来源：(1) 商户结算手续费，即接受银行卡付款的商户，在通过银行进行结算时按照实际交易金额的一定比例向银行支付的手续费。根据由中国人民银行发布、自1999年3月1日起施行的《银行卡业务管理办法》，商业银行向商户收取结算手续费的标准是，宾馆、餐饮、娱乐、旅游等行业不得低于交易金额的2%，其他行业不得低于交易金额的1%。(2) 年费，即持卡人向发卡银行每年缴纳的固定费用。(3) 利息收入，是持有具有透支功能的银行卡（贷记卡和准贷记卡）客户，在透支以后按规定向银行支付的利息。《银行卡业务管理办法》规定："贷记卡透支按月记收复利、准贷记卡透支按月计收单利，透支利率为日利率万分之五，并根据中国人民银行的此项利率调整而调整。"(4) 其他收入，包括挂失手续费、转账费、滞纳金、异地取现手续费等。

第三节　代理与托管业务

一、代理业务

代理业务指商业银行接受客户委托、代为办理客户指定的经济事务、提供金融服务并收取一定费用的业务。

代理业务是典型的中间业务，在代理业务过程中客户的财产所有权不变，银行则充分运用自身的信誉、技能、信息等资源优势，代客户行使监督管理权，提供各种金融服务。在代理业务中，银行一般不动用自己的资产，不为客户垫款，不参与收益分配，只收取代理手续费，因而是风险较低的银行业务。

（一）代理行业务

代理行业务是指商业银行的部分业务由指定的其他银行代为办理的一种业务形式。代理行业务包括两大类：一类是国内银行之间的代理，另一类是国际银行之间的代理。

即使分支机构再多的银行也有辐射不到的地区和领域，有些业务就需要由其他银行来代理。我国国内银行之间的代理业务主要包括代理政策性银行业务、代理中国人民银行业务、代理商业银行业务三类。

任何一家规模巨大的跨国银行,都不可能在世界范围内遍设海外机构,国际业务全球性和海外机构有限性的矛盾,是产生国际间代理行关系的主要原因。在没有海外机构而又有国际业务的地方,就可通过代理行代为经营。因此国际银行间的代理业务就为在不同国家或不同货币金融中心的银行提供了财务上的沟通。代理行为对方银行或对方银行的客户提供各种银行服务,如为对方接受存款、发放贷款、调拨资金、进行国际结算、买卖有价证券等。

(二) 代收代付业务

代收代付业务,是商业银行利用自身的结算便利,接受客户的委托代为办理指定款项的收付事宜的业务,例如代理各项公用事业收费、代理行政事业性收费和财政性收费、代发工资、代扣住房按揭及消费贷款还款等。

企业的日常经营活动中,除了一般买卖交易的款项支付外,还有大量定期或不定期、规则或不规则的小额款项收付,如职工工资、退休金、水电煤等公用事业的支付、劳务费、运费、租金、罚没款、赔偿金的支付,还有股票、债券、基金等本息红利的收付,等等。这些款项收付的涉及面广,收付频繁,且一般金额不大,是十分繁杂的事务性工作。商业银行利用自身的计算机网络和结算优势开展代理收付款业务,既能帮助企事业单位和居民个人从繁杂的款项收付中解脱出来,又可取得手续费收入,并有助于挖掘和扩大存款资源,因而具有"一举多得"的功效。

商业银行代理收付款项时,只负责按规定办理具体的收款手续,不负责收付双方的任何经济纠纷。代理手续费由委托人与商业银行按金额和业务笔数协商计收。

(三) 代理证券业务

代理证券业务是指银行接受委托办理的代理发行、兑付、买卖各类有价证券的业务,还包括接受委托代办债券还本付息、代发股票红利、代理证券资金清算等业务,其中比较有代表性的业务是银证转账业务和银证通业务。

银证转账业务是银行为了方便客户买卖证券,接受投资者的委托,利用本身的电子自动转账系统,将投资者的存款账户与其在证券经纪商的资金账户连接起来,使客户得以通过柜台转账、电子银行自助转账方式,相互转入或转出资金。

银证通业务是指银行与证券公司之间在银证转账基础上推出的更高层次的银证合作产品,又称为"存折炒股"。具体内容是,银行的储蓄系统和证券公司的交易系统相连接,将投资者的银行储蓄账户与证券保证金账户合二为一,在进行证券交易时,投资者通过证券公司的交易系统进行证券买卖,通过在银行开立的储蓄账户完成资金清算。

(四) 代理保险业务

代理保险业务是指代理机构接受保险公司委托代其办理保险业务的经营活动。商业银行代理保险业务,可以受托于个人或法人,代为办理投保事宜,也可以作为保险公司的代表,与保险公司签订代理协议,接受保险人的委托,依托自身的结算、网络等优势,结合所拥有的客户群体资源,为保险公司代理各种保险业务。

代理保险业务种类主要包括：代理人寿保险业务、代理财产保险业务、代理收取保费及支付保险金业务、代理保险公司资金结算业务。

（五）委托贷款业务

委托贷款是指由政府部门、企事业单位及个人等委托人提供资金，由贷款人（即受托人）根据委托人确定的贷款对象、用途、金额期限、利率等代为发放、监督使用并协助收回的贷款。贷款人（受托人）只收取手续费，不承担贷款风险。商业银行、信托公司等非银行金融机构都可以办理委托贷款业务。

由于委托贷款不是商业银行利用自身筹集资金向借款人发放的贷款，商业银行在办理委托贷款业务中不承担任何形式的贷款风险而只收取手续费。因此委托贷款不属于商业银行的授信业务，而属于收费性质的中间业务。

我国法规规定，只有经国家监管机构批准经营贷款业务的机构，才能发放贷款。因此，委托贷款是企业与企业之间、企业与个人之间直接进行借贷融资的一种有效方式。在委托贷款业务中，银行作为受托人可以代委托人办理如下事项：(1) 代为监督贷款资金使用和项目执行情况；(2) 代为监督借款人、保证人的生产经营情况；(3) 代为保管本合同项下的抵押物、质押物和权利凭证；(4) 协助委托人收回贷款本息；(5) 代扣代缴利息税。

（六）保理业务

保理业务（Factoring）即保付代理业务，也称承购应收账款业务、代理融通业务，是保理商为卖方（供应商、出口商）提供的一种综合服务，其核心是应收账款债权转让和受让。在服务中，卖方（供应商、出口商）将基于其与买方（债务人）订立的货物销售或服务合同项下所产生的现在或将来的应收账款转让给保理商，由保理商为其提供下列服务中的至少两项：贸易融资、销售分户账管理、应收账款的催收、信用风险控制及坏账担保。根据当事人的不同，保理业务可分为国际保理业务和国内保理业务两种。

国际保理业务一般涉及以下四方关系人：(1) 卖方，即商品交易中的债权方；(2) 卖方保理商，即为卖方提供保理业务服务的商业银行；(3) 买方，即商品交易中的债务方；(4) 买方保理商，即为买方提供保理业务服务的商业银行。对于既存在卖方保理商又存在买方保理商的国际保理业务，通常称为国际双保理业务，是国际保理业务的主要形式。

在国内保理业务中，一般只有一个保理商，而且除了基于应收账款的预付款融资外，银行还通过商业资信调查、应收账款管理、信用风险担保等，为客户提供涵盖信用销售事前、事中、事后全过程的信用管理综合服务。

（七）代保管业务

代保管业务是指商业银行利用自身安全设施齐全、管理手段先进等有利条件设置保险箱库，接受客户的委托，代理保管各种贵重物品和单证，并按照代保管物品的种类、数量和期限收取手续费的一种业务。银行代为保管的贵重物品和单证包括贵重金属、契约文件、设计图纸、文物古玩、珠宝首饰以及股票、债券等有价证券。

二、资产托管业务

资产托管业务是接受客户委托,安全保管客户资产,行使监督职责,并提供投资管理等相关服务的业务。

我国商业银行的资产托管业务是从基金托管开始的,现在已经扩展到 QFII[①] 托管、企业年金托管、保险资金托管、产业投资基金托管、社保基金托管、信托资产托管等,规模不断增大,成为商业银行的重要中间业务。我们下面以基金托管业务为例,简要介绍银行在资产托管业务中的作用和服务。

基金托管业务是指有托管资格的商业银行接受基金管理公司委托,安全保管所托管的基金的全部资产,为所托管的基金办理资金清算、款项划拨、会计核算、基金估值、监督管理人投资运作等业务。

证券投资基金是指一种利益共享、风险共担的集合证券投资方式,即通过发行基金单位(基金的基本计量单位),将投资者的不等额出资募集起来,交由基金托管机构托管,基金管理机构经营管理,并将其分散投资于股票和债券等金融工具,投资收益按出资比例分配给基金持有人的一种资金组织形式。

基金托管人是依据基金运行中"管理与保管分开"的原则对基金管理人进行监督和对基金资产进行保管的机构。设立基金托管机构的目的在于防止基金财产挪作他用,保障基金投资人的合法权益。因此,世界各国都要求投资基金选择实力雄厚、经营稳健、信誉良好的银行作为基金托管人。

基金托管人以"诚实信用、勤勉尽责"为敬业准则,其目标是维护基金持有人的利益,为基金管理人提供优质、高效服务,从而促进证券投资市场的健康规范发展,其具体职责包括:(1)安全保管基金的全部资产;(2)负责基金投资资金的清算;(3)负责审核基金账务和资产估值,对所托管的基金投资运作进行监督。

第四节 投资银行业务

一、投资银行与商业银行的投资银行业务

投资银行是主要从事证券发行、承销、交易、企业重组、兼并与收购、投资分析、风险投资、项目融资等业务的非银行金融机构,是资本市场上的主要金融中介。

投资银行原本是与商业银行相对应的一个概念,两者有着明显的界限。但随着金融市场的发展,无论是投资银行的业务还是商业银行的业务都在不断扩大,两者之前的业务,除了反映各自特征的核心业务(如投资银行的股票承销业务、商业银行的存贷款业务)以外,其他业务呈现出交叉融合的态势,两者的区分也越来越模糊,商业银行大量从

---

① QFII 的全称是 Qualified Foreign Institutional Investors,即合格境外机构投资者。我国 2002 年年底开始允许 QFII 在一定规定和限制下向中国境内汇入一定额度的外汇资金,并转换为当地货币,通过严格监管的专门账户投资当地证券市场,其资本利得、股息等经批准后可转为外汇汇出。

事的投资银行业务就属于两者的交叉领域。

在不违反分业经营法律框架的情况下,我国商业银行大体从2000年开始大量开展投资银行业务。比如,截至2006年年底,中国工商银行已在全国22家境内分行设立投资银行业务部门,专门提供投资银行服务。

二、商业银行的投资银行业务

商业银行的投资银行业务,包括结构化融资顾问、重组并购、企业上市发债顾问、银团贷款、企业理财与资信服务等。

(一)结构化融资顾问服务

在结构化融资顾问服务中,银行充分发挥自身产品和网络优势,从帮助企业进行债务和股权融资入手,同时针对企业所处的行业特点,全方位考虑客户对融资方式、期限、成本等因素的要求,综合运用上市融资、股权私募、信托、租赁、债券、票据、贷款等融资工具,为企业量身订制全面的融资结构调整方案(即结构化融资),并协助企业组织落实,从而调整企业财务结构,优化企业负债期限,降低企业综合融资成本,使企业财务指标更健康,以获得更优质的企业信用。

(二)重组并购服务

重组并购,是指企业基于经营战略考虑对企业股权、资产、负债进行的收购、出售、分立、合并、置换活动,表现为资产与债务重组、收购与兼并、破产与清算、股权或产权转让、资产或债权出售、企业改制与股份制改造、管理层及员工持股或股权激励、债转股与股转债、资本结构与治理结构调整等。

(三)企业上市发债顾问服务

根据我国目前的法律规定,商业银行不能承销企业股票和一般企业债券,但能够为企业上市和发行债券提供顾问服务,并且能够承销企业短期融资券和国债。

在严格遵守法律法规及相关政策的前提下,商业银行接受企业委托担任上市顾问的工作包括:(1)为拟上市企业设计并帮助实施企业战略规划、企业改制方案、资产重组方案、股本私募方案等。(2)对拟上市企业在首次公开发行过程中申请、筹备工作提供相关合理化建议,协助目标企业及相关中介机构制作相关文件。(3)向拟上市企业推荐上市保荐人、承销商、会计师事务所、律师事务所等中介机构(以下简称"第三人"),并协助拟上市企业对第三人的资格进行审查以及选任。(4)协助第三人对拟上市企业进行尽职调查工作,负责有关资料的收集与传递,并利用自身资源、网络优势在可公开信息范围内提供信息支持。

在企业债券的发行方面,商业银行可通过与有资质的机构合作,提供企业债发行顾问服务,包括财务结构分析、债券融资安排、债券发行、债券担保、债券包销和承销、相关款项代为收付等。

(四)银团贷款服务

银团贷款(Syndicate Loan)又称辛迪加贷款,是指由两家或两家以上银行基于相同贷款条件,依据同一贷款协议,按约定时间和比例,通过代理行向借款人提供的本外币贷款或授信业务。中国银监会2007年8月11日公布施行的《银团贷款业务指引》对商业银行的银团贷款业务进行了规范。

1. 银团贷款的成员

参与银团贷款的银行均为银团贷款成员。银团贷款成员按照"信息共享、独立审批、自主决策、风险自担"的原则自主确定各自授信行为,并按实际承诺份额享有银团贷款项下相应的权利、义务。

按照在银团贷款中的职能和分工,银团贷款成员通常分为牵头行、代理行和参加行等角色。(1)银团牵头行是指经借款人同意、发起组织银团、负责分销银团贷款份额的银行,是银团贷款的组织者和安排者。单家银行担任牵头行时,其承贷份额原则上不少于银团融资总金额的20%,分销给其他银团贷款成员的份额原则上不低于50%。(2)银团代理行是指银团贷款协议签订后,按相关贷款条件确定的金额和进度归集资金向借款人提供贷款,并接受银团委托按银团贷款协议规定的职责对银团资金进行管理的银行。代理行可以由牵头行担任,也可由银团贷款成员协商确定。(3)银团参加行是指接受牵头行邀请,参加银团并按照协商确定的承贷份额向借款人提供贷款的银行。银团参加行的主要职责是参加银团会议,按照约定及时足额划拨资金至代理行指定的账户;在贷款续存期间应了解掌握借款人的日常经营与信用状况的变化情况,对发现的异常情况应及时通报代理行。

2. 银团贷款的优势

银团贷款主要是为大中型企业和重点项目服务,满足企业大额融资需求。从业务品种来看,贷款银团包括流动资金贷款银团、项目融资银团、房地产贷款银团、债务重组银团、收购兼并银团等,同时,还可在期限结构和币种结构上进行不同类型的组合,以满足客户的多种融资需求。从总体上来看,银团贷款的优势体现在如下四个方面:

(1)利用贷款机会。国家法规对银行贷款规模的限制,使单一银行不能承担数额巨大的贷款项目。比如,我国《商业银行法》第三十九条就明确规定,商业银行"对同一借款人的贷款余额与商业银行资本余额的比例不得超过百分之十",这就限制了一家银行对同一借款人的最大贷款额度,在所要求资金超过这一额度时,就必须组成银团,否则,银行就可能无法为这样的优质项目提供融资。尤其是对于小银行来说,加入银团几乎是参与这种大型项目的唯一方法。

(2)分散风险。对同一企业的大额资金需求,不仅在规模上可能超过单家银行的贷款能力,而且在风险上也可能过于集中。因此,银团贷款通过在银团成员之间分担风险而降低单家银行的贷款风险。

(3)节约成本。由于银团贷款中所有成员行的贷款均基于相同的贷款条件,使用同一贷款协议,因此,虽然是多家银行同时为这个企业提供贷款,但贷款调查、谈判、贷后检查等成本只需要发生一次,并分摊到银团所有参加成员的身上,这样在总体上就节约了贷款管理成本。

(4)改变银企关系。大量案件显示,银行贷款屡屡被客户套取、挪用,造成巨额信贷损失,重要原因之一就是一些客户利用银行各自为政、以邻为壑的经营缺陷,多头开户、多头贷款、多头转移、超风险承受力借款。采用银团贷款,利用多家银行参与,多边审查,可以减少贷款决策中单家银行和个别人独断的机会,降低银企勾结、内外合谋、内外牵连的可能性,形成和谐竞争、银企共赢的新局面。

3. 银团贷款的收费

银团贷款收费是指银团成员接受借款人委托,为借款人提供财务顾问、贷款筹集、信用保证、法律咨询等融资服务而收取的相关中间业务费用,纳入商业银行中间业务管理。

银团贷款收费的具体项目可包括安排费、承诺费、代理费等。安排费一般按银团贷款总额的一定比例一次性支付;承诺费一般按未用余额的一定比例,每年按银团贷款协议约定方式收取;代理费可根据代理行的工作量按年支付。

(五)企业理财与资信服务

企业理财服务,是指商业银行在传统的资产业务和负债业务基础上,利用技术、信息、服务网络、资金、信用等方面的优势,不运用或不直接运用自己的资产、负债,以中间人(代理人)的身份接受委托,为机构客户提供财务分析、财务规划、投资顾问、资产管理等专业化服务活动。企业理财服务主要包括理财咨询服务和投资理财服务。[①]

企业资信服务包括资信证明、资信调查、资信评级与信息咨询等。

第五节 担保与承诺业务

一、担保业务

担保业务指商业银行为客户的债务清偿能力提供担保,承担客户违约风险的业务,主要包括银行承兑汇票、备用信用证、各类保函三大类。银行承兑汇票参见本书第六章,此处重点介绍银行保函和备用信用证。

(一)银行保函

银行保函是由银行(即保证人)开立的保证被担保的第三人(即债务人或委托人)履行某种义务的书面保证书。在该保证书有效期内,一旦银行保证的被担保的第三人不履行某种义务,银行就要负责承担由此产生的付款义务。在使用保函时,受益人应首先向委托人请求付款,只有在后者不付时,才可利用保函要求担保银行付款,所以担保银行的付款责任是第二性的。

根据担保银行承担风险不同及管理的需要,保函分为融资类保函和非融资类保函两大类。(1)融资类保函主要包括借款保函、授信额度保函、有价证券保付保函、融资租赁保函、延期付款保函,其核心特点是为申请人的融资行为及资金债务的偿还义务承担担保责任。(2)非融资类保函,是除融资类保函以外的其他保函的总称,主要包括投标保函、预付款保函、履约保函、关税保函、即期付款保函、经营租赁保函等。

(二)备用信用证

备用信用证是信用证的一种,是开证行应借款人要求,以放款人作为信用证的受益

---

① 现金管理服务实际上也属于企业理财的范畴,参见本书第三章的有关讨论。

人而开具的一种特殊信用证,以保证在借款人破产或不能及时履行义务的情况下,由开证行向受益人及时支付本利。

备用信用证与银行保函业务一样属于银行担保业务。我国的保函业务一般采用银行担保形式,备用信用证是在法律限制开立保函的情况下出现的保函业务替代品,其实质也是银行对借款人的一种担保行为,主要流行于禁止商业银行开立保函的美国和日本等国家。

备用信用证之所以称为信用证,是因为与信用证一样,开证银行也是以单证相符为付款条件,各方当事人的权利义务均按《跟单信用证统一惯例》解释。

但与普通信用证不同的是,备用信用证中开证行通常是第二付款人,即只有当借款人发生意外(如破产或技术上不能履行付款义务)时,银行才需要代为履行规定义务;而一般信用证业务中,只要受益人所提交的单据和信用证条款一致,不论申请人是否履行其义务,商业银行都要承担对受益人的第一付款责任。正因为备用信用证只有在债务人违约时才使用,而在一般情况下这种信用证并不被利用,所以才冠以"备用"字样。

二、贷款承诺业务

贷款承诺业务是指商业银行在未来某一日期按照事前约定的条件向客户提供贷款的业务,一般包括项目贷款承诺、开立信贷证明、客户授信额度和票据发行便利四大类。

(一)项目贷款承诺

银行出具的贷款承诺是项目业主或投资方对资本金以外投资来源落实的重要依据,一般包括具有约束力的贷款承诺和不具有约束力的贷款承诺两类。不具有约束力的贷款承诺主要用于项目可行性研究审批以及项目营销等。作为商业银行中间业务的项目贷款承诺主要是用于大型建设项目和银团贷款中的具有约束力的贷款承诺。

(二)开立信贷证明

开立信贷证明的业务,是指商业银行应客户(项目业主或投资方)的要求,向招标人出具的书面文件,主要用于参与大型建设项目或工程的招投标中招标人对投标人进行资格预审。

(三)客户授信额度

授信额度是商业银行按照规定的程序确定的、在一定期限内(通常为一年)对某客户提供短期授信支持的量化控制指标,商业银行一般要与客户签订授信协议。

授信额度项下发生具体授信业务时,商业银行还要按照实际发生业务的不同品种进行具体审查,办理相关手续。由于从授信额度转化为实际授信业务存在一定的不确定性,因此授信额度属于商业银行对客户的一种授信承诺。

(四)票据发行便利

票据发行便利是一种具有法律约束力的中期授信承诺。根据商业银行与企业之间签订的协议,借款人可以在一段时期内(一般为5—7年),以自己的名义周转性发行短期票据,即在短期票据到期时,再发行新的短期票据筹集资金偿还已到期的票据,不断循环,从而以较低的成本取得中长期的资金。如果市场状况的变化使得企业无法按照原来的预期销售全部短期票据,商业银行将按照协议负责购买借款人未能售出的全部票据,或者向企业提供相应金额的贷款。

从借款人的角度看,票据发行便利使其能够凭借自己的信用在市场上通过短期票据融入长期资金,因此利率比较低,但是需要向银行支付一定手续费。从银行角度来看,首先可以通过手续费增加银行的收入,同时,也可以与客户建立密切的合作关系。当然,银行也要因此而承担市场利率波动、企业信用状况发生变化等所带来的风险。

本章小结

中间业务也称为收费业务。中间业务与表外业务在广义上的含义完全相同,但在狭义上两者属于并列的两个不同概念。中间业务的范围极其广泛,在传统存贷款业务的基础上产生,又促进传统存贷款业务的发展。商业银行中间业务呈现出不断加速的发展趋势。

商业银行所提供的支付结算服务有着非常重要的作用,结算方式主要包括汇兑结算、票据结算、托收结算、信用证结算等。

依据不同的标准,银行卡可以分为不同的种类。银行卡具有转账结算、储蓄、汇兑、消费贷款等功能。银行卡业务的收入主要来源于商户结算手续费、年费、利息收入及其他收入。

代理业务是典型的中间业务,主要包括代理行业务、代收代付业务、代理证券业务、代理保险业务、委托贷款业务、保理业务、代保管业务等。

在以基金托管业务为代表的资产托管业务中,银行接受客户委托,安全保管客户资产,行使监督职责,并提供投资管理等相关服务。

商业银行的投资银行业务,包括结构化融资顾问、重组并购、企业上市发债顾问、银团贷款、企业理财与资信服务等。

商业银行的担保业务包括承兑汇票、备用信用证、各类保函三大类。贷款承诺业务主要包括项目贷款承诺、开立信贷证明、客户授信额度和票据发行便利四大类。

复习思考题

1. 说明中间业务的概念及其与表外业务的关系。
2. 说明中间业务与传统存贷款业务之间的关系,以及商业银行中间业务呈现出不断加速发展趋势的原因。
3. 说明商业银行支付结算业务、银行卡业务、代理业务、资产托管业务、投资银行业务和担保业务的主要内容。
4. 访问你喜欢的商业银行的网站,浏览"银行卡"栏目,了解其银行卡的种类、特点、收费标准、促销措施。

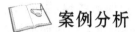

案例分析

贷款承诺与现金流

中国银监会统计数据显示,2012年中国商业银行不良贷款余额,改变了多年的持续下降态势,出现了连续四个季度的增长,而2013年年初,从钢贸企业信贷危机到无锡尚德破产重整,再加上难以乐观的国际环境和极具挑战的国内经济,似乎预示着商业银行不良贷款的增长将会继续,而最为关键的问题是,经过多年、多方努力实现的1%以下的不良贷款率(2003年年末为17.9%,2011年第三季度末首次下降至1.0%以下),是否又会被突破?

银行贷款的风险,归根结底是借款人现金流的风险。从与借款人之间的关系来看,银行就像是借款人的"现金蓄水池",借款人在现金流不足时,从"蓄水池"中"借水",即向银行借款,而借款人在现金流超过自己实际需要时则"还水",即将贷款归还给银行。贷款管理的核心,是银行现金流与借款人现金流的吻合,即在时间上,银行发放和收回贷款的时间,正好分别是借款人需要现金流和拥有额外现金流的时间;在金额上,银行发放和收回的贷款金额,正好分别是借款人需要现金流和拥有额外现金流的金额。因此,贷款风险管理的关键,是准确预测和妥善计划借款人的未来现金流。

从事后看来,无锡尚德的问题似乎是早有预兆,但3月15日到期的5.41亿美元可转债无法兑现,无疑是"压死骆驼的最后一根稻草",其现金链条断裂的症结与当年的蓝田、德隆等几乎如出一辙。企业财务管理中"现金为王"的信条,充分说明了现金流对企业的重要性,而这些案例,只不过是这一"铁律"在现实中的一再重现。

原因是多方面的,教训也是多方面的,但如果结合中国商业银行近十余年改革中已经取得多方面成效之后仍然存在的不足来看,恐怕我们最应注意的一点就是现金流管理。美国商业银行广泛提供的一项服务,或许对中国商业银行有所启示。美联储每个季度都会发布一项"企业贷款条件调查"(Survey of Terms of Business Lending)的结果。2013年3月29日发布的统计数据显示,美国国内商业银行在2013年2月4日至8日这一周发放的全部工商业贷款(Commercial and Industrial Loans)中,在正式的贷款承诺项下所放贷款金额占比高达90.2%,贷款实际发放条件提前确定的平均期限(按金额加权)为14.2个月。浏览这之前的数据可以发现,这一结果并非特例,而是美国商业银行的一般情形。

贷款承诺是指商业银行在未来某一时期内按照事前约定的条件向客户提供贷款的业务。美国富国银行(Wells Fargo)在其2012年年报中,比较详细地说明了该行贷款承诺服务的具体内容:"贷款承诺是一项向客户提供贷款的有法律约束力的协议,其中通常明确规定贷款的利率、具体目的和期限。我们通常要对贷款承诺收取承诺费。有些贷款承诺会附有借款人实际提取贷款之前必须满足的相关条件(如财务状况等)。我们可能会根据双方签订的合同和适用的法律,降低有些贷款承诺的额度或者完全取消贷款承诺。在我们做出贷款承诺后,我们就面临着信用风险。这些贷款承诺所面临信用风险的最大金额,通常要低于贷款承诺的合同金额,因为其中相当比例的贷款承诺在期满前并不会被实际使用。我们通过如下方式管理贷款承诺潜在的风险:限制贷款承诺总额(包括对单个借款人及全部借款人合计),监测贷款承诺的规模和期限结构,遵循适用于所有信用产品的信用标准(引者注:即提供贷款承诺与实际发放贷款所执行的标准完全一样)。在有些情况下,我们与其他银行一起联合为借款人提供贷款承诺,以降低我们的承诺金额。我们还提供多重目的的贷款承诺,允许借款人根据具体情况从多种方式中(如备用信用证)选择一种或多种以获得资金。对于某些特定的贷款承诺,我们可能会基于对借款人信用风险的评估,要求借款人提供担保品或保证。"

根据上述介绍,我们可以看到,虽然银行在贷款承诺中会承担信用风险,但贷款承诺实质上是银行对企业提供的一种现金流服务,是帮助企业管理流动性风险的一种手段。银行从中获得的首先当然是承诺费(另外还有潜在的贷款利息收入),而企业之所以愿意支付承诺费,主要是因为它能够在遇到流动性冲击的情况下,随时使用贷款资金,从而降低其资金链条出现意外断裂的风险。

相比较来看,中国商业银行除了信用卡项下的透支额度以外,正式的、具有法律约束力的贷款承诺极其有限,几乎所有企业贷款的发放和相应条件都是根据当期信贷环境审查确定的。这种安排的优点是,银行对贷款具有较强的控制能力,在政策出现调整或者宏观经济形势出现逆转时,银行可以及时做出调整,而贷款期限普遍比较短这一特征,更进一步增强了银行的控制能力。但是,在这种情况下,由于贷款批准和展期的不确定性,企业在管理其流动性方面就会变得非常困难。在经济、金融形势和企业状况比较好的时候,银行会非常愿意向企业放贷,而且往往是多家银行竞相放贷,这就会强化企业的过度乐观情绪,使其出现过度扩张;而当经济、金融形势出现不好的苗头,企业资金运转开始变得紧张时,各家银行则纷纷撤退,不仅不"雪中送炭",而且往往还"落井下石",企业现金流突然断裂的风险也就随之大幅度增加,往往逼得企业家"跑路"、"跳楼"。当然,企业风险增大的结果最终也会反过来影响到银行的利益。

贷款承诺的最大好处,或许就在于迫使银行和企业两方面从长计议,从而尽可能早地做出现金流计划:如果平均有14.2个月的计划时间,与现金流有关的很多问题都是有可能得到解决的,或许并不需要等到被迫采取破产重整这种强制性的现金流重组办法。当然,一方面,贷款承诺的广泛应用,还需要有配套政策、法律的实施以及商业习惯的改变等,另一方面,即使是在贷款承诺得到广泛应用的美国也出现了大量贷款问题,所以贷款承诺也只是管理银行贷款风险的诸多工具之一。

资料来源:何自云,《贷款承诺与现金流》,《中国金融》,2013年第9期。

案例思考题:

从你喜欢的商业银行的年报中,找到其"非利息收入的构成",与本章案例讨论的贷款承诺进行对比,了解你所喜欢的商业银行发展中间业务的主要措施以及这些中间业务对银行其他业务的作用和对银行总收入的贡献。

第十章

商业银行的资本管理

【学习目标】

1. 了解会计资本的内容、功能和筹集方法。

2. 了解巴塞尔协议的发展以及第二版和第三版巴塞尔协议的主要内容,了解监管资本的内容,掌握计算资本充足率的方法以及商业银行提高资本充足率的对策。

3. 理解经济资本的概念,了解经济资本的计量、分配和评价。

商业银行通常在三个意义上使用"资本"这个概念,即财务会计、银行监管和内部风险管理,所对应的概念分别是会计资本、监管资本和经济资本。

第一节　会计资本管理

会计资本(Accounting Capital)是根据会计准则反映在银行资产负债表上的资本。由于会计资本是银行全部资产减去全部负债以后的余额,它代表银行所有者享有的剩余权益,因此,会计资本又称为所有者权益;由于公司的所有者称为股东,所以公司的会计资本也称为股东权益。为表述方便,在下面的论述中我们直接使用股东权益这个概念。

一、会计资本的构成

根据我国自 2002 年 1 月 1 日起施行的《金融企业会计制度》,我国商业银行的资本包括实收资本、资本公积、盈余公积、一般准备(也称一般风险准备)、未分配利润(累计亏损)和外币报表折算差额六个部分。自 2007 年 1 月 1 日起施行的《企业会计准则》,在股东权益中增加了两项内容:一是直接计入股东权益的利得和损失(即可供出售投资公允价值变动储备),二是少数股东权益。

1. 实收资本

实收资本是指投资者按照商业银行章程,或合同、协议的约定,实际投入银行的资本。对于公司来说,实收资本又称为股本。商业银行发行的股票,要按其面值作为股本,超过面值发行取得的收入,其超过面值的部分作为股本溢价计入资本公积。

2. 资本公积

资本公积是指由投资者投入的,但不能计入实收资本的资产价值,或从其他来源取得、由投资者共同享有的资金。我国商业银行的资本公积主要包括资本(或股本)溢价、接受捐赠、股权投资准备、外币资本折算差额、关联交易差价等。

3. 盈余公积

盈余公积是商业银行从税后净利润中提取的各种公积金,包括法定盈余公积、任意盈余公积和法定公益金三大类。法定盈余公积,是指银行按照法律规定的比例(我国《公司法》规定为 10%)从净利润中提取的盈余公积;任意盈余公积,是指银行经股东大会或类似机构批准,按照规定的比例从净利润中提取的盈余公积;法定公益金,是指银行按照法律规定的比例从净利润中提取的用于职工集体福利设施的公益金。

4. 一般准备

一般准备是指商业银行根据全部贷款余额的一定比例计提的、用于弥补尚未识别可能损失的准备金,一般准备年末余额不得低于年末贷款余额的 1%。一般准备是弥补贷款组合未来损失的总准备,其提取额与贷款组合的总量有关,与不良贷款内在的损失程度无关。因此,一般准备具有资本的性质,从而包含在会计资本中。

5. 未分配利润(累计亏损)

未分配利润是指商业银行历年所获利润中未分配给股东而仍然留存在银行继续周

转的部分,累计亏损则是银行以前年度经营中所出现的亏损。

6. 外币报表折算差额

外币报表折算差额是指在报表折算过程中,对表上不同项目采用不同汇率折算而产生的差额。外币报表折算差额(损失或收益)是未实现损益,一般不在账簿中反映,只反映在报表中。其中,外币会计报表的折算,是指为了反映一家企业的综合经营成果和财务状况,在年末或编制合并会计报表时,将所属各企业的外币会计报表折算成由统一的记账本位币计量的会计报表,以及为了特定目的将一种货币表述的会计报表折算为另一种货币表述的会计报表。

7. 直接计入股东权益的利得和损失

直接计入股东权益的利得和损失,是指不应计入当期损益,但会导致股东权益发生增减变动的、与所有者投入资本或者向所有者分配利润无关的利得或者损失。利得是指由企业非日常活动所形成的、会导致股东权益增加的、与所有者投入资本无关的经济利益的流入。损失是指由企业非日常活动所发生的、会导致股东权益减少的、与向所有者分配利润无关的经济利益的流出。这一部分是 2007 年 1 月 1 日起开始施行的新《企业会计准则》所增加的内容,是新《企业会计准则》突出强调公允价值计价的结果。对商业银行来说,直接计入股东权益的利得和损失就是指可供出售投资的公允价值变动储备(参见本书第七章)。

8. 少数股东权益

少数股东权益,是指在合并报表所涵盖的子公司净经营成果和净资产中,不以任何直接或间接方式归属于母公司的部分。按 2007 年 1 月 1 日起施行的新《企业会计准则》,子公司股东权益中不属于母公司的份额,应当作为少数股东权益,在合并资产负债表中股东权益类项目下以"少数股东权益"项目列示,即少数股东权益属于股东权益。[①]

二、会计资本的功能

会计资本对商业银行的功能与它对一般企业的功能是一致的,主要满足银行以下三个需要,即营业、控制和激励。

(一)营业功能

1. 是银行获得营业执照的前提

我国《公司法》[②]规定,设立公司必须拥有一定量的资本,并且必须达到法定资本最低限额:有限责任公司注册资本的最低限额为人民币三万元;一人有限责任公司的注册资本最低限额为人民币十万元;股份有限公司注册资本的最低限额为人民币五百万元。

[①] 按此前的会计准则要求,子公司所有者权益各项目中不属于母公司拥有的数额,应当作为少数股东权益,在合并资产负债表中所有者权益类项目之前单列一类,以总额反映。也就是说,按旧会计准则的要求,少数股东权益不属于所有者权益。

[②] 《中华人民共和国公司法》在 1993 年 12 月 29 日第八届全国人民代表大会常务委员会第五次会议上通过,后来经过两次修正、一次修订:1999 年 12 月 25 日第九届全国人民代表大会常务委员会第十三次会议第一次修正,2004 年 8 月 28 日第十届全国人民代表大会常务委员会第十一次会议第二次修正,2005 年 10 月 27 日第十届全国人民代表大会常务委员会第十八次会议修订。新修订后的《公司法》自 2006 年 1 月 1 日起施行。

由于商业银行的特殊性,国家对商业银行注册资本的要求更高。我国《商业银行法》第十三条规定:"设立全国性商业银行的注册资本最低限额为十亿元人民币。设立城市商业银行的注册资本最低限额为一亿元人民币,设立农村商业银行的注册资本最低限额为五千万元人民币。注册资本应当是实缴资本。"

同时,充足的会计资本也是商业银行持续经营、扩大规模的前提。监管当局除了对商业银行的最低注册资本进行上述要求以外,还通过规定最低资本充足率,将银行的风险资产与资本联系起来,从而对银行的资产规模、资产结构形成相应的要求。

2. 是银行长期稳定资金的来源

与一般企业一样,商业银行在经营中也需要一定量的长期稳定资金。由于股东不能随意抽回所投入银行的资本,因此,银行可以长期(实际上是永久性地)使用这部分资金。资本为银行的正常经营奠定了坚实的基础,尤其是银行发展初期运营的前提。

具体来看,资本为银行提供长期稳定资金来源之所以如此重要,主要有两方面的原因:一是银行需要运用资本来购置固定资产,二是银行需要保持资金的正常周转。

任何企业要开展业务经营活动,必须有营业场所、各种设备、办公用品,银行也一样,但是企业购置这些固定资产,可以使用通过银行贷款、发行债券等方式借来的资金,而银行却只能使用自己的资本,这是银行经营特殊性所决定的。自2007年1月1日起施行的《金融企业财务规则》规定:"金融企业固定资产账面价值和在建工程账面价值之和占净资产的比重,从事银行业务的最高不得超过40%,从事保险及其他非银行业务的最高不得超过50%。"因此,从绝对额来看,银行所要求的资本金比企业所要求的资本金多得多。

商业银行的资金来源主要是具有高流动性的存款,银行必须随时满足存款的提取,而银行为了实现存款资金保本增值的要求,又主要以流动性极低的贷款形式将这些资金运用出去。因此,银行面临着巨大的资金流动性风险。由于巨额资本金能够为银行长期稳定占用,而且基本上没有流动性风险,因此,能够有效地防范流动性风险,保证银行资金正常周转的需要。

3. 是银行信誉的重要基础

信誉是银行经营的基础,而资本量则是决定一家银行信誉最为重要的物质保障。雄厚的资本使银行能够吸收其在经营管理过程中所出现的损失,从而能够确保存款人的利益得到保护,使银行获得客户的信任;雄厚的资本使银行能够为员工提供高额的收入和稳定的保障,从而能够进一步提高银行员工的工作积极性;雄厚的资本使银行能够较多地投资于固定资产,一方面能改善办公条件,提高工作效率,另一方面也能提升银行形象,增强银行信誉。这三方面都会促使银行业务规模和利润基础的扩大,进一步增强银行的经营实力,并通过留存利润等方式充实资本,使银行进入良性循环。

(二)控制功能

如前所述,会计资本代表银行股东对银行净资产的所有权,标志着股东对银行拥有着控制权。股东对银行的控制权,使得会计资本为银行的发展提供了最终的、最强大的动力,这是现代公司治理结构理论中存在"股东至上"思想的原因,也是我们改善公司治理、强化董事会责任等做法的根源。

股东对银行的控制,主要是通过通常所谓的"三会一层"来实现的,其中,"三会"是指最高权力机构股东大会[①]、董事会和监事会,"一层"是指管理层,在《公司法》中称为经理。

股东通过"三会一层"对银行行使控制权的方法,是在参与股东大会时通过举手表决的方式(或其他类似方式)行使权利,因此,俗称为"用手投票"。股东还可以通过另外一种俗称为"用脚投票"的方式对银行实施影响和控制,即在股东发现银行经营管理不善、经营前景暗淡时,通过将手中所持有的股票卖掉,导致银行股价下跌,对银行经营管理层形成压力,从而促使其改善经营管理。

(三) 激励功能

会计资本代表银行所有者享有的剩余权益,即银行在经营管理中所获得的收入在支付成本、缴纳税收以后所剩余的部分,全部归全体股东所有。因此,银行经营的好坏,直接影响到股东的切身利益,这激励着股东通过各种方式尽可能改善经营管理,提高服务质量。会计资本为商业银行的发展提供最原始、最基本、最强大、最持久的动力。

银行股权激励计划充分体现了会计资本的激励功能。2007 年 7 月 6 日,中国建设银行宣布自当日起施行第一期激励方案,约有 27 万符合激励方案所规定资格的员工可认购并获分配合计中国建设银行 8 亿股股份。实施股权激励方案,对银行的发展有着多方面的促进作用:

(1) 促进银行价值创造。股权激励将银行的价值与员工的利益紧密联系起来,银行只有经营得好,银行价值得到增加,员工手中所持股权的价值才会上升。因此,此方案能激励员工持续创造价值,增强银行的竞争力。

(2) 协调股东与员工的利益。从短期和局部来看,员工报酬与股东权益存在着此消彼长的关系。因此,银行股东与银行员工之间存在着一定的利益冲突。股权激励能够使股东与员工的利益得到协调,因为如果股票价格上升、股东权益增值,员工的收益也会增加;相反,银行出现亏损,股票价格下跌,股东权益贬值,员工也会有损失,从而建立起股东与员工之间的利益分享与约束机制。

(3) 增强员工的凝聚力和归属感。股权激励方案的实施,使得员工也变成了股东,真正成为银行的主人,员工的凝聚力和归属感从而得到增强。

(4) 提高员工的稳定性。股权激励方案一般有一定的限制期限,而且在银行工作期限越长,所获奖励就越大,从期权激励方案的实施中受益也就越大,从而激励员工为银行长期服务,降低银行的员工成本,提高银行利润率。

三、会计资本的筹集管理

由于会计资本是所有者权益,因此,商业银行增加会计资本的方法,除了原所有者增加投入以外,主要策略是留存利润和出售股份,而出售股份包括发行股票、引进战略投资等方式。

[①] 我国《公司法》规定,有限责任公司的最高权力机构为股东会,股份有限公司的最高权力机构为股东大会,两者的职责完全相同。

(一) 留存利润

留存利润是银行增加资本的内部途径,是指银行从净利润中扣除向股东分配红利之后仍然保留在银行供其继续长期使用的部分。

商业银行通过留存利润这种方式来增加会计资本,具有很多优势,主要表现在三个方面:(1)可以节省通过发行新股票筹集资本的费用;(2)在股票获得分红需要缴纳所得税的情况下,留存利润能推迟股东纳税的时间;(3)可以避免因发行新股票而削弱原股东对银行的控制权、稀释原股票的收益。这三方面优势,使得留存利润成了商业银行增加资本的首选方式,只有在这一方式无法满足商业银行的会计资本要求时,银行才会考虑发行股票、引进战略投资或兼并收购等方式。

但商业银行通过留存利润增加会计资本的能力,要受制于银行的盈利能力和分红政策。盈利能力决定了银行在一定时期内的利润数量,而分红政策则决定了银行一定时期内所获利润中有多少需要以红利形式分配给股东,有多少可以以留存利润的形式保存在银行。盈利能力不是银行在短时间内能大幅度改变的,而在分红政策方面,如果银行留存利润的比例过高,股东分红太少,有可能导致银行股票价格下跌。因此,留存利润这种资本筹集方式也存在着较大的局限。

(二) 发行股票

发行股票是商业银行从外部筹集会计资本的主要方式。商业银行的股票包括普通股和优先股两种。

1. 发行普通股

普通股是银行股本最基本的形式。发行普通股筹集资本的优点是:普通股是银行可以永久使用的资本,而且需要分配给股东的红利金额也是不固定的,在银行的盈利水平高时就可以多付一些,在银行盈利水平低时就可以少付一些,甚至不付。因此,银行拥有较大的灵活性。

但是,通过发行普通股这种方式筹集资本也存在着一些缺点,这主要表现在如下几个方面:(1)分散原股东的控制权,并增加银行被收购的风险;(2)筹资费用高;(3)虽然股票合约规定红利可高可低,但市场往往通过其特有机制迫使银行按照一定比例分红,否则,银行股票的价格会出现下跌;(4)由于股东承担的经营风险比较高,因而要求的回报也非常高,从而提高了银行普通股的资金成本;(5)银行分配给股东的红利,需要从银行已缴纳所得税的税后利润中支付,而股东得到红利以后,通常又需要缴纳个人所得税,这种双重征税进一步提高了银行普通股的资金成本;(6)需要披露大量信息。

正是因为发行普通股筹集会计资本存在上述众多弊端,因此,一方面,商业银行在决定采用发行股票方式筹资时非常谨慎,只有在通过留存利润满足不了资本扩张的需要时才予以采用;另一方面,在银行资本充足率超过监管当局的最低要求、银行资产扩张能力和盈利水平有限的情况下,很多银行还从股票市场上回购自己的股票,以减少自己的会计资本,从而提高资本利润率。

2. 发行优先股

优先股是一种其持有者(即优先股股东)拥有优先于普通股股东一定权利的股票,这种优先权主要体现在两方面:一是可优先于普通股股东以固定的股息分取公司收益,二是在公司破产清算时优先于普通股股东分取剩余资产。但是,优先股股东一般不能参与公司的经营决策。

如果将优先股细分,它还可以分为:(1)累积优先股和非累积优先股。累积优先股是指在上一营业年度内未支付的股息可以累积起来,由以后财会年度的盈利一起付清。非累积优先股是指只能按当年盈利分取股息的优先股,如果当年银行经营不善而不能分取足够的股息,未分的股息不能予以累积,以后也不能补付。(2)参加分配优先股和不参加分配优先股。参加分配优先股股东不仅可按规定分取当年的定额股息,还有权与普通股股东一同参加利润分配。(3)可转换优先股和不可转换优先股。可转换优先股可以在特定条件下按约定条款转换成普通股或银行债券。(4)可赎回优先股和不可赎回优先股。可赎回优先股是指银行可以按事先约定的条件加以赎回的优先股,而不附加赎回条件的优先股就是不可赎回优先股。

发行优先股筹集资本有很多优点:(1)优先股具有固定、可靠的预期收益,相对于普通股来说,股东承担的风险更低,从而有利于吸引风险偏好程度较低的投资者;(2)由于优先股股东一般不参与银行的经营决策,从而不会削弱普通股股东对银行的控制权;(3)发行优先股可使银行获得杠杆收益,即当银行利润率超过优先股固定的股息率时,银行普通股的收益率会因此得到提高。

但是,银行发行优先股也有其缺点,这主要表现在两个方面:(1)固定的优先股股息,将增加银行的负担;(2)优先股的发行量超过了一定限度,将会降低银行的信誉,因为发行优先股可能会被市场理解为银行经营风险较高、无法发行普通股而被迫采取的一种资本筹集方式。

(三)引进战略投资

引进战略投资是银行筹集会计资本的重要方式。与战略投资相对应的概念是财务投资,两者有着显著的区别。(1)就财务投资来说,投资者的目的是获得资本回报,尤其是短期回报;而筹资者的目的是引进资金。(2)就战略投资来说,投资者的目的除了获得长期资本回报以外,主要是通过与筹资者的业务合作,实现其战略目标;从筹资者的角度来看,主要目的是引进先进的管理经验和技术手段。

1996年中国光大银行引进亚洲开发银行作为战略投资者,开启了我国商业银行引进战略投资的历程。我国商业银行引进战略投资的基本思路是"以引资为纽带,以引技、引制和引智为目的",基本原则是"长期持股、优化治理、业务合作、竞争回避"。根据这一思路和原则,中国银监会对我国商业银行吸引战略投资者确立了五项基本标准:(1)境外战略投资者的持股比例原则上不低于5%;(2)从交割之日起,境外战略投资者的股权持有期应当在3年以上;(3)境外战略投资者原则上应当向银行派出董事,同时鼓励有经验的境外战略投资者派出高级管理人才,直接传授管理经验;(4)境外战略投资者应当有丰富的金融背景,成熟的金融业管理经验、技术和良好的合作意愿;(5)商业银行性质的境外战略投资者,入股中资同质银行原则上不宜超过两家。中国银监会同时还规定,单个境外金融机构向中资商业银行投资入股比例不得超过20%,多个境外金融机构对非上市中资商业银行投资入股比例合计达到或超过25%的,对该机构按照外资银行实施监督管理。

在引进战略投资的过程中,对于股权的定价是一个技术性很强、难度很高的问题。我国国有商业银行在引进战略投资者的过程中,就因此而引出了国有银行被"贱卖"的质疑和争论(参见本章案例"国有银行是否被'贱卖'?")。

第二节 监管资本管理

监管资本(Regulatory Capital)是银行监管当局为了满足监管要求、促进银行审慎经营、维持金融体系稳定而规定的商业银行必须持有的资本。

一、巴塞尔《资本协议》的三个版本

围绕监管资本,有两个基本问题:一是哪些项目才能算是监管资本?二是银行需要持有多少监管资本才算是稳健的?这两个问题所对应的是监管资本的两个标准:一是质量标准,即监管当局所规定的、监管资本必须符合的基本条件;二是数量标准,即监管当局所规定的、银行必须持有的最低监管资本要求。

巴塞尔银行监管委员会 1988 年发布的《资本协议》(也称为"巴塞尔协议 I"或"第一版巴塞尔协议"),在国际上第一次通过国际协议的形式对监管资本的两个标准问题提出了一个基本方案。1996 年,巴塞尔银行监管委员会对《资本协议》做了补充,将市场风险纳入资本监管范畴。1998 年,巴塞尔银行监管委员会决定全面修改协议,修改后的版本称为《新资本协议》(也称为"巴塞尔协议 II"或"第二版巴塞尔协议"),于 2004 年 6 月正式发布,并自 2006 年年底在成员国开始施行。在 2007 年开始的全球金融危机促使下,巴塞尔银行监管委员会在 2010 年发布了"巴塞尔协议 III"(也称为"第三版巴塞尔协议"),对《新资本协议》进行了补充,要求成员国自 2013 年开始实施,2019 年前全面达标。这三个协议统称为"巴塞尔协议"。

(一) 1988 年《资本协议》

1. 巴塞尔银行监管委员会

1974 年,美国、英国、德国和阿根廷的几家国际性银行先后倒闭。1975 年 2 月,在国际清算银行(Bank for International Settlements, BIS)的发起和主持下,由十国集团成员国比利时、荷兰、加拿大、英国、法国、意大利、德国、瑞典、日本、美国以及瑞士和卢森堡等 12 国银行监管当局的高级代表在瑞士巴塞尔聚会,建立起一个监督国际银行活动的协调委员会,全称是"巴塞尔银行监管委员会"(Basel Committee on Banking Supervision, BCBS),简称巴塞尔委员会。2009 年 3 月 12 日,中国正式加入巴塞尔委员会。截至 2014 年 4 月底,该委员会共有 27 个国家或地区的代表组成。①

巴塞尔银行监管委员会不是一个银行监管国际组织,也不具备任何凌驾于国家之上

---

① 这 27 个国家或地区分别是:阿根廷、澳大利亚、比利时、巴西、加拿大、中国内地、法国、德国、中国香港特别行政区、印度、印度尼西亚、意大利、日本、韩国、卢森堡、墨西哥、荷兰、俄罗斯、沙特阿拉伯、新加坡、南非、西班牙、瑞典、瑞士、土耳其、英国及美国。

的正式监管权限,它是各国银行监管当局讨论、交流、协调的一个平台。该委员会发表的监管文件大致可分为两类,一是最低标准,二是最佳做法。所有这些文件都不具备法律效力。

2. 1988 年第一版巴塞尔协议的主要内容

巴塞尔银行监管委员会经过数年的努力以及反复的咨询和修订工作,于 1988 年 7 月正式通过了《巴塞尔银行监管委员会关于统一资本计量和资本标准的协议》(*International Convergence of Capital Measurement and Capital Standards*),简称《资本协议》(*The New Capital Accord*)或《巴塞尔协议》(*The Basel Agreement*),其内容主要由四个部分构成:(1) 资本的定义和构成;(2) 对资产负债表上不同种类的资产以及表外项目,按风险程度确定了不同的风险权重;(3) 提出了最低资本充足率为 8%、最低核心资本充足率为 4% 的目标比率;(4) 规定了大约四年半时间的过渡期,并要求成员国的银行于 1992 年年底开始施行。

3. 1988 年《资本协议》的重大意义

1988 年《资本协议》是银行业国际监管合作的第一个协议,统一了资本的意义和标准,有助于各国银行在平等的基础上进行竞争,有助于银行风险的控制,有助于银行的国际化发展。正因为如此,1988 年《资本协议》虽然不具有强制性,对巴塞尔银行监管委员会的非成员国没有约束力,但它已被国际公认为资本方面的基本标准,被全世界一百多个国家所采用,得到了许多国家监管当局的高度认可。

4. 1988 年《资本协议》的主要缺陷

作为第一个国际监管合作协议的 1988 年《资本协议》,不可避免地存在着很多缺陷,其突出缺陷是简单化处理,具体表现在如下五个方面:(1) 仅关注银行在经营中所面临的信用风险,而未将市场风险和操作风险等纳入监管框架;(2) 在信用风险方面采取了"一刀切"式的简单化处理,对银行所面临的信用风险,仅根据借款人的类型进行了粗略的风险分类,并没有考虑到借款人之间信用级别的差异,这样银行资本的风险敏感度就很低,不能充分反映银行的风险状况;(3) 仅按成员国是否是 OECD[①] 成员国来确定国家风险权重,其科学性值得怀疑;(4) 不论银行规模的大小、业务复杂程序的高低,都适用于同样的标准,对于不断提高风险管理水平、改进风险管理技术的银行来说,不能起到很好的激励作用;(5) 仅强调资本充足率的作用,忽视银行经营管理中的其他方面以及促进银行稳定的其他工具(如市场约束等)。一家银行仅仅资本充足率达标并不能保证其绝对安全。比如,1993 年年底巴林银行的资本充足率远超过 8%,1995 年 1 月这家银行还被认为是安全的,但 1995 年 2 月,却因为其职员尼克·里森从事金融衍生工具交易所造成的 13 亿美元巨额损失而破产。

造成上述这些简单化处理缺陷的原因是:一方面,由于这是第一份国际协议,是有关

---

① 经济合作与发展组织,英文名称为 Organization for Economic Co-operation and Development,简称 OECD,是一个由工业化国家组成的国际组织,截至 2006 年年底,共有 30 个成员国。OECD 正式成立于 1960 年 12 月 14 日,其前身为 1948 年 4 月成立的欧洲经济合作组织(其主要目的是协调第二次世界大战后欧洲经济的恢复工作和管理美国根据马歇尔计划提供的援助)。OECD 总部设在巴黎,其宗旨有两个:(1) 通过合作促进成员国的经济增长、就业、金融政策稳定和生活标准的提高;(2) 通过帮助各国实现前述的目标来促进所有国家的经济发展和它们的贸易。

国家监管当局相互斗争、相互妥协的结果,其内容不可能太复杂;另一方面,当时银行业所面临的风险仍然只有信用风险,市场风险和操作风险等对于银行业的影响还未充分显现,而且当时银行业还未妥善解决市场风险和操作风险的计量技术问题。正是这些缺陷,指引着巴塞尔银行监管委员会对协议的不断修改和完善。

(二) 1996 年《包括市场风险的资本协议修正案》

进入 20 世纪 90 年代以后,银行业的市场风险开始凸显。于是,巴塞尔银行监管委员会 1996 年 1 月公布了《包括市场风险的资本协议修正案》(Amendment to the Capital Accord to Incorporate Market Risks),明确将市场风险纳入监管框架,引入了三级资本的概念(第三版巴塞尔协议取消了这一级资本),同意具备条件的银行可以采用内部模型为基础计算市场风险的资本金要求,并具体介绍了风险价值法(Value at Risk,VAR)。

(三) 2004 年《新资本协议》

1. 《新资本协议》的主要内容

商业银行防范风险的能力、监管部门的监管方法和金融市场的运作方式都发生了巨大的变化,新的风险管理技术快速发展,规避资本监管的金融创新层出不穷,银行业与日俱增的操作风险,使得经修正后的 1988 年《资本协议》已显得过时。在这种背景下,巴塞尔银行监管委员会于 2004 年 6 月发布了《资本计量和资本标准的国际协议:修订框架》(International Convergence of Capital Measurement and Capital Standards: A Revised Framework),简称《新资本协议》(The New Capital Accord),并规定 2006 年年底在成员国开始施行。

《新资本协议》的总体目标是促进银行保持充足的资本,努力完善风险管理,从而提高金融体系的稳定性。为实现这一目标,《新资本协议》由三大支柱(Three Pillars)组成:一是最低资本要求(Minimum Capital Requirements),二是监管当局对资本充足率的监督检查(Supervisory Review Process),三是市场约束①(Market Discipline)。第一支柱对 1988 年《资本协议》所提出的最低资本要求进行了完善,第二支柱和第三支柱则代表着资本监管的创新。

2. 第一支柱:最低资本要求

《新资本协议》的第一支柱在 1988 年《资本协议》的基础上进行了重大修改,力求将最低资本要求与每家银行实际面对的风险更加紧密地结合起来,以提高资本充足率的风险敏感度(Risk Sensitivity)。

按照 1988 年《资本协议》,银行的资本充足率等于符合条件的监管资本除以风险加权总资产,最低比率为 8%。《新资本协议》对于计算资本充足率的分子以及最低资本比率 8%,均未做任何修改;在分母中,保留了 1996 年《包括市场风险的资本协议修正案》对市场风险的资本要求及其计算方法,而对信用风险资本要求的计算方法进行了重大修改,并新增加了操作风险的资本要求。《新资本协议》对最低资本要求的修改如图 10-1 所示。

---

① 也有人将这一支柱译为"市场纪律"。

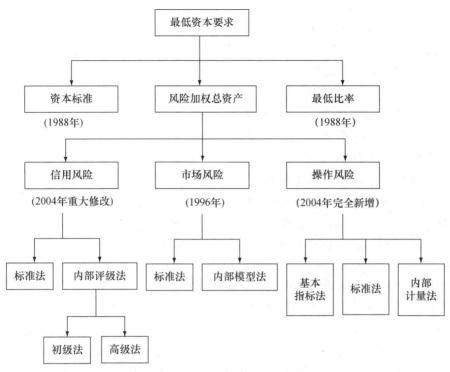

图 10-1 《新资本协议》对最低资本要求的修改

从图 10-1 中我们可以看到,《新资本协议》在最低资本要求方面的创新和改进表现在:(1)涵盖了三类风险,从而使资本要求更全面、更充分地反映了银行所面临的风险;(2)对每一类风险均规定了多种不同的方法,由银行和监管当局根据银行所从事业务的复杂程度以及内部控制的完善程度来选择使用,提高了资本的敏感度;(3)允许银行在达到监管当局要求的前提下,根据基于内部管理需要所建立的评级体系(针对信用风险)或内部模型(针对市场风险和操作风险)来计算其所需要持有的资本,这在一定程度上可以降低资本要求,从而激励银行不断改进风险管理的技术;(4)信用风险的计量更加准确。

概括起来看,《新资本协议》关于最低资本要求的创新,最突出地体现在三类风险计量方法和技术的规定上,这既为更加准确地计算银行所需要持有的监管资本奠定了基础,更为商业银行在风险计量方面确立了标杆。我们将在本书第十一章详细介绍和讨论《新资本协议》所包含的风险计量方法和风险管理思想。

3. 第二支柱:监管当局的监督检查

《新资本协议》所规定的第二支柱是对第一支柱的支持和补充,这主要体现在如下五个方面:(1)确保第一支柱的有效;(2)鼓励银行重视风险损失的预防;(3)需要时提高资本要求;(4)密切监控、及时干预;(5)特别关注以下三个领域的风险:第一支柱涉及但没有完全覆盖的风险(例如贷款集中风险),第一支柱中未加考虑的因素(例如银行账户中的利率风险、业务和战略风险),银行的外部因素(例如经济周期效应)。

同时,第二支柱还通过要求银行正确披露风险信息,从而保证第三支柱的有效。

4. 第三支柱:市场约束

《新资本协议》第三支柱市场约束,是对前两大支柱的补充,主要是通过市场的力量来确保商业银行稳健经营。[①] 市场约束发挥作用的前提和关键是信息披露,因为只有市场主体充分了解了银行的经营管理状况,才有可能对其进行约束、施加影响,从而促进银行稳健经营。因此,《新资本协议》在这一支柱中主要规定的是银行信息披露所应该达到的要求,包括需要披露的信息内容以及披露的具体标准。《新资本协议》特别指出,在允许银行采取内部方法或模型计算其资本要求从而使银行拥有了更多自主性的背景下,充分的信息披露更显重要。

(四) 2010年第三版巴塞尔协议[②]

2010年第三版巴塞尔协议是在2007年开始的国际金融危机的促使下诞生的,它是对第二版巴塞尔协议(《新资本协议》)的补充,而不是替代。它主要包括两个文件,一是《第三版巴塞尔协议:更加稳健的银行和银行体系的全球监管框架》(Basel III: A Global Regulatory Framework for More Resilient Banks and Banking Systems),二是《第三版巴塞尔协议:流动性风险计量、标准和监测的国际框架》(Basel III: International Framework for Liquidity Risk Measurement, Standards and Monitoring)。

第三版巴塞尔协议的目标是提高银行业抗击冲击的能力,提高风险管理和治理能力,加强银行的透明度,内容涵盖扩大资本覆盖风险的范围、增强监管资本工具的损失吸收能力、引入杠杆率监管指标、引入流动性监管标准、建立逆周期资本和准备金框架、重新确定最低监管资本要求等诸多方面。

1. 资本框架

在资本框架方面,第三版巴塞尔协议主要是进行了三方面的改革。

第一,强调高质量的资本构成。(1)明确普通股的核心一级资本地位,严格其他计入一级资本的工具需满足的条件,包括清偿等级、损失吸收能力、收益分配限制、本金偿付限制、赎回和担保抵押限制、会计列示和披露要求等。(2)明确只有一套二级资本的合格标准,取消子类,取消仅用于覆盖市场风险的三级资本。合格的二级资本工具必须能够吸收损失,因此其受偿顺序须列在存款人、一般债权人之后,不得由发行人及其关联方提供保证,原始期限不得低于5年,若附带回购期权必须在满足特定条件下且发行5年后方可由发行人主动行权,投资者无权要求提前偿付未来应得的收益和本金,发行合同不得包括收益与发行人信用状况相关的条款,银行及其关联方不得故意购买该资本工具等。(3)协议规定,严格扣除不合格的资本工具,如少数股东权益、商誉及其他无形资产、递延税资产和银行自持股票等;贷款损失准备缺口也要扣除。

第二,调整不合理的风险权重,其目的是使资本要求能够更充分地反映银行实际面

[①] 市场约束,是指参与市场的各主体(如存款人)通过密切关注银行的经营活动,在发现银行具有不良经营行为或者是经营状况恶化以后,改变其行为(如提取存款),对银行进行惩罚;在发现稳健经营、盈利水平提高、安全性增强后,改变其行为(如将钱存入这家银行),对银行进行奖励,从而迫使、激励银行改善经营管理、促进银行稳定的一种约束力量。市场约束的种类和特点参见:何自云,《市场约束的加强与我国商业银行的对策》,《农村金融研究》,2000年第1期。

[②] 参见:陈颖、甘煜,《巴塞尔协议Ⅲ的框架、内容和影响》,《中国金融》,2011年第1期。

临的风险,这一点与第二版巴塞尔协议是一致的。(1)提高资产证券化交易风险暴露的风险权重,大幅提高相关业务的资本要求。(2)多角度提高交易账户市场风险资本要求。(3)重视交易对手信用风险。交易对手信用风险是指在一项交易的现金流最终结算前该交易对手出现违约的风险。加强交易对手信用风险的监管,目的是减少金融机构之间通过衍生品和其他金融渠道带来的风险传染。

第三,提高资本充足率要求。(1)建立资本缓冲运行机制。为平滑信贷周期和经济周期带来的资本波动,新监管框架中首次提出在经济形势较好时建立资本缓冲,以供经济危机时吸收损失。资本缓冲分为两类:第一类是留存资本缓冲(Capital Conservation Buffer)。正常条件下,银行应持有高于最低标准的资本缓冲;当出现危机时,资本缓冲可用来吸收损失。目前巴塞尔委员会确定留存资本缓冲应由普通股构成,且不低于2.5%。银行在压力时期可以使用留存资本缓冲,但当监管资本比率接近最低要求时,监管当局可通过限制红利分配和薪酬派发等方式约束银行。第二类是与信贷过度增长挂钩的逆周期资本缓冲(Countercyclical Buffer)。信贷急剧增长为银行的稳健经营带来隐患,并且容易形成系统性风险。为保护银行在经济下滑时免受大规模违约损失,各国监管当局可要求银行在信贷过度高速增长时计提逆周期资本缓冲。巴塞尔委员会确定的逆周期资本缓冲范围为0%—2.5%。(2)首次提高最低资本充足率要求。增加"核心一级资本充足率"监管指标,该比率不得低于4.5%,强调一级资本中普通股、股本溢价和股本留存利润的作用;提高一级资本充足率,从4%上调至6%。虽然总的资本充足率保持8%不变,但由于银行在正常年份还需要持有相应数量的留存资本缓冲,实际核心一级资本、一级资本和总资本要求分别达到了7%、8.5%和10.5%。这是国际资本监管制度建立以来最低资本充足率要求的首次提高。(3)增加杠杆率(Leverage Ratio)作为清偿力的辅助监管指标。巴塞尔委员会希望采用简单、不经过风险权重调整的杠杆率指标,防止模型风险和对计量错误提供额外保护,补充和强化基于《新资本协议》的风险资本监管框架。

2. 流动性框架

为了强化银行对流动性风险的管理,第三版巴塞尔协议提出了两个流动性风险监测指标:流动性覆盖率(Liquidity Coverage Ratio, LCR)和净稳定资金比率(Net Stable Funding Ratio, NSFR)。有关这两个比例的具体内容请参见本书第八章第三节的讨论。此外,巴塞尔委员会还提供了辅助性监测工具,包括合同期限错配、融资集中度、可用的无变现障碍资产等,以利于考察银行在现金流、资产负债结构等特定方面的信息,帮助银行全面分析流动性状况,以便及时采取相应措施。

3. 系统性风险

为了降低系统性风险,第三版《巴塞尔协议》采取了两个方面的主要措施:一是降低系统性重要银行的道德风险,基本方法是对这类银行计提附加资本(Capital Surcharge);二是降低顺周期性,主要方法是建立留存资本缓冲和逆周期资本缓冲。

(五)我国实施第二版和第三版巴塞尔协议的安排

2012年6月8日,中国银监会发布了《商业银行资本管理办法(试行)》(以下简称《资本办法》)。《资本办法》于2013年1月1日起正式实施。中国银监会有关负责人在答记者问中表示,《资本办法》坚持了国际标准与中国国情相结合、巴塞尔协议II和巴塞尔协议Ⅲ统筹推进、宏观审慎监管和微观审慎监管有机统一的总体思路。《资本办法》主要体现了以下几方面要求：

一是建立了统一配套的资本充足率监管体系。《资本办法》参考巴塞尔协议Ⅲ的规定，将资本监管要求分为四个层次：第一层次为最低资本要求，核心一级资本充足率、一级资本充足率和资本充足率分别为5%、6%和8%；第二层次为储备资本要求和逆周期资本要求，储备资本要求为2.5%，逆周期资本要求为0—2.5%；第三层次为系统重要性银行附加资本要求，为1%；第四层次为第二支柱资本要求。《资本办法》实施后，正常时期系统重要性银行和非系统重要性银行的资本充足率要求分别为11.5%和10.5%。多层次的资本监管要求既体现了国际标准的新要求，又与我国商业银行现行的资本充足率监管要求基本保持一致。

二是严格明确了资本定义。《资本办法》根据国际的统一规则，明确了各类资本工具的合格标准，提高了资本工具的损失吸收能力。

三是扩大了资本覆盖风险范围。《资本办法》确定的资本覆盖风险范围包括信用风险、市场风险和操作风险，并明确了资产证券化、场外衍生品等复杂交易性业务的资本监管规则，引导商业银行审慎开展金融创新。

四是强调了科学分类，差异监管。《资本办法》根据资本充足率水平将商业银行分为四类，对满足最低资本要求但未达到其他层次资本要求的商业银行进行细分，明确对各类银行的相应监管措施，提升资本约束的有效性。同时，按照审慎性原则重新设计各类资产的风险权重。下调小微企业贷款和个人贷款的风险权重，引导商业银行扩大小微企业和个人贷款投放，更有效地服务实体经济。下调公共部门实体债权的风险权重，适度上调商业银行同业债权的风险权重。

五是合理安排资本充足率达标过渡期。《资本办法》于2013年1月1日开始实施，商业银行应在2018年年底前全面达到《资本办法》规定的监管要求，并鼓励有条件的银行提前达标。同时，《资本办法》设置了资本充足率过渡期内的分年度达标目标。

二、监管资本及其与会计资本的关系

由于监管当局关注的是银行的审慎经营和安全稳定，因此，监管当局确定监管资本时，主要考虑的是资本的作用，看它是否能够吸收银行未来的损失，是否能够提高银行的安全稳健程度。因此，监管资本还包括一些在会计意义上只能算作债务而根本不能算作资本的附属债务，而在计算资本充足率时，又需要从监管资本中扣除一些项目。

（一）监管资本的构成

按照《资本办法》的规定，监管资本分为核心一级资本、其他一级资本和二级资本三类，同时，在计算资本充足率时，还需要从监管资本中扣除一些项目相应的金额，称为扣除项。

1. 核心一级资本

核心一级资本是商业银行资本中最稳定、质量最高的部分，银行可以永久性占用，可以长期用来吸收银行在经营管理过程中所产生的损失，是银行资本的核心。核心一级资本主要包括实收资本或普通股、资本公积、盈余公积、一般风险准备（也称一般准备）、未分配利润等,这些概念与第一节所介绍的会计资本各对应构成部分的概念完全相同。

金融创新的蓬勃发展使得金融工具出现了众多的变化,为了确保核心一级资本工具确实能够达到其预期目的,第三版巴塞尔协议改为明确列举相应工具的标准。[①]《资本办法》规定,核心一级资本工具的合格标准是:(1)直接发行且实缴的。(2)按照相关会计准则,实缴资本的数额被列为权益,并在资产负债表上单独列示和披露。(3)发行银行或其关联机构不得提供抵押或保证,也不得通过其他安排使其在法律或经济上享有优先受偿权。(4)没有到期日,且发行时不应造成该工具将被回购、赎回或取消的预期,法律和合同条款也不应包含产生此种预期的规定。(5)在进入破产清算程序时,受偿顺序排在最后,所有其他债权偿付后,对剩余资产按所发行股本比例清偿。(6)该部分资本应首先并按比例承担绝大多数损失,在持续经营条件下,所有最高质量的资本工具都应按同一顺序等比例吸收损失。(7)收益分配应当来自于可分配项目,分配比例完全由银行自由裁量,不以任何形式与发行的数额挂钩,也不应设置上限,但不得超过可分配项目的数额。(8)在任何情况下,收益分配都不是义务,且不分配不得被视为违约。(9)不享有任何优先收益分配权,所有最高质量的资本工具的分配权都是平等的。(10)发行银行不得直接或间接为购买该工具提供融资。(11)发行必须得到发行银行的股东大会,或经股东大会授权的董事会或其他人员批准。

2. 其他一级资本

《资本办法》规定,其他一级资本包括"其他一级资本工具及其溢价"等,其合格标准是:(1)发行且实缴的。(2)按照相关会计准则,若该工具被列为负债,必须具有本金吸收损失的能力。(3)受偿顺序排在存款人、一般债权人和次级债务之后。(4)发行银行或其关联机构不得提供抵押或保证,也不得通过其他安排使其相对于发行银行的债权人在法律或经济上享有优先受偿权。(5)没有到期日,并且不得含有利率跳升机制及其他赎回激励。(6)自发行之日起,至少5年后方可由发行银行赎回,但发行银行不得形成赎回权将被行使的预期,且行使赎回权应得到银监会的事先批准。(7)发行银行赎回其他一级资本工具,应符合以下要求:a)使用同等或更高质量的资本工具替换被赎回的工具,并且只有在收入能力具备可持续性的条件下才能实施资本工具的替换;b)或者行使赎回权后的资本水平仍明显高于银监会规定的监管资本要求。(8)本金的偿付必须得到银监会的事先批准,并且发行银行不得假设或形成本金偿付将得到银监会批准的市场预期。(9)任何情况下发行银行都有权取消资本工具的分红或派息,且不构成违约事件。发行银行可以自由支配取消的收益用于偿付其他到期债务。取消分红或派息除构成对普通股的收益分配限制以外,不得构成对发行银行的其他限制。(10)必须含有减记或转股的条款,当触发事件发生时,该资本工具能立即减记或者转为普通股。(11)分红或派息必须来自于可分配项目,且分红或派息不得与发行银行自身的评级挂钩,也不得随着评级变化而调整。(12)不得包含妨碍发行银行补充资本的条款。(13)发行银行及受其控制或有重要影响的关联方不得购买该工具,且发行银行不得直接或间接为购

---

① 典型的普通股、优先股和次级债券即分别达到了核心一级资本、其他一级资本和二级资本的各项标准,可对照三者的典型特征来分别理解三类资本的各项标准。

买该资本工具提供融资。(14)某项资本工具不是由经营实体或控股公司发行的,发行所筹集的资金必须无条件立即转移给经营实体或控股公司,且转移的方式必须至少满足前述其他一级资本工具的合格标准。

3. 二级资本

《资本办法》规定,二级资本包括二级资本工具及其溢价和超额贷款损失准备等,其合格标准是:(1)发行且实缴的。(2)受偿顺序排在存款人和一般债权人之后。(3)不得由发行银行或其关联机构提供抵押或保证,也不得通过其他安排使其相对于发行银行的存款人和一般债权人在法律或经济上享有优先受偿权。(4)原始期限不低于5年,并且不得含有利率跳升机制及其他赎回激励。(5)自发行之日起,至少5年后方可由发行银行赎回,但发行银行不得形成赎回权将被行使的预期,且行使赎回权必须得到银监会的事先批准。(6)商业银行的二级资本工具,应符合以下要求:a)使用同等或更高质量的资本工具替换被赎回的工具,并且只有在收入能力具备可持续性的条件下才能实施资本工具的替换;b)或者,行使赎回权后的资本水平仍明显高于银监会规定的监管资本要求。(7)必须含有减记或转股的条款,当触发事件发生时,该工具能立即减记或者转为普通股。触发事件是指以下两者中的较早者:a)银监会认定若不进行减记该银行将无法生存;b)银监会认定若不进行公共部门注资或提供同等效力的支持该银行将无法生存。(8)除非商业银行进入破产清算程序,否则投资者无权要求加快偿付未来到期债务(本金或利息)。(9)分红或派息必须来自于可分配项目,且分红或派息不得与发行银行自身的评级挂钩,也不得随着评级变化而调整。(10)发行银行及受其控制或有重要影响的关联方不得购买该工具,且发行银行不得直接或间接为购买该工具提供融资。(11)某项资本工具不是由经营实体或控股公司发行的,发行所筹集的资金必须无条件立即转移给经营实体或控股公司,且转移的方式必须至少满足前述二级资本工具的合格标准。

4. 扣除项

《资本办法》规定,商业银行之间通过协议相互持有的各级资本工具,或银监会认定为虚增资本的各级资本投资,应从相应监管资本中对应扣除;商业银行直接或间接持有本银行发行的其他一级资本工具和二级资本工具,应从相应的监管资本中对应扣除;对应扣除是指从商业银行自身相应层级资本中扣除,商业银行某一级资本净额小于应扣除数额的,缺口部分应从更高一级的资本净额中扣除。《资本办法》还规定了许多其他扣除内容,如应当从核心一级资本中全额扣除商誉、其他无形资产(土地使用权除外)、贷款损失准备缺口等。

(二)监管资本与会计资本的关系

会计资本与监管资本之间存在着明显的区别(见表10-1)。会计资本是会计意义上的资本,对应着资产负债表上的净资产,是一种实际存在的资本,代表着股东的权益。因此,确定会计资本的标准是其来源和归属,主要关注主体是股东。从数量上来看,在其他条件不变的情况下,银行希望拥有的资本越少越好,因为这样银行能够通过充分利用财务杠杆,提高资本利润率,增加股东价值。

表 10-1　会计资本与监管资本的区别

	会计资本	监管资本
存在意义	会计意义	法律意义
关注主体	银行股东	监管当局
确定标准	资本来源和归属	资本作用
用途	股东权益	监管工具
存在性质	实际存在	半虚拟概念
数量倾向	越少越好	越多越好

与会计资本不同,监管资本是法律意义上的资本,是符合监管当局要求的资本,确定监管资本的标准是资本的用途,尤其是防范吸收银行未来损失的作用,主要关注主体是监管当局。从数量上来看,在其他条件不变的情况下,监管当局总是希望银行持有更多的资本,以提高银行吸收损失的能力,尽可能减少银行破产倒闭的风险,从而确保银行稳定。由于监管资本对应着银行资产负债表上的具体项目,从而也是一种实际存在的资本,但在实际计算资本充足率时,又要扣除一些项目,对有些项目(如长期次级债务)还有折扣规定。因此,也有一定虚拟成分。综合起来,监管资本可以说是具有半虚拟性质。

会计资本与监管资本又是相互联系的,两者有很多交叉的地方。实际上,会计资本是监管资本的基础,监管当局在计算监管资本时,只不过是在会计资本的基础上进行适当调整而已:监管资本中的核心一级资本均为会计资本,只是在计算资本充足率时,还需要从核心一级资本中扣除一些项目;而长期次级债务在会计上属于债务,因而不属于会计资本。

三、资本充足率

(一) 资本充足率的计算公式

监管资本的目的是吸收未来损失。因此,监管资本的需要量,取决于银行未来损失的大小。由于银行未来的损失来源于风险。因此,监管资本总是与银行风险挂钩,银行的风险越大,银行需要持有的监管资本就越多。

将监管资本与银行风险挂钩的办法,就是计算资本充足率、一级资本充足率和核心一级资本充足率,并规定其最低值。三者的计算公式分别是:

$$\text{资本充足率} = (\text{总资本} - \text{对应资本扣除项})/\text{风险加权资产} \quad (10\text{-}1)$$
$$\text{一级资本充足率} = (\text{一级资本} - \text{对应资本扣除项})/\text{风险加权资产} \quad (10\text{-}2)$$
$$\text{核心一级资本充足率} = (\text{核心一级资本} - \text{对应资本扣除项})/\text{风险加权资产}$$
$$(10\text{-}3)$$

上述公式中,分子的计算比较简单,而分母的计算则非常复杂,因为它最终是要用一个数字来反映一家银行面临的全部风险,因此,分母的计算实质上就是银行风险的度量。由于风险度量是整个银行风险管理的核心,同时,同一家银行不仅面临着众多不同的风险,而且不同银行所面临的风险、管理风险的策略和方法等往往会存在巨大差异,这就使得建立一个度量所有银行所面临风险的统一框架变得非常困难。巴塞尔协议的目的正是要实现这一点,但这也正是巴塞尔协议篇幅巨大、内容复杂且饱受各种诟病和非议的原因。

《资本办法》规定,商业银行风险加权资产包括信用风险加权资产、市场风险加权资产和操作风险加权资产,三者分别代表着银行所面临三类风险的大小。具体计算方法请参见《资本办法》以及本书第十一章的相关讨论。

(二)资本充足率的监管要求

《资本办法》规定,中国商业银行资本充足率监管要求包括最低资本要求、储备资本和逆周期资本要求、系统重要性银行附加资本要求以及第二支柱资本要求。

1. 最低资本要求

商业银行各级资本充足率不得低于如下最低要求:(1)核心一级资本充足率不得低于5%;(2)一级资本充足率不得低于6%;(3)资本充足率不得低于8%。

2. 储备资本要求

商业银行应当在最低资本要求的基础上计提储备资本。储备资本要求为风险加权资产的2.5%,需要由核心一级资本来满足。

3. 逆周期资本要求

在特定情况下,商业银行应当在最低资本要求和储备资本要求之上计提逆周期资本。逆周期资本要求为风险加权资产的0—2.5%,需要由核心一级资本来满足。逆周期资本的作用机制是,在经济上行、可能导致系统性风险(即所谓"特定情况")时,监管当局会临时确定逆周期资本要求的数值,这一数值的范围是0—2.5%,具体高低将取决于"特定情况"的严重程度;而在"特定情况"消失或银行体系出现危机时,监管当局则降低逆周期资本要求,直至这一部分要求降至0时为止。

4. 系统重要性银行附加资本要求

系统重要性银行包括国内系统重要性银行和全球系统重要性银行两类,两者分别是指由于在国内和全球金融体系中居于重要地位、承担关键功能,其破产、倒闭可能会对国内和全球的金融体系和经济活动造成严重损害的商业银行。这两类银行除了满足最低资本要求、储备资本要求和逆周期资本要求外,还需要计提附加资本。国内系统重要性银行附加资本要求为风险加权资产的1%,由核心一级资本满足。若国内银行被认定为全球系统重要性银行,所适用的附加资本要求不得低于巴塞尔委员会的统一规定。

5. 第二支柱资本要求

除了前述资本要求以外,银监会有权在第二支柱框架下提出更审慎的资本要求,确保资本充分覆盖风险,包括两个方面:一是根据风险判断,针对部分资产组合提出的特定资本要求;二是根据监督检查结果,针对单家银行提出的特定资本要求。

(三)商业银行的分类

资本充足率要求是强制性要求,在商业银行达不到相关要求时,监管当局会采取不同的惩戒措施,而规定前述五个不同层次的资本充足率要求,目的就是区分不同级别的惩戒措施。

《资本办法》根据资本充足率的状况,将商业银行分为四类:(1)资本充足率、一级资本充足率和核心一级资本充足率均达到各级资本要求的,为第一类商业银行;(2)资本充足率、一级资本充足率和核心一级资本充足率未达到第二支柱资本要求,但均不低于其他各级资本要求的,为第二类商业银行;(3)资本充足率、一级资本充足率和核心一级资本充足率均不低于最低资本要求,但未达到其他各级资本要求的,为第三类商业银行;(4)资本充足率、一级资本充足率和核心一级资本充足率任意一项未达到最低资本要求的,为第四类商业银行。[①]

对第一类商业银行,中国银监会将支持其稳健发展业务。为防止其资本充足率水平快速下降,银监会可以采取下列预警监管措施:(1)要求商业银行加强对资本充足率水平下降原因的分析及预测;(2)要求商业银行制订切实可行的资本充足率管理计划;(3)要求商业银行提高风险控制能力。

对第二类商业银行,除采取适用于第一类商业银行的监管措施外,中国银监会还可以采取下列监管措施:(1)与商业银行董事会、高级管理层进行审慎性会谈;(2)下发监管意见书,监管意见书内容包括商业银行资本管理存在的问题、拟采取的纠正措施和限期达标意见等;(3)要求商业银行制订切实可行的资本补充计划和限期达标计划;(4)增加对商业银行资本充足的监督检查频率;(5)要求商业银行对特定风险领域采取风险缓释措施。

对第三类商业银行,除采取适用于第二类商业银行的监管措施外,中国银监会还可以采取下列监管措施:(1)限制商业银行分配红利和其他收入;(2)限制商业银行向董事、高级管理人员实施任何形式的激励;(3)限制商业银行进行股权投资或回购资本工具;(4)限制商业银行重要资本性支出;(5)要求商业银行控制风险资产增长。

对第四类商业银行,除采取适用于第三类商业银行的监管措施外,银监会还可以采取以下监管措施:(1)要求商业银行大幅降低风险资产的规模;(2)责令商业银行停办一切高风险资产业务;(3)限制或禁止商业银行增设新机构、开办新业务;(4)强制要求商业银行对二级资本工具进行减记或转为普通股;(5)责令商业银行调整董事、高级管理人员或限制其权利;(6)依法对商业银行实行接管或者促成机构重组,直至予以撤销。

四、商业银行提高资本充足率的方法

商业银行要提高资本充足率,只有两个途径:一是增加资本,包括增加一级资本和二级资本;二是降低风险加权资产(以及市场风险和操作风险的资本要求),包括缩小资产总规模、降低风险权重、降低市场风险和操作风险。前者称为"分子对策",后者称为"分母对策"。

(一)分子对策

一级资本主要属于会计资本的范畴,其来源包括发行普通股、提高留存利润等方式。如前所述,留存利润是银行增加一级资本的重要方式,相对于发行股票来说,其成本相对

[①] 美国联邦存款保险公司按照资本充足率的高低将将银行划分为五个等级,即资本非常充足的(Well Capitalized)银行、资本充足的(Adequately Capitalized)银行、资本不足的(Undercapitalized)银行、资本严重不足的(Significantly Undercapitalized)银行、资本致命短缺的(Critically Undercapitalized)银行。

要低得多。但一方面,这依赖于银行具有较高的利润率;另一方面,依靠留存利润增加一级资本,是一个长期不断逐渐积累的过程,不可能在短期内起到立竿见影的效果。

如果一家银行一级资本与监管当局的要求相差很远,就必须采用发行普通股的形式来筹集资本。虽然这种方式对银行来说成本很高(参见本章第一节),但由于一方面监管当局的要求对银行来说是强制性的,为了达到这一要求,银行就必须暂时不考虑成本;另一方面,这种方式还会使银行降低负债率、提高信誉、增强借款能力,从而降低借款成本,并且通过发行股票期间的宣传,能够有效地提高银行的知名度,树立银行良好的形象,有利于银行的进一步发展。因此,通过发行股票提高资本充足率的效果将会非常明显。从一定程度来说,银行上市是监管当局严格实施资本监管的结果之一。

二级资本包括可转换债券、混合资本债券和长期次级债务等,它们属于银行的负债,详细内容请参见本书第三章。

(二)分母对策

商业银行提高资本充足率的分母对策,主要是降低风险加权资产,也就是要降低银行所面临的信用风险、市场风险和操作风险。

在降低信用风险加权资产方面,一个往往能起到立竿见影效果的方法是缩小资产总规模,但由于这种做法会影响到商业银行的盈利能力,同时,银行股东或社会公众也往往将银行资产的增长速度作为判断银行发展状况的重要指标之一,资产总规模的缩减可能使股东或社会公众怀疑银行出现了严重的问题,甚至已经陷入财务困境。因此,除非因资金来源的急剧下降而被迫采用这种方法以外,银行一般不会主动采用这种方法。因此,降低信用风险加权资产的方法,主要是减少风险权重较高的资产,增加风险权重较低的资产,其具体方法包括:贷款出售或贷款证券化,即将已经发放的贷款卖出去;收回贷款,用以购买高质量的债券(如国债);尽量少发放高风险的贷款等。

在降低市场风险和操作风险方面,可以尽可能建立更好的风险管理系统,在达到监管当局要求的情况下,采用《资本办法》所规定的内部模型或高级计量法来分别计量市场风险和操作风险,以求对其进行更为准确的计量,从而降低资本要求(这一点也适用于降低按内部法计量的信用风险加权资产);另外,银行也可以在业务选择方面,尽可能减少银行需要承担高风险的业务,比如,少从事交易账户业务就能够降低市场风险资本要求。

(三)综合措施

商业银行提高资本充足率往往可以"双管齐下",同时采取分子对策和分母对策,其中非常重要的一个综合性方法是银行并购。在两家或多家银行并购以后,合并后统一的银行将拥有比以前单家银行大得多的资本,而且与此同时,可以合并以前多家银行重复的部门和机构,降低成本,增加利润,从而增加资本;可以对所有资产进行重组,化解已存在的不良资产,降低风险加权资产;可以利用合并后的新形象发行新股票,增加银行的核心一级资本。实际上,监管当局的资本要求,是全球银行业并购浪潮一浪高过一浪的重要原因之一。

第三节　经济资本管理

经济资本(Economic Capital)是银行内部管理人员根据银行所承担的风险计算的、银行需要保有的最低资本量,它用以衡量和防御银行实际承担的损失超出预计损失的那部分损失,是防止银行倒闭的最后防线。由于它直接与银行所承担的风险挂钩。因此,也称为风险资本(Risk Capital)。经济资本只是一种虚拟的资本,从根本上来说,是商业银行加强内部资本管理和风险管理的一种管理工具。

一、银行损失与经济资本

经济资本是根据银行所承担的风险计算的、用以衡量和防御银行未预期损失的最低资本需要量。因此,经济资本与风险、损失是联系在一起的,要理解经济资本,必须深入理解银行的风险和损失。

银行在经营过程中所承担的风险,会为银行带来一定程度的损失。银行的风险管理包括两方面:一方面,在不影响收益的情况下,银行必须尽可能减少损失;另一方面,银行必须在一定程度上保证,即使发生损失,银行的继续存在不受影响。

银行对风险进行管理的前提是准确计量风险所带来的损失。银行风险所带来的潜在损失可以分为预期损失、非预期损失和异常损失三类。这三类损失之间最突出的区别是其出现的可能性。衡量未来可能性的概念是置信水平。因此,在具体介绍三类损失的概念之前,我们先来介绍置信水平。

（一）置信水平与银行损失的分类

1. 置信水平

置信水平(Confidence Level)是统计学上的一个概念,也称为置信度、可靠度、置信系数。在通过抽样方式对总体参数做出估计时,由于样本的随机性,其结论总是不确定的;而置信区间则是指在某一置信水平下,样本统计值与总体参数值之间的误差范围。置信区间越大,置信水平越高。与此相关的另一个概念是小概率事件,即发生概率很小的事件。

我们通过一个简单的例子来加以说明。银行未来一定时间(如一年)出现损失的金额,可能是10万元,可能是1 000万元,也可能是1亿元,甚至达到10亿元。但是这些损失出现的可能性是不同的。根据过去的统计数据,超过10万元损失的概率是99.9%,损失超过1 000万元的概率是10%,损失超过5 000万元的概率是5%,损失超过1亿元的概率是1%,损失超过5亿元的概率是0.1%,损失超过10亿元的概率是0.000 1%。按概率加权计算的损失期望值是2 000万元。

此时如果确定置信水平为95%,那么在95%的可能性下,该银行的损失不会超过8 000万元;导致银行损失8 000万元的事件,即为小概率事件。如果确定置信水平为99.9%,那么在99.9%的可能性下,该银行的损失不会超过5亿元;导致银行损失5亿元的事件,即为小概率事件。银行在正常经营管理中,防范的是置信水平以内发生的事件;对于小概率事件,通常视作不可能发生而在正常经营过程中不直接加以考虑。

在经营管理中,银行风险损失的置信水平由董事会来确定,它反映了银行的风险容忍度。置信水平越高,表明银行的风险容忍度也就越低。在前述例子中,如果置信水平为95%,表明银行的风险容忍度为5%,即银行只能够接受8 000万元的损失,如果出现8 000万元以上的损失,银行就会倒闭(这样的事件每20年即出现1次);如果置信水平为99.9%,表明银行的风险容忍度为0.1%,即银行只有在出现5亿元以上的损失时才会倒闭,而这样的事件1 000年才会出现1次。很显然,银行置信水平越高,银行也就越安全。

2. 预期损失

预期损失(Expected Loss, EL)是指银行风险损失的统计平均值,是银行可以预见的损失。在前述例子中,银行的预期损失为2 000万元,这与银行的置信水平无关,无论置信水平是多高,基于历史数据所计算的损失期望值是一样的。

预期损失一般通过计提损失准备进行预防和弥补,直接进入银行的成本。由于预期损失是事先确定的损失平均值,银行通常在业务发生的同时,可以根据这一平均值做出损失准备,从当期的经营收入中予以扣除。这种损失准备为风险准备。由于风险准备要从银行的收益中予以扣除,并且是一种事先确定的平均值,不存在风险所必备的不确定性或波动性,所以,预期损失是银行的经营成本而不是风险。

3. 异常损失

异常损失(Catastrophe Loss),也称为灾难性损失,是指战争、重大灾难袭击等异常情况导致的损失。这类损失发生的概率极小,一般无法预见,但一旦发生,其危害极大,只能通过政府扶持、保险赔付等特殊方式进行补救。

异常损失与银行的置信水平有关。在前述例子中,如果置信水平为95%,那么超过8 000万元的损失即为异常损失;如果置信水平为99.9%,那么超过5亿元的损失即为异常损失。

4. 非预期损失与经济资本

非预期损失(Unexpected Loss, UL)是介于预期损失与异常损失之间的那部分损失,是指在一定时期内超过预期损失但低于异常损失的损失。

非预期损失也与银行的置信水平有关。在前述例子中,如果置信水平为95%,那么2 000万元到8 000万元之间的损失为非预期损失,其金额为6 000万元;如果置信水平为99.9%,那么2 000万元到5亿元之间的损失为非预期损失,其金额为4.8亿元。

(二)非预期损失与经济资本的本质

非预期损失反映的是损失的波动性,是银行预期损失之外的部分。因此,非预期损失反映了银行真正的风险所在。这部分风险由于存在着较强的不确定性,所以银行难以通过从业务经营中提取拨备的方式纳入经营成本管理,只能是为其匹配相应的资本予以弥补,这就是经济资本概念产生的基础。

因此,经济资本在本质上是弥补非预期损失的资金,在数量上就等于非预期损失,其具体金额取决于银行的风险水平和风险容忍度(即置信水平)。在前述例子中,如果置信水平为95%(即风险容忍度为5%),那么银行所需经济资本为6 000万元;如果置信水平为99.9%(即风险容忍度为0.1%),那么银行所需经济资本为4.8亿元。

我们可以用图 10-2 来表示银行预期损失、非预期损失（所需要的经济资本）、异常损失之间的关系。图中横坐标是银行的损失，纵坐标表示损失的概率。

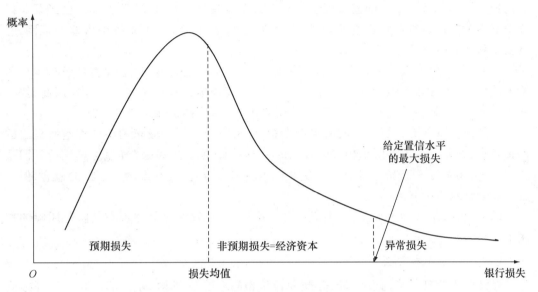

图 10-2　预期损失、非预期损失与异常损失的关系

（三）经济资本与会计资本、监管资本之间的关系

经济资本是经济意义上的资本，是银行从风险角度计算的银行应该保有的资本。因此，其确定标准是银行实际承担的风险量，主要关注主体是银行经营管理者。由于经济资本并不对应资产负债表上的具体项目，只是一种管理工具，从而是一种完全虚拟的概念。从数量上来看，在其他条件不变的情况下，银行管理者总是希望银行需要持有的经济资本越少越好，因为越少的经济资本表明银行实际承担的风险水平越低。会计资本、监管资本、经济资本的区别参见表 10-2。

表 10-2　会计资本、监管资本、经济资本的区别

	会计资本	监管资本	经济资本
存在意义	会计意义	法律意义	经济意义
关注主体	银行股东	监管当局	银行管理者
确定标准	资本来源和归属	资本作用	银行风险
用途	股东权益	监管工具	管理工具
存在性质	实际存在	半虚拟概念	虚拟概念
数量倾向	越少越好	越多越好	越少越好

由于监管资本注重的是资本吸收来源于风险的未来可能损失的能力，而经济资本决定于银行实际承担的风险，因此，监管资本和经济资本统一于银行的风险，银行实际承担的风险越大，银行需要持有的监管资本和经济资本都会越多。在实践中，由于监管当局和银行内部管理者在计量风险时所采用的方法不完全一致，所以两者之间存在一定差

距。而且由于银行内部在计算资本实际需要时,一般会考虑资产组合等风险管理手段对减少风险的作用,而目前监管资本的计量并没有考虑这一因素。因此,通常情况是所要求的经济资本低于所要求的监管资本。从未来发展趋势来看,由于监管部门已经开始以经济资本为方向调整监管资本的计量,并将银行内部的经济资本系统纳入监管范围,经济资本和监管资本正趋向于一致。

同时,会计资本代表银行股东的剩余权益,从风险角度来看,这也代表着股东承担风险的能力,因为股东对银行的债务和风险损失,以其资本为限承担有限责任。因此,银行所承担的风险,是会计资本、经济资本、监管资本三者统一的基础。

从经济资本与会计资本之间的关系来看,正是因为归属于股东的会计资本所提出的回报要求,尤其是考虑到所承担风险以后的回报要求(准确地说是"经风险调整后的回报要求"),才导致了经济资本概念的产生和应用。因此,经济资本虽然是虚拟的概念,但它也是以会计资本为基础的。

综上所述,从根本上来看,三类资本是一致的,其一致性充分体现在其防范风险的作用上。

(四)经济资本管理

经济资本管理是指通过计量、分配和评价银行各分支机构、业务部门和产品等维度所需的经济资本,对银行风险进行总量控制和组合管理,实现风险调整后资本回报率最大化的目标。因此,银行的经济资本管理主要包括三项内容,即计量、分配和评价。

二、经济资本的计量

经济资本的计量是具体计算覆盖风险所要求的经济资本额度,它是银行有效实施经济资本管理的前提。由于经济资本是根据银行所承担的风险所计算的,而且在量上等于未预期损失,因此,经济资本的计量在很大程度上就是银行风险的计量,也就是银行未预期损失的计量。

银行所面临的风险种类很多(参见本书第十一章),但从世界范围内的计量技术来看,市场风险的计量已基本成熟,信用风险的计量取得了非常大的进展,操作风险的计量仍处于初级阶段,而其他风险的计量基本属于概念探讨阶段。正是因为这一点,《新资本协议》纳入资本要求的风险也只有信用风险、市场风险和操作风险三大类。因此,银行经济资本计量时所考虑的风险,一般也只有信用风险、市场风险和操作风险三大类。

从计量技术来看,商业银行在计算经济资本时多以巴塞尔协议为基准,再根据银行的实际情况进行适当调整,其原因在于:

(1)不论银行是否实施经济资本管理,银行都需要按照监管当局所确定的标准对风险进行计量,都需要建立相应的风险管理信息系统,而其投资一般都非常巨大,并且还涉及银行的日常业务运作。因此,银行不需要、也不可能另外建立一套与监管标准完全不同的系统。

(2)巴塞尔协议在风险计量方面强制要求银行采用以及建议银行采用的方法,代表了国际银行业在这方面的基本发展水平和方向。

(3)鉴于巴塞尔协议在世界银行业中的地位和影响,它所包括的风险计量技术成为世界各国商业银行所遵循的共同标准。

（4）从发展趋势来看，依据巴塞尔协议（以及各国监管当局所确定的具体标准）所计算的监管资本要求，与经济资本呈现出一种逐渐趋同的趋势，监管资本和经济资本之间的差异也越来越小。实际上，由于监管资本和经济资本的目的都是弥补银行在经营管理过程中的损失，因此，很多人已将两者等同起来，只是在不同上下文中使用不同的概念而已。

三、经济资本的分配

经济资本分配是根据全行的风险偏好和发展战略，通过年度计划、限额管理、参数设置等方式将经济资本科学分解到分支机构、业务部门和产品，通过资本约束风险、资本要求回报的协调管理机制，提高各分支机构、业务部门和产品等维度的风险管理水平，并使业务发展与银行的资本充足水平相适应。

经济资本分配主要包括两个方面的内容：一是根据银行资本实力、股东目标与偏好、监管要求，确定整个机构的总体风险水平以及相应的抵御风险损失的经济资本限额；二是根据银行内各业务部门的经营绩效测量，在各部门间进行风险资本限额分配，并根据经营绩效评估对经济资本分配进行动态调整。总体来说，经济资本分配的目的在于构建一个与银行的总体风险战略和股东目标相一致的业务风险组合。

资本分配并非完全等同于资本的实际投入。由于经济资本量表现的是风险量，因此在银行内部各部门以及各业务之间的资本分配实质上是风险限额的分配，是确定与风险限额相当的业务或资产总量。但在银行整体层面上需要实在的资本投入，这是考虑到风险分散化效应产生之后银行对总风险的反映。

四、经济资本的评价

经济资本的评价是将经济资本管理的思想融入内部绩效考核，通过完善绩效考核体系，促进银行经营管理水平的全面提升。

（一）从会计资本绩效考核到经济资本绩效考核

传统的绩效考核体系是以会计资本为核心的，会计利润是整个绩效评价与激励的基础，考核的具体指标包括资本利润率（Return on Equity，ROE）、资产利润率（Return on Assets，ROA）等（参见本书第二章）。虽然以会计利润作为绩效评价和激励的基础，存在很多优点，但也存在很多弊端，这主要表现在以下几个方面：（1）在会计上，利润等于收入减去成本，而收入会包括可能永远无法收回的应收收入，成本中可能没有包括应该提取的贷款损失准备金。因此，利润值可能严重失真。（2）利润是一个事后评价指标，反映的是已经过去的一段时期中的经营成果，缺乏前瞻性，而绩效评价最主要的功能之一，是促使评价对象在未来的经营管理过程中更加努力，做出更大的成绩。（3）利润总是与风险相对应的，对于核心功能就是管理风险的商业银行来说，更是如此。因此，会计利润的最大化，对应的可能就是风险最大化，在这种情况下，以会计利润为中心进行考核和激励，对于银行来说可能是灾难性的。

正是考虑到了以会计资本为核心的绩效考核体系所存在的上述弊端，现代商业银行纷纷转向以经济资本为核心的绩效考核体系。由于经济资本这一工具将银行投资者获得利润、控制风险的这两个要求融合在了一起，从而成为现代商业银行绩效考核的核心。具体来说，以经济资本为核心的绩效考核体系具有如下三个方面的优越性：(1) 经济资本直接反映银行的风险状况，可方便地分解、合并，通过对经济资本的分配，主动防范风险，在清楚地显示各部门、分行和各项业务的风险水平的同时，实现资本与风险的匹配。因此，大大增强了银行防范风险的主动性，提高了风险管理的灵活性。(2) 经济资本将风险折算为成本，再与所取得的收益对照比较，才能科学地衡量一种产品、一个单位直至每个员工的业绩表现，从而精确体现出为股东创造的价值。(3) 经济资本管理体系可以根据对银行内各业务部门的风险调整的绩效测量，在各部门之间进行风险资本限额分配，从而保证资源最优分配，从总体上改善银行的经营绩效，提高盈利水平。

以经济资本为核心的绩效考核体系的主要考核指标有两个：一个是比率指标（RORAC），另一个是绝对额指标（EVA）。

（二）经济资本评价的比率指标：RORAC

商业银行经营管理的核心是管理风险。因此，在为评价银行的经营绩效而考察其盈利状况时，必须考虑其盈利是在承担了多大风险的基础上获得的。考虑到银行获得利润时所承担相应风险的绩效考核指标，称为经风险调整的业绩衡量指标（Risk-Adjusted Performance Measures, RAPM）。RAPM 是在会计利润指标的基础上，根据银行在经营过程中所承担的风险进行相应调整而得到的指标。

与会计资本绩效考核体系中资本利润率（ROE）相对应的 RAPM 指标是 RAROC 和 RORAC。RAROC 是英文 Risk-Adjusted Return on Capital 的缩写，可译为"资本风险利润率"，是先根据银行所承担的风险对利润进行调整，得到经风险调整后的利润，然后除以会计资本而求得的绩效衡量指标；RORAC 是英文 Return on Risk-Adjusted Capital 的缩写，可译为"风险资本利润率"，是先根据银行所承担的风险对资本进行调整，得到经风险调整后的资本，然后再以会计利润除以经风险调整后的资本而求得的绩效衡量指标。由于风险资本也称为经济资本，因此，RORAC 也就是"经济资本利润率"。对于同一家银行、同一时期的经营结果来说，RAROC 和 RORAC 应该是一致的，只是计算方法不同而已，两者的计算公式如下：

$$\text{RAROC} = \text{资本风险利润率} = \text{经风险调整后的利润} \div \text{会计资本} \quad (10\text{-}4)$$

$$\begin{aligned}\text{RORAC} &= \text{风险资本利润率} = \text{经济资本利润率} \\ &= \text{会计利润} \div \text{经风险调整后的资本} \\ &= \text{会计利润} \div \text{经济资本}\end{aligned} \quad (10\text{-}5)$$

在上述这些 RAPM 指标中，使用最为广泛的是 RORAC，即经济资本利润率。

（三）经济资本评价的绝对额指标：EVA

在以会计资本为核心的绩效考核体系中，会计利润是反映银行及其各业务部门经营绩效的绝对额指标；与此相对应，在以经济资本为核心的绩效考核体系中，反映银行及其各业务部门经营绩效的绝对额指标是经济增加值，通常直接使用其英文 Economic Value Added 的缩写 EVA 来表示。

相对于会计利润来说，EVA 最为突出的特征是，它充分考虑了银行的权益资本成本，而且是经风险调整后的成本。会计利润只通过税前扣除利息的方式考虑债务资本的成本，而并没有考虑权益资本的成本，因此，高估了银行的实际利润贡献。由于权益资本的成本反映了资本市场对银行未来获利能力和风险水平的预期，从而衡量了银行投入资本的预期净收益。

从算术角度来看，EVA 等于税后经营净利润(Net Operating Profit After Tax，NOPAT)减去权益资本成本，是银行所有成本被扣除后的剩余收入(Residual Income)。由于权益资本可能由多次筹集而成，也可能来自多个渠道，因此，权益资本的成本是一个加权平均值，即加权平均资本成本(Weighted Average Cost of Capital，WACC)。设权益资本总额是 TC(即 Total Capital)，那么，EVA 的计算公式即为：

$$\begin{aligned} EVA &= 税后经营净利润 - 资本成本 \\ &= 税后经营净利润 - 总资本 \times 加权平均资本成本 \\ &= NOPAT - TC \times WACC \end{aligned} \quad (10\text{-}6)$$

由于加权平均资本成本主要取决于投资者所承担的风险，而经济资本正是包含了风险概念的资本，因此，公式(10-6)中的资本也可以直接用经济资本来替代，即：

$$\begin{aligned} EVA &= 税后经营净利润 - 经济资本成本 \\ &= 税后经营净利润 - 经济资本 \times 加权平均经济资本成本 \end{aligned} \quad (10\text{-}7)$$

（四）EVA 与 RORAC 之间的关系

公式(10-7)中，加权平均经济资本成本是由投资者的预期收益率决定的，而这一预期收益率是与投资者所感觉到的风险相一致的，也就是说，加权平均经济资本成本就相当于投资者预期的风险资本利润率，即预期 RORAC。因此，从公式(10-7)可以得到：

$$\begin{aligned} EVA &= 税后经营净利润 - 经济资本 \times 加权平均经济资本成本 \\ &= 税后经营净利润 - 经济资本 \times 期望 RORAC \end{aligned} \quad (10\text{-}8)$$

公式(10-5)表明，RORAC = 会计利润 ÷ 经济资本。

比较公式(10-8)和公式(10-5)可以发现，经济资本绩效考核的绝对额指标 EVA 与其比率指标 RORAC 是密切联系在一起的。RORAC 是会计利润与经济资本的商，在计算 EVA 所需要的一系列调整之前，税后经营净利润就是会计利润。因此，如果一家银行的实际 RORAC 等于银行投资者所要求的资本要求利润率，那么这家银行的 EVA 就等于零。也就是说，在一家银行的经济资本和资本要求利润率已知的情况下，如果知道一家银行的 RORAC，那么也就能计算其 EVA 了；相应地，如果知道了一家银行的 EVA，其 RORAC 也就能够计算出来了。同时，对于同一家银行、同一时期的经营成果来说，RORAC 越高，EVA 也就越高。因此，在以经济资本为核心的绩效考核体系中，RORAC 和 EVA 作为两个基本的考核指标是一致的。

本章小结

商业银行通常在三个意义上使用"资本"这个概念，即财务会计、银行监管和内部风险管理，所对应的概念分别是会计资本、监管资本和经济资本。三者之间既存在着明显的区别,也有着密切的联系。

会计资本包括实收资本、资本公积、盈余公积、一般准备、未分配利润(累计亏损)、外币报表折算差额、直接计入股东权益的利得和损失、少数股东权益。会计资本具有营业、控制和激励三方面的功能,筹集方法包括留存利润、发行股票、引进战略投资等。

监管资本的关键是其质量标准和数量标准,解决这两个问题的巴塞尔协议经历了三个阶段,即1988年《资本协议》(以及1996年《包括市场风险的资本协议修正案》)、2004年《新资本协议》和2010年第三版巴塞尔协议。《新资本协议》同时涵盖了信用风险、市场风险和操作风险三大风险,包括最低资本要求、监管当局监督检查、市场约束三大支柱。第三版巴塞尔协议补充了《新资本协议》。中国自2013年开始实施《新资本协议》和第三版巴塞尔协议。监管资本包括核心一级资本、其他一级资本和二级资本三部分。资本充足率是银行稳健程度的重要衡量指标,也是银行监管的重要手段。提高资本充足率的方法包括分子对策和分母对策两大类。

经济资本也称为风险资本,是银行加强内部资本管理和风险管理的一种工具,是在一定置信水平下抵御非预期损失所需要的资金。经济资本管理包括计量、分配和评价三大内容,它通过计量、分配和评价银行各分支机构、业务部门和产品等维度所需的经济资本,对银行风险进行总量控制和组合管理,最终实现风险调整后的资本回报率最大化目标。

复习思考题

1. 说明会计资本、监管资本和经济资本的概念与内容,分析三者之间的区别与联系。

2. 访问你喜欢的商业银行的网站,看它是否实施股权激励计划,如果已经实施,详细阅读其内容,并查阅相关评论。

3. 说明巴塞尔协议的发展过程、《新资本协议》的三大支柱以及第三版巴塞尔协议的主要内容。

4. 商业银行应如何提高资本充足率?从你喜欢的商业银行的年报中,寻找其资本充足率的相关数据,了解该行最近所采取的提高资本充足率的方法。

5. 商业银行经济资本管理包括哪些内容?说明EVA与RORAC的概念及两者之间的关系。将EVA和RORAC引入商业银行绩效考核体系有什么意义?

案例分析

国有银行是否被"贱卖"?

2005年5月,美国银行(Bank of America)用30亿美元收购中国建设银行10%的股份,每股价格1.17元人民币。2005年10月27日,中国建设银行在香港成功上市,每股发行价格是2.35元港币,远高于美国银行五个月前购买建行股份的价格。在上市后,股价更是一路攀升,一年后的2006年10月27日收盘价为3.52元港币,较上市价上涨49.78%。这引发了热烈的国有银行是否被"贱卖"的争论。2006年12月6日,中国银监

会在其长篇文章《WTO与中国银行业开放问答》中对这个问题进行了解答,全面地概括了中国官方的答案:

我国商业银行在引进战略投资者的过程中,银行股权转让定价遵从了市场原则,国有资产并未贱卖,理由有四:

(一) 银行股权转让价格在合理区间之内

国际投资界衡量银行股权转让价格的常用指标是市净率(P/B, Price to Book Value),即转让价格与账面净资产的倍数,而不是市盈率(P/E, Price to Earnings)。

我国银行业引进战略投资者和上市的定价一定要以当时市场上国际同质、同类交易相比较,也要根据当时市场水准而定。1993年,新兴市场的银行吸引外资入股的P/B值通常在1.2—1.5倍之间,汇丰银行入股交行的市净率为1.76倍,接近当时市场的最高水平,入股价格也高于同期国内股东如财政部、中央汇金公司、社保基金以及其他老股东的入股价格。

交通银行和建设银行在资本市场上市时的P/B值达到甚至超过了当时境外同类银行水平。建设银行2005年在香港上市时达到大型国企境外上市定价的较高水平,并在2000年以来亚太新兴市场银行IPO估值中达到国际先进银行当时的交易水平。同期,美国银行为1.61倍,汇丰银行为1.87倍。

瑞银分析师指出,过去5年中,外资银行往往支付相当于账面价值1.5—1.8倍的价格购买中资银行的少数股权。但若根据中国各大银行的预期利润率、长期增长率和股息派发率分析,更现实的价格应该是账面价值的1.4—1.7倍。交通银行和建设银行的P/B值都已高于这个范围。

(二) 国家仍是最大受益者

要看到,国有银行并不是转让全部股份,国家仍然占大头。以交通银行为例,交通银行上市和股价上扬后,持股比例最高的国有股东受益最大,实现了国有资产的保值增值。上市后,交通银行国家股及国有法人股占比为64.74%,其中财政部占比21.78%,社保基金占比12.13%,汇金公司占比6.55%。社保基金和汇金公司持有的股份全部转为H股,并在1年后可全部流通。按发行价格计算,财政部及汇金公司在进行财务重组时通过注资持有的股份增值1.66倍,社保基金持有的股份增值47.78%;按2006年2月22日5.05港元的价格计算,分别增值4.24倍和1.91倍。

(三) 战略投资者持股提升了中资银行价值

从定价策略看,引入国际知名机构作为战略投资者有助于提高引资企业的无形资产价值,提升引资企业的形象和市场价值。因此,发行价高也包含了战略投资者的贡献。交通银行发行价比较高,重要原因就是投资者形成了"买交行就是买汇丰"的概念;建设银行发行价大大高于入股价,也与美国银行入股有关。

(四) 要正确看待国有银行的潜在价值

中资银行与外资银行合作的努力几年来一直在进行,但由于中资银行积重难返的体制和沉重的历史包袱,使外资银行望而却步,缺乏合作兴趣和诚意。即使是在国家出资进行财务重组后,外资银行仍然顾虑重重,建设银行最初选择花旗银行就碰到该问题。

英国《金融时报》曾经毫不客气地评论说:"中国企业的公司治理状况,在官方声明和商业现实之间存在鸿沟。"苏格兰皇家银行曾因为表示到亚洲投资而使其股价大幅下跌,至正式公布参股中行的消息前,股价跌幅已经超过5%。

因此,境外战略投资者看中的不一定是处于当前状态的我国银行机构,看中的是我国银行业发展的潜在价值,反映了他们对中国经济发展和改革的信心,反映了他们对中国银行业改革的认可和发展预期的提高。

资料来源:中国银行业监督管理委员会,《WTO与中国银行业开放问答》,http://www.cbrc.gov.cn/,2006年12月6日。

案例思考题:

中国商业银行引进战略投资者有什么意义?结合本章案例说明你的观点。

第十一章

商业银行的风险管理

【学习目标】

1. 了解银行风险的内容,掌握银行风险管理的步骤和风险控制的主要方法,了解全面风险管理体系。

2. 了解商业银行公司治理和内部控制的主要内容。

3. 了解商业银行市场风险的特点和控制方法,理解计量市场风险的缺口分析、久期分析和风险价值法。

4. 了解商业银行信用风险的特点和控制方法,理解信用计量术模型,了解内部评级和外部评级。

5. 了解商业银行操作风险的特点和控制措施,了解计量操作风险的方法。

第一节 商业银行风险管理概述

银行风险是指银行在经营过程中,由于各种不确定因素的影响而使其资产和预期收益蒙受损失的可能性。同时,由于与风险相伴会产生收益,这是银行愿意承担风险的根本原因。因此,风险也可以定义为未来收益或损失的一种不确定性。

商业银行的核心功能是管理风险,风险管理贯穿于商业银行的所有经营管理活动。从本质上来看,商业银行就是经营管理风险的机构,其利润就来自于管理风险,如果不存在风险,也就不存在真正的商业银行。同时,虽然风险是商业银行利润的来源,高风险、高收益是基本的投资规律,但是风险被承担下来后究竟给商业银行带来的是损失还是盈利,还取决于商业银行对风险的管理。风险只是一种盈利的可能,需要积极的管理才会转化为现实的盈利。因此,有效管理风险是商业银行生存与发展的基础和关键。

一、银行风险的种类

银行风险主要包括信用风险、市场风险、操作风险、流动性风险、国家风险、声誉风险、法律风险、合规风险和战略风险九大类。

(一) 信用风险

信用风险(Credit Risk),是指债务人或交易对手未能履行合同所规定的义务或信用质量发生变化,从而给银行带来损失的可能性。对大多数银行来说,贷款是最大、最明显的信用风险来源。但事实上,信用风险几乎存在于银行的所有业务中,既存在于传统的贷款、债券投资等表内业务中,也存在于信用担保、贷款承诺等表外业务中,还存在于场外衍生产品交易中。信用风险是银行最为复杂的风险种类,也是银行面临的最主要的风险。

(二) 市场风险

市场风险(Market Risk)是指因市场价格(包括利率、汇率、股票价格和商品价格)的不利变动而使银行表内和表外业务发生损失的风险。市场风险包括利率风险、汇率风险、股票价格风险和商品价格风险四大类,分别指由于利率、汇率、股票价格和商品价格的不利变动而引起的风险。

(三) 操作风险

操作风险(Operational Risk)是指由不完善或有问题的内部程序、人员及系统或外部事件所造成损失的风险。操作风险普遍存在于银行业务和管理的各个方面,而且具有可转化性,即在实践中通常可以转化为市场风险、信用风险等其他风险。因此,人们往往难以将其与其他风险严格区分开来。

(四) 流动性风险

流动性风险(Liquidity Risk)是指无法在不增加成本或资产价值不发生损失的条件下及时满足客户流动性需求,从而使银行遭受损失的可能性。银行流动性风险的管理参见本书第八章。

（五）国家风险

国家风险（Country Risk）是指经济主体在与非本国居民进行国际经贸与金融往来中，由于别国经济、政治和社会等方面的变化而遭受损失的可能性。国家风险发生在国际经济金融活动中，在同一个国家范围内的经济金融活动不存在国家风险。

国家风险可分为政治风险、社会风险和经济风险三类。政治风险是指境外商业银行受特定国家的政治原因限制，不能把在该国收回的贷款等汇回本国而遭受损失的风险。政治风险包括政权风险、政局风险、政策风险和对外关系风险等多个方面。社会风险是指由于经济或非经济因素造成特定国家的社会环境不稳定，从而使境外商业银行不能把在该国的贷款汇回本国而遭受到的风险。经济风险是指境外商业银行仅仅受特定国家直接或间接经济因素的限制，而不能把在该国的贷款等汇回本国而遭受到的风险。

（六）声誉风险

声誉风险（Reputational Risk）是指由于意外事件、银行业务调整、市场表现或日常经营活动所产生的负面结果，可能影响银行的声誉并进而为银行带来损失的风险。

声誉是商业银行所有的利益持有者通过持续努力、长期信任建立起来的一种无形资产，是银行维持存款人、借款人和整个市场对其信心的关键。商业银行所面临的几乎所有因素都可能会影响商业银行的声誉。因此，银行必须通过整体的、系统化的方法来管理银行所面临的各种风险，并建立起应对各种危机事件的机制，从而维持和增强银行的声誉。

（七）法律风险

法律风险（Legal Risk）是指银行在日常经营活动或各类交易过程中，因为无法满足或违反相关的商业准则和法律要求，导致不能履行合同、发生争议/诉讼或其他法律纠纷，从而可能给银行造成经济损失的风险。

法律风险主要包括以下三类风险：(1) 商业银行签订的合同因违反法律或行政法规可能被依法撤销或者确认无效的；(2) 商业银行因违约、侵权或者其他事由被提起诉讼或者申请仲裁，依法可能承担赔偿责任的；(3) 商业银行的业务活动违反法律或行政法规，依法可能承担行政责任或者刑事责任的。

（八）合规风险

合规风险（Compliance Risk），是指商业银行因没有遵循法律、规则和准则可能遭受法律制裁、监管处罚、重大财务损失和声誉损失的风险。严格来看，合规风险是法律风险的一部分，但由于其重要性和特殊性，一般单独加以讨论。

中国银监会 2006 年 10 月 25 日发布施行的《商业银行合规风险管理指引》，概括了现代商业银行合规风险管理的最佳做法，其中，最主要的是三个方面：(1) 建设强有力的合规文化。合规管理是商业银行一项核心的风险管理活动，合规必须从高层做起，董事会和高级管理层应确定合规基调，确立正确的合规理念，提高全体员工的诚信意识与合规意识，形成良好的合规文化。(2) 建立有效的合规风险管理体系。董事会应监督合规政策的有效实施，以使合规缺陷得到及时、有效的解决。高级管理层应贯彻执行合规政策,建立合规管理部门,并配备充分和适当的资源,确保发现违规事件时及时采取纠正措施。合规管理部门应协助高级管理层有效管理合规风险,制订并执行以风险为本的合规管理计划,实施合规风险识别和管理流程,开展员工的合规培训与教育。(3)建立有利于合规风险管理的三项基本制度,即合规绩效考核制度、合规问责制度和诚信举报制度,加强对管理人员的合规绩效考核,惩罚合规管理失效的人员,追究违规责任人的责任,对举报有功者给予奖励,并对举报者给予充分保护。

(九)战略风险

战略风险(Strategic Risk)是指银行在追求短期商业目的和长期发展目标的系统化管理过程中,不适当的未来发展规划和战略决策可能威胁银行未来发展的潜在风险。

商业银行的战略风险,主要来自于四个方面:(1)商业银行战略目标的整体兼容性;(2)为实现这些战略目标所制定经营战略的科学性和可行性;(3)实施经营战略所需动用资源的可得性和充分性;(4)战略执行的效率和效果。

二、银行风险管理的流程

风险管理主要包括风险识别、风险计量、风险监测和风险控制四个步骤。其中,风险管理部门主要承担风险识别、风险计量和风险监测的职责,而各级风险管理委员会承担风险控制和决策的责任。

(一)风险识别

风险识别是风险管理的第一步,是商业银行从内外部经营环境中发现可能给银行经营带来意外损失的因素。

商业银行所面临的风险种类繁多,每一种风险的诱发因素异常复杂,而且各种风险可能是交织在一起。因此,通常难以用单一方法来识别,必须同时采用多种方法进行综合审视。风险识别主要有以下几种方法:

(1)财务报表分析法,即根据商业银行的资产负债表、利润表、财产目录等财务资料,经过实际调查研究,对商业银行财务状况进行分析,发现潜在风险。

(2)风险树搜寻法,即以图解的形式,将商业银行风险逐层予以分解,采取类似于"顺藤摸瓜"的方式,最终找到银行所承受的风险的具体形态。由于风险分解后的图形呈树枝状,故称风险树搜寻法。

(3)专家意见法,即由商业银行风险管理人员将相关资料发给若干名专家,由专家们各自独立地提出自己的意见,然后汇集整理专家们的意见进行再次调查,经过多次反复,最终形成比较一致的结果。

(4)情景分析法,即通过有关的数据、曲线、图表等模拟商业银行未来发展的可能状态,以识别潜在的风险因素及后果。

(5)筛选—监测—诊断法。筛选是指将各种风险因素进行分类,确定哪些风险因素明显会引起损失,哪些因素需要进一步地研究,哪些因素明显不重要应该排除出去。监测是指对筛选出来的结果进行观测、记录和分析,掌握这些结果的活动范围和变动趋势。诊断是指根据监测的结果进行分析、评价和判断,对风险进行识别。

（二）风险计量

风险计量是在风险识别的基础上，对各种风险因素进行定量分析，计算损失发生的概率，以及损失发生时的大小。

风险计量是风险识别的继续，没有准确的风险计量，所识别的风险将无法进行有效的管理；风险计量也是风险监测和风险控制的基础，所计量的风险损失额均值，决定着风险监测和控制的手段，因为风险监测和控制都需要支付成本，只有在这些成本低于损失均值时，监测和控制才有意义。

在风险管理的四个步骤中，风险计量最为困难。准确进行风险计量的前提是建立可靠的风险模型。开发一系列计量不同风险的模型非常困难，其困难不在于所应用的数学和统计知识有多么深奥，而在于模型所运用的数据是否具有高度的真实性、准确性和充足性，这将决定模型结果是否能够较为准确地反映商业银行的风险状况。

正是因为风险计量如此重要又如此困难，所以，针对不同风险创造不同计量方法、开发建设不同计量模型，成为现代商业银行经营管理水平的重要标志，是许多商业银行竞争优势的源泉。同时，《新资本协议》也通过降低监管资本要求，鼓励商业银行采用高级的风险计量技术。

在商业银行所面临的九类风险中，目前商业银行仅开发出了计量信用风险、市场风险和操作风险的模型，而且其中仅市场风险的计量模型相对比较成熟，而信用风险的计量模型正在发展之中，操作风险的计量模型还处于初步探索阶段。而对于其他六类风险，目前尚没有得到比较达成共识的计量模型。

《新资本协议》概括了商业银行实践中已经比较成熟且应用比较广泛的风险计量模型和方法，在本章第三节至第五节分别介绍市场风险、信用风险和操作风险的计量方法时，将主要参考《新资本协议》进行介绍。

（三）风险监测

风险监测是对各种风险因素进行实时监测，以随时掌握其发展变化。风险监测主要包含两个方面：(1) 监测各种可量化的关键风险指标（Key Risk Indicators，KRI）以及不可量化的风险因素的变化和发展趋势，确保可以将风险在进一步恶化之前识别出来；(2) 报告商业银行所有风险的定性、定量评估结果，以及所采取的风险管理、控制措施及其质量和效果。

风险监测和报告过程看似简单，但要满足不同风险层级和不同职能部门对于风险发展状况的多样化需求是一项极为艰巨的任务。例如，高层管理需要的是高度概括的整体风险报告，前台交易人员期待的则是非常具体的头寸报告，而风险管理委员会则通常要求风险管理部门提供最佳避险报告，以协助制定风险管理策略。因此，建立功能强大、动态、交互式的风险监测和报告系统，对于提高商业银行风险管理效率和质量具有非常重要的作用，也直接体现了商业银行的风险管理水平和研究开发能力。

（四）风险控制

风险控制是根据风险监测的结果，采取各种方式将风险控制在银行能够接受的水平上。

风险控制的上述定义,在一定意义上揭示了商业银行整个风险管理平衡风险与收益的目标:一方面,要保证银行所承担的风险,不能低于银行可以接受的水平,否则其利润将受到影响;另一方面,要保证银行所承担的风险,不能高于银行能够接受的水平,否则其安全性将受到影响。

风险控制的上述定义也进一步说明了风险计量的重要性。要将风险控制在银行能够接受的水平上,一是要知道银行能够接受的风险水平是多少;二是要知道银行目前已经承担的风险水平是多少;三是要知道所采取的风险控制措施对银行实际承担的风险水平的具体影响,也就是知道银行所从事的每笔业务所增加或减少的风险。这三者均以准确的风险计量为基础。

三、银行风险的控制方法

从具体实施的角度来看,风险控制就是要在风险发生之前、发生之时、发生之后,采取一定的策略和措施以减少风险损失、增加风险收益,并降低或消除所发生的损失对商业银行正常经营的影响。为此,商业银行常用的风险控制方法包括分散、对冲、转移、规避、抑制和补偿。

(一) 风险分散

风险分散(Risk Diversification)是指通过多样化的投资来分散和降低风险。"不要将所有的鸡蛋放在一个篮子里"的古老投资格言形象地说明了这一方法。

马柯维茨的资产组合理论为风险分散奠定了坚实的理论基础。资产组合理论的基本思想是:并非所有资产的风险都完全相关,构成一个资产组合时,单一资产收益率变化的一部分,就可能被其他资产收益率的反向变化所减弱或完全抵消。因此,只要两种资产收益率的相关系数不为1(即不是完全正相关),那么,分散投资于这两种资产就可以在保持收益率不变的情况下,降低整个组合的风险。

风险分散是商业银行控制风险最基本、最常用的方法。实际上,商业银行之所以能够正常运行,首先得益于分散。存款是商业银行资金来源的主要形式,而贷款是商业银行资金运用的主要形式。存款的特征是存款人可以随时存取,而且具有强制性,即银行必须保证存款人能随时提取所存存款;而银行在发放出去贷款以后,在一般情况下并不能随时要求借款人偿还贷款,而且即使银行有这样的权利,借款人一般也无法随时偿还贷款。这就形成了银行巨大的流动性风险。但是存款和贷款的分散保证了银行能够正常运行:因为存款人非常分散,存款人同时到银行提取存款的比例一般很低,而且相对比较稳定,可以比较准确地预测;由于贷款也非常分散①,贷款风险能够得到控制,贷款的现金流也相对比较分散,并在即使没有新增存款的情况下,也能保证存款人提取存款的需求得到及时满足。

运用分散方法来控制风险也存在如下三个方面的局限:(1)分散只能减少或消除非

---

① 我国《商业银行法》规定:"对同一借款人的贷款余额与商业银行资本余额的比例不得超过百分之十。"

系统性风险,并不能减少系统性风险①;(2)分散的效果取决于资产组合中各项资产的相关性,相关程度越低,分散效果就越好;(3)分散是有成本的,比如,将1亿元的资金贷款给两个借款人,要比贷款给同一个借款人的成本高得多。

(二) 风险对冲

风险对冲(Risk Hedging),又称风险的套期保值,是指通过收益与损失的相互抵消来降低或消除银行损益的波动,具体来说,是指通过投资或购买与管理标的资产收益波动负相关的某种资产或衍生金融产品,以其收益来冲销风险所带来的损失。

商业银行的风险对冲可以分为自我对冲和市场对冲两种情况:

(1) 自我对冲是指商业银行利用资产负债表或某些具有收益负相关性质的业务组合本身所具有的对冲特性进行风险对冲。比如,利率的上升,一方面会使商业银行存款的利息成本上升,另一方面会使商业银行贷款的利息收入上升。如果银行将存贷款的期限、利率调整到适当的状态,贷款利息收入的增加就能抵消存款利息支出的增加,从而保持银行存贷款利息净收入不受利率变动的影响。

(2) 市场对冲是指对于无法通过资产负债表和相关业务调整进行自我对冲的风险,主要通过衍生产品市场进行对冲(参见本书第十二章)。

与风险控制的分散法不同,风险对冲既可以用来管理非系统性风险,也可以用来管理系统性风险,而且还可以根据投资者的风险承受能力和需要,通过对冲比率的调节和选择,从而将风险降低到希望的水平。

(三) 风险转移

风险转移(Risk Transfer)是指将风险转移给其他经济主体承担的一种风险管理办法。风险转移可分为保险转移和非保险转移。(1)保险转移是指商业银行通过购买保险,以缴纳保险费为代价,将风险转移给保险人,当风险事件发生时,保险人按照保险合同约定责任给予赔偿,从而弥补风险事件所造成的损失。比如,在个人住房抵押贷款中,银行一般要求借款人购买综合保险,在借款人死亡、丧失劳动能力或者所抵押房产出现毁损时,由保险公司赔付,所赔付款项优先用于偿还贷款本息。这样,银行就将借款人死亡、丧失劳动能力或者所抵押房产出现毁损的风险转移给了保险公司。(2)非保险转移是保险转移方式之外的其他所有方式的总称。贷款保证就属于风险的非保险转移:甲银行向一企业发放由乙银行提供保证的贷款,约定在企业违约时由乙银行代为偿还,这就将这笔贷款的信用风险转移给了乙银行。

商业银行面临的风险并不是都能转移出去,也不是都需要转移出去的。商业银行转移出去的风险一般必须具备以下条件:(1)所转移的风险必须比较透明,能够为风险购买者所理解,能够对所转移的风险进行准确定价。(2)由于将风险转移出去以后,与所转移风险相对应的收益也就转移出去了(这是交易对手愿意接受所转移风险的原因)。因此,转移出去的风险应当是银行不具有管理比较优势的风险,而对于那些有管理优势

---

① 系统性风险,是指同时影响所有风险对象的风险,如宏观经济变量(利率、汇率、经济增长率、通货膨胀率等)、政治局势等的变化所带来的风险;非系统性风险,是指只影响某个或某些风险对象的风险,如企业经营管理水平或管理者个人变故对银行贷款安全的影响。

的风险,应该由自己来管理。比如,银行不能将贷款中所包含的全部信用风险都转移出去,否则,银行就不可能盈利,也就失去了其存在的价值。

（四）风险规避

风险规避(Risk Avoidance)是指商业银行通过拒绝或退出某一业务或市场,从而不承担在该业务或市场上的风险。

风险规避是商业银行在承担风险方面进行选择的必然要求。在一定时点上,商业银行的能力是有限的。因此,在所有风险中,商业银行必须有所选择,只能承担那些在自己能力范围内并且具有管理优势的风险,避免承担那些超过自己管理能力或者并不具有管理优势的风险。

同时,国家往往从金融稳定、宏观调控等需要出发,对商业银行的业务和市场进行限制,这也就强制性地要求银行规避了相应业务和市场对应的风险。比如,我国《商业银行法》第四十三条规定:"商业银行在中华人民共和国境内不得从事信托投资和证券经营业务,不得向非自用不动产投资或者向非银行金融机构和企业投资,但国家另有规定的除外。"这就使得商业银行规避了所禁止业务和市场对应的风险。

从总体上来看,由于没有风险就没有收益,商业银行在规避风险的同时,自然也就失去了承担相应风险而获得收益的机会和可能。因此,风险规避是商业银行控制风险的一种消极方法,其应用有着明显的局限性。

（五）风险抑制

风险抑制(Risk Bating)是指银行在承担风险之后,通过加强对风险的监测,及时发现问题,并采取相应措施,以便在风险事件实际发生之前阻止情况恶化,或者在风险事件发生之后尽可能减少风险造成的损失。

商业银行所面临的绝大多数风险,都有一个逐渐发展的过程,在损失实际发生之前的相当长的一段时间中,都会有很多预兆。因此,银行应该建立健全风险预警系统,密切关注各种风险的动态和趋势,并及时采取措施。比如,在贷款管理过程中,借款人在最终违约之前的很长时间中,其经营管理过程中的问题和困难都会从很多侧面反映出来(参见本书第五章)。在发现问题以后,银行可以充分利用自己作为债权人的有利地位,采取如下一些抑制风险的措施,以避免或减少损失:(1) 向借款企业派驻财务专家,帮助借款企业弄清财务恶化的原因,并提出解决问题的指导意见;(2) 停止对借款人新增放款,并尽一切努力尽早收回已发放的贷款本息;(3) 要求追加担保;(4) 在可行的情况下,为借款人额外提供贷款,以帮助企业恢复正常经营。

（六）风险补偿

风险补偿(Risk Compensation)是指商业银行在实际风险损失发生以后,通过各种方式对所发生的损失进行弥补,以保证银行的正常经营不受风险损失的影响。

商业银行的核心功能是管理风险。因此,商业银行不可能不承担任何风险。只要有风险,就必然会产生损失。为了避免所产生的损失对银行的正常经营产生影响,银行就必须采取有关措施对风险所发生的损失进行补偿,而且这种补偿必须及时进行,以避免损失累积到一定程度以后在突然爆发时影响银行的生存。

商业银行弥补风险损失的具体方式主要有:

(1) 风险定价。高风险对应高收益之所以成为金融运行的基本规律,原因在于所有风险都有相应的价格。因此,银行可以通过对所承担的风险进行准确定价,将风险损失计入价格之中,在从事相关业务并承担该风险时获得相应收入,这笔额外的收入就可以用来弥补将来实际出现的风险损失。

(2) 担保品变现收入。如果借款人违约,但已提供抵押或质押,商业银行就可以在无法收回贷款本息时,通过抵押财产或质押财产的变现,实现对该笔贷款损失的补偿。①

(3) 资产损失准备。根据国家有关规定,商业银行应定期或者至少每年年度终了时对各项资产进行检查,根据谨慎性原则,合理预计各项资产可能发生的损失,对可能发生的各项资产损失计提资产减值准备。在资产发生实际损失时,可用所提取的资产减值准备进行补偿。

(4) 利润。在商业银行出现损失,而无法通过担保品变现收入或资产损失准备进行补偿时,就需要以当年利润进行补偿;如果当年利润不足以补偿,即运用历年留存利润进行补偿。

(5) 资本。在应用所有上述方式都不足以补偿商业银行在经营中所出现的损失时,就需要运用资本来补偿。风险补偿是指商业银行用资本、利润、抵押品拍卖收入等资金补偿其在某种风险上遭受的损失。

在上述五种补偿方式中,风险定价与资产损失准备、利润和资本三者有重复和交叉的地方,因为银行通过风险定价所形成的额外收入,是资产损失准备、利润的重要来源,而部分资产损失准备和利润又是银行资本的重要来源(参见本书第十章)。

四、商业银行全面风险管理

(一)全面风险管理的概念

全面风险管理,是通过银行所有层次、所有部门、所有人员协调一致的共同参与,对银行所面临的所有各种风险进行全方位、全过程的管理,以实现银行的经营目标。

具体来看,商业银行全面风险管理的突出特点是全面、全程和全员。(1) 全面是指对整个银行各个层次的各业务单位所面临的各类风险,在统一的理念、统一的目标、统一的标准指引下进行全面化、系统化管理。(2) 全程是指关注银行业务和内部管理每一个环节中所存在的风险,并进行妥善管理。(3) 全员是指银行的每一个员工都具有风险管理的意识和自觉性,都必须深刻理解可能潜在的风险因素,并主动地加以预防。

作为一种先进的风险管理理念和操作实践,全面风险管理之所以为世界各国主要商业银行所采用,其主要原因在于:经营环境的复杂化,使得银行所面临的各类风险之间的界限已不再泾渭分明,而是呈现出"你中有我、我中有你"的相互交叉、相互影响状态,只有实行全面统一管理,才能避免"管理重叠"或"管理真空"的问题;由于规模效应和范围效应的作用,银行分别管理各种风险的总成本要远远高于统一管理各种风险的成本;风

---

① 参见本书第五章对贷款担保的有关讨论。贷款保证属于风险转移,而不属于风险补偿。

险计量技术的发展,使得各类风险的统一计量和加总成为可能,从而使全面风险管理成为可能。

（二）全面风险管理的总体框架

在英国巴林银行倒闭、全球风险管理重要性开始凸显的背景下,1996 年由风险专业人士倡议产生的专业组织全球风险专业人员协会(Global Association of Risk Professionals, GARP)正式成立,成为金融风险管理方面的权威平台之一。GARP 将全面风险管理方案定义为策略、过程、基础设施和环境四个方面之间的融合,如图 11-1 所示。

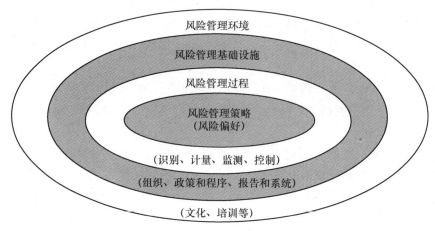

图 11-1　全面风险管理框架

1. 风险管理策略

全面风险管理的第一个环节是制定风险管理的策略。在这一环节,银行需要完成的主要任务是,在处理好银行战略目标与风险管理策略以及价值导向之间关系的基础上,确定整个银行的风险偏好,即设置风险管理目标或风险承受能力。具体来说,在这一环节要解决如下问题:在交易中,银行将准备承受怎样的风险？银行期望的风险目标是什么？银行应该在哪里减少风险？在交易行为中,处于风险地位的资金最大额度是多少？是否存在无风险或风险较小的投资机会,这些机会又会带来怎样的风险？从整个风险管理框架来看,策略环节的各项任务是由董事会来负责的。董事会在综合考虑资产面临的各种风险、组织、人员、系统等内部约束因素的基础上确定本银行的风险偏好。

2. 风险管理过程

风险管理过程这一环节的任务在于将战略目标与风险管理连接起来,确保全面识别银行所面临的各种风险,并对其进行有效的管理。这一环节包括风险管理的各个具体步骤,即风险识别、风险计量、风险监测和风险控制。因此,风险管理过程是全面风险管理的核心。

3. 风险管理基础设施

风险管理基础设施是全面风险管理体系的基础,它为风险管理过程的有效执行提供组织、政策和程序、报告和系统方面的支持,具体包括如下几个方面:(1) 需要建立一个独立并且权责明确的风险管理中心,负责银行的全面风险管理。在具体实施中,银行的董事会在风险管理中具有突出地位,同时,首席风险官要直接对董事会负责,具体执行全面风险管理战略。(2)要制定一系列正式的政策和程序,明确定义风险管理的过程,采用一致的风险测量方法,充分利用各种风险管理方法,设置各类风险和头寸的最大风险承受水平。(3)建立及时、全面、准确的风险汇报和沟通体系,使风险管理状况能够在银行内部各个层次、各个部门之间得到充分、全面的沟通。(4)建立完善的信息系统,满足风险管理的需要。

4. 风险管理环境

全面风险管理体系的成功实现,要受到很多环境或"软件"方面因素的影响,其中最为突出的是文化和培训。一家银行的文化,在很大程度上决定着每个人的思想和行为,只有全面风险管理的理念深入银行每个员工,建立起一种良好的全面、全程、全员的风险管理文化,全面风险管理体系才能建立起来,并发挥有效的作用。同时,随着金融创新的层出不穷,金融风险的表现形式越来越多,对其进行监控的难度越来越大。因此,必须加强对员工的培训,不断提高其风险管理素质,这是确保风险管理体系持久有效的关键。

第二节 商业银行公司治理与内部控制

良好的公司治理和完善的内部控制,是商业银行风险管理的基础,也是商业银行经营管理目标实现的重要保证。

一、商业银行公司治理

(一)商业银行公司治理的定义

商业银行公司治理是指在所有权与控制权分离的情况下,银行的投资者为了实现对银行控制并获得良好回报,针对银行运作所设计的各种激励约束机制以及制度安排的总和。商业银行公司治理的基本作用是协调股东和其他利益相关者之间的关系,完善透明度、责权划分及制衡机制,确保银行发展战略和管理符合股东与利益相关者的利益。[1]

商业银行所具有的高风险性、低透明性和强外部性的特点,使得商业银行更容易被内部人控制,更容易出现为了维护某些利益相关者的利益而损害其他利益相关者的利益,比如,为了股东的利益而损害存款人和纳税人的利益[2],为了大股东的利益而损害小股东的利益等。因此,商业银行的公司治理比工商企业的公司治理更为重要,也更为艰巨。

(二)商业银行公司治理主体

1. 股东和股东大会

《股份制商业银行公司治理指引》规定,商业银行的股东应当符合监管当局规定的向

---

[1] 中国人民银行2002年6月4日发布施行的《股份制商业银行公司治理指引》对商业银行公司治理的定义是:"指建立以股东大会、董事会、监事会、高级管理层等机构为主体的组织架构和保证各机构独立运作、有效制衡的制度安排,以及建立科学、高效的决策、激励和约束机制。"

[2] 银行股东可能为了获得更高的利润而从事高风险的业务,在出现巨额损失而陷入困境时,政府为了保持金融稳定,可能会动用纳税人的钱(税收)对银行进行拯救,从而牺牲了存款人和纳税人的利益。

商业银行投资入股的条件。同时,商业银行应当保护股东的合法权益,公平对待所有股东,尤其是要保护中小股东的利益。

为了保证银行的正常运行,商业银行股东在商业银行资本充足率低于法定标准时,应支持董事会提出的提高资本充足率的措施;在商业银行可能出现流动性困难时,在商业银行有借款的股东要立即归还到期借款,未到期的借款应提前偿还。

股东大会是由股东参与银行重大决策的一种组织形式,是股份公司的最高权力机关,是股东履行自己的责任、行使自己权利的机构与场所。[①]

2. 董事和董事会

董事会是股东大会这一权力机关的业务执行机关,负责银行和业务经营活动的指挥与管理,承担商业银行经营和管理的最终责任。

中国银监会2005年9月12日发布施行的《股份制商业银行董事会尽职指引(试行)》规定,董事会对股东大会负责,并依据《中华人民共和国公司法》和商业银行章程行使职权。商业银行的董事应当具备履行职责所必需的知识、经验和素质,具有良好的职业道德,并通过银行业监督管理机构的任职资格审查。为保证董事会的独立性,董事会中应当有一定数目的非执行董事。注册资本在10亿元人民币以上的商业银行,独立董事的人数不得少于3人。[②]

3. 高级管理层

商业银行的高级管理层由行长、副行长、财务负责人等组成,对董事会负责,具体执行董事会的决策。高级管理层成员的任职资格需要符合银行业监督管理机构的规定。

高级管理层成员应遵循诚信原则,谨慎、勤勉地在其职权范围内行使职权,不能为自己或他人谋取属于本商业银行的商业机会,不能接受与本商业银行交易有关的利益,不得在其他经济组织兼职。

4. 监事和监事会

监事会是由全体监事组成的对银行业务活动及会计事务等进行监督的机构。由于银行股东分散,专业知识和能力差别很大,为了防止董事会、高级管理层滥用职权,损害银行和股东的利益,从而在股东大会上选出与董事会并列设置的这种专门监督机关,代表股东大会行使监督职能。

监事会应当由职工代表出任的监事、股东大会选举的外部监事和其他监事组成,其中外部监事[③]的人数不得少于两名。

[①] 修订后自2006年1月1日起施行的《中华人民共和国公司法》详细规定了股东大会可以行使如下职权:(1)决定公司的经营方针和投资计划;(2)选举和更换由非职工代表担任的董事、监事,决定有关董事、监事的报酬事项;(3)审议批准董事会的报告;(4)审议批准监事会或者监事的报告;(5)审议批准公司的年度财务预算方案、决算方案;(6)审议批准公司的利润分配方案和弥补亏损方案;(7)对公司增加或者减少注册资本做出决议;(8)对发行公司债券做出决议;(9)对公司合并、分立、解散、清算或者变更公司形式做出决议;(10)修改公司章程;(11)公司章程规定的其他职权。

[②] 非执行董事是指在商业银行不担任经营管理职务的董事。独立董事是指不在银行担任董事以外的其他职务,并与所受聘银行及其主要股东不存在任何可能妨碍其进行独立、客观判断关系的董事。

[③] 外部监事是指不在银行担任除监事以外的其他职务,并与所受聘银行及其主要股东不存在任何可能妨碍其进行独立、客观判断关系的监事。外部监事在履行职责时尤其要关注存款人和商业银行的整体利益。

5. 公司治理主体的激励约束机制

商业银行应当建立薪酬与商业银行效益和个人业绩相联系的激励机制,并建立公正、公开的董事、监事、高级管理层成员绩效评价的标准和程序。

独立董事、外部监事和其他监事的评价应当采取相互评价的方式进行,其他董事的评价由董事会做出,并向股东大会报告。

高级管理层成员的评价、薪酬与激励方式由董事会下设的薪酬委员会确定,董事会应当将对高级管理层成员的绩效评价作为对高级管理层成员的薪酬和其他激励安排的依据。绩效评价的标准和结果应当向股东大会说明。任何董事、监事和高级管理层成员都不应参与本人的薪酬及绩效评价的决定过程。

(三) 利益相关者

除了股东、董事、高级管理人员及监事以外,商业银行的利益相关者还包括存款人及其他债权人、职工、客户、供应商、社区等。商业银行在处理与利益相关者之间的关系时应遵循的基本原则[①]包括:(1) 银行应与利益相关者积极合作,共同推动银行持续、健康地发展;(2) 银行应为维护利益相关者的权益提供必要的条件,当其合法权益受到侵害时,利益相关者应有机会和途径获得赔偿;(3) 银行应向存款人及其他债权人提供必要的信息,以便其对银行的经营状况和财务状况做出判断和进行决策;(4) 银行应鼓励职工通过与董事会、监事会和经理人员的直接沟通和交流,反映职工对银行经营、财务状况以及涉及职工利益的重大决策的意见;(5) 银行应在保持持续发展、实现股东利益最大化的同时,关注所在社区的福利、环境保护、公益事业等问题,重视银行的社会责任。

(四) 信息披露

真实、准确、完整、及时的信息披露,是商业银行公司治理持续有效的重要保证和促进因素。中国银监会 2007 年 7 月 3 日发布施行的《商业银行信息披露办法》规定,商业银行应披露下列公司治理信息:(1) 年度内召开股东大会情况;(2) 董事会的构成及其工作情况;(3) 监事会的构成及其工作情况;(4) 高级管理层成员构成及其基本情况;(5) 银行部门与分支机构设置情况。同时规定,商业银行应对独立董事的工作情况单独披露。

二、商业银行内部控制

(一) 商业银行内部控制的概念和目标

中国银监会 2007 年 7 月 3 日发布施行的《商业银行内部控制指引》,对内部控制的定义是:"内部控制是商业银行为实现经营目标,通过制定和实施一系列制度、程序和方法,对风险进行事前防范、事中控制、事后监督和纠正的动态过程和机制。"

商业银行内部控制的目标是:(1) 确保国家法律规定和商业银行内部规章制度的贯彻执行;(2) 确保商业银行发展战略和经营目标的全面实施和充分实现;(3) 确保风险

---

① 中国证券监督管理委员会和国家经济贸易委员会 2002 年 1 月 7 日发布实施的《上市公司治理准则》专门用一章规定了公司在处理与利益相关者之间的关系时应遵循的原则。

管理体系的有效性;(4)确保业务记录、财务信息和其他管理信息的及时、真实和完整。

(二)商业银行内部控制的原则

商业银行内部控制的建设应遵循以下原则:

(1)全面原则,即内部控制应渗透至商业银行的各项业务过程和各个操作环节,覆盖所有的部门和岗位,并由全体人员参与,任何决策或操作均应当有案可查。

(2)审慎原则,即内部控制应以防范风险、审慎经营为出发点,商业银行的经营管理,尤其是设立新的机构或开办新的业务,均应体现"内控优先"的要求。

(3)有效原则,即内部控制应具有高度的权威性,任何人不得拥有不受内部控制约束的权力,内部控制存在的问题应当能够得到及时反馈和纠正。

(4)独立原则,即内部控制的监督、评价部门应独立于内部控制的建设、执行部门,并有直接向董事会、监事会和高级管理层报告的渠道。

(5)经济原则,即内部控制应与商业银行的经营规模、业务范围和风险特点相适应,以合理的成本实现内部控制的目标。

(三)商业银行内部控制的构成要素

商业银行的内部控制包括内部控制环境、风险识别与评估、内部控制措施、信息交流与反馈、监督评价与纠正五个方面。

1. 内部控制环境

商业银行的内部控制环境包括公司治理、董事会和监事会及高级管理层责任、内部控制政策、内部控制目标、组织结构、企业文化、人力资源等内容。

2. 风险识别与评估

这一要素要求商业银行应建立和保持书面程序,以持续对各类风险进行有效的识别与评估。在此基础上,银行将依据法律法规、监管要求以及内部控制政策确定风险是否可接受,以确定是否进一步采取措施:在风险可接受时,应监测并定期评审,以确保其持续可接受;在风险不可接受时,应制订详细的内部控制方案,其中应规定控制风险的相关职责与权限,以及控制风险的策略、方法、资源需求和时限要求。

3. 内部控制措施

商业银行应确定需要采取控制措施的业务和管理活动,依据所策划的控制措施或已有的控制程序对这些活动加以控制。具体控制措施包括:

(1)高层检查,即董事会与高级管理层应要求下级部门及时报告经营管理情况和特别情况,以检查内部控制的实施状况以及在实现内部控制目标方面的进展。高级管理层应根据检查情况提出内部控制缺失情况,督促职能管理部门改进。

(2)行为控制,即各级职能管理部门审查每天、每周或每月收到的经营管理情况和特别情况专项报表或报告,提出问题,要求采取纠正整改措施。

(3)实物控制,即主要的控制措施包括实物限制、双重保管和定期盘存等。

(4)风险暴露限制的审查,即审查遵循风险暴露限制方面的合规性,违规时继续跟踪检查。

(5)审批与授权,即根据若干限制条件对各项业务、管理活动进行审批与授权,明确各级的管理责任。

（6）验证与核实，即验证各项业务、管理活动以及所采用的风险管理模型结果，并定期核实相关情况，及时发现需要修正的问题，并向职能管理部门报告。

（7）不兼容岗位的适当分离，即实行适当的职责分工，认定潜在的利益冲突并使之最小化。

商业银行在采用上述控制措施的同时，还需特别注意如下两点：(1)计算机系统环境下的控制，即应明确计算机信息系统开发部门、管理部门与应用部门的职责，建立和健全计算机信息系统风险防范的制度，确保计算机信息系统设备、数据、系统运行和系统环境的安全。(2)应急准备与处置，即商业银行应建立并保持预案和程序，以识别可能发生的意外事件或紧急情况(包括计算机系统)。意外事件和紧急情况发生时，应及时做出应急处置，以预防或减少可能造成的损失，确保业务持续开展。

4. 信息交流与反馈

商业银行应建立并保持信息交流与沟通的程序，确保董事会和高级管理层能够及时了解业务信息、管理信息以及其他重要风险信息；确保所有员工充分了解相关信息、遵守涉及其责任和义务的政策和程序；确保险情、事故发生时，相关信息能得到及时报告和有效沟通；确保及时、真实、完整地向监管机构和外界报告、披露相关信息；确保国内外经济、金融动态信息的取得和处理，并及时把与银行既定经营目标有关的信息提供给各级管理层。

5. 监督评价与纠正

商业银行应建立并保持书面程序，通过适宜的监测活动，对内部控制绩效进行持续监测；对违规、险情、事故的发现、报告、处置和纠正及预防措施做出规定；对内部控制体系实施评价，确保内部控制体系的充分性、合规性、有效性和适宜性。董事会应采取措施保证定期对内部控制状况进行评审。

在进行上述评价的基础上，商业银行要采取相应措施，确保商业银行内部控制体系得到持续、有效的改进。

三、公司治理、内部控制与风险管理

商业银行的公司治理与内部控制存在着明显的区别。公司治理结构解决的是股东大会、董事会、监事会及高级管理层之间权、责、利划分的制度安排，主要涉及的是法律层面的问题；而内部控制则是银行董事会（承担商业银行经营和管理的最终责任）和高级管理层（负责具体执行董事会所批准的战略和计划）建立的内部管理制度，属于内部管理层面的问题。也就是说，内部控制是在公司治理结构解决了股东、董事会、监事会和高级管理层之间的权、责、利划分之后，董事会和高级管理层为了保证股东所委托责任的顺利履行而设计和实施的主要面向次级管理人员和员工的控制。

商业银行的公司治理和内部控制有着紧密的联系：(1)公司治理结构设定了内部控制最重要的制度环境。良好的治理结构，可以约束银行董事会和高级管理层作为代理人表现出的道德风险和搭便车等行为，有助于在银行中形成一种相互制衡的机制和一整套保护法人财产安全完整的制度安排和激励机制，从而有利于内部控制体系的建立和健康

运行。(2)内部控制为公司治理的有效运行提供了制度保障。有效的内部控制可以规范银行行为,使真实、公允的信息产生成为可能,从而使所有者能够正确评价经营者受托责任完成的情况,从而减少代理人的偷懒行为,降低代理成本;同时,健全的内部控制也有利于保护投资者和其他利益相关者的利益,促进公司治理目标的实现。

公司治理和内部控制是统一的。两者之间的统一不仅体现在上述密切联系之上,更重要的是,两者都是银行风险管理的重要组成部分,并一起为商业银行各类具体风险的管理奠定了坚实的基础。

(1)公司治理和内部控制的核心目标都是为了加强风险管理,以使商业银行能够在承担一定风险、获得相应利润的同时,将损失控制在银行能够承受的范围之内,以确保银行的稳健运行,保护银行股东、存款人及其他利益相关者的利益。

(2)商业银行所面临的风险,在很大程度上取决于银行中居于不同岗位的人所做出的决策,而正确的决策取决于银行内部具有正确的决策机制,以及决策主体具有正确的激励和约束机制,而商业银行的公司治理结构和内部控制机制正解决了决策、激励和约束三大机制的问题,从而为正确的风险决策奠定了基础。

第三节 市场风险的计量与管理

一、市场风险的特点与控制方法

(一)市场风险的特点

市场风险是指因市场价格(利率、汇率、股票价格和商品价格)的不利变动而使银行表内和表外业务发生损失的风险。市场风险可以分为利率风险、汇率风险(包括黄金)、股票价格风险和商品价格风险,分别是指由于利率、汇率、股票价格和商品价格的不利变动所带来的风险。我们在本章主要讨论商业银行所面临的利率风险和汇率风险这两类主要的市场风险。

相对于其他风险来说,市场风险具有系统性和易于计量的突出特点:

(1)系统性。市场风险主要来自于整个经济体系而不是交易对手或内部,因而具有系统性风险的特征,尤其是利率风险和汇率风险,其系统性风险的特征更为明显。市场风险的这种系统性特点,使银行无法通过分散化来管理市场风险,一般主要运用套期保值(即对冲)或保险的方法来进行管理。①

(2)易于计量。相对于信用风险和操作风险来说,市场风险的计量要容易得多,这主要是因为计量所需的数据具有数量巨大、容易获得、质量高的特点。比如,利率或汇率数据,每天甚至每时每刻都会产生新的数据,大部分可以通过互联网或其他方式免费或仅支付很低费用即可获得,而且数据的标准明确、一致。

---

① 市场风险也可以通过跨国(跨地区)投资的分散方式进行一定程度的管理,但在金融全球化、各国利率、汇率、股票价格、商品价格变动相关程度越来越高的情况下,其分散效果也越来越低。

（二）银行账户业务和交易账户业务的划分

为了更有效地管理市场风险，银行业务按性质划分为交易账户业务和银行账户业务两类。交易账户业务(Trading Book Activities)，是指银行主动开展的以获取短期收益为目的的经营活动，是银行为了交易或规避交易账户其他项目的风险而持有的、可以自由交易的金融工具和商品头寸。与交易账户相对应，银行的其他业务归入银行账户(Banking Book)，称为银行账户业务(Banking Book Activities)，指不以交易为目的的各类业务，包括存款、贷款、证券投资等传统业务，以及与这些相关联的衍生产品业务。银行针对这两类账户中所存在的市场风险，有着不同的管理方法和理念，同时，在资本监管中，仅对交易账户的市场风险计提资本。[①]

（三）市场风险的控制方法

商业银行市场风险的控制方法主要包括三类：一是运用衍生金融产品进行风险对冲和风险转移；二是运用利率敏感性缺口和久期缺口管理；三是采取限额管理。前两类方法分别参见本书第十二章和本节第二部分，下面简要介绍限额管理这种方法。

限额(Limits)管理是市场风险的主要控制方法之一，即通过对银行所承担的市场风险设定不同的限额，确保将所承担的市场风险控制在可以承受的合理范围内，使市场风险水平与其风险管理能力和资本实力相匹配。

市场风险限额的设定，主要取决于银行所采用的市场风险计量方法。市场风险限额可以分配到不同的地区、业务单元和交易员，还可以按资产组合、金融工具和风险类别进行分解。常用的市场风险限额包括交易限额、风险限额和止损限额等。

（1）交易限额(Limits on Net and Gross Positions)是指对总交易头寸或净交易头寸设定的限额。总头寸限额对特定交易工具的多头头寸或空头头寸给予限制，净头寸限额对多头头寸和空头头寸相抵后的净额加以限制。在实践中，银行通常将这两种交易限额结合使用。

（2）风险限额(Risk Limits)是指对按照一定的计量方法所计量的市场风险设定的限额，如对内部模型计量的风险价值设定的限额(Value-at-Risk Limits)和对期权性头寸设定的期权性头寸限额(Limits on Options Positions)等。

（3）止损限额(Stop-Loss Limits)是允许的最大损失额。通常，当某项头寸的累计损失达到或接近止损限额时，就必须对该头寸进行对冲交易或将其变现。典型的止损限额具有追溯力，即止损限额适用于一日、一周或一个月等一段时间内的累计损失。

二、市场风险计量的传统方法：敏感度法

敏感度法是商业银行市场风险两大类计量方法之一（另一类计量方法是第三部分要介绍的风险价值法）。敏感度法是一种传统方法，现在仍然被广泛应用，其基本思想是：

[①] 1996年《包括市场风险的资本协议修正案》首先进行了这种划分，《新资本协议》沿用了这一做法。我国自2004年3月1日起施行《商业银行资本充足率管理办法》（于2006年12月28日修订）第二十八条规定："商业银行应对市场风险计提资本。……本办法所称市场风险包括以下风险：交易账户中受利率影响的各类金融工具及股票所涉及的风险、商业银行全部的外汇风险和商品风险。"

假如一个特定的风险因子发生一定比例的变动(比如利率下降100个基点),投资组合价值将会增加或减少多少?① 敏感度法中具有代表性的是用于计量利率风险的缺口分析和久期分析。

(一) 缺口分析

缺口分析(GAP Analysis)②,又称融资缺口分析(Funding GAP Analysis)或敏感性缺口分析(Sensitivity GAP Analysis),是衡量利率变动对银行当期净利息收入的影响的一种方法。

1. 利率敏感性资产与负债

缺口分析的基础是确定利率敏感性资产和利率敏感性负债。利率敏感性资产(Rate Sensitive Assets),是指在给定时间段内重新定价,从而利率的变动会影响其利息收入的资产;利率敏感性负债(Rate Sensitive Liabilities),是指在给定期限内重新定价,从而利率的变动会影响其利息支出的负债。在给定时间内具备以下条件之一的资产或负债就属于敏感性资产或负债:(1) 到期;(2) 本金偿还;(3) 浮动利率的资产或负债,即利率依据合同规定发生调整,或者因为基准利率或指数的变化而自动发生变化。

2. 利率敏感性缺口

缺口分析的具体方法,是将银行的所有生息资产和付息负债按照重新定价的期限划分到不同的时间段(如1个月以下、1—3个月、3个月—1年、1—5年、5年以上等)。在每个时间段内,将利率敏感性资产减去利率敏感性负债,就得到该时间段内的重新定价"缺口"(即敏感性缺口)。③ 以该缺口乘以假定的利率变动④,即得出这一利率变动对净利息收入变动的影响。

缺口分为三类:(1) 正缺口(Positive GAP),是某一时段内的利率敏感性资产大于利率敏感性负债而形成的缺口。因此又称为资产敏感型缺口。此时,如果市场利率下降,利率敏感性资产所减少的利息收入大于利率敏感性负债所减少的利息支出。因此,银行的净利息收入会下降。(2) 负缺口(Negative GAP),是某一时段内的利率敏感性负债大于利率敏感性资产而形成的缺口。因此又称为负债敏感型缺口。此时,如果市场利率上升,利率敏感性资产所增加的利息收入小于利率敏感性负债所增加的利息支出。因此,银行的净利息收入会下降。(3) 零缺口(Zero GAP),即在某一时段内的利率敏感性资产正好等于利率敏感性负债。此时,市场利率的变动对银行净利息收入没有影响。因此也称为免疫缺口(Immunized GAP)。不同缺口情况下利率变动对净利息收入的影响参见表11-1。

---

① 敏感度是指投资组合价值对于一些市场变量或因子变化的敏感程度。对敏感度的数学解释是,组合的价值函数针对某一市场风险因子的一阶导数(如组合的价值函数包括几个市场风险因子,则就求偏导)。
② 在英文文献中,表示利率敏感性缺口的英文单词"Gap"通常全部大写,写成"GAP",并且可以单独使用来表示利率敏感性缺口(即不必在前面加上"利率敏感性"这一限定词)。
③ 商业银行的表外业务也会存在利率风险,因此,在计算缺口时,还应考虑表外业务头寸的影响。
④ 假定利率变动可以通过多种方式来确定,如根据历史经验确定,根据银行管理层的判断确定,或根据模拟潜在的未来利率变动来确定。

表 11-1 缺口与利率变动对银行净利息收入的影响

	利率上升	利率不变	利率下降
正缺口	净利息收入上升	净利息收入不变	净利息收入下降
零缺口	净利息收入不变	净利息收入不变	净利息收入不变
负缺口	净利息收入下降	净利息收入不变	净利息收入上升

3. 缺口分析的应用

缺口分析在商业银行中主要有两个方面的应用：

（1）了解商业银行所面临利率风险的大小，然后据以采取相应策略。缺口越大，银行所面临的利率风险也就越大。

（2）根据对未来利率走势的预测，通过主动调整缺口，尽可能增加净利息收入，或者避免净利息收入的下降。表 11-1 表明，商业银行在预测未来利率上升时，可以保持（或扩大）正缺口；在预测未来利率下降时，可以保持（或扩大）负缺口；在无法准确预测未来利率走势时，就可保持零缺口。商业银行保持不同缺口的方法，是通过调整利率敏感性资产和利率敏感性负债的方法来实现的。比如，可以通过增加（或减少）浮动利率贷款而增加（或减少）利率敏感性资产，通过增加（或减少）活期存款或短期存款而增加（或减少）利率敏感性负债。

4. 缺口分析的利弊

缺口分析是对利率变动进行敏感性分析的方法之一，是银行业较早采用的利率风险计量方法。缺口分析最突出的优点是其计算简便、清晰易懂，正因为如此，这种方法目前仍然被广泛使用。

但是，缺口分析也存在着明显的局限。因此，缺口分析只是一种初级的、粗略的利率风险计量方法。缺口分析的局限性主要表现在以下四个方面：

（1）缺口分析假定同一时间段内的所有头寸到期时间或重新定价时间相同。因此，忽略了同一时段内不同头寸的到期时间或利率重新定价期限的差异。在同一时间段内的加总程度越高，对计量结果精确性的影响就越大。

（2）缺口分析只考虑了由重新定价期限的不同而带来的利率风险，即重新定价风险，未考虑当利率水平变化时，因各种金融产品基准利率的调整幅度不同而带来的利率风险，即基准风险。同时，缺口分析也未考虑因利率环境改变而引起的支付时间的变化，即忽略了与期权有关的头寸在收入敏感性方面的差异。

（3）非利息收入是银行当期收益的重要来源，也会受到利率变动的影响，但大多数缺口分析未能反映利率变动对非利息收入的影响。

（4）缺口分析主要衡量利率变动对银行当期净利息收入的影响，未考虑利率变动对银行经济价值的影响，所以只能反映利率变动的短期影响。

（二）久期分析

利率的变化不仅会影响银行资产的利息收入和负债的利息成本，进而对银行净收益产生影响，而且还会影响银行资产和负债的市场价值，进而对银行的经济价值产生影响。缺口分析只考虑了前者，而久期分析正是分析利率变化对银行经济价值影响程度的方法。

1. 久期的概念

久期(Duration),也称持续期,是以未来收益的现值为权重所计算的未来现金流的平均到期期限,用以衡量金融工具的有效到期期限。久期的概念最早是由麦考利(Macaulay)在1938年提出的。因此,久期常被称为麦考利久期。其计算公式为:

$$D = \frac{\sum_{t=1}^{n} \frac{tC_t}{(1+i)^t} + \frac{nF}{(1+i)^n}}{\sum_{t=1}^{n} \frac{C_t}{(1+i)^t} + \frac{F}{(1+i)^n}} \tag{11-1}$$

其中,D为久期;t为该金融工具现金流量所发生的时间;C_t为第t期的现金流;F为该金融工具的面值或到期日价值;n为到期期限;i是当前的市场利率。

由于久期考虑到金融工具所有未来现金流的时间,因此,久期衡量的是回收一笔投资资金所需要的平均时间。例11-1说明了久期的计算方法。

例 11-1 久期的计算

假设面额为1 000元的3年期普通债券,每年支付一次息票,年息票率为10%,此时市场利率为12%,则该种债券的价格为:

$$P = \sum_{t=1}^{n} \frac{C_t}{(1+i)^t} + \frac{F}{(1+i)^n} (\text{年})$$

如果其他条件不变,市场利率下跌至5%,此时该种债券的久期为:

$$D = \frac{\frac{100 \times 1}{(1.05)^1} + \frac{100 \times 2}{(1.05)^2} + \frac{100 \times 3}{(1.05)^3} + \frac{1\,000 \times 3}{(1.05)^3}}{\sum_{t=1}^{3} \frac{100}{(1.05)^t} + \frac{1\,000}{(1.05)^3}} = \frac{3\,127.31}{1\,136.16} = 2.75(\text{年})$$

同时,如果其他条件不变,市场利率上升至20%,此时久期为:

$$D = \frac{\frac{100 \times 1}{(1.20)^1} + \frac{100 \times 2}{(1.20)^2} + \frac{100 \times 3}{(1.20)^3} + \frac{1\,000 \times 3}{(1.20)^3}}{\sum_{t=1}^{3} \frac{100}{(1.20)^t} + \frac{1\,000}{(1.20)^3}} = \frac{2\,131.95}{789.35} = 2.68(\text{年})$$

再者,如果其他条件不变,债券息票率为0,那么:

$$D = \frac{\frac{1\,000 \times 3}{(1.12)^3}}{\frac{1\,000}{(1.12)^3}} = 3(\text{年})$$

从例11-1中可以发现有关久期的几个规律:(1)久期与市场利率成反比关系,即久期随着市场利率的下降而上升,随着市场利率的上升而下降;(2)在持有期间不支付利息或者不偿还本金的金融工具,其久期等于到期期限或偿还期限;(3)分期付息或偿还本金的金融工具,其久期总是短于偿还期限;(4)金融工具到期期限越长,其久期也越长;(5)金融工具到期前产生的现金流量越大,其久期越短。

实际上,公式(11-1)的分母正是该金融工具的市场价值。因此,久期公式又可表示为:

$$D = \frac{\sum_{t=1}^{n} \frac{tC_t}{(1+i)^t} + \frac{nF}{(1+i)^n}}{P} \tag{11-2}$$

其中,P 表示该金融工具的市场价值或价格。

经过推导①,我们可以得到:

$$\frac{\Delta P}{P} = -D\frac{\Delta i}{1+i} \tag{11-3}$$

即债券价格变化与市场利率变化成反比关系。因此,久期又直接衡量了金融工具的利率风险。久期越长,对利率变动就越敏感,利率风险就越大。

同时,久期还有一个重要特点,即一个资产组合中不同资产的久期可以以加权方式直接相加,权重为各项资产所占比例,结果即为整个资产组合的平均久期。比如,一家银行的资产包括10亿元贷款和8亿元证券,贷款的久期为3.6年,而证券的久期为2.4年,那么,该银行整个资产组合的平均久期为3.07② 年。

2. 久期缺口

利率的变动会同时影响银行资产和负债的市场价值。比如,利率的上升,会使资产和负债的市场价值均下降,但作为两者市场价值差额的银行经济价值的最终变动方向,则取决于两者变化的相对程度。久期缺口正是衡量利率变化对银行经济价值具体影响的指标。

银行的净资产价值(NW)等于其资产价值(A)减去其负债价值(L),即:

$$NW = A - L \tag{11-4}$$

当市场利率发生变动时,银行资产和负债的价值也随之发生变化,从而导致银行的净资产价值也相应发生变化:

$$\Delta NW = \Delta A - \Delta L \tag{11-5}$$

---

① 债券价格为:$P = \sum_{t=1}^{n} \frac{C_t}{(1+i)^t} + \frac{F}{(1+i)^n}$,债券价格的利率弹性为:$e = \frac{\frac{dP}{P}}{\frac{di}{i}}$,其中:$\frac{dP}{di} = -\left[\sum_{t=1}^{n} \frac{tC_t}{(1+i)^{t+1}} + \frac{nF}{(1+i)^{n+1}}\right]$。这样,$e = \frac{dP}{di} \times \frac{i}{P} = -\left[\sum_{t=1}^{n} \frac{tC_t}{(1+i)^{t+1}} + \frac{nF}{(1+i)^{n+1}}\right]\frac{i}{P} = -\left[\sum_{t=1}^{n} \frac{tC_t}{(1+i)^t} + \frac{nF}{(1+i)^n}\right]\frac{1}{(1+i)} \times \frac{i}{P} = -D\frac{i}{1+i}$。所以,$D = -\frac{\frac{dP}{P}}{\frac{di}{(1+i)}} \approx -\frac{\frac{\Delta P}{P}}{\frac{\Delta i}{(1+i)}}$,$\frac{\Delta P}{P} = -D\frac{\Delta i}{1+i}$。其中,$\frac{\Delta P}{P}$ 为债券市场价值的百分比变化,$\frac{\Delta i}{1+i}$ 为市场利率的相对变化,D 为久期,负号表示债券价格和市场利率呈反比关系。通常将 $\frac{D}{1+i}$ 称为修正久期(Modified Duration),那么,价格变化 $\frac{\Delta P}{P}$ 就等于修正久期乘以利率变化 Δi。

② $= (10/18) \times 3.6 + (8/18) \times 2.4$

根据久期可以直接相加的原理，我们首先计算出每笔资产和每笔负债的久期，然后根据每笔资产或负债在总资产或总负债中的比例，最后计算出银行总资产 D_A 和总负债的加权平均久期 D_L。

根据公式(11-3)可知：

$$\frac{\Delta A}{A} = -D_A \frac{\Delta i}{1+i}$$

$$\frac{\Delta L}{L} = -D_L \frac{\Delta i}{1+i}$$

于是可得：$\Delta A = -D_A \frac{\Delta i}{1+i} A$，$\Delta L = -D_L \frac{\Delta i}{1+i} L$

将上式代入公式(11-4)：

$$\Delta NW = \Delta A - \Delta L = -D_A \frac{\Delta i}{1+i} A - \left(-D_L \frac{\Delta i}{1+i} L\right)$$

整理可得：

$$\frac{\Delta NW}{A} = -\left(D_A - D_L \frac{L}{A}\right)\frac{\Delta i}{1+i} \tag{11-6}$$

公式(11-6)中的 $D_A - D_L \frac{L}{A}$ 就是久期缺口（Duration GAP，DGAP），即：

久期缺口 = 资产平均久期 − 负债平均久期 ×（总负债/总资产）

或

$$DGAP = D_A - \mu D_L \tag{11-7}$$

其中，μ 为负债与资产的比率系数。由于负债总是小于资产的，因此 $\mu < 1$。

公式(11-6)表明，久期缺口可用来衡量银行总体利率风险的大小，缺口绝对值越大，银行净价值相对资产的变动率随利率的变动就越大，银行所承受的总体利率风险就越大；反之则越小。

与利率敏感性缺口一样，久期缺口也分为三类：（1）久期正缺口（Positive DGAP），即资产的加权平均久期大于负债的加权平均久期与资产负债率的乘积。此时，如果市场利率上升，资产与负债的价值都将减少，但由于资产价值减少的幅度大于负债价值减少的幅度，银行的经济价值最终将下跌。（2）久期负缺口（Negative DGAP），即资产的加权平均久期小于负债的加权平均久期与资产负债率的乘积。此时，如果市场利率下降，则资产与负债的价值都会增加，但由于资产价值增加的幅度小于负债价值增加的幅度，银行经济价值将下跌。（3）久期零缺口（Zero DGAP），即资产的加权平均久期等于负债的加权平均久期与资产负债率的乘积。此时，银行净值的经济价值不受利率风险影响。因此，也称为免疫久期缺口。久期缺口与利率变动对银行经济价值的影响参见表11-2。

表11-2 久期缺口与利率变动对银行经济价值的影响

	利率上升	利率不变	利率下降
久期正缺口	经济价值下降	经济价值不变	经济价值上升
久期零缺口	经济价值不变	经济价值不变	经济价值不变
久期负缺口	经济价值上升	经济价值不变	经济价值下降

3. 久期分析的应用

久期分析在商业银行主要有两方面的应用：

(1) 了解商业银行所面临利率风险的大小，然后据以采取相应策略。久期缺口越大，银行所面临的利率风险也就越大。

(2) 根据对未来利率走势的预测，通过主动调整久期缺口，尽可能增加银行经济价值，或者避免银行经济价值的下降。表11-2表明，商业银行在预测未来利率上升时，可以保持（或扩大）久期负缺口；在预测未来利率下降时，可以保持（或扩大）久期正缺口；在无法准确预测未来利率走势时，就可保持久期零缺口。商业银行保持不同久期缺口，是通过调整资产和负债久期的方法来实现的。比如，可以通过增加（或减少）长期资产或负债所占比例、延长（或缩短）资产或负债的期限，来延长（或缩短）资产或负债的久期。

4. 久期分析的利弊

与缺口分析相比较，久期分析是一种更为先进的利率风险计量方法。缺口分析侧重于计量利率变动对银行短期收益的影响，而久期分析则能计量利率风险对银行经济价值的影响，即估算利率变动对所有头寸的未来现金流现值的潜在影响，从而能够对利率变动的长期影响进行评估，更为准确地估算利率风险对银行的影响。

但是，久期分析仍然存在一定的局限性，这主要表现在如下两个方面：(1) 如果在计算敏感性权重时对每一时段使用平均久期，即采用标准久期分析法，久期分析仍然只能反映重新定价风险，不能反映基准风险，以及因利率和支付时间的不同而导致的头寸的实际利率敏感性差异，也不能很好地反映期权性风险。(2) 对于利率的大幅变动（大于1%），由于头寸价格的变化与利率的变动无法近似为线性关系，因此，久期分析的结果就不再准确。

三、市场风险计量的内部模型：风险价值法

敏感度法把市场变化（即风险因子变动幅度）视为既定，并不考虑这种变化出现的概率，因而只是一种对损失严重程度的测量，而非完全的风险测量。同时，敏感度法仅用于单独计量不同风险因素所引起的市场风险，而无法对其结果进行加总，从而不能用于对整个市场风险的管理。风险价值法就是针对敏感度法的这些缺陷，在20世纪90年代才开发出来的一种方法，但随后即风靡全球，成为最流行的市场风险计量方法，被业界广泛采用，甚至被用于计量信用风险。[1]《新资本协议》对市场风险的内部模型法，就是风险价值法。

(一) 风险价值的概念

风险价值(Value at Risk, VaR)，是指在正常的市场条件和给定的置信水平上，在给定的持有期间内，某一投资组合预期可能发生的最大损失；或者说，在正常的市场条件和给定的持有期间内，该投资组合发生VaR值损失的概率仅为给定的概率水平（即置信水平）。例如，假设某一投资组合的持有期间为1天（即可以随时销售），置信水平为99%，

---

[1] 这是我们在本章的安排顺序上，先讨论市场风险计量再讨论信用风险计量的主要原因。

如果所计算的风险价值为1万元,则表明该投资组合在1天中的损失有99%的把握不会超过1万元,或者说,损失超过1万元的可能性仅为1%。

这一方法将各种组合的市场风险因子所造成的可能损失都考虑进去,分别进行计算,然后通过组合之间的相关系数进行整合,得出一个整合值,即VaR。

计算VaR值的技术方法、假设前提和参数设置可以有多种选择,在进行内部风险管理时,银行通常都根据本行的发展战略、风险管理目标和业务复杂程度自行设定。正是因为如此,《新资本协议》将VaR作为一种高级的内部模型法来对待。

持有期和置信水平是计算VaR值的两个重要参数。持有期是计算VaR的时间范围,即衡量回报波动性和关联性的时间单位。由于随着时间延长,资产价格的波动性也必然增加,所以持有期与VaR值是正相关关系。置信水平衡量的是资产组合发生损失的可能性。置信水平过低,损失超过VaR值的极端事件发生的概率过高,这使得VaR值失去意义;置信水平过高,超过VaR值的极端事件发生的概率可以得到降低,但统计样本中反映极端事件的数据也越来越少,这使得对VaR值估计的准确性下降。置信水平的选择应反映银行对风险的回避程度及超过的损失成本。风险回避程度越高,损失成本越大,表明弥补损失所需的资本量越大,从而置信水平也越高。《新资本协议》对持有期和置信水平有明确的规定:置信水平为99%的单尾置信区间,持有期为10个营业日。但在进行内部风险管理时,银行通常都根据本行的发展战略、风险管理目标和业务复杂程度自行设定这两个参数。

(二) 风险价值的计算

与传统风险计量的手段不同,VaR是统计分析基础上的风险管理技术,是对市场风险的总结性评估,它考虑了金融资产对某种风险来源(如利率、汇率、商品价格、股票价格等基础性金融变量)的敞口和市场逆向变化的可能性,根据资产组合价值变化的统计分布图,可直观地找到与置信度相对应的VaR值。

VaR的计算方法主要有三种,《新资本协议》允许银行自行选择其中任何一种:

(1) 方差—协方差法(Variance-Covariance Method)是VaR计算中最为常用的一种方法,它假定研究对象收益的变化服从特定分布(通常假设其服从正态分布),然后通过历史数据估计研究对象收益分布的参数值,进而计算研究对象的VaR值。例11-2以一笔债券资产为例说明了VaR值的计算过程。

(2) 历史模拟法(Historical Simulation Method)假定历史可以在未来重复,根据研究对象的历史样本模拟其未来损益分布,利用分位数给出一定置信水平下的VaR估计。这种方法的核心是,用给定历史时期所观测到的研究对象的波动性,表示研究对象未来变化的波动性。我们在下一节计算贷款组合的VaR值时所使用的就是这种方法。

(3) 蒙特卡洛模拟法(Monte Carlo Simulation)也称随机模拟方法(Random Simulation),用研究对象的历史参数产生研究对象的未来波动的大量可能路径。其原理与历史模拟法相类似,不同之处在于,数据不是历史观测值,而是通过模拟研究对象的随机变化来计算几千个不同场景下的收益率。

例 11-2　计算一笔债券的 VaR 值

假设银行持有一笔如下债券：债券为零息债券，期限为 5 年，今天的年收益率 R 是 6.5%，今天的市场价值 P 为 100 万元。请计算持有期间为 1 天、置信水平为 95% 的 VaR 值。

该笔债券为零息债券。因此，其久期为 5 年，则它的修正久期为：

$$MD = \frac{D}{1+R} = \frac{5}{1+0.065} = 4.695(年)$$

假设该笔债券收益率的波动服从正态分布，即 $\Delta R \sim N(0, 0.10\%^2)$，收益率波动的标准差为 0.1%（即 10 个基点），则该笔债券在 1 天之内的价值波动幅度为：

$$\Delta P = -MD \times P \times \Delta R = -4.695 \times 1\,000\,000 \times 1.65 \times 0.001 = 7\,746.75$$

即该笔债券的 VaR 值为 7 746.75 元，也就是说，银行有 95% 的把握保证今天该笔债券的最大损失额不超过 7 746.75 元。

（三）风险价值法的优点与缺陷

与缺口分析、久期分析等传统的市场风险计量方法相比，风险价值法的主要优点是可以将不同业务、不同类别的市场风险用一个确切的数值（VaR 值）表示出来，是一种能在不同业务和风险类别之间进行比较和汇总的市场风险计量方法。同时，VaR 值具有高度的概括性，简明易懂，能清楚地反映出一家银行市场风险的总体水平。

但是，风险价值法也存在如下明显局限性：(1) VaR 值高度概括了各种风险因素的影响，不能反映资产组合的构成及其对价格波动的敏感性。因此，对具体的风险管理过程作用有限，需要辅之以敏感性分析、情景分析①等非统计类方法，以分析单一因素或多重因素的影响。(2) 风险价值法没有涵盖价格剧烈波动等可能会对银行造成重大损失的突发性小概率事件。因此，需要采用压力测试②对其进行补充，并且要运用事后检验③来对其进行验证。(3) 计量风险价值法的绝大多数内部模型，只能计量交易业务中的市场风险，不能计量非交易业务中的市场风险。

第四节　信用风险的计量与管理

一、信用风险的特征与控制

在传统的意义上，信用风险（Credit Risk）被定义为借款人不能按期还本付息而给贷

---

① 情景分析（Scenario Analysis），是指商业银行设定一个极端的场景，比如金融危机、政府破产等，然后测试该商业银行是否可以承受这种场景带来的损失。与敏感性分析对单一因素进行分析不同，情景分析是一种多因素分析方法，它结合设定的各种可能情景的发生概率，研究多种因素同时作用时可能产生的影响。

② 压力测试（Stress Testing），是用来估计突发的小概率事件等极端不利情况可能对银行造成的潜在损失的一种方法。

③ 事后检验（Back Testing），是指将市场风险计量方法或模型的估算结果与实际发生的损益进行比较，以检验计量方法或模型的准确性、可靠性，并据此对计量方法或模型进行调整和改进的一种方法。

款人造成损失的风险。这里的损失被理解为只有当违约实际发生时才会产生。因此，信用风险又被称为违约风险（Default Risk）。

但是，随着现代风险环境的变化和风险管理技术的发展，这一定义已经不能充分反映现代信用风险及其管理的性质与特点，因为投资者的投资组合不仅会因为交易对手（包括贷款借用人、债券发行者和其他交易合约的交易对手）的直接违约而发生损失，而且，交易对手履约可能性的变化（如信用级别下降）也会给投资组合带来损失。

因此，现代意义上的信用风险，是指债务人或交易对手未能履行金融工具的义务或信用质量发生变化，影响金融工具的价值，从而给金融工具持有人带来损失的风险。

（一）信用风险的特征

相对于市场风险来说，信用风险呈现出完全不同的特征，这主要体现在非系统性、非正态分布、信息不对称严重、数据缺乏等方面，这使得信用风险的计量要比市场风险的计量和管理困难得多。

1. 非系统性

信用风险具有明显的非系统性风险的特征。尽管借款人的还款能力也会受到诸如经济危机等系统性因素的影响，但多数情况下主要取决于与借款人明确相联系的非系统性因素的影响，如贷款的投向以及借款人的经营管理能力、财务状况、还款意愿等。因此，分散是信用风险管理的重要方法，尤其是在信用风险管理缺乏类似于市场风险管理中那些对冲手段的情况下，分散成为信用风险管理的主要手段。

2. 非正态分布

信用风险的概率分布为非正态分布。信用风险的损失和收益是不对称的，而且这种不对称表现在两方面：一方面是损失或收益的金额差异巨大，另一方面是发生概率差异巨大。比如，在贷款业务中，银行发放贷款的收益主要来自贷款正常收回时所获得的利息收入，而利息收入相对于在借款人违约时银行可能遭受的巨额本金损失相比，要小得多；而银行在贷款业务中贷款正常收回的概率，要远远大于借款人违约的概率。信用风险损失与收益的这种不对称性，使得信用风险的概率分布不像市场风险那样呈现标准正态分布，而是向右倾斜，在左侧出现肥尾现象，如图11-2所示。

3. 信息不对称严重

信息不对称在信用风险的形成中起重要作用。贷款等信用交易存在明显的信息不对称现象，即交易双方对交易信息的掌握是不对等的。一般情况下，借款人掌握更多的交易信息而处于有利地位，作为贷款人的银行所拥有的信息较少而处于不利地位。一方面，在借款人获得银行贷款之前，信息不对称使银行很难判断潜在借款人的实际信用状况，风险高的借款人申请贷款的积极性更高、营销更主动而获得贷款，而风险低的借款人反而无法获得贷款，这就是通常所谓的逆向选择（Adverse Selection）；另一方面，在借款人从银行获得贷款以后，信息不对称使银行无法准确了解借款人使用贷款的情况，借款人可能会因此而挤占挪用贷款，将贷款投资于风险更高的领域，这就是通常所谓的道德风险（Moral Hazard）。无论是逆向选择还是道德风险，都将大大增加银行的信用风险。

4. 数据缺乏

信用风险的观察数据少，且不易获取。造成这一特征的主要原因在于：（1）贷款等

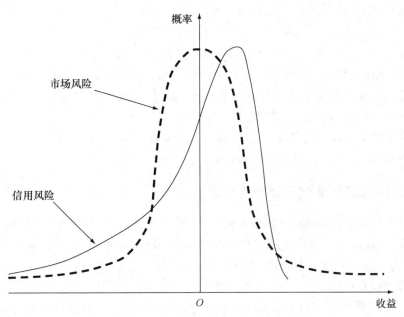

图 11-2 信用风险的概率分布特征

信用产品的流动性差,缺乏二级交易市场,信用风险的变化因此而得不到及时的反映;(2) 信用产品一般不采取盯市法,而通常在贷款违约发生前采用账面价值,因而其价格数据难以反映信用风险的变化;(3) 上述信息不对称的存在,使直接观察信用风险的变化非常困难;(4) 贷款的持有期限一般都较长,即便到期出现违约,其能观察到的数据也较少。

(二) 信用风险的控制方法

商业银行信用风险的控制方法主要包括两大类:一是基于单笔头寸暴露的信用风险控制,二是基于资产组合管理的信用风险控制。前者是在银行长期实践基础上逐步发展起来的,并不依赖于现代信用风险计量技术的发展,但现代计量技术的发展又极大地促进了其科学化和精确化;后者则是以资产组合理论和现代信用风险计量技术为基础的。

1. 基于单笔头寸暴露的信用风险控制

基于单笔头寸暴露的信用风险控制,主要是通过贷款"三查"、贷款担保和贷款定价来实现。(1) 贷款"三查"是指通过在贷款管理中的贷前调查、贷时审查、贷后检查,有效控制债务人的经营稳定性,降低债务人的违约风险水平(参见本书第四章);(2) 贷款担保是指银行通过保证、抵押、质押等信用风险缓释和信用提升等手段,有效地提高债务人或交易工具违约后的回收水平(参见本书第五章);(3) 贷款定价是指银行在精确计量信用风险水平、确定信用风险溢价的基础上,对贷款进行准确定价,从而通过价格的调整冲销或减少预期损失(参见本书第十三章)。

2. 基于资产组合的信用风险控制

基于资产组合的信用风险控制,是从银行总体头寸暴露组合的角度控制风险,主要是通过分散化降低非系统风险。最简单的方法是信用配额控制,银行通过对组合的业务、产品、地区、国别范围进行信用配额分配,从而使组合的信用风险水平同目标水平相一致。

银行更加有效的基于资产组合的信用风险控制工具是贷款出售、资产证券化和信用衍生产品(参见本书第十二章)。三者的共同特点是,能够将银行承担各种业务同控制组合信用风险水平完全分离而不互相影响,这就使得银行不必为了控制信用风险水平而限制在具有优势的行业、地区或业务类别中的经营规模,被迫去承担具有劣势的领域的业务。信用衍生产品甚至可以在银行仍然持有头寸暴露的同时,将头寸的信用风险转嫁给其他愿意并有能力控制相应信用风险的第三方。

二、信用风险的计量:信用计量术模型

现代信用风险计量模型是《新资本协议》所建议和允许的内部评级法的基础,主要有信用计量术(Credit Metrics)、信用监测模型(Credit Monitor Model)、死亡率模型(Mortality Model)、信用风险附加模型(Credit Risk$^+$ Model)、信贷组合观点(Credit Portfolio View)、贷款分析系统(Loan Analysis System)等,其中最具代表性的是信用计量术模型。

信用计量术模型(Credit Metrics)是 J. P. 摩根 1997 年推出的信用风险计量模型。它本质上是一个 VaR 模型,能够计算出在一定的置信水平下,一个信用资产组合在持有期限内可能发生的最大损失(即 VaR 值)。因此,这种模型将商业银行的信用风险管理与市场风险管理统一了起来,从而具有革命性意义。

我们下面以计算一笔贷款的 VaR 值来说明信用计量术模型的应用。① 贷款 VaR 值的计算分三步:第一步,确定适用于借款人的信用级别转移矩阵;第二步,估计贷款在处于不同状态时的价值;第三步,估计贷款的 VaR 值。

(一) 信用级别转移矩阵

贷款信用风险的计量模型,存在两种不同的思路:一种认为贷款只存在违约和不违约两种状态;另一种认为贷款除了违约状态以外,不违约状态又因借款人所处信用级别的不同而存在多种中间状态。依据前一种思路建立的计量模型称为违约模式模型(Default Mode Models),也称为两状态模型(Two-State Models);依据后一种思路建立的计量模型称为盯市模式模型(Mark-to-Market Mode Models),也称为多状态模型(Multi-State Models)。

信用计量术模型要计算贷款的 VaR 值,从而是一种盯市模式模型,它所计量的是在不同时点上,由于借款人信用等级变化而使贷款价值发生的变化。因此,借款人的信用级别转移矩阵,是应用信用计量术模型的基础。

假设借款人在研究期期初是 BBB 级,那么该借款人在研究期期末可能仍然处于 BBB 级,也可能处于从 AAA 级到 D 级(违约)的其他任何一个级别,但处于各个级别的概率是各不相同的。将期初各个级别的借款人在期末时保持原级别或转移到其他级别的概率

---

① 信用计量术模型除了可以用于计算一笔贷款的 VaR 值以外,还可以用于计算由多笔贷款组合形成的贷款组合的 VaR 值。贷款组合 VaR 值的计算比较复杂,可参见:安东尼·桑德斯著,刘宇飞译,《信用风险度量》,机械工业出版社,2001 年版,第 46—63 页。

列成一个表,就是信用级别转移矩阵(Credit Rating Migration Metrics)。

借款人的信用级别转移概率,可以根据历史上观察得到的企业信用级别转移资料而计算出来。标准普尔、穆迪等信用评级机构,每年都会定期发布信用级别转移矩阵。表11-3 就是标准普尔公司发布的一个一年期信用级别转移矩阵。从矩阵中可以看出,各个信用级别的企业在一年末保持在原级别的概率是最高的。比如 BBB 级企业在一年末可能处于 8 个信用级别的任何一个级别,但仍然保持 BBB 级的概率是 86.93%,而违约(即转移为 D 级)的概率是 0.18%。

表11-3 一年期信用级别转移矩阵 （单位:%）

期初级别	一年末的信用级别							
	AAA	AA	A	BBB	BB	B	CCC	D
AAA	90.81	8.33	0.68	0.06	0.12	0	0	0
AA	0.70	90.65	7.79	0.64	0.06	0.14	0.02	0
A	0.09	2.27	91.05	5.52	0.74	0.26	0.01	0.06
BBB	0.02	0.33	5.95	86.93	5.30	1.17	0.12	0.18
BB	0.03	0.14	0.67	7.73	80.53	8.84	1.00	1.06
B	0	0.11	0.24	0.43	6.48	83.46	4.07	5.20
CCC	0.22	0	0.22	1.30	2.38	11.24	64.86	19.79

资料来源:安东尼·桑德斯著,刘宇飞译,《信用风险度量》,机械工业出版社,2001 年版,第 51 页。

（二）估计贷款的价值

一笔贷款实质上是一系列未来现金流的承诺,其价值等于这些未来现金流的现值。由于未来现金流的现值取决于未来现金流的时间、金额及贴现率,因此可以价值波动性来衡量一笔贷款的信用风险。未来现金流的时间和金额取决于研究期期末贷款是否违约:如果贷款违约,那么,现金流的时间就是研究期期末,而现金流的金额就是借款人违约时贷款的回收额(即回收率与贷款暴露的乘积);如果贷款不违约,那么,现金流的时间和金额均由贷款合同事先确定。贴现率则取决于研究期期末借款人所处的信用级别,即取决于信用级别转移矩阵。因此,应分别估计研究期期末借款人违约和不违约时贷款的价值。

在下面的讨论中,我们以如下贷款为例进行说明:在研究期期初,一银行发放了一笔五年期的固定利率贷款,该借款人适用于表 11-3 所示的一年期信用级别转移矩阵,研究期期初的信用级别为 BBB 级,金额为 1 亿元,利率为 6%,每年年末支付一次利息,到期一次还清全部本金。

1. 借款人违约时贷款的价值

在借款人违约的情形下,贷款的市场价值就等于其回收额(即回收率与贷款暴露的乘积),而回收率的高低则主要取决于贷款的优先程度。在一般情况下,优先贷款要比附属贷款的回收率高,有担保贷款要比无担保贷款的回收率高。回收率也主要依据过去的历史数据进行估计。花旗银行的一项研究分析了 1970—1993 年间发生违约的 831 笔公司贷款和 89 笔资产支持贷款,结果表明贷款回收率高达 79%,但开发信用计量术模型的信用计量术集团估计的违约贷款回收率为 48.24%。[①] 假设违约时贷款的回收率为 48.24%，那么，前述贷款在一年末借款人违约（即信用级别为 D）时的价值为：

$$\text{违约时的贷款价值} = \text{违约时的风险暴露} \times \text{违约损失率}$$
$$= 1 \times (1 + 6\%) \times 48.24\%$$
$$= 0.5113（亿元）$$

2. 借款人不违约时贷款的价值

在借款人处于 D 级以外的其他信用级别的情形下，贷款的市场价值就等于其剩余现金流的现值，但其贴现率是研究期期末借款人所处新的信用级别所对应的信用风险溢价与无信用风险利率之和。

在前例中，进一步假设 $r_i(i=1,2,3,4)$ 是研究期期末所对应的 i 年期无信用风险利率，$s_i(i=1,2,3,4)$ 是研究期期末该借款人处于某一信用级别时，市场对其贷款所要求的 i 年期信用风险溢价。r_i 和 s_i 都是由市场决定的，可以通过相关机构所提供的服务得到，也可以根据研究期期初的资料，运用计算远期利率的方法进行估计。

此时，该笔贷款在一年后（研究期期末）的市场价值 P（包括第一年的利息），可以运用下式计算：

$$P = 0.06 + \frac{0.06}{1+r_1+s_1} + \frac{0.06}{1+r_2+s_2} + \frac{0.06}{1+r_3+s_3} + \frac{1.06}{1+r_4+s_4}$$

假设根据上式所计算的该笔贷款一年末的市场价值如表 11-4 所示（包括借款人违约即处于 D 级时的价值）。

表 11-4 BBB 级贷款一年期末的市场价值　　　　　　　　　　　　（单位：亿元）

所处信用级别	AAA	AA	A	BBB	BB	B	CCC	D
贷款的市场价值	1.0973	1.0919	1.086	1.0755	1.0202	0.9810	0.8364	0.5113

资料来源：安东尼·桑德斯著，刘宇飞译，《信用风险度量》，机械工业出版社，2001 年版，第 54 页。

（三）估计贷款的 VaR 值

结合表 11-3 和表 11-4，研究期期末借款人分别处于全部八种信用级别时贷款的市场价值及其概率如表 11-5 所示。

表 11-5 BBB 级贷款一年期末的市场价值及对应概率

所处信用级别	AAA	AA	A	BBB	BB	B	CCC	D
处于该信用级别的概率（%）	0.02	0.33	5.95	86.93	5.30	1.17	0.12	0.18
贷款的市场价值（亿元）	1.0973	1.0919	1.086	1.0755	1.0202	0.9810	0.8364	0.5113

根据表 11-5 的结果，我们可以计算出研究期期末该笔贷款价值的期望值为 1.0709

[①] 约翰·考埃特、爱德华·爱特曼、保罗·纳拉亚南著，石晓军、张震霞译：《演进着的信用风险管理》，机械工业出版社，2001 年版。

亿元,方差 σ^2 为 0.000 894 亿元,标准差 σ 为 0.029 9 亿元。

假设贷款价值服从正态分布,那么,在置信水平为 95% 时,该笔贷款的 VaR 值(以下称为"假设 VaR 值")为 0.049 35 亿元(由 1.65σ 计算而得),即该笔贷款在一年末损失 0.049 4 亿元的可能性是 5%,或者说在 95% 的可能性下,该笔贷款的最大损失额为 0.049 4 亿元;在置信水平为 99% 时,该笔贷款的假设 VaR 值为 0.069 7 亿元(由 2.33σ 计算而得)。

但是,正如我们在本节开始时所讨论的那样,信用风险的概率分布不像市场风险那样呈现标准正态分布。如果仍然假设贷款价值的波动服从正态分布,就可能大大低估贷款的实际 VaR 值,而且置信水平越高,低估的程度也越严重(下面的计算结果充分说明了这一点)。

我们可以利用贷款价值的实际分布,更准确地估计贷款的风险价值(以下称为"近似实际 VaR 值")。从表 11-5 中可以看到,贷款价值下降到 1.020 2 亿元(或其以下)的概率是 6.77%。因此,在置信水平为 95% 时,近似实际 VaR 值为 0.050 7 亿元(即 1.070 9 − 1.020 2),这比 95% 的假设 VaR 值高 13.5 万元(即正态分布的假设使 VaR 值低估了 2.7%)。同理,在置信水平为 99% 时,近似实际 VaR 值为 0.089 9 亿元,比 99% 的假设 VaR 值高 202.3 万元(即正态分布的假设使 VaR 值低估了 29.0%)。

运用线性插值法(Linear Interpolation),我们还可以根据实际分布得到更为准确的近似实际 VaR 值。以置信水平为 99% 的情形为例。由于在 1.17% 的可能性下,贷款的价值为 0.981 0 亿元,在 0.12% 的可能性下,贷款的价值为 0.834 6 亿元,运用线性插值法可以得到,在 1% 的可能性下,贷款的价值应为 0.957 6 亿元,即该笔贷款 99% 的近似实际 VaR 值为 0.113 3 亿元[①],比 99% 的假设 VaR 值高出 436.3 万元(即正态分布的假设使 VaR 值低估了 62.6%)。同理,可以计算出置信水平为 95% 时的近似实际 VaR 值为 0.053 4 亿元,比 95% 的假设 VaR 值高出 40 万元(即正态分布的假设使 VaR 值低估了 8.1%)。

上述计算结果如表 11-6 所示。

表 11-6　BBB 级贷款一年期末的 VaR 值　　　　　　　　　　(单位:亿元)

	置信水平为 95%	置信水平为 99%
假设 VaR 值	0.049 4	0.069 7
近似实际 VaR 值	0.050 7	0.089 9
运用线性插值法得到的近似实际 VaR 值	0.052 4	0.113 3

三、信用风险计量中的评级

《新资本协议》在计算信用风险所要求的资本时,建议了两类方法,一类是标准法

---

① 设贷款价值为 Y,该贷款价值对应的概率为 X,两者之间的关系为 $Y = aX + b$。将 $Y_1 = 0.981\,0$ 和 $X_1 = 1.17$,以及 $Y_2 = 0.834\,6$ 和 $X_2 = 0.12$ 代入关系式,得 $a = 0.137\,7$,$b = 0.819\,9$。再令 $X = 1$,则得 $Y = 0.957\,6$。置信水平为 99% 的 VaR 值 $= 1.070\,9 - 0.957\,6 = 0.113\,3$。

(Standardized Approach),另一类是内部评级法(Internal Ratings-Based Approach,IRB),内部评级法又包括初级内部评级法(Foundation IRB Approach)和高级内部评级法(Advanced IRB Approach)。在标准法中,外部评级是确定一项资产(或表外项目)风险权重的重要依据;而在内部评级法中,内部评级更是确定一项资产(或表外项目)风险的核心。因此,包括内部评级和外部评级的评级是信用风险计量的重要因素。

(一)评级符号

评级也称信用评级,是用简单的符号来表示受评对象的信用质量,揭示其信用风险。不同的评级机构有着不同的信用等级符号,其中具有代表性的是世界三大信用评级机构穆迪(Moody's Investors Service)、标准普尔(Standard & Poor's)和惠誉 IBCA(Fitch IBCA)所使用的符号。各家评级机构所使用的信用等级符号虽然不同,但经过长期的发展,已经具有大致的相互对应性(见表 11-7)。

表 11-7 三大信用评级机构信用等级符号

长期信用等级符号			短期信用等级符号		
穆迪	标准普尔	惠誉	穆迪	标准普尔	惠誉
Aaa	AAA	AAA	Prime-1	A-1	F
Aa	AA	AA	Prime-2	A-1	F2
A	A	A	Prime-3	A-1	F3
Baa	BBB	BBB	Not Prime	B	B
Ba	BB	BB	—	C	C
B	B	B	—	D	D
Caa	CCC	CCC	—	—	—
Ca	CC	CC	—	—	—
C	C	C	—	—	—
—	D	DDD	—	—	—
—	—	DD	—	—	—
—	—	D	—	—	—

资料来源:中诚信国际信用评级有限公司,《信用评级的国际实践及其对中国的借鉴》,http://www.ccxi.com.cn

为了揭示未来一定时间内(一般为 3—5 年)受评对象信用质量变化的趋势,评级机构还设置了评级展望,穆迪的评级展望分为正面(Positive)、稳定(Stable)、负面(Negative)和发展中(Developing)四种情况。

信用评级这种运用简洁的字母数字组合符号揭示受评对象信用状况的做法,大大提高了信用评级结果的可接受程度。同时,同一信用评级机构在评级各个不同对象时所保持标准和符号的一致性,以及各信用评级机构符号体系的趋同,也极大地方便了评级结果使用者的比较和判断。

由外部评级机构创建的信用等级符号体系,也逐渐被银行在内部评级体系中所采用,但不同银行在实际应用时,一般都要进行一些细微的调整,并按照银行的实际情况对各等级符号进行定义。

（二）客户评级与债项评级

《新资本协议》明确要求,银行的内部评级应基于二维评级体系:一维是客户评级,另一维是债项评级。客户评级和债项评级是计量违约概率和违约损失率的重要依据。

1. 客户评级

客户评级是银行对客户偿债能力和偿债意愿的量化和评价,反映客户违约风险的大小。客户评级的评价主体是银行,评价目标是客户违约风险,评价结果是信用等级和违约概率。符合《新资本协议》要求的客户评级必须具有两大功能:一是能够有效区分违约客户,即客户违约风险随信用等级的下降而呈加速下降的趋势;二是能够准确量化客户违约风险,即能够估计各等级违约概率,并将估计违约概率与实际违约频率的误差控制在一定范围内。

2. 债项评级

债项评级是对交易本身的特定风险进行计量和评价,反映客户违约后的债项损失大小。特定风险因素包括抵押、优先性、产品类别、地区、行业等。债项评级既可以只反映债项本身的交易风险,也可以同时反映客户信用风险和债项交易风险。

3. 客户评级与债项评级的关系

客户评级与债项评级是反映信用风险程度的两个维度,在信用风险管理中有着重要的作用。客户评级主要是针对交易主体,其大小主要由债务人的信用水平决定;而债项评级是在假设客户已经违约的情况下,针对每笔债项本身的特点估算债项可能的损失率。因此一个债务人只能有一个客户评级,而同一债务人的不同交易可能会有不同的债项评级。

（三）外部评级与内部评级

1. 外部评级

外部评级是指由银行外部机构针对债务人、债务人发行的证券或其他金融债务的信用程度的一般判断。

2004年《新资本协议》中所建议信用风险计量的标准法,是对1988年《资本协议》的改进,改进之一就是引进外部评级,允许银行以外部评级为基础确定一项资产(或表外项目)的风险权重。但《新资本协议》对于合格外部评级机构(External Credit Assessment Institution, ECAI)规定了六条标准,即客观性(Objectivity)、独立性(Independence)、国际通用性和透明度(International Access/Transparency)、披露(Disclosure)、资源(Resources)和可信度(Credibility),对于是否符合这些标准由各国监管当局负责认定。

2. 内部评级

内部评级是商业银行自己通过对交易对手、债务人或交易自身各种定量因素和定性因素的综合分析而得出的一个体现其内在风险特征的、高度简化的等级。内部评级是银行以其内部信用风险计量模型的结果为基础,并充分结合专家或信贷人员的主观判断而最终确定的。

尽管各家银行由于内部评级体系设计理念和运作方式的不同,内部评级所反映的风险特征(或称风险要素)也有一定的差异,但总的来说,一般都包括违约概率、违约损失率、违约风险暴露、有效期限、预期损失、非预期损失等。

在内部评级所反映的前述六个风险要素中,预期损失是违约概率、违约损失率和违约风险暴露三个变量的乘积,非预期损失是反映实际损失偏离预期损失的程度,即非预期损失=实际的损失－预期损失(有关预期损失和非预期损失的介绍参见本书第十章)。因此,违约概率、违约损失率、违约风险暴露、有效期限是内部评级的四个核心风险要素。

(1) 违约概率(Probability of Default, PD)是给定时间段内借款人违约的可能性,是贷款发放前银行的"预先估计"。内部评级法的核心是银行运用自己的内部模型来估计与敞口相关的违约概率,也是信用风险计量中技术含量、数量要求最高的部分。估计违约概率最普遍的方法,是根据一组具有相同风险特征的债务人的违约历史数据,计算发生违约的比率,作为类似债务人未来违约概率的估计值。

(2) 违约损失率(Loss Given Default, LGD)是违约后损失的金额与违约风险暴露之间的比例,它反映了一旦债务人违约将给债权人造成损失的严重程度。贷款违约后的损失包括三部分,即本金的损失、不良贷款的持有成本(如无法获得的利息收入)和清偿成本。从贷款回收的角度看,LGD决定了贷款的回收率:回收率=1-LGD。违约损失率的大小在很大程度上依赖于抵押物的类型、贷款在借款人债务结构中的受偿优先程度、贷款的从属关系等。

(3) 风险暴露(Risk Exposure)是指银行在各种业务活动中容易受到风险因素影响的资产和负债的价值,或者说暴露在风险中的头寸状况。《新资本协议》在内部评级法下将商业银行的风险暴露分为大五类,即公司、主权国家、银行、零售和股权。违约风险暴露(Exposure at Default, EAD)是指债务人违约时的预期表内表外项目风险暴露总和。如果客户已经违约,则违约风险暴露为客户违约时的债务账面价值;如果客户尚未违约,则对于表内项目违约风险暴露为债务账面价值,表外项目为"已提取金额+信用转换系数×已承诺未提取金额"。

(4) 有效期限(Maturity, M)是某一风险暴露的剩余经济到期日,以年表示,是预期现金流剩余期限的加权平均数,权重是现金流的数量,加权对象是现金流的时间。有效期限的计算公式为:

$$M = \frac{\sum_t t \times CF_t}{\sum_t CF_t}$$

其中,CF_t代表合约上借款人在t时间段里需要支付的现金流(本金、利息和费用)。①

《新资本协议》所规定的内部评级高级法和初级法的主要区别,就反映在对这四个核心风险要素的数据要求上。在高级法下,要求所有数据的估计值均由银行自己提供;而在初级法下,仅违约概率的数据由银行自己提供,而其他三个风险要素的数据全部由监管当局规定(见表11-8)。

---

① 有效期限与本章第二节所讨论的久期,表现上看来非常相似,但实际上存在着明显差异。在计算久期时需要考虑未来现金流的折现,但计算有效期限时则不需要考虑折现。

表 11-8　两种内部评级法对风险要素的不同处理

风险要素	内部评级初级法	内部评级高级法
违约概率(PD)	银行提供的估计值	银行提供的估计值
违约损失率(LGD)	监管当局规定的监管指标	银行提供的估计值
违约风险暴露(EAD)	监管当局规定的监管指标	银行提供的估计值
有效期限(M)	监管当局规定的监管指标或者由各国监管当局自己决定允许采用的银行提供的估计值(但不包括某些风险暴露)	银行提供的估计值(但不包括某些风险暴露)

3. 商业银行实施内部评级法的条件

《新资本协议》对商业银行实施内部评级法规定了一些先决条件：对信用风险进行有意义的区分，评级具备完备性和完整性，有效监督评级体系的过程，建立科学的评级体系标准，估计违约概率，强有力的 IT 系统完成相关数据的收集，在风险管理过程中运用内部评级结果，对内部评级的结果进行内部和外部的验证以及检验。

第五节　操作风险的计量与管理

一、操作风险的种类与特点

国际上对操作风险的定义一直存在较大争议，大体上可归纳为两种：一是广义操作风险概念，即把信用风险和市场风险之外的所有风险都视为操作风险；二是狭义操作风险概念，认为只有与业务运营部门有关的风险才是操作风险。中国银监会 2007 年 5 月 14 日发布施行的《商业银行操作风险管理指引》对操作风险的定义与《新资本协议》完全一致："操作风险是指由不完善或有问题的内部程序、员工和信息科技系统，以及外部事件所造成损失的风险。本定义所指操作风险包括法律风险，但不包括策略风险和声誉风险。"

（一）操作风险的种类

按照操作风险事件的类型，《新资本协议》将操作风险分为七大类：(1) 内部欺诈(Internal Fraud)，即故意骗取、盗用财产或违反监管规章、法律或公司政策导致的损失，此类事件至少涉及内部一方，但不包括性别、种族歧视事件；(2) 外部欺诈(External Fraud)，即第三方故意骗取、盗用财产或逃避法律导致的损失；(3) 就业政策和工作场所安全性(Employment Practices and Workplace Safety)，即违反就业、健康或安全方面的法律或协议，个人工伤赔付或者因性别、种族歧视事件导致的损失；(4) 客户、产品及业务操作(Clients, Products & Business Practices)，即因疏忽未对特定客户履行分内义务(如信托责任和适当性要求)或产品性质或设计缺陷导致的损失；(5) 实体资产损坏(Damage to Physical Assets)，即实体资产因自然灾害或其他事件丢失或毁坏导致的损失；(6) 业务中断和系统失败(Business Disruption and System Failures)，即业务中断或系统失败导致的损失;(7) 执行、交割及流程管理(Execution, Delivery & Process Management),即交易处理或流程管理失败和因交易对手及外部销售商关系导致的损失。

(二) 操作风险的特点

操作风险与信用风险、市场风险一起,并称为商业银行所面临的三大风险。但与信用风险和市场风险相比,操作风险的特点主要表现在如下方面:

1. 损失特殊性

对于信用风险和市场风险来说,一般原则是风险高收益高,风险低收益低,存在风险与收益的对应关系;但操作风险不同,银行不能保证因承担操作风险而获得收益,而且在大多数情况下操作风险损失与收益的产生没有必然的联系。同时,市场风险与信用风险的可能损失与交易的风险暴露大小有关,最大限度是银行所投入的全部资金;但操作风险则不同,被称为"沉默的杀手",其所带来的损失可能对银行造成致命的打击。

2. 形式多样性

信用风险主要来源于客户和交易对手方,市场风险主要来源于市场上的各种价格波动。但操作风险几乎无处不在,随时随地都有可能发生,既有可能源于人为或自然因素造成的大规模干扰,也可能源于银行经营场所及其附近可能发生的风险。操作风险的表现形式更是多种多样,可以是由于蓄意或疏忽导致的正常经营活动的中断,也可以是机构员工的不当行为所导致的重大损失或危机,甚至可以是机构与客户、普通员工与管理层之间的争议和不当行为,还可以是一个机构忽然发现自己卷入诸如会计丑闻、欺诈、不当竞争、恐怖活动、内部破坏、系统攻击、违背法律或者地震、风暴等事件中。

3. 管理差异性

对于市场风险,各银行在市场上公平竞争,都面临同种因素引发的风险,只不过程度不同而已;信用风险则因银行所面对的交易对手的不同而不同,但由于信用风险管理技术的成熟,如果各机构能够严格执行,则也有趋同的趋势。操作风险则完全相反,由于其直接与人员、系统、外部事件息息相关,因此每个机构所面临的操作风险各不相同,甚至相差甚远。同时,操作风险的管理水平、发展状况在各机构也并非完全统一,有的机构由于遭受过某种损失,从而在某方面的管理上已经比较成熟,而有的则刚刚开始。

4. 计量更困难

相对于市场风险和信用风险来说,操作风险更难于计量,主要原因在于:(1) 市场风险和信用风险由于其性质和历史发展,每个机构都已经建立起庞大的数据库,而操作风险则因为记录历史短、概率小而数据较少;(2) 市场风险和信用风险计量的一般是直接损失,而操作风险在计量时,除考虑直接损失以外,还要考虑诸如经营中断、法律成本等间接损失,有时甚至是无法计量的损失,比如信誉损失。

5. 最近才受到重视

信用风险与市场风险很早就受到了商业银行的普遍重视,而与银行相伴而生、自银行诞生之初就已经存在的操作风险,在20世纪90年代才开始受到重视,尤其是2004年《新资本协议》将操作风险纳入资本监管框架,才标志着操作风险获得了与信用风险、市场风险近似的重视程度,其主要原因在于:(1) 银行经营环境的变化,使得包括银行在内的整个金融业的组织、市场和产品,在复杂程度上大大加深,操作风险的诱因更加突出;

(2) 由于科技进步,金融交易的速度大大加快了,银行的组织架构也越来越开始依赖于操作系统和能够熟练管理、运用系统的人员,这些方面迫使银行越来越依赖于信息技术系统,而一旦系统失灵,人工操作将变得非常困难,甚至还有可能形成恶性循环;(3) 许多操作风险事件的发生(如巴林银行事件、美国"9·11事件"等),为银行带来了巨大的损失,深刻的教训引起了人们对操作风险更为广泛的关注。

二、操作风险的控制措施

中国银监会2007年5月14日发布施行的《商业银行操作风险管理指引》对操作风险的管理方法进行了全面的概括和总结,主要包括操作风险和内部控制的评估、损失事件的报告和数据的收集、关键风险指标的监测、新产品和新业务的风险评估、内部控制的测试和审查以及操作风险的报告等内容。

控制操作风险的措施,主要包括加强相应内部控制措施、制订业务连续方案、保险和业务外包等。

(一)内部控制措施

适当的内部控制措施是商业银行有效识别和防范操作风险的重要手段,这些措施主要包括:(1) 部门之间具有明确的职责分工以及相关职能的适当分离,以避免潜在的利益冲突;(2) 密切监测遵守指定风险限额或权限的情况;(3) 对接触和使用银行资产的记录进行安全监控;(4) 员工具有与其从事业务相适应的业务能力并接受相关培训;(5) 识别与合理预期收益不符及存在隐患的业务或产品;(6) 定期对交易和账户进行复核和对账;(7) 主管及关键岗位轮岗轮调、强制性休假制度和离岗审计制度;(8) 重要岗位或敏感环节员工8小时内外行为规范;(9) 建立基层员工署名揭发违法违规问题的激励和保护制度;(10) 查案、破案与处分适时、到位的双重考核制度;(11) 案件查处和相应的信息披露制度;(12) 对基层操作风险管控奖惩兼顾的激励约束机制。

(二)业务连续方案

由于存在银行不可控制的因素,当银行的物资、电信或信息技术基础设施严重受损或不可用时,可能导致银行无力履行部分或全部业务职责,结果给银行带来重大经济损失,甚至通过诸如支付系统等渠道而造成更广的金融系统瘫痪。这种可能性的存在要求银行制订灾难应急恢复和业务连续方案,考虑银行可能遭受的各种可能情形,方案应该与银行经营的规模和复杂性相适应。银行应该识别那些对迅速恢复服务至关重要的关键业务程序,明确在中断事件中恢复服务的备用机制。银行还应定期检查其灾难恢复和业务连续方案,保证与其目前的经营和业务战略吻合,并对这些方案进行定期测试,确保商业银行在低概率的严重业务中断事件发生时能够执行这些方案。

(三)保险

保险通过将操作风险转移给保险公司,从而减少操作风险事件对商业银行的影响,是商业银行操作风险管理的重要手段。虽然目前还没有一种保险产品能够覆盖商业银行所有的操作风险,但很多操作风险能够被特定的保险产品所转移,比如,经理与高级职员责任险、财产保险、营业中断保险、计算机犯罪保险等。

保险虽然能使银行在风险事件发生时得到补偿，但其成本也很高，需要支付有时金额非常高的保险费。因此，银行在决定投保前，要充分评估操作风险的暴露程度、自身风险管理能力及财务承受能力，通过风险决策确定是风险自留还是投保。同时，需要注意的是，保险只是操作风险管理的补充手段之一，预防和减少操作风险的发生，最终还要靠银行自身的管理。

（四）业务外包

除保险外，银行也可以通过业务外包（Outsourcing）来转移操作风险，即将相关业务转交给具有较高技能和较大规模的其他机构来管理。银行业务外包通常有以下几类：(1) 技术外包，如呼叫中心、计算机中心、网络中心、IT策划中心等；(2) 处理程序外包，如消费信贷业务有关客户身份及亲笔签名的核对、信用卡客户资料的输入与装封等；(3) 业务营销外包，如汽车贷款业务的推销、住房贷款推销、银行卡营销等；(4) 某些专业性服务外包，如法律事务、不动产评估、安全保卫等；(5) 后勤性事务外包，如贸易金融服务的后勤处理作业、凭证保存等。

业务外包使银行将重点放到核心业务上，从而能提高银行的经营管理效率并节约成本。但是，操作或服务虽然可以外包，其最终责任并未被"包"出去。业务外包并不能减少董事会和高级管理层确保第三方行为的安全稳健以及遵守相关法律的责任。外包服务的最终责任人仍是银行，银行对客户和监管者仍承担着保证服务质量、安全、透明度和管理汇报的义务。因此，业务外包必须有严谨的合同或服务协议，以确保外部服务提供者和银行之间责任划分明确。同时，银行应了解和管理任何与外包有关的后续风险，如营业中断、潜在的业务失败或外包方违约等。

三、操作风险的计量

我们在前面提到，由于数据和损失计量方面的原因，相对于市场风险和信用风险来说，操作风险的准确计量更加困难。《新资本协议》对操作风险的计量规定了三种方法，即基本指标法、标准法、高级计量法，代表了各国商业银行和监管当局在操作风险计量方面的最佳实践。

需要注意的是，信用风险和市场风险的计量结果，一般是运用未来可能出现的损失额来表示的，而在《新资本协议》所规定的三种计量方法中，仅高级计量法的结果用未来可能出现的损失额来表示，而基本指标法和标准法的计量结果均用银行需要持有的监管资本来表示。监管资本要求与未来可能损失额之间有着直接的联系，从而可以按照一定标准进行转换（参见本书第十章）。

（一）基本指标法

在基本指标法（The Basic Indicator Approach）下，银行的操作风险资本要求等于前三年中各年正的总收入乘上一个固定比例（用 α 表示）并加总后的平均值。其中，总收入等于净利息收入加上净非利息收入，同时，在计算时不包括总收入为负值或零的年份。《新资本协议》规定的 α 值是15%。

基本指标法是默认的方法，也是最简单的方法，除了市场准入所要求的条件外没有任何其他限制,对损失数据也没有要求。因此,它主要适用于较小的国内银行。

基本指标法的核心原理是,操作风险会对银行的经营产生影响。因此,银行的操作风险状况就会间接地反映在某些经营指标上。在难以直接测量银行的风险暴露的情况下,就可以通过容易获得的经营指标数据来测算监管资本要求。这种方法最大的优点就是非常简便,易于操作和监管。

基本指标法的主要问题是:(1)总收入指标与风险暴露的相关程度值得怀疑,从而背离资本金要求应与风险相对应的基本要求。总收入是对过去经营成果的反映,但风险是关于未来的不确定性,而且总收入并不能反映操作风险管理的好坏。大量研究表明,总收入对经营损失数量波动率的解释几乎为零。(2)这种方法有一个隐含的前提,即操作风险资本同规模指标存在线性关系,但这也同样值得怀疑。因为相对规模大的商业银行在操作风险管理上可以采取更为复杂有效的模型,而且其业务多样化、分散化,与小型专业化的银行相比,出现欺诈、系统失败等操作风险事件的概率反而要小。(3)银行的操作风险资本与操作风险管理政策、制度、技术、人员素质等没有直接关系。因此,这种方法不能起到鼓励银行改善操作风险管理的作用。

由于上述缺陷的存在,《新资本协议》要求具有显著操作风险暴露的国际大银行采用比基本指标法更为复杂的标准法或高级计量法。

(二) 标准法

在标准法(Standardized Approach)中,银行的业务被划分为 8 个产品线,并对每个产品线各规定了一个操作风险系数(用 β 值表示),每个产品线的监管资本要求,等于该产品线的总收入乘以该产品线对应的 β 值,然后加总就得到银行总的操作风险监管资本要求。8 个产品线及其对应的 β 值如表 11-9 所示。

表 11-9 银行产品线及其对应的 β 值

产品线	β 系数	产品线	β 系数
公司金融(β_1)	18%	支付和清算(β_5)	18%
交易和销售(β_2)	18%	代理服务(β_6)	15%
零售银行业务(β_3)	12%	资产管理(β_7)	12%
商业银行业务(β_4)	15%	零售经纪(β_8)	12%

资料来源:《新资本协议》。

标准法对于操作风险管理系统的依赖程度很高。因此,《新资本协议》规定,只有那些符合规定条件的国际活跃银行才能采用标准法。

标准法的核心原理与基本指标法在本质上是相同的,都是通过经营指标来间接计算操作风险的资本要求。所不同的是,标准法考虑到银行不同类别业务所面临的操作风险不同,并对不同业务分配了不同的操作风险系数(β)。因此,从理论上来说,标准法比基本指标法的风险敏感度更高。

但由于标准法选用的也是总收入指标,因此,标准法也就具有与基本指标法相同的缺陷。除此之外,标准法还存在另外两个问题:(1)标准法最基本的假定就是银行总的风险暴露等于各业务部门风险暴露之和,但这显然没有考虑到各业务部门风险之间的相关性;(2)虽然理论上来说标准法应该比基本指标法有更高的风险敏感度,但测试结果并无显著证据显示不同的业务部门具有不同的 β 值。

(三) 高级计量法

高级计量法(Advanced Measurement Approach,AMA),是指银行通过内部风险计量系统来计算操作风险监管资本要求的方法。

高级计量法是最复杂的操作风险计量方法,据以计算出来的资本要求也最少,对银行的操作风险管理能力以及损失数据都有极高的要求。因此,只有具有良好风险管理系统并有可靠风险计量模型的国际活跃银行,在达到《新资本协议》所规定的定性、定量标准,并获得监管当局批准后,才能使用高级计量法。

鉴于还没有得到广泛认可的操作风险计量模型,《新资本协议》没有像在基本指标法和标准法中那样指明具体的计量方法。

本章小结

风险与商业银行相伴而生。银行风险主要包括信用风险、市场风险、操作风险、流动性风险、国家风险、声誉风险、法律风险、合规风险和战略风险九大类。银行风险管理主要包括风险识别、风险计量、风险监测和风险控制四个步骤。商业银行常用的风险控制方法包括分散、对冲、转移、规避、抑制和补偿。为了有效管理风险,银行必须建立以全面、全程和全员为特点的全面风险管理体系。

良好的公司治理和完善的内部控制,是商业银行风险管理的基础。商业银行公司治理的主体是股东大会、董事会、监事会和高级管理层,其核心是决策机制、激励机制和监督机制。商业银行的内部控制包括内部控制环境、风险识别与评估、内部控制措施、信息交流与反馈、监督评价与纠正五个方面。

商业银行的市场风险具有系统性和易于计量的突出特点。限额管理是市场风险的主要控制方法之一。市场风险的计量方法主要包括敏感度法和风险价值法两大类。敏感度法主要包括缺口分析和久期分析。风险价值法是《新资本协议》所规定市场风险计量内部模型法的基础。

信用风险具有非系统性、非正态分布、信息不对称严重、数据缺乏等特征。信用风险的控制方法主要包括两大类,一是基于单笔头寸暴露的信用风险控制,二是基于资产组合管理的信用风险控制。信用计量术模型是现代信用风险计量模型的突出代表。包括内部评级和外部评级的评级是信用风险计量的重要基础。

操作风险具有损失特殊性、形式多样性、管理差异性、计量更困难、最近才受到重视等特点,控制操作风险的措施主要包括加强相应内部控制措施、制订业务连续方案、保险和业务外包等。《新资本协议》对操作风险的计量规定了三种方法,即基本指标法、标准法、高级计量法。

复习思考题

1. 商业银行在其经营管理过程中主要面临哪些风险?

2. 说明银行风险管理的四个主要步骤,并通过实例说明商业银行风险控制的主要方法。

3. 说明商业银行全面风险管理体系的特点和内容。

4. 阅读你所喜欢商业银行的年报,了解该行公司治理和内部控制的总体架构和主要措施。

5. 分析比较商业银行市场风险、信用风险和操作风险的特点、控制方法和计量工具。

6. 比较计量市场风险的缺口分析、久期分析和风险价值法。

7. 信用计量术模型的核心思想是什么?如何计算一笔贷款的 VaR 值?

8. 说明商业银行内部评级四个核心风险要素的概念和测算方法。

案例分析

规则文化与银行治理的有效性

1919年5月4日,学生示威失控,演成"火烧赵家楼"和"痛打曹汝霖"等意外,当局拘捕学生。当时北京大学包括校长蔡元培在内都在奔走要求立即释放学生。但是,时任北京大学哲学系教师的梁漱溟却在《国民公报》上发表文章说:"我的意思很平常,我愿意学生事件交付法庭处理,愿意检察厅提起公诉,审厅去审理判罪,学生去尊判服罪……在道理上,打伤人是现行犯……纵然曹、章罪大恶极,在罪名未成立时,他仍有他的自由。我们纵然是爱国急公的行为,也不能横行……绝不能说我们所做的都对,就连犯法也可以使得……试问这几年来,哪一件不是借着'国民意思'四个大字不受法律的制裁才闹到今天这个地步?"梁漱溟最后建议在学生"经过审判之后,可以由司法总长呈总统特赦。一方面顾全了法律,另一方面免了几个青年受委屈"。当时的学生当然不喜欢这一言论,梁漱溟因此而收到了匿名信的警告。但由于被捕学生在5月7日即获得了释放,所以梁漱溟也就未受此番言论更大的影响。

梁漱溟的观点所引起的冲突,实质上是一种规则文化的冲突。在中国商业银行纷纷引资、改制、上市,中国银行业全面对外开放后的今天,要提高银行治理有效性,必须建立一种与梁漱溟所持观点一致的、以"规则至上"为核心原则的规则文化。

银行治理是银行股东、董事、监事、高级管理层、雇员、债权人及其他利益相关者之间相互合作、实现共同目标的一整套规则体系,银行治理的有效性实质上就是这套规则体系的有效性。

一直奉行"铁账、铁算盘、铁规章"的中国商业银行,从来不缺规则。即使是缺少某些规则,在现代信息技术和咨询服务业非常发达、银行与银行之间交流非常频繁的背景下,建立一套形诸文字的规则体系可谓"易如反掌"。但是,建立规则很容易,难的是如何保证规则的有效执行。时任中国银监会副主席的唐双宁在2004年年底举行的第二届国际金融论坛年会上发言指出:"学习国外股份制银行的形式很容易,股东大会、董事会、监事会、高级管理层等'三会'制度可以一夜之间建立起来,但既要'形似'又要'神似'则不容易。""神似"就是文化的相似。中国商业银行要建立一套真正有效的规则体系,关键就在于使规则真正有效、使"三铁"真正"铁"起来的"规则文化"。但其困难可能要比我们想象的大,因为规则文化蕴涵在更为宽泛的治理文化之中,而中国与西方的治理文化存在着本质性的差别。

中国的治理文化,从总体上来说是伦理道德至上的圣贤文化,其理想是君子在"致知、格物"的基础上"诚意、正心、修身",通过"推己及人"而"齐家、治国",并最终实现"平天下"的目标。在追求这种理想的过程中所形成的中国规则文化,其根本特征是规则本身具有从属性、差异性和工具性三方面的特点。

规则的从属性是指规则并不具有至高无上的地位,而是从属于伦理道德的。孔子认为,圣贤之治的最高准则是伦理道德:"为政以德,譬如北辰,居其所而众星共之。""导之以政,齐之以刑,民免而无耻;导之以德,齐之以礼,有耻且格。"(《论语·为政》)虽然孔子也并不否认法律、规则的作用,比如"不教而杀谓之虐,不戒视成谓之暴,慢令致期谓之贼"(《论语·尧曰》),这与"罪刑法定"的法治思想相去不远,但是,在儒家的治理文化中,规则和法律从来不是至高无上的,而是处于一种从属地位,在与伦理道德发生冲突时,法律和规则就要退居其次。《论语·子路》记载了叶公与孔子之间的一段对话,很好地说明了这一点。叶公说:"我的家乡有个正直的人,他的父亲偷了人家的羊,他告发了父亲。"孔子说:"我家乡的正直人和你讲的正直人不一样:父亲为儿子隐瞒,儿子为父亲隐瞒。正直就在其中了。"

规则的差异性是指每个人对于伦理道德本身的理解各不相同。因此,每个人的规则及对同一规则的理解各不相同。中国传统文化的突出特征之一是"自我体验"。孔子在《论语·述而》中说:"仁远乎哉?我欲仁,斯仁至矣。"孟子在《孟子·告子章句下》中称,"人皆可以为尧舜",并进一步解释说:"尧舜之道,孝弟而已矣。子服尧之服,诵尧之言,行尧之行,是尧而已矣;子服桀之服,诵桀之言,行桀之行,是桀而已矣。"正是这种"自我体验",造成了规则的差异性,使得每个人都有自己的规则。即使是对于外在的同一规则,不同的人也有不同的理解;即使是同一人对于同一规则,在不同时空、不同背景下,也会有迥然不同的理解。"刑不上大夫、礼不下庶人"的明确规范,更进一步强化了这种差异性。

规则的工具性是指规则主要是"治理者"的一种工具和手段。因此,规则制定者比规则本身具有更大的权威。在中国五千年的文明史中,法律并不稀罕,早在春秋战国时期,就有了"在政治上独步天下"的法家。自秦朝发展到近代,我们更是拥有了卷帙浩繁的中华法系。但我们所拥有的是"法制"而不是"法治"。"法制"与"法治",两者的发音完全相同,从古代到现代,这两个词似乎也一直是可以互换通用的,但两者的含义实质上是完全不同的。"法制"的意思是运用法律这种工具来统治(翻译成英文是"Rule by Law"),即《管子·明法》中所说"以法治国"、《商君书·君臣》中所说"缘法而治";而"法治"的意思则是法律的统治(翻译成英文是"Rule of Law"),即法律具有至高无上的权威。在"法制"的传统中,帝王(以及制定规则的任何人)是不归法律管辖的,法律和规则只是统治者统治人民的工具,本身并不具有任何神圣性。法律规则的这种工具性,使得具有权威的不是规则本身,而是规则背后的人,是规则背后的人所拥有的权力,这也是"权比法大"、"官本位"的根源。

与中国伦理道德至上的治理文化不同,孕育现代公司治理结构的西方治理文化则是规则至上的。

西方哲学之父苏格拉底晚年被指控宗教信仰不虔诚和蛊惑青年,被判处死刑。死刑执行前夜,苏格拉底的学生克里多到监狱营救老师。克里多已经准备好了一切,越狱已经没有任何风险,而且克里多一再向苏格拉底说明,这是一场不公正、不正义的审判,不应接受这一审判结果。但苏格拉底回答说,虽然雅典的审判是不公正的,但判决是合法的,合法的判决他就应该接受;如果他逃离雅典,等于是践踏了雅典的政府和法律;如果人人都践踏法律,造成法律的裁决失去权威,雅典就不能苟存;虽然审判不公正,但他不是一个以恶报恶之人。他告诉克里多:"'雅典法律'对我说:'你现在纯洁地离开人世,是恶的承受者而不是制造者;是因人而受害,而不是因法律。'"临刑前,苏格拉底从容嘱咐家人不要忘记还给邻居一只公鸡。

苏格拉底拒绝越狱的事迹,充分显示了他对"法律至上"、"规则至上"的彻底信仰。正是"西方哲学之父"的这种信仰,奠定了西方治理文化(即法治文化)的坚实基石。

法律至上是法治的本质所在,是"法的统治"的另一种表达和实现形式。著名英国法学家拉兹曾高度评价并认同20世纪自由主义大师哈耶克对法治所下的一个简单定义:"把所有的技术性概念拿掉,法治意味着政府的所有行为都受到制定好的、事前宣布的规则之约束;这些规则使人们能够有相当把握地预见在特定情况下权威当局会如何使用其强制力,并且能够以这个预见为基础来规划人们的个人事务。"

法律至上所遇到的第一个挑战是,法治就一定优于人治吗?在一般的情况下,人治几乎必然受到人性缺陷(如人的私欲和偏见、权力的滥用和腐化等)的影响,几乎根本无法保持长期持续的政治清明。圣贤难得,退而求其次,人们只好运用理性和智慧努力建构规则和法律,力求防止人性的缺陷,让政府能够呈现长期稳定的良好状态,令那些因缘际会而"一朝权在手"的凡夫俗子受到明确而客观的规则制约,不敢为所欲为。韩非子在《难势》篇中非常明确地表达了同样的思想:"废势背法而待尧舜,尧舜至乃治,是千世乱而一世治也。抱法处势而待桀纣,桀纣至乃乱,是千世治而一世乱也。"可惜的是,韩非的这种思想,并未成为中国治理文化的主导。

法律至上所遇到的第二个挑战是,"法律至上"与"法律正当"之间的关系,也就是说,"法律至上"是否应以"法是良法"为前提,或者说"恶法"到底能不能作为"至上之法"。在法学界,这是一个争论不休的问题。亚里士多德在《政治篇》中指出,法治必须具有双重意义:"法律获得普遍服从,大家所服从的法律本身应制定得良好。"前者强调"法律至上",后者强调"法律正当"。英国法学家拉兹则认为:"法治并不尽然意味着良法为治(The Rule of Good Law),否则我们一谈法治,便不能不言及整个社会哲学理论,来推究何谓'良'、何谓'良法'以及何谓'良法之治',岂不大谬。"法治是一个社会所可能拥有的诸多美德中的一种,而不是全部。从法治本身来说,法律必须首先得到遵守,即使是"恶法",在经过正当程序修改之前,也应该遵守。

法律至上所遇到的第三个挑战是,法律在执行中需不需要变通?有这样一个事例:一辆农用车载着一位临盆孕妇向医院疾驶,就在快要到达时被人拦住,因这条路是"迎宾道","影响市容"的车辆一律不准通行。孕妇的家人苦苦哀求直至下跪,几个守路者却

"铁面无私"地不为所动,结果导致孕妇在车上生产,婴儿夭折。这个故事使我们在万分憎恶那几位"完全按照规则办事"而没有人性的守路者之余,也还不得不追问一句:完全按规则办事难道也有错的时候吗?所有规则的目的都是促进合理秩序的形成,以实现特定的目标。但是,人的所有活动都从属于一个更高的目标,那就是人的生命、尊严和正义。因此,当一项规则在特定时间、特定地点偏离这些更高层次的目标时,就需要变通,以使人的生命和尊严以及人间正义得到维护。文字本身的局限性,规则的先天抽象性和僵化性,人类社会活动的丰富多样性,使得规则的变通并不只是偶然的,而可能是经常的。法律执行过程中的律师、法官等,实际上都是法律变通的种种正式制度安排。如果变通仅在法律规则本身存在缺陷的情况下才适用,并且受制于更高层次特定的法律和规则(如宪法),而变通的目的和程序事先确定,并可以进行事后检验,从而保证变通不被滥用,那么这种变通就并不违背"法律至上"的原则,反而是对"法律至上"原则的一种补充和完善。在"梁漱溟主张审判学生"的事例中,"经过审判之后由司法总长呈总统特赦"的变通性建议,正是对"法律至上"这一原则的补充和完善。

中国规则文化中规则的从属性、差异性和工具性,大大降低了规则的地位。规则要么让位于礼乐教化、伦理道德、天理良心,要么让位于现实权力,结果必然是规则不受尊重、不被遵守,规则可以被任意变通、任意篡改。要提高我国商业银行治理结构的有效性,必须确立一个规则至上的原则,从根本上改变规则的从属性、差异性和工具性。

资料来源:何自云,《规则文化与银行治理的有效性》,《中国金融》,2007年第6期。

案例思考题:

结合本章案例,说明规则文化在商业银行风险管理,尤其是在信用风险和操作风险管理中的作用。

第十二章

商业银行的金融创新

【学习目标】

1. 了解商业银行金融创新的促进因素、特点和主要方法。
2. 了解信息技术在商业银行中的应用,以及电子银行业务的种类和特点,了解"IT黑洞"和银行再造。
3. 了解金融衍生产品的种类、功能和会计处理方法,掌握应用金融衍生产品管理利率风险和信用风险的具体方法。
4. 了解贷款证券化的运行机制、目的、参与者和流程。

第一节 商业银行金融创新概述

一、商业银行金融创新的原因

20世纪60年代开始于发达市场经济国家中的金融创新,从根本上改变了整个金融业的面貌。商业银行作为金融业的主体,是金融创新的主要推动者、参与者和受益者。在商业银行经营环境日新月异的背景下,"要么创新、要么死亡"形象地概括了金融创新对商业银行的重要性。

(一)商业银行金融创新的概念

商业银行金融创新是指商业银行对金融业各种要素进行重新组合以增加利润的创造性变革和开发活动。2006年12月11日,在我国银行业全面对外开放的当天,中国银监会发布的《商业银行金融创新指引》正式施行,其中对商业银行金融创新进行了明确的界定:"金融创新是指商业银行为适应经济发展的要求,通过引入新技术、采用新方法、开辟新市场、构建新组织,在战略决策、制度安排、机构设置、人员准备、管理模式、业务流程和金融产品等方面开展的各项新活动,最终体现为银行风险管理能力的不断提高,以及为客户提供的服务产品和服务方式的创造与更新。"

(二)促进商业银行金融创新的因素

商业银行金融创新的发展,是多种力量共同作用的结果,主要包括追求利润的动力、客户需求的拉力、外部竞争的压力、金融监管的推力和科技发展的助力。与这些力量相对应,商业银行开展金融创新,需要使银行(及每个职员)确立提高收入、控制成本、增加利润的明确目标,深入研究客户需求的变化,透彻了解竞争对手的动向,密切关注金融监管的发展,充分运用先进的信息技术。

1. 追求利润的动力

利润是商业银行生存和发展的基础。商业银行开展的几乎所有金融创新,从最基本的目的来说,都是增加收入或者控制成本,从而使银行获得更多的利润。追求利润为商业银行开展金融创新提供了最为持久、最为强大的内在动力。

2. 客户需求的拉力

商业银行的利润来源于满足客户需求,客户需求引导着商业银行的发展方向。由于客户的需求始终处于不断变化的过程之中,商业银行只有不断创新,才能够满足变化后的客户需求,也才能有收入和利润。

商业银行的金融创新,之所以在20世纪60年代后开始,并不断加速,其根本原因在于客户需求的变化:经济、金融体系中风险的增加,扩大了客户对风险管理的需求;居民收入的增长,扩大了客户对资产管理和金融服务的需求;科学技术的发展和广泛应用,使整个社会运行速度大幅度加快,客户要求银行能够提供更方便、更快捷的服务。

3. 外部竞争的压力

非银行金融机构和金融市场的蓬勃发展,以及日趋激烈的银行业内部的竞争,对所有商业银行都形成了巨大的压力。所有这些机构都有着满足客户需求并获得利润的共同目标,但只有那些能够为客户提供更好的产品、使客户享受更多优惠并以更快的速度使客户得到所需产品和服务的机构,才能在残酷的市场竞争中取得胜利。因此,外部竞争的压力促使着商业银行通过金融创新不断向"更快、更高、更强"的境界前进。

4. 金融监管的推力

在各国的各类经济机构之中,商业银行是政府监管最为严格的机构,其资产负债表的资产方和负债方以及资产负债表以外的业务都受到严格的监管。一方面,金融监管对商业银行会有多方面的限制,突破这些限制成了商业银行金融创新的主要动力之一;另一方面,在从 20 世纪 80 年代初期开始的金融自由化趋势下,金融监管当局取消了一些已经失效或者弊大于利的规章制度或监管手段,从而为商业银行金融创新创造了宽松的环境,使很多金融创新成为可能。

5. 科技发展的助力

20 世纪 70 年代以来,现代科技尤其是信息技术的进步及其在金融业中的广泛应用,大大降低了金融交易的成本,使得许多金融创新成为可能。我们将在本章第五节更深入地讨论信息技术对商业银行的影响。

(三) 商业银行金融创新的特点

商业银行的金融创新,具有高投入、高风险、时效性强、报酬递减等特点。

1. 高投入

有价值、能实施的创新,一般不是拍拍脑袋、进行"头脑风暴"就能实现的。持续且能创造价值的创新,需要专门的人才、专项的投入、周密的计划和精心的组织。同时,金融创新要经过需求发起、立项、设计、开发、测试、风险评估、定价、审批、投产、培训、销售、后评价、定期更新等一系列环节,每个环节都需要支付很高的成本。因此,金融创新是一项高投入的活动。

2. 高风险

只要是创新,就是未曾验证过的,创新的具体内容、竞争对手的创新、创新的经济价值都具有高度的不确定性。因此,金融创新必然伴随着创新失败的风险。同时,即使是成功的创新也存在着一种"自我毁灭"的机制,即成功的创新会引起众多的模仿,大量模仿会导致更加激烈的竞争,从而致使创新者出现亏损。

3. 时效性强

金融创新是针对客户的特定需求而产生的,但客户的需求是在不断变化的;商业银行的竞争对手也在不断创新,有可能推出更好的创新产品;商业银行所进行的金融创新在正式推出以后,可能在很短的时间内被竞争对手所模仿。因此,金融创新的时效性非常强。

4. 报酬递减

随着金融业的发展、竞争的加剧,市场细分程度越来越高,一个新产品所能服务的对象和市场越来越小,金融创新的强时效性使其生命周期缩短,而金融创新的门槛在不断提高,所需投入不断增加。因此,金融创新存在着报酬递减的趋势。

二、商业银行金融创新的主要方法

商业银行金融创新的方法主要是引入新技术、采用新方法、开辟新市场和构建新组织。

(一)引入新技术

计算机和通信技术彻底地改变了商业银行的面貌,也在很大程度上决定了商业银行的金融创新。新技术的应用使金融交易突破了时间和空间的限制,大大降低了交易成本,提高了交易的效率,不仅增强了银行的创新能力,而且扩大了客户对银行创新产品的需求。因此,引入新技术是商业银行金融创新的主要方法。我国支票全国通用的例子很能说明这种创新方法。

长期以来,我国的支票只能在同城范围内使用。但从2007年7月起,我国支票已经能够全国通用。造成这个变化的关键原因在于引入了影像截留技术。引入该技术以后,全国通用支票的实物票据本身在结算过程中并不周游全国,而是以影像信息传递代替实物票据传递,从而避免了实物票据传递成本高、清算效率低、资金在途时间长的问题,使得支票的全国通用成为可能。

(二)采用新方法

金融产品无论多么复杂,在本质上是流动性、安全性和盈利性三个基本要素的不同排列组合。因此,银行在充分考察客户需要以及技术可能的基础上,按照不同的方法对这三个基本要素(及其细化后的更多要素)进行重新组合,即成为一种新产品。

我们可以以贷款为例来说明这种创新方法。贷款这一银行最基本的产品,实际上是"资金"和"风险"两部分内容的组合。假如甲银行为A企业提供一笔信用贷款,那么,甲银行既提供资金,又承担风险。如果甲银行为A企业提供一笔保证贷款,由乙银行提供还款保证,那么,甲银行只提供资金,但不承担A企业违约的风险,而乙银行不提供资金,但要承担A企业违约的风险。这样,一笔信用贷款通过采用新方法,就拆分成两个产品(保证贷款和贷款保证),分别由两家银行(甲银行和乙银行)来提供。

信用衍生工具(参见本章第三节)实际上是这一思路的进一步延伸:如果甲银行在发放给A企业一笔信用贷款以后,为了提高资本充足率,不能承担这笔贷款的信用风险,这时,甲银行就可以与乙银行签订一份协议,约定甲银行向乙银行支付一笔费用,如果A企业违约,乙银行将代为偿还该笔贷款。双方的协定与保证在实质上是相同的,差异只是在时间上,在保证业务中,乙银行的参与是在事前(即贷款发放以前),而在信用衍生工具业务中,乙银行的参与是在事后(即贷款发放以后)。因此,信用衍生工具也是商业银行采用新方法对单一贷款产品进行拆分的结果。

(三)开辟新市场

开辟新市场是金融创新的重要方法之一,它是商业银行将银行的产品和服务从一个市场扩展到另一个新的市场,通过新客户的开拓和挖掘,扩大银行产品和服务的销售量。

我国商业银行通过开辟新市场进行创新的空间非常大。比如,原来我国商业银行主要为企业,尤其是大企业提供服务,随着国民收入分配向个人倾斜以及中小企业的蓬勃发展,个人金融服务和中小企业金融服务将是我国商业银行可以花大量精力和成本开拓的巨大市场。在个人金融服务领域,中小学生甚至幼儿园的小朋友,以及退休的老年人,都将是颇有前景的新市场。同时,在建设社会主义新农村、西部大开发、振兴东北老工业基地、建设和谐社会的过程中,将金融服务从城市扩展到农村、从东部沿海扩展到中西部内陆,也将是有待我国商业银行通过开辟新市场完成的任务。

(四)构建新组织

不断复杂化和多样化的个人需要,是单个人孤立的个体活动无法满足的,于是出现了人们的群体活动,而在群体活动中,为了协调不同人的行为,就会按照关系建立特定的规则,而这种规则的正式化、稳定化最终导致了组织的产生。因此,组织是许多不同的人为了完成一个共同的使命和目标而组成的一个集合,是组织中所有人的一种分工、协作体系。构建新组织,就是对组织的目标、任务按照新的方式分解成不同的层次、部门、职位,并进一步委托一定群体和个人按照相应的规则去完成。本章第二节所介绍的银行再造,即属于构建新组织。

三、商业银行金融创新中的四个"认识"

商业银行在金融创新中,为了避免在市场竞争压力和市场利润诱惑之下盲目开展与自身发展战略和管理能力不相符合的创新业务,需要做到如下"四个认识":

(1)认识你的业务(Know Your Business)。这个"认识"要求银行从发展战略角度,明确创新业务的基本特征和预期的成本收益,确保新业务的拓展符合银行总体发展的需要。

(2)认识你的风险(Know Your Risk)。这个"认识"要求银行全面、及时地识别、计量、监测、控制创新活动面临的各种风险,避免银行在创新活动中遭受重大损失。

(3)认识你的客户(Know Your Customer)。这个"认识"要求银行做好客户评估和识别工作,针对不同目标客户群,提供不同的金融产品和服务,使所销售的产品适合客户的真实需求,同时尽可能避免客户利用创新业务欺诈银行的行为发生。

(4)认识你的交易对手(Know Your Counterparty)。这个"认识"要求银行在创新活动中涉及投资、交易类业务时,认真分析和研究交易对手的信用风险和市场风险,做好交易对手风险的管理。

第二节 信息技术在商业银行中的应用

一、信息技术在商业银行中广泛应用的原因

正如我们在本书第一章中提到,信息技术在银行中的广泛应用,给银行业带来了革命性的影响,从各个方面改变了商业银行的面貌。广泛应用信息技术,也是商业银行金融创新的主要方式之一。

信息技术的发展之所以能够为银行业带来如此巨大的变化,其中最为主要的原因在

于,信息技术在银行业务中的广泛应用,促进了银行经营手段的现代化,使得大量、复杂的业务处理变得安全、快捷,同时,大大加快了与业务经营有关的经济信息的分析、处理和传递速度,从而显著提高了经营效率和经营质量,大幅度降低了银行业务的成本,使客户能够真正享受任何时间(Anytime)、任何地点(Anywhere)、任何方式(Anyway)的随时、随地、随意"3A"式服务。一个来自美国财政部、被广泛引用的数据,充分说明了技术应用在降低成本方面的显著作用:通过分支机构完成一笔银行交易的成本是1.07美元,相同的交易通过电话银行系统完成的成本是0.52美元,通过银行联网系统完成的成本是0.015美元,通过因特网完成的成本仅为0.01美元。①

信息技术在银行业的广泛应用,在降低交易成本、提高银行经营管理效率的同时,也带来了巨大的风险。一方面,银行经营电子化、自动化程度在不断提高;另一方面,银行在各个地区的经营和各项产品的经营也越来越紧密地联系在一起。因此,如果银行的电子化处理系统出现问题,很可能会导致严重的甚至是灾难性的后果,从而引发操作风险。这是《新资本协议》将操作风险纳入资本监管框架的重要原因之一。

二、现代商业银行信息系统的总体框架

信息技术在商业银行中的应用,既涉及为客户提供服务,又涉及银行内部管理,范围极其广泛。从总体上来看,基于信息技术建立起来的现代商业银行信息系统,主要包括客户服务系统、集成业务处理系统、数据仓库和分析管理决策支持系统四个组成部分,如图12-1所示。

(1)客户服务系统,是客户能直接接触的系统,称为前台业务系统,包括柜台系统、互联网系统、ATM/POS系统和电话银行系统,其主要功能是为客户提供全天候、全方位、个性化的银行服务。

(2)集成业务处理系统,是后台业务系统,全面系统地涵盖银行所有业务处理,各业务处理子系统可以进行数据信息交换和功能互用。集成业务处理系统支撑着前台业务处理系统的运行,同时,与银行信息系统中的非核心支持系统相连接,支撑着分析管理决策支持系统的运行。

(3)数据仓库,是分析管理决策支持系统的基础,也是核心支持系统的信息集合。现代数据仓库使用面向主体的多维数据仓库技术,其信息来源并应用于内部各子系统和外部有关系统,特别是为分析管理决策支持系统提供信息支持。

(4)分析管理决策支持系统,由银行战略管理、客户关系管理、常规银行管理等子系统构成。银行战略管理系统的主要内容包括盈利分析、风险分析和战略分析;客户关系管理系统通过引入主动营销、交叉销售、盈利分析、个性化服务的理念,帮助银行了解谁是优质客户并保留这些客户;常规银行管理系统包括财务管理、人力资源管理等基本业务管理。

在现代商业银行信息系统的四个组成部分中,客户服务系统和集成业务处理系统是

---

① 转引自比尔·盖茨著,蒋显璟、姜明译:《未来时速:数字神经系统与商务新思维》,北京大学出版社,1999年版,第70页。

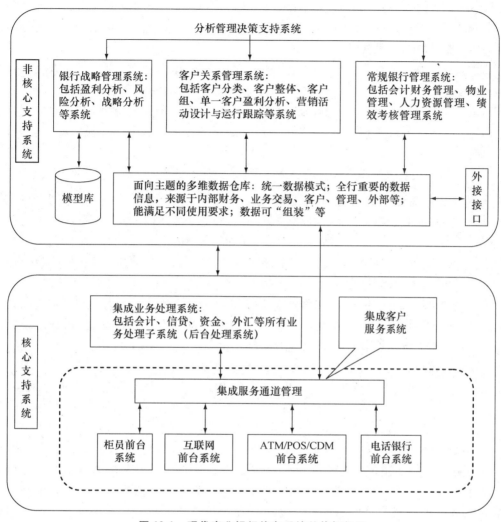

图 12-1 现代商业银行信息系统总体框架图

银行日常运作的业务处理系统,称为核心支持系统;数据仓库和分析管理决策支持系统不是银行日常业务运作的组成部分,称为非核心支持系统。核心支持系统是银行业务运作主体和利润创造主体,同时也是非核心支持系统中信息和数据的来源。非核心支持系统的数据基础主要来源于业务处理系统,目的在于提高银行的业务处理和管理效率、市场营销能力及整体竞争能力。

三、电子银行业务及其风险

电子银行业务的广泛开展,是信息技术在商业银行中应用的最高级形式,从根本上改变了银行的经营管理模式和客户的行为模式。与此同时,电子银行又为商业银行乃至整个金融体系带来了全新的风险。

(一)电子银行业务的概念和种类

由中国银监会发布、自 2006 年 3 月 1 日起施行的《电子银行业务管理办法》对电子银行业务的定义是:"电子银行业务,是指商业银行等银行业金融机构利用面向社会公众开放的通信通道或开放型公众网络,以及银行为特定自助服务设施或客户建立的专用网络,向客户提供的银行服务。"

具体来看,电子银行业务包括四大类业务:(1)网上银行业务,即利用计算机和互联网开展的银行业务;(2)电话银行业务,即利用电话等声讯设备和电信网络开展的银行业务;(3)手机银行业务,即利用移动电话和无线网络开展的银行业务;(4)自助银行业务,即利用电子服务设备和网络,由客户通过自助服务方式完成金融交易的银行业务,包括自助银行、ATM 机等。

(二)电子银行业务的风险

与传统银行业务不同,电子银行业务实际上为商业银行等金融机构开展其他业务、销售产品与服务提供了一个电子网络平台,并可以在此基础上构成可独立存在的业务品种。

作为银行业务运行的平台,电子银行的安全性和可靠性的要求较高,其风险与传统银行业务有着巨大的差异,这主要表现在如下两个方面:

(1)在内容上,电子银行业务的风险不仅包括传统意义上的金融风险,还包括技术风险。这种技术风险,在相当程度上取决于采用的信息技术的先进程度、系统的设计开发水平,以及相关设施设备及其供应商的选择等。

(2)在来源上,电子银行业务的风险已不仅来源于银行与客户之间的互动关系,而且在很大程度上与第三方行为有关。由于电子银行的开发、建设和维护专业性很强,银行为了降低成本、提高效率,往往将其中一部分专业化程度很高的业务工作(如电子银行部分系统的开发、建设,电子银行业务的部分服务与技术支持,电子银行系统的维护等),外包给外部专业机构来承担。因此,外包商的行为也是电子银行业务风险的重要来源。

电子银行业务风险的上述特征,使这种风险仅仅依靠传统的风险管理机制已很难识别、监测、控制和管理。同样,监管机构也难以完全依靠自身的力量对电子银行的安全性进行准确评价和监控。因此,大部分国家都采用了依靠外部专业化机构定期对电子银行的安全性进行评估的办法,提高对电子银行安全性和技术风险的管理。

中国银监会在发布《电子银行业务管理办法》的同时,发布了《电子银行安全评估指引》(同样自 2006 年 3 月 1 日起施行),要求开展电子银行业务的金融机构,应根据其电子银行发展和管理的需要,由具有相应资质的电子银行安全评估机构[①],至少每两年对电子银行进行一次全面的安全评估,评估内容包括安全策略、内控制度、风险管理、系统安全、客户保护等。

四、"IT 黑洞"与银行再造

(一)"IT 黑洞"

从 20 世纪 70 年代开始,西方各国商业银行对信息技术进行了大量投资,尤其是在

---

① 承担金融机构电子银行安全评估工作的机构,可以是金融机构外部的社会专业化机构,也可以是金融机构内部具备相应条件的相对独立部门。中国银监会负责电子银行安全评估机构资质认定工作。

20世纪90年代初期,投资更是以惊人的速度增长。但是,大量的实证研究表明,信息技术的大量应用并没有带来商业银行经营效率的显著提高。

根据安永会计师事务所1992年对美国的银行业所做的一项调查,该行业技术投资累计达到2 000亿美元,相当于整个银行业的所有者权益。但是,尽管银行的费用开支日渐上升,但如此巨大的IT投资却没能够给美国的银行业带来可持续的竞争优势。相反,从整体上来看,银行业的生产效率是下降的。① 这一反常的现象被称为"IT黑洞"(IT Black Hole)。

这一普遍出现的"IT黑洞"现象,吸引了大量的研究者。20世纪90年代中期,美国麻省理工学院在一项题为《20世纪90年代的管理》的研究报告中,集中研究了信息技术的应用对各类组织的影响。研究表明,信息技术在企业中的应用是分层级推进的。按照银行应用网络技术的水平,银行的信息化可以分为五个层次,即局部开发、内部集成、业务流程再设计、业务网络再设计和业务范围再定义五个阶段,但银行只有在后面三个阶段才表现出革命性的改变。许多学者研究得出的IT投资并未带来银行业效率显著提高的结论,主要原因在于在此类研究所涉及的时期,银行业的IT应用仍然处于局部开发和内部集成这两个阶段。在这两个阶段,银行只是简单地将信息技术应用于已有的工作方式。因此,信息技术的潜能远远没能释放出来,从而使银行陷入了"IT黑洞"之中。

大量成功的实践表明,避免"IT黑洞"的关键是银行再造。只有通过银行再造,在银行的工作方式得到彻底改变的前提下,信息技术在降低成本、提高效率、增强银行竞争优势方面的巨大潜能才能得到充分的发挥。

(二) 银行再造

银行再造(Reengineering the Bank),是指银行充分借助现代信息技术,以客户为目标,以业务流程、组织结构及银行文化的变革为主要内容,从根本上对银行制度与管理重新设计,以期在成本、质量、客户满意度和反应速度上有所突破,使银行提高核心竞争力,获得可持续竞争的优势。

银行再造始于20世纪60年代西方国家的银行业,进入20世纪80、90年代后,银行再造成为一场运动,席卷全球。银行再造主要包括如下三个方面:

(1) 业务流程再造。业务流程再造是银行再造的核心和基础,其内容是要通过辨别、分解和评估流程,进而进行删除、整合,对银行运作过程进行科学梳理,把各部门的生产要素按最自然、最能方便客户的方式重新组合。

(2) 组织结构的再造。组织结构是业务流程的载体,业务流程改革之后,如果不相应调整组织结构,就无法实现流程整合的目标,流程改革的效果也会大打折扣。因此,组织结构再造是流程再造的必然要求。

(3) 银行文化的再造。银行文化决定着银行的思维模式和行为方式。银行文化尤其是经营理念的更新和转变,是银行再造的内在要求。银行再造的目标是要改变人们传统的工作方式,但是,如果人的理念、价值观等不发生相应的变化,流程和组织再造的成

---

① 杨德勇:《现代商业银行组织设计研究》,中国金融出版社,2006年版,第206页。

效就难以持久。因此,文化再造是银行再造必不可少的重要组成部分。

第三节 金融衍生产品及其应用

一、金融衍生产品及其种类

(一)金融衍生产品与金融衍生产品交易

衍生产品是英文"Derivatives"的中文意译,其原意是派生物、衍生物的意思。金融衍生产品通常是指从原生金融产品派生出来的金融产品。由中国银监会发布、自2004年3月1日起施行的《金融机构衍生产品交易业务管理暂行办法》[①],对衍生产品的定义是:"本办法所称衍生产品是一种金融合约,其价值取决于一种或多种基础资产或指数,合约的基本种类包括远期、期货、掉期(互换)和期权。衍生产品还包括具有远期、期货、掉期(互换)和期权中一种或多种特征的结构化金融工具。"

上述定义中,决定衍生产品价值的"基础资产或指数"称为"基础金融产品",包括利率、汇率、债券、股票、股票指数等几乎所有金融产品。比如,利率远期的基础产品是利率,股指期货的基础产品是股票指数。

商业银行所从事的衍生产品交易业务可分为自营交易和代客交易两大类:(1)自营交易是商业银行为规避自有资产、负债的风险或为获利进行衍生产品交易,此时,商业银行本身即为衍生产品的最终用户。(2)代客交易是商业银行向客户(包括其他金融机构)提供的衍生产品交易服务,此时商业银行是衍生产品的交易商,其中,能够对其他交易商和客户提供衍生产品报价和交易服务的交易商是衍生产品的做市商。

(二)金融衍生产品的种类

基本衍生产品主要包括远期、期货、掉期和期权,合称为"四期"。其中,掉期也称为互换。

1. 金融远期合约

远期合约,是指交易双方约定在未来某个特定时间以约定价格买卖约定数量的资产,金融远期合约主要包括远期外汇合约和远期利率合约两种。

远期外汇合约,是指交易双方按事先约定的日期和约定的汇率在将来进行交割的外汇买卖合约。远期外汇合约最长可以为一年,超过一年的合约称为超远期外汇合约。远期外汇合约是国际上最常用的避免外汇风险、固定外汇成本的方法。一般来说,客户对外贸易结算、到国外投资、外汇借贷或还贷的过程中都会涉及外汇保值的问题,通过远期外汇买卖业务,客户可事先将某一项目的外汇成本固定,或锁定远期外汇收付的换汇成本,从而达到保值的目的,进而使企业能够集中时间和人力搞好本业经营。

有关远期利率合约参见本节第二部分。

---

① 2007年7月3日中国银监会对其进行了修订。

2. 金融期货合约

期货合约,是指交易双方约定在未来某个特定时间以约定价格买卖约定数量的资产。这个定义与远期合约的定义完全相同,两者之间的差异在于:远期合约是非标准化合约,在场外交易市场上交易,交易的条件完全根据交易双方的具体需要由交易双方协商确定;而期货合约则是标准化合约,在交易所进行交易,交易条件是统一的。

金融期货合约,是指以金融产品或金融指标为标的的期货合约。金融期货是传统的商品期货交易的演变和发展,同时也是一种特殊形式的商品期货交易,即非实物商品的期货交易。按被交易的金融商品的不同,金融期货包括利率期货、外汇期货和股票指数期货三大类。

(1) 利率期货,指以利率为标的物的期货。利率期货合约是现在就确定未来名义定期存款固定利率水平和交易条件的、具有法律约束力的协议。

(2) 外汇期货,指以外汇为标的物的期货。外汇期货合约,就是以某种货币买进另一种货币,并签订一个在未来的某一日期根据协议价格交割标准数量外币的合约。

(3) 股票指数期货,是指以股票指数为标的物的期货。股指期货合约就是买入或卖出相应股票指数名义价值的一份合约,其中的名义价值被定义为股票指数值与一个特定货币数额的乘积。

3. 金融互换合约

互换(即掉期),是指交易双方基于自己的比较利益,对各自的现金流量进行交换。金融互换合约主要包括利率互换、货币互换和混合互换。

利率互换,是交易双方将同种货币不同利率形式的资产或者债务相互交换。债务人可运用利率互换,将其自身的浮动利率债务转换为固定利率债务,或将固定利率债务转换为浮动利率债务。① 利率互换不涉及债务本金的交换,因此信用风险较低。利率互换的运行机理参见本节第二部分。

货币互换,是指交易双方在一定期限内将一定数量的一种货币与另一种货币进行交换。货币互换是一种债务保值工具,主要用来控制中长期汇率风险,把以一种外汇计价的债务或资产,转换为以另一种外汇计价的债务或资产,达到规避汇率风险、降低成本的目的。

混合互换是利率互换与货币互换的结合,是将一种货币的固定利率债务与另一种货币的浮动汇率债务进行互换。这种衍生产品同时管理利率风险和汇率风险。

4. 金融期权合约

期权合约是指期权的买方支付给卖方一笔权利金,获得一种权利,可于期权的存续期内或到期日当天,以执行价格与期权卖方进行约定数量的特定标的的交易。金融期权合约可分为股票指数期权、外汇期权、利率期权、期货期权、债券期权等。

期权的买卖实际上是一种权利的买卖。权利的买方有权在未来的一定时间内按约定的价格向权利的卖方买进或卖出约定数额的金融资产,同时权利的买方也有权不执行上述买卖合约。

---

① 利率互换也可以是两笔浮动基础不同的浮动利率债务之间的互换。

期权分为买权和卖权两种。买权是指期权的买方有权在未来的一定时间内按约定的价格向卖方买进约定数量的某种资产;卖权是指期权的买方有权在未来的一定时间内按约定的价格向卖方卖出约定数量的某种资产。当然,为取得上述买或卖的权利,期权的买方必须向期权的卖方支付一定的费用,称作权利金(Premium)。因为期权的买方获得了今后是否执行买卖的决定权,期权的卖方则承担了今后价格波动可能带来的风险,而权利金就是为了弥补风险可能造成的损失。这笔权利金实际上就是期权的价格。

期权按行使权利的时限可分为两类:欧式期权和美式期权。欧式期权是指期权的买方只能在期权到期日前的第二个工作日,方能行使是否按约定的价格买卖某种资产的权利;而美式期权的灵活性较大,因而费用也高一些。

(三) 金融衍生产品的经济功能

金融衍生产品的经济功能,包括规避风险、投机套利和发现价格。

1. 规避风险的功能

20世纪70年代以来,汇率和利率的频繁、大幅波动,全面加剧了金融产品的内在风险。广大投资者面对影响日益广泛的金融自由化浪潮,客观上要求规避利率风险、汇率风险及股价波动风险等一系列金融风险。金融衍生产品正是顺应这种需求而产生和发展起来的。因此,规避风险是金融衍生产品的首要功能。

我们下面以金融期货为例来说明金融衍生产品的风险规避功能。投资者通过购买相关的金融期货合约,在期货市场上建立与其现货市场相反的头寸,并根据市场的不同情况采取在期货合约到期前对冲平仓或到期履约交割的方式,实现其规避风险的目的。从整个金融期货市场看,其规避风险功能之所以能够实现,主要有三个原因:

(1) 众多的实物金融商品持有者面临着不同的风险,可以通过达成对各自有利的交易来控制市场的总体风险。例如,进口商担心外汇汇率上升,而出口商担心外汇汇率下跌,他们通过进行反向的外汇期货交易,即可实现风险的对冲。

(2) 金融商品的期货价格与现货价格一般会同方向变动。投资者在衍生产品市场建立了与金融现货市场相反的头寸之后,金融商品的价格发生变动时,则必然在一个市场获利,而在另一个市场受损,其盈亏可全部或部分抵消,从而达到规避风险的目的。

(3) 金融期货市场通过规范化的场内交易,集中了众多愿意承担风险而获利的投机者。他们通过频繁、迅速的买卖对冲,转移了实物金融商品持有者的价格风险,从而使衍生产品市场的规避风险功能得以实现。

2. 投机套利的功能

金融衍生产品的共同特征是保证金交易,即只要支付一定比例的保证金就可进行全额交易,不需要实际上的本金转移。在远期交易中,交易双方在签订合约时甚至不需要向对方支付任何费用。同时,金融衍生产品合约的了结,一般也采用现金差价结算的方式进行,只有在到期日以实物交割方式履约的合约才需要买方交足货款(在实际运行中所占比例极低,大约为 0.5% 左右)。因此,金融衍生产品交易具有非常明显的杠杆效应,这使得金融衍生产品自其产生开始就成为投机者投机套利的工具。虽然投机者的投机套利可能会带来巨大风险,但从总体上来看,有利于金融衍生产品规避风险功能的实现,因为只有存在大量愿意承担风险的投机者,需要规避风险的主体才有可能将其所面临的风险转移出去。

3. 发现价格的功能

衍生产品的发现价格功能,是指衍生产品市场能够提供各种金融商品的有效价格信息。在衍生产品市场上,各种衍生产品合约都有着众多的买者和卖者。他们通过类似于拍卖的方式来确定交易价格。这种情况接近于完全竞争市场,能够在相当程度上反映出投资者对金融商品价格走势的预期和金融商品的供求状况。因此,某一衍生产品合约的成交价格,可以综合地反映金融市场各种因素对合约标的商品的影响程度,有公开、透明的特征。由于现代电子通信技术的发展,主要衍生产品品种的价格一般都能够即时播发至全球各地。因此,衍生产品市场上所形成的价格不仅对该市场的各类投资者产生了直接的指引作用,也为衍生产品市场以外的其他相关市场提供了有用的参考信息。

(四) 金融衍生产品的会计处理

长期以来,在会计处理上,金融衍生产品一直都被当成是表外业务,并不进入银行的资产负债表,仅在表外记载,在披露财务报表时,也仅在财务报表中予以说明。自2007年1月1日起施行的《企业会计准则第22号——金融工具确认和计量》,改变了这一做法,将金融衍生产品纳入表内管理(称为"金融衍生产品表内化"),具体方法是:(1) 如果银行在金融衍生产品中拥有将来从交易对手那里获得一定现金流支付的权利,那么,该金融衍生产品就作为交易性金融资产,按其公允价值记入资产负债表的资产方;(2) 如果银行在金融衍生产品中承担着在未来向交易对手支付一定现金的义务,那么,该金融衍生产品就作为交易性金融负债,按其公允价值记入资产负债表的负债方。①

金融衍生产品的表内化处理,有助于促进银行进一步加强对金融衍生产品交易的管理,审慎从事金融衍生产品的交易,并使投资者更充分、及时地了解商业银行从事衍生金融工具业务可能承担的风险。

二、运用衍生产品管理利率风险

本书第十一章中所介绍的利率敏感性缺口和久期缺口这两种利率风险管理方法,是将银行所有资产项目和所有负债项目面临的利率风险作为一个整体进行管理,以消除或降低利率变动对银行净利息收入和净资产的影响。而衍生产品则除了从整体上管理利率风险以外,还可以用来单独管理某一具体产品所面临的利率风险。

远期、期货、互换、期权均可以用于管理利率风险,我们下面主要以运用广泛且具有代表性的利率远期和利率互换来介绍衍生产品在利率风险管理方面的应用。

(一) 运用利率远期来管理利率风险

1. 利率远期的机理

利率远期合约,也称远期利率协议(Forward Rate Agreement, FRA),是指交易双方商定将来一定时间段的协议利率,并指定一种参照利率,在将来结算日按规定的期限和本

---

① 但是,被指定且为有效套期工具的衍生工具、属于财务担保合同的衍生工具,与在活跃市场中没有报价且其公允价值不能可靠计量的权益工具投资挂钩并须通过交付该权益工具结算的衍生工具,不纳入表内管理,只需表外记载即可。

金金额,由一方向另一方支付协议利率和到期日参照利率之间的差额利息的贴现金额。

利率远期建立在交易双方对未来利率的预测完全相反的基础之上。利率远期的买方预测未来一段时间的利率将会上升,希望通过购买利率远期,将利率水平固定在自己愿意支付的水平上。到期时,如果利率上升,买方将从卖方获得利息差额,以弥补实际筹资中所增加的利息支出;如果利率下降,买方将支付给卖方利息差额,但是可以用实际筹资中减少的利息支出对其进行弥补。因此,不论市场利率如何变化,买方将来融资的利率都被锁定了。

与此相反,利率远期的卖方预计利率将会下降,希望通过出售利率远期,将未来的利率水平固定在自己所愿意接受的水平之上。到期时,如果利率下降,卖方就可以从买方获得利息差额,以弥补在实际投资中因利率下降而减少的收入;如果利率上升,卖方在实际投资中会有额外的收入,但是需要向买方支付利息差额,额外收入就被抵消了。因此,卖方也通过利率远期协议锁定了其投资收益。

无论是对买方还是对卖方来说,利率远期都将未来的利率固定了下来。因此,完全消除了利率风险,但同时也丧失了利率的有利变化所可能带来的收益。

利率远期的表示方式是"x×y",前一个数字表示交易的起息日和结算日,后一个数字表示交易的到期日。比如,"3×6"表示交易双方所交易的是自 3 个月以后开始、期限为 3 个月的资金。在利率远期中,交易双方在结算日采取差额贴现结算的方式进行结算,并不需要支付本金,具体结算金额的计算公式为:

$$结算金额 = \left[本金 \times 利差 \times \frac{实际天数}{360 \, 天} \right] \bigg/ \left[1 + 市场利率 \times \frac{实际天数}{360 \, 天} \right] \quad (12-1)$$

例 12-1 说明了利率远期在利率风险管理中的运用。

例 12-1 运用利率远期管理利率风险

假设 A 银行在 2008 年 8 月 1 日发放了一笔金额为 1 000 万元的贷款,期限为 6 个月(自 2008 年 8 月 1 日至 2009 年 2 月 1 日),利率为 10%。前 3 个月的资金来源为金额为 1 000 万元、利率为 8%的存款(即存款期限为 2008 年 8 月 1 日至 2008 年 11 月 1 日),后 3 个月准备在同业市场上拆入资金。银行预计市场利率不久之后将会上升,为避免筹资成本上升,与 B 银行进行了一笔利率远期交易,买入一个"3×6"的利率远期,参照利率为 3 个月期限的 LIBOR,协议利率为 8%。

到了结算日(2008 年 11 月 1 日),市场利率可能上升,也可能下降,我们现在分别讨论这两种情形。

情形一:市场利率上升

假设在结算日,3 个月期限的 LIBOR 上升为 9%。根据 A 银行与 B 银行之间的利率远期协议,作为卖方的 B 银行将向作为买方的 A 银行支付协议利率与市场利率之间的利差(1%),支付金额为:

$$\left[10\,000\,000 \times (9\% - 8\%) \times \frac{90}{360} \right] \bigg/ \left[1 + 9\% \times \frac{90}{360} \right] = 24\,449.88 \,(元)$$

A 银行在同业拆借市场上以 9% 的利率需要筹集的资金为：

$$10\,000\,000 - 24\,449.88 = 9\,975\,550.12(元)$$

A 银行在同业拆借市场上借入上述资金，在 3 个月到期时（即 2009 年 2 月 1 日）需要支付的利息为：

$$9\,975\,550.12 \times 9\% \times \frac{90}{360} = 224\,449.88(元)$$

A 银行支付的本息和是：

$$9\,975\,550.12 + 224\,449.88 = 10\,200\,000(元)$$

A 银行实际承担的利率为：

$$\frac{10\,200\,000 - 10\,000\,000}{10\,000\,000} \times \frac{360}{90} = 8\%$$

因此，在市场利率上升时，A 银行的筹资成本被固定在了其所希望的 8% 上。

情形二：市场利率下降

假设在结算日，3 个月期限的 LIBOR 下降为 7%。根据 A 银行与 B 银行之间的利率远期协议，作为买方的 A 银行将向作为卖方的 B 银行支付协议利率与市场利率之间的利差（1%），支付金额为：

$$\left[10\,000\,000 \times (8\% - 7\%) \times \frac{90}{360}\right] \Big/ \left[1 + 7\% \times \frac{90}{360}\right] = 24\,570.02(元)$$

A 银行在同业拆借市场上以 7% 的利率需要筹集的资金为：

$$10\,000\,000 + 24\,570.02 = 10\,024\,570.02(元)$$

A 银行在同业拆借市场上借入上述资金，在 3 个月到期时（即 2009 年 2 月 1 日）需要支付的利息为：

$$10\,024\,570.02 \times 7\% \times \frac{90}{360} = 175\,429.98(元)$$

A 银行支付的本息和是：

$$10\,024\,570.02 + 175\,429.98 = 10\,200\,000(元)$$

A 银行实际承担的利率仍然为：

$$\frac{10\,200\,000 - 10\,000\,000}{10\,000\,000} \times \frac{360}{90} = 8\%$$

因此，在市场利率下降时，A 银行的筹资成本也被固定在了其所希望的 8% 上。

小结：

上述例子表明，在 A 银行购买了利率远期之后，不论日后利率发生何种变化，都达到了固定利率成本的目的，从而可以确保获得 2% 的贷款利差收益。

2. 利率远期的优点

利用利率远期来管理利率风险有很多优点：

（1）费用低。利率远期的交易双方在达成交易时，不需要支付任何费用，只有到了结算日才需按照协议利率与参照利率之间的利差支付利息差额，不仅金额很小，而且支付时间又大大推迟了。因此，利率远期的费用极低。

(2) 非标准化。利率远期是非标准化交易,具体条款均由双方根据自己特定的需要协商确定。因此,在交易范围上具有很强的灵活性,在交易的币种、期限、金额等方面都是可以讨论和协商的,能够满足交易双方的具体需要,从而为交易双方带来了很大的方便。

(3) 信用风险低。利率远期交易的本金仅在计算支付利息差额时使用,不涉及本金的支付,本金只起名义上的作用。交易双方的支付只是利息差额,其金额相对于本金来说要小得多。因此,利率远期的信用风险要比实际本金借贷的信用风险低得多。

(4) 保密性好。利率远期避免了交易所公开交易竞价的形式,这使得一些不想引起市场注意的大银行倾向于利用利率远期满足其保密的要求,避免了市场带来的不必要的成本增加。

3. 利率远期的缺点

利率远期在具有前述优点的同时,也存在如下缺点:

(1) 市场狭小。由于利率远期是场外交易,交易本身还要对外保密,因此,银行往往不得不在有经常性业务往来的银行中间寻找交易对手;同时,利率远期交易存在的基础是交易双方对利率未来走势预期完全相反,而在信息异常发达的情况下,银行之间对未来利率走势的预期往往比较一致,形成完全相反预期的情况比较少。在这两方面因素的作用下,利率远期的市场比较小,银行在需要时可能很难找到合适的交易对手并达成满意的交易。

(2) 违约风险大。利率远期是场外交易,没有一个集中的清算所,也没有像场内交易那样的信用保证机制。因此,银行进行利率远期交易时,交易对手违约的风险相对就比较大。

(3) 流动性差。由于利率远期是非标准化的,其交易条件完全由交易双方根据自己的情况达成,因此,其流动性较差。如果银行要改变其资产组合,很难将已达成的利率协议转让出去。

(二) 运用利率互换来管理利率风险

中国人民银行2006年2月9日发布的《关于开展利率互换交易试点有关事宜的通知》对利率互换的定义是:"交易双方约定在未来的一定时期内,根据约定数量的人民币本金交换现金流的行为,其中一方的现金流根据浮动利率来计算,另一方根据固定利率来计算。"

1. 利率互换的基本结构

利率互换的前述定义表明,最常见的利率互换一般只有两个参与者,双方各自将自身借款的利息支付形式进行交换。比如说,如果一方(A银行)从金融市场上借入固定利率的资金,但是却想按浮动利率支付利息,而另一方(B银行)从金融市场上借入浮动利率的资金,却想按固定利率支付利息。在这种情况下,A银行和B银行可以通过签订利率互换协议实现这一目的。在这一过程中双方无须进行本金的支付,也无须再借入新的资金就可以获得各自期望的利息支付形式。利率互换的基本结构和现金流如图12-2所示。

在图12-2的利率互换中,A银行从金融市场上借入固定利率的资金(步骤1)(A想

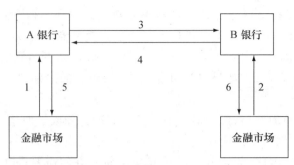

图 12-2 利率互换的基本结构

要浮动),B 银行从金融市场上借入浮动利率的资金(步骤 2),在利率互换日(同时也是交易双方借入资金时规定的付息日),A 银行按浮动利率将利息支付给 B 银行(步骤 3),B 银行按固定利率将利息支付给 A 银行(步骤 4),同时,A 银行将从 B 银行处所获得的利息支付给金融市场上的债权人(步骤 5),B 银行将从 A 银行处所获得的利息支付给金融市场上的债权人(步骤 6)。

在上述流程中,需要注意的几点是:(1) 步骤 1 与步骤 2 一般同时发生,步骤 3 与步骤 4 同时发生,步骤 5 与步骤 6 同时发生;(2) 步骤 3 与步骤 4 通常是结合在一起的,即 A 银行与 B 银行之间只支付两笔利息之间的差额;(3) 金融市场上 A 银行和 B 银行的债权人并不参与甚至不知晓两家银行之间的互换交易,也就是说,互换交易并不影响两家银行两笔债务的权利义务,互换交易与互换双方的实际借款是完全独立的;(4) 互换交易并不涉及本金的交易,本金仅起计算利息的作用,因此,互换交易的违约风险相对较低。

2. 有互换交易商参与的利率互换

在实际的利率互换交易中,像在前面那种简单结构中两个借款者直接交换利息的互换非常少,通常会有一个互换交易商作为中介,其原因主要有两个:(1) 利率互换需要交易双方具有名义本金相同但偏好不同的利息支付方式,而信息的不对称和不完备,使得互换需求者直接在市场上寻找相匹配的交易对手较为困难;(2) 交易双方的信用等级可能不同,信用等级较高的一方不一定会愿意和信用等级较低的一方进行互换交易,而且即使信用等级较低的一方愿意支付信用溢价,确定信用溢价的具体数量也往往非常困难。

正是基于上述原因,银行在实际进行利率互换交易时,通常会有互换交易商的参与,如图 12-3 所示。互换交易商通常由大型金融机构与专门的货币经纪人担任。

图 12-3 有互换交易商参与的利率互换

商业银行管理

图 12-3 的利率互换交易与图 12-2 的利率互换交易非常类似,两个图中的步骤 1、2、5、6 完全相同;而步骤 3、4 与步骤 3′、4′则除了由互换交易商需要从参与中获取收益而略有差异以外,也完全相同。实际上,如果单从 A 银行来看,两者的差别仅在于交易对手从 B 银行变成了互换交易商;而如果单从 B 银行来看,两者的差别仅在于交易对手从 A 银行变成了互换交易商。

因此,互换交易商的参与,使一笔利率互换交易被拆分成了两笔完全独立的交易,互换交易双方各自独立地与互换交易商进行交易。由于互换交易商专门从事互换交易,掌握了大量的供求信息,因此,能够分别满足互换交易双方的需要;同时,由于互换交易商一般规模相对较大、信誉较好,因此,通过互换交易商进行互换交易的违约风险较低。

3. 利率互换交易的前提条件

两家银行之间进行利率互换交易,必须同时满足以下两个前提条件:

(1) 交易双方在金融市场上借入资金时存在比较优势。从金融市场上借入固定利率资金的银行(前面两例中的 A 银行),在固定利率资金市场上存在比较优势,而在浮动资金市场上存在比较劣势;而从金融市场上借入浮动利率资金的银行(前面两例中的 B 银行)则正好相反。

(2) 交易双方希望使用的资金,是其具有比较劣势的资金。如在固定利率资金市场上存在比较优势的银行(前面两例中的 A 银行),希望使用浮动利率的资金。从利率风险管理的角度来看,A 银行希望使用浮动利率资金的情况可能有:A 银行预期未来利率可能下降,以降低融资成本;或者其资金敏感性缺口为正,需要增加敏感性负债,以减少利率变动对银行净利息收入的影响;或者其久期缺口为负,需要减少负债的久期,以减少利率变动对银行净值的影响。

在同时满足这两个前提条件时,两家银行通过利率互换就能节约融资成本,并同时管理利率风险。例 12-2 说明了这一点。

例 12-2 利率互换的应用

假设 A 银行和 B 银行的信用等级以及各自在固定利率市场和浮动利率市场上的借款成本分别如下表所示:

	A 银行	B 银行	利率差
信用等级	AAA	BBB	
浮动利率债券(短期)	LIBOR + 0.5%	LIBOR + 1%	0.5%
固定利率债券(长期)	10%	12%	2%

上表的数据表明,虽然 A 银行在两个市场上的融资成本均要低于 B 银行,但两家银行浮动利率融资成本之差为 0.5%,而固定利率融资成本之差为 2%。因此,A 银行在固定利率市场上具有比较优势,而 B 银行在浮动利率市场上具有比较优势。如果 A 银行希望使用浮动利率资金,而 B 银行希望使用固定利率资金,那么,A 银行、B 银行就可以在各自具有比较优势的市场上分别借入固定利率资金和浮动利率资金,然后进行互换,由

此降低两者的总融资成本,再按一定比例将所降低的部分在两者之间进行分配。

我们假设 A 银行与 B 银行通过互换交易商达成互换协议。通过互换,相对于完全自筹自己希望使用的资金来说,由于 A 银行借入固定利率资金相对于 B 银行借入固定利率资金节约了 2% 的融资成本,而 B 银行借入浮动利率资金相对于 A 银行借入浮动利率资金多支付了 0.5% 的融资成本,两者加在一起总共节约的融资成本为 1.5%。这 1.5 个百分点在 A 银行、B 银行和互换交易商之间,假设按照分别占 50%、33.3% 和 16.7% 进行分配。互换交易的结构如下图所示:

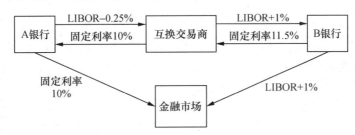

互换前后成本的比较和互换净收益如下表所示:

	A 银行	B 银行	互换交易商
各自筹资成本	LIBOR + 0.5%	12%	
互换后成本	LIBOR − 0.25%	11.5%	
互换净收益	0.75%	0.5%	0.25%

三、运用衍生产品管理信用风险

20 世纪 90 年代,衍生产品才被应用到信用风险管理领域,并产生了信用衍生产品(Credit Derivatives),即以信用风险为交易对象的衍生产品。在信用风险管理中应用的衍生产品,主要是期权和互换两种。

(一)利用期权管理信用风险

将期权应用于信用风险管理,可以利用实物期权和违约期权两种形式。

1. 利用实物期权对冲信用风险

利用实物期权对冲信用风险,主要是通过借款人购买实物看跌期权的形式来实现的。借款人无法偿还银行贷款的重要原因之一,是贷款所支持生产的产品(如大豆)在未来销售时价格下跌。因此,银行可以要求借款人购买大豆的看跌期权,并将该期权提供给银行作为贷款的质押。如果到时大豆的价格下跌,借款人就可以行使期权,按照事先约定的价格销售大豆。这一方面可以减少借款人出现损失的可能性,从而得以降低信用风险;另一方面可以通过看跌期权上的盈利,弥补银行贷款的损失。如图 12-4 所示。

利用实物期权对冲信用风险,存在着三个缺陷:(1) 实物期权只能防范产品销售价格下降所导致的违约风险。但借款人违约的原因,除了产品销售价格下降以外,还包括产品生产质量变差、借款人缺乏还款意愿等。(2) 在市场上并不是每种产品都有期权产

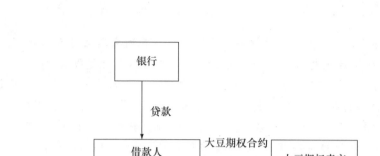

图 12-4　利用实物期权对冲信用风险

品。因此,只有那些在市场上有对应期权产品的贷款,才可利用这种方式来防范信用风险。(3)借款人购买看跌期权需要支付期权费用(权利金)。因此,其借款总成本会提高,这会影响借款人的盈利能力和还款能力,反而在一定程度上增加违约风险;同时,成本的提高还会影响借款人的净利润,从而影响借款人借款的积极性以及与银行配合的意愿。

2. 利用违约期权对冲信用风险

利用违约期权对冲信用风险,则是通过银行直接买入违约期权的方式来实现的。在这种期权中,银行(A 银行)向期权的卖方(可能是另一家银行 B)支付一笔固定的费用(权利金),如果借款人到期违约,A 银行就行使期权,期权的卖方 B 银行就要代替借款人偿还银行贷款本息(并获得对借款人的追索权);如果借款人到期履约,A 银行就放弃期权,期权的卖方 B 银行就赚取了买方事前支付的权利金。如图 12-5 所示。正如我们在本章第一节中所提到的,违约期权实际上相当于一种事后保证。

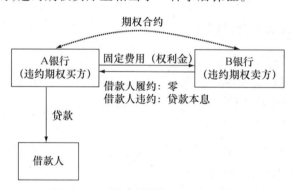

图 12-5　利用违约期权对冲信用风险

利用违约期权对冲信用风险,能够在一定程度上避免利用实物期权对冲信用风险的弊端:由于违约期权以借款人违约为标的,从而全面地防范了借款人违约所可能造成的损失;违约期权由银行购买,并不直接影响与客户之间的合同,避免了对银行与客户之间关系的影响。但银行购买违约期权也需要支付权利金,银行的成本因此会上升,所增加的成本也可能要转嫁到借款人身上;同时,银行要找到更了解借款人并愿意承担其违约风险的违约期权卖方,往往也非常困难。

(二) 利用互换管理信用风险

利用互换管理信用风险有两种形式:一是信用互换(Credit Swaps),二是总收益互换(Total Return Swap)。

1. 利用信用互换管理信用风险

信用互换是信用衍生产品最普通的形式,又称为违约互换[①]。在信用互换中,互换双方约定,已经为借款人发放了一笔贷款的银行(A银行),用一笔确定支付的固定费用,交换B银行的一笔或然支付。这笔或然支付的内容是,如果借款人违约,则B银行向A银行支付贷款的全部本金和利息;如果借款人履约,则B银行不必向A银行支付任何资金。如图12-6所示。

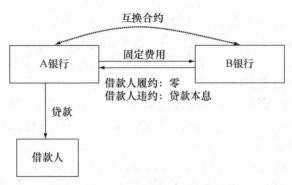

图12-6 利用信用互换管理信用风险

比较图12-5和图12-6可以发现,从现金流的角度来看,信用互换与前面所介绍的违约期权非常类似:A银行交换给B银行的固定费用,相当于违约期权中A银行支付给B银行的权利金;B银行交换给A银行的或然支付,相当于违约期权中A银行行使或放弃期权时B银行对A银行的支付。信用互换与违约期权的差别在于法律上的权利义务关系不同:在信用互换中,A银行与B银行的权利义务是对等的;而在违约期权中,A银行在支付权利金后,拥有的只是权利而没有义务,而B银行则刚好相反,只有义务而没有权利。

2. 利用总收益互换管理信用风险

总收益互换是银行将一笔贷款的全部收益(包括本金、利息、手续费等),与另外一家银行的一种特定现金流相交换。

比如,A银行在发放了一笔金额为1 000万元、期限为1年的贷款以后,如果不愿意再承担该笔贷款的信用风险,就可以与另外一家银行(B银行)签订一份互换合约,将该笔贷款的未来全部现金流,与B银行一项不同资产(如一笔以LIBOR定值的浮动利率资产)的未来全部现金流相交换。如图12-7所示。

---

① 有时违约互换与下一部分的总收益互换合称为信用互换,此时,违约互换也称为纯粹的信用互换(Pure Credit Default)。

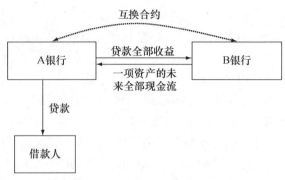

图 12-7 利用总收益互换管理信用风险

总收益互换与信用互换都属互换,而且都以贷款为标的,但两者有着明确的区别:(1) A 银行对 B 银行的支付不同。在信用互换中是一笔固定的费用,而在总收益互换中则是贷款的全部收益(包括本金、利息、手续费等),在金额上要大得多。(2) B 银行对 A 银行的支付不同。在信用互换中,支付金额取决于借款人是否违约,违约时支付金额很大,而履约时支付金额为零;而在总收益互换中,是一项特定资产的未来全部现金流,所支付金额的大小在互换时就事先确定,而与借款人是否违约没有关系。(3) 利率风险不同。在总收益互换中,由于 A 银行将一笔贷款资产的全部收益与另一项资产的全部收益相交换,而两笔互相交换的资产受利率变动影响的程度可能不同,因此,A 银行可能增加新的利率风险;但在信用互换中,因交换双方的现金流与利率变动没有直接关系,因此,互换并未增加额外的利率风险。

(三)利用衍生产品管理信用风险的优缺点

1. 信用衍生产品的优点

信用衍生产品的运用,使得银行可以将其已经持有资产的信用风险同资产本身剥离开来,进行单独交易,从而大大提高了信用风险管理的灵活性和效率。具体来看,其优点表现在如下几个方面:

(1) 在一定程度上避免了传统信用风险管理方式的局限性。信用风险的传统管理方式,主要是通过多样化、分散化的授信原则(表现为各种贷款限额)降低非系统风险,或通过加强信用分析和审查等内控制度对自留信用风险进行预防性管理。这种方式可能使银行丧失大量盈利机会,可能影响与客户之间的关系,可能使银行无法利用贷款中的规模化效应。而信用衍生产品大大增强了银行调节和管理信用风险的灵活性,使得银行能够将因业务需要而承担的过多信用风险转移出去,而不必放弃贷款机会或卖掉贷款。

(2) 将信用风险与其他风险分离开来单独管理。在信用衍生产品产生前,信用风险管理和市场风险管理是相互影响和制约的,为管理市场风险而进行的资产调整可能会受制于信用风险管理的要求;同样,为管理信用风险而进行的资产买卖也可能会影响到银行资产组合的市场风险水平。运用信用衍生产品,可以将组合的信用风险从市场风险中分离出来,单独进行管理,从而极大地方便了银行资产组合的管理。

(3) 避免了信用风险管理对客户关系的直接影响。信用衍生产品将贷款的信用风险剥离出来转让给外部投资者,并没有改变银行与原有贷款客户的业务关系,从而避免了否则需要采用的贷款出售或者贷款收回给客户关系带来的不利影响。

（4）为信用风险的定价提供了参考。信用衍生产品首次使得银行的纯粹信用风险可以上市交易,进而使得信用风险的定价有了直接的市场参考,这是衍生产品价格发现功能的重要体现。

2. 信用衍生产品的缺点

应用信用衍生产品的基础,是对信用风险的准确定价,而准确定价的基础是对信用风险的计量。虽然对信用风险进行计量的模型已经成为金融风险管理的热点,但从其有效性、可靠性以及在整个金融领域的应用程度看,信用风险管理的计量模型还相当不完善。因此,信用衍生产品的广泛应用,尤其是在中国的应用,可能还需要相当长的一段时间。另外,信用衍生产品也存在着市场狭小、流动性差等方面的缺点。

第四节　贷款证券化

自 20 世纪 70 年代首笔住房抵押贷款证券化在美国问世以来,这一金融创新潮流发展迅猛,如今已成为国际资本市场上发展最快也最具活力的金融技术之一,在世界许多国家得到了广泛的实施和应用。2005 年中国人民银行、中国银监会发布了《信贷资产证券化试点管理办法》,中国银监会发布了《金融机构信贷资产证券化监督管理办法》,同年 12 月 15 日,国家开发银行发行的开元信贷资产支持证券(简称"开元证券")和中国建设银行发行的建元个人住房抵押贷款支持证券(简称"建元证券")在银行间债券市场公开发行,标志着资产证券化业务正式进入中国内地。

一、贷款证券化的概念和机制

贷款证券化是资产证券化的一种。资产证券化是指把缺乏流动性,但具有未来现金流的资产汇集起来,通过结构性重组,将其转变为可以在金融市场上出售和流通的证券,据以融通资金的机制和过程。

贷款证券化,也称信贷资产证券化,是将贷款转化成有价证券的机制和过程。我国《信贷资产证券化试点管理办法》对信贷资产证券化的定义是："在中国境内,银行业金融机构作为发起机构,将信贷资产信托给受托机构,由受托机构以资产支持证券的形式向投资机构发行受益证券,以该财产所产生的现金流支付资产支持证券收益的结构性融资活动。"

在贷款证券化中,证券发行所依据的资产称为基础资产(或证券化资产),所发行的证券称为资产支持证券。根据基础资产种类的不同,信贷资产证券化可分为抵押贷款证券化(Mortgage-Backed Securitization, MBS)和资产证券化(Asset-Backed Securitization, ABS)两种形式,其中前者的基础资产是房地产抵押贷款,包括住房抵押贷款和商用房产抵押贷款;后者的基础资产是除房地产抵押贷款以外的其他信贷资产,包括汽车消费贷款、个人消费贷款、信用卡应收款、学生贷款等。因此,前面提到的"开元证券"属于 ABS,而"建元证券"属于 MBS。

二、贷款证券化的运行机制

贷款证券化以特定贷款的未来现金流为信用基础,在非流动资产的基础上创造出流动性强的证券,这主要依赖于资产组合机制、破产隔离机制和信用增级机制这三个机制。

(一)资产组合机制

贷款证券化的核心问题是对贷款中的风险和收益要素进行分离和重组,使其定价和重新配置更有效。此项功能是通过资产组合机制来实现的。一笔贷款的风险和收益往往难以把握,但对于一个由数量众多的单笔贷款组成的贷款组合来说,在大数定理的作用下,整个贷款组合的风险、收益的变化呈现出一定的规律性。因此,尽管预测单个贷款的可能结果是不现实的,但人们却可以基于对历史数据的把握,对整个组合的现金流量的平均数做出可信的估计,根据这种可信的估计,可以有效规避贷款中的提前偿付风险和信用风险等。

为了使资产组合机制有效地发挥作用,证券化的资产组合一般应满足如下条件:(1)能够产生稳定的、可预测的现金流;(2)具有标准化的合同文本,资产同质性高;(3)信息完整,发起机构有同类资产的历史表现数据;(4)债务人的地域和人口统计分布较为广泛。确定了证券化资产的规模和大致范围后,发起机构应按照与中介机构共同制定的资产入池标准,筛选一定规模的资产,建立资产池。

(二)破产隔离机制

破产隔离机制,是指在贷款证券化中,资产支持证券的投资者是否能收回投资的本金、获得投资的利息,与最初发放贷款的银行(贷款证券化的发起机构)没有关系。即使发起机构破产,投资者仍然能按照约定获得偿付;而在投资者按照约定得不到足够偿付时,投资者也不能要求发起机构偿付。

贷款证券化的破产隔离机制,是通过设立特别目的机构(Special Purpose Vehicle,SPV)或特别目的信托(Special Purpose Trust,SPT)①,并向 SPV 或 SPT 真实销售即将证券化的贷款来实现的。由于发起人将贷款真实销售给了 SPV 或 SPT,在发起机构破产时,所出售的贷款就不作为发起机构的破产财产,资产支持证券投资者的利益也就不受破产人的影响。

(三)信用增级机制

信用增级机制,是指在贷款证券化交易结构中,通过合同安排为资产支持证券提供额外的信用保护。信用增级提高了资产支持证券的信用级别,降低了资产支持证券投资者所承担的风险,从而使贷款证券化变得更加容易。

信用增级方式主要包括两大类,一类是内部信用增级,另一类是外部信用增级。内部信用增级主要包括超额抵押、资产支持证券分层结构、现金抵押账户和利差账户四种方式,而外部信用增级主要包括备用信用证、担保和保险三种方式。外部信用增级的方

---

① 我国贷款证券化采取的是设立特别目的信托的方式。

式比较容易理解①,我们这里主要介绍内部信用增级的四种方式的基本概念。

(1) 超额抵押是指将资产池价值超过资产支持证券票面价值的差额作为信用保护,该差额用于弥补贷款证券化业务活动中可能会产生的损失。

(2) 资产支持证券分层结构,是指将资产支持证券按照受偿顺序分为不同档次的证券。较高档次的证券比较低档次的证券在本息支付上享有优先权,因此具有较高的信用评级;较低档次的证券先于较高档次的证券承担损失,以此为较高档次的证券提供了信用保护。

(3) 现金抵押账户的资金,或者由发起机构提供,或者来源于其他金融机构所发放的贷款,用于弥补贷款证券化过程中可能产生的损失。

(4) 利差账户的资金,来源于信贷资产利息收入和其他证券化交易收入减去资产支持证券利息支出和其他证券化交易费用之后所形成的超额利差,用于弥补贷款证券化业务活动中可能产生的损失。

三、银行贷款证券化的目的

商业银行开展贷款证券化业务的主要目的可分为两大类:一类是作为内部管理工具,以实现资产负债管理、资本管理、风险管理、筹集资金的目的;另一类是通过贷款服务费、资产转让利得、证券投资收益等方式获取收益。但这些目的并不需要,也不可能在一笔贷款证券化交易中全部实现,在不同情况下会有不同侧重。

1. 资产负债管理目的

存款短期化和贷款中长期化的趋势使得商业银行面临"短存长贷"的结构性错配风险,在出现经济危机等极端事件情况下,可能导致"挤兑"现象。通过贷款证券化,商业银行可以灵活调整自身资产负债的规模及结构,将流动性较差的中长期信贷资产实施证券化,转移出表外,使资产和负债在期限、种类、数量上相互匹配,在满足监管要求的同时,实现银行利润的最大化。

2. 资本管理目的

商业银行的资本管理要实现两大基本目标:提高资本充足率和提高资本回报率(参见本书第十一章)。贷款证券化如果运用恰当,能够帮助实现这两个基本目标。从提高资本充足率的角度来看,贷款证券化能够减少风险资产,即降低了计算资本充足率的分母,在其他条件不变的情况下,就达到了提高资本充足率的效果。从提高资本回报率的角度来看,一方面,银行能够通过证券化获得收益(参见本小节下面的介绍);另一方面,证券化释放的资本可作为新发放贷款的资本基础而发放新的贷款,再将新发放的贷款证券化,再释放资本,如此循环往复,提高资本的利用频率,从而提高资本回报率。

3. 风险管理目的

贷款证券化为商业银行分散风险提供了一个有效的途径。通过证券化,可以将贷款的各种风险(如信用风险、提前还款风险、流动性风险、利率风险等)分解开来,由风险偏好不同、风险管理能力不同的机构来承担,包括各档次证券的投资者和提供外部信用增

---

① 关于备用信用证和担保,可参见本书第九章;关于保险,可参见《保险学》或《保险学原理》这类教材。

级的担保机构和保险公司等,从而提高了银行抵御风险的能力。同时,贷款证券化可以帮助银行解决贷款集中度高的问题。

4. 筹集资金目的

贷款证券化是银行将长期持有的贷款转化为证券,再在市场上销售,从而获得现金,实际上相当于银行在资本市场上发行债券筹集资金,从而成为银行融资的一种重要手段。而相对于直接发行债券来说,通过信用增级措施和交易结构设计而发行的资产支持证券,其信用级别更高,因此,融资成本更低。

5. 获取收益目的

在贷款证券化过程中,银行可以获得贷款服务费、资产转让利得、证券投资收益等多项利益。

(1) 贷款服务费。一般来讲,银行会作为贷款服务机构,继续为证券化资产提供服务,并为此收取贷款服务费。

(2) 资产转让利得。在信贷资产利率高于所发行证券利率和发行费用水平时,银行在信贷资产转让环节可以获得一定的转让利得,根据有关会计处理规定,该部分利得计入当期损益,可提高银行当期利润。

(3) 证券投资收益。有些情况下,银行会自行持有次级证券(交易中信用级别最低的证券),作为信用增级方式之一。如果基础资产质量较高,损失率控制在预测范围内,则次级证券可以获得较高的收益率。此外,银行有时也投资于自身发起交易中的优先级资产支持证券,而将次级证券出售。这种情况下,发起机构在获得优先级证券投资收益的同时,转移了资产池中的大部分信用风险(由次级证券持有人承担),也增加了自身持有资产的流动性。

四、贷款证券化的参与者

贷款证券化的过程非常复杂,其参与者众多,可以分为两大类,即交易主体和中介机构。

(一) 交易主体

交易主体包括发起机构、受托机构、信用增级机构、贷款服务机构、资金保管机构、投资者等。从目前国内的实践来看,发起机构、贷款服务机构、资金保管机构是银行类机构;受托机构主要是信托投资公司;投资机构的范围最为广泛,包括银行、证券公司、基金公司、财务公司等。

1. 发起机构

贷款证券化的发起机构,是指通过设立特定目的信托转让贷款的金融机构,即持有贷款的银行。

2. 受托机构

受托机构是特定目的信托受托机构(Special Purpose Trust, SPT)的简称,是因承诺信托而负责管理特定目的信托财产并发行资产支持证券的机构。《信贷资产证券化试点管理办法》规定,受托机构由依法设立的信托投资公司或中国银监会批准的其他机构担任。

3. 信用增级机构

信用增级机构根据在相关法律文件中所承诺的义务和责任,向贷款证券化交易的其他参与机构提供一定程度的信用保护,并为此承担贷款证券化业务活动中的相应风险。

4. 贷款服务机构

贷款服务机构是指在贷款证券化交易中,接受受托机构委托,负责管理贷款的机构。《金融机构贷款证券化监督管理办法》规定,贷款服务机构应当由在中华人民共和国境内依法设立并具有经营贷款业务资格的金融机构担任,并规定,贷款服务机构可以是贷款证券化的发起机构,如果贷款服务机构为发起机构,应当与受托机构签署单独的贷款服务合同。

5. 资金保管机构

资金保管机构是指在贷款证券化交易中,接受受托机构委托,负责保管信托财产账户资金的机构。《金融机构贷款证券化监督管理办法》规定,贷款证券化的发起机构和贷款服务机构不得担任同一交易的资金保管机构。

6. 投资者

我国资产支持证券只在全国银行间债券市场上发行和交易。因此,其投资者仅限于银行间债券市场的参与者。《金融机构贷款证券化监督管理办法》同时规定,信贷资产证券化发起机构不得投资由其发起的资产支持证券,但发起机构持有最低档次资产支持证券的除外。特定目的信托受托机构不得用所有者权益项下的资金或者信托资金投资由其发行的资产支持证券,但受托机构依据有关规定(或合同)进行提前赎回的除外。

(二)中介机构

中介机构包括承销商、评级机构、法律顾问、会计顾问、税务顾问、独立审计师等。

承销商的工作分为两类,即交易安排和证券销售。有些交易中承销商同时负责交易安排和证券销售;另一些交易中承销商仅负责证券销售,交易安排工作则由单独的交易安排人来承担。法律顾问负责开展法律尽职调查,参与设计交易结构,解决交易中遇到的法律问题,撰写交易法律文件和发行说明书,出具法律意见书。评级机构负责审阅交易文件,对资产池进行调查评估,对资产支持证券进行评级,并在交易持续期内对证券进行跟踪评级。会计顾问的主要职责是对发起机构能否"终止确认"证券化资产出具会计处理意见书。税务顾问负责出具税务处理意见书。独立审计师负责对入库贷款进行资产审慎调查,在交易持续期内作持续审计安排。

五、贷款证券化操作流程

贷款证券化的操作流程主要包括三个阶段:(1)发行前阶段,即发起机构选择证券化资产,建立资产池,然后将资产池出售或信托给受托机构,由受托机构以该资产池未来所产生的现金流为支撑在金融市场上发行资产支持证券;(2)发行阶段,即发起机构需要聘用承销商、法律顾问、会计顾问、审慎调查机构、评级机构等中介机构,组成证券化交易团队,进行交易结构搭建、证券设计、法律文件撰写、资产审慎调查、会计和税务咨询、证券评级和证券发行等交易执行工作;(3)发行后阶段,即受托机构、贷款服务机构、资金保管机构、证券登记和结算机构等参与主体,负责进行资产池管理、资金保管和证券兑付等工作。

本章小结

商业银行金融创新是多种力量共同作用的结果,具有高投入、高风险、时效性强、报酬递减等特点,主要方法包括引入新技术、采用新方法、开辟新市场和构建新组织。商业银行在金融创新中需要做到"四个认识"。

信息技术的广泛应用彻底改变了银行业的面貌。基于信息技术建立起来的现代商业银行信息系统包括客户服务系统、集成业务处理系统、数据仓库和分析管理决策支持系统四个部分。电子银行业务包括网上银行业务、电话银行业务、手机银行业务和自助银行业务,其风险具有自身的特征。银行再造能够帮助银行避免"IT 黑洞"。

基本金融衍生产品包括远期、期货、掉期和期权,具有规避风险、投机套利和发现价格的功能,现已表内化处理。银行可以应用金融衍生产品有效地管理利率风险和信用风险。

贷款证券化的运行机制包括资产组合机制、破产隔离机制和信用增级机制,其目的包括资产负债管理、资本管理、风险管理、筹集资金、获取收益,参与者包括交易主体和中介机构两大类,在流程上主要包括发行前、发行中和发行后三个阶段。

复习思考题

1. 促进商业银行金融创新的因素主要有哪些?结合本书第一章中有关影响商业银行发展变化因素的分析进行论述。

2. 运用实例说明商业银行金融创新的主要方法。

3. 说明信息技术的广泛应用对商业银行带来的革命性变化和影响。访问你所喜欢的商业银行的网站,了解其电子银行业务的种类、办理要求、风险防范措施和收费标准。

4. 什么是"IT 黑洞"?银行再造是如何帮助银行避免"IT 黑洞"的?

5. 说明金融衍生产品的种类、功能和会计处理方法。以利率远期和利率期货为例,说明如何应用金融衍生产品管理利率风险。

6. 什么是信用衍生产品?如何利用信用衍生产品管理信用风险?其优缺点是什么?

7. 从互联网上查找一个银行贷款证券化的案例,说明其运行机制、目的、参与者和流程。

案例分析

美国大通银行"一份账单、一张支票系统"

1991—1995 年,美国原大通曼哈顿银行(Chase Manhattan Bank)①共耗资 2 500 万美

---

① 1996 年与化学银行(Chemical Bank)合并,组建成为美国最大银行。2000 年 12 月 31 日,与 J. P. 摩根银行合并为摩根大通银行(J. P. Morgan Chase & Co.)。

元,进行长达四年的深入调查研究,设计出了"一份账单、一张支票系统"(One Bill & One Check System)。

(一)"一份账单、一张支票系统"的创新背景

"一份账单、一张支票系统"创新的背景是,美国是一个支票使用量非常大的国家。1999 年美国支票支付在非现金支付(按支付笔数)中所占比例高达 67%,而这一比例在法国为 41%,加拿大为 32%,英国为 29%,比利时为 6%,德国为 4%,荷兰为 1%,瑞士为 0.8%,瑞典为 0.3%。再从绝对使用量来看,1999 年美国境内共签发支票 680 亿张,平均每人 249 张。

大量支票的使用,增加了资金支付成本,降低了资金周转速度,这些缺陷最突出地体现在每个月都要收缴费用的服务机构身上。这类机构包括电力公司、电话公司、天然气公司、有线电视台、自来水公司、污水处理公司等。它们每个月首先将账单寄给各个客户(数量非常巨大);客户在收到账单以后,按账单金额签发一张支票,并寄给服务公司;然后服务公司将支票交给其开户银行,其开户银行再将支票传递给客户的开户银行;客户的开户银行通过清算系统,将所支付的款项从客户的账户上划给服务公司的开户银行;服务公司的开户银行再将这笔资金存入服务公司的账户,从而完成费用收取和支付的整个过程。图 12-8 的上半部分显示了这一过程。但更为复杂的在于图 12-8 下半部分所显示的内容,每家服务公司每个月要对成千上万个客户重复上述过程,而每个客户每个月要对数家机构重复上述过程。

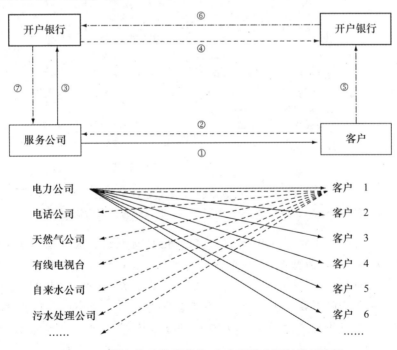

图 12-8 服务公司发送账单、客户寄送支票付款示意图

注:→为账单流向,┈┈为支票流向,→为资金流向,带圆圈的数字为流程顺序;图的下半部分中,省略了电力公司以外的其他公司对所有客户发送账单的示意,省略了客户 1 以外的其他客户向所有服务公司寄送支票的示意。

上面这种非常复杂的支付程序,对于服务公司来说,一方面,要在账单及信封的打印、核对、封装、邮寄等方面花费大量人力、物力和财力;另一方面,现金流入的速度缓慢,且时间不一致,从而增加了现金管理的难度,降低了资金周转速度。对于客户来说,不仅要支付签发支票的手续费(开户银行收取)、邮寄支票的邮费(邮局收取),而且还要浪费大量时间和精力。

(二)"一份账单、一张支票系统"的内容

在上述背景下,大通银行设计出了"一份账单、一张支票系统",其主要内容是,各个服务公司每个月将每个客户应该缴纳费用的清单,通过电子方式传递给大通银行,大通银行在收到费用清单以后,将每个客户应该缴纳给各个服务公司的费用进行加总,然后将合计金额制成一份账单(即系统名称中的"一份账单"),并将其邮寄给每个客户;客户在收到大通银行寄来的综合性账单以后,签发一张金额包括应该缴纳的各项服务费用的支票(即系统名称中的"一张支票"),寄给大通银行;大通银行在收到客户寄来的包括所有各项费用的总额支票以后,把应该支付给各个服务公司的金额分拆开来,然后按照单个服务公司进行加总,计算出每家服务公司应该获得的客户所缴纳的总费用,再将相应款项以电子汇划方式,划给各个服务公司。具体流程如图12-9所示。

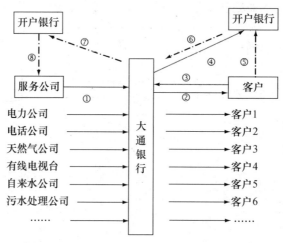

图12-9 "一份账单、一张支票系统"示意图

注:→为账单流向,┄┄为支票流向,→为资金流向,带圆圈的数字为流程顺序。

从图12-9与图12-8的对比中,可以清楚地看到,新系统大大地节约了资源、提高了效率。首先,从服务公司的角度来看,新系统使得服务公司每个月不必发送账单,这就节约了在账单及信封的打印、核对、封装、邮寄等方面的人力、财力、物力成本;每个月也不用接收客户寄来的单张支票,从而节约了处理客户支票的人力、财力、物力成本;由于以电子方式与大通银行进行费用清单的传递和资金划拨,从而能够大大提高资金周转速度,节约资金成本。

其次,从客户的角度来看,新系统使得客户只需等待一份账单、签发一张支票,而且大通银行在向客户邮寄账单时,还同时邮寄一个已经写好地址、贴好邮票的信封,这样,客户不仅能够节约大量的时间和精力,还会大大降低邮寄费用和支票费用。

再次,从整个社会的角度来看,新系统大大节约了支票结算和邮寄过程中的资源。仅从所使用的账单和支票这一项来看,节约幅度就非常巨大。举例来说,假设一共有6家服务公司、1万个家庭,并且每个家庭平均享受这6家服务公司的服务。那么,在原系统中,6家服务公司每个月将向1万个家庭发出6万份账单,每个家庭将寄出6张支票,1万个家庭共寄出6万张支票。而在新系统中,大通银行寄出的账单只有1万张,每个家庭寄出的支票只有1张,1万个家庭共寄出1万张支票。这样,新系统所使用的账单及支票(以及信封)只有旧系统中使用量的17%。同时,原来6家服务公司必须分别维持总共6套账单及支票处理系统,而在新系统下,只需要大通银行一套系统即可,所节约的人力、财力、物力同样是非常明显的。

最后,从提供新系统的大通银行来看,大通银行不仅能够从服务公司中收取大量手续费,而且新系统的运行,还将促使服务公司和客户在大通银行开户,增加存款,并通过交叉销售等方式,实现大通银行其他产品的销售。

因此,在美国大量使用支票的背景下,"一份账单、一张支票系统"是一个极具创新性的新系统。

(三)"一份账单、一张支票系统"失败的原因

前述分析表明,"一份账单、一张支票系统"在思路上非常清晰,对参与各方(服务公司、客户、银行)的利益也非常明显,而且大通银行进行可行性研究、系统设计开发就用了四年时间,花费了2 500万美元,连电视广告片都制作好了,但最后却未能成功推行。

该系统的成功运行,需要具备缴费标准的统一性和参与的完全性,也就是说,要完全发挥该系统的价值,需要所有服务公司的费用缴纳条件(包括缴费时间、优惠方式、滞纳金规定等)基本统一,需要所有服务公司和所有客户都参与该系统。而标准的不统一和参与的不完全,正是实施"一份账单、一张支票系统"所未能克服的主要障碍。

新系统实际上要求客户每个月同时缴纳多个服务公司提供的多项服务的费用,而现实中的实际情况是:各个服务公司会根据其服务特点、竞争策略及业务发展的需要,确定不同的缴费时间、缴费期限(以及其他条件);同时,为了更好地满足客户的需求,不仅要适时进行调整,而且还要尽可能为客户提供多种选择。要使各个服务公司为了参与该系统而修改缴费条件,不仅会有大量菜单成本(Menu Cost,即印刷公司宣传材料、价目表的成本),更重要的是还要涉及改变服务公司的各种经营政策。

参与的不完全,首先来自于客户。要让客户在短时间内接受并改变一种早已习惯的交费方式,非常困难,而要让所有客户都做到这一点,就更加困难了。很多客户可能根本就不愿意接受这种既节约时间又节约成本的新系统。在美国,"大多数州的法律都要求公共事业服务机构必须设立一个客户接待室,或者在银行内部安排一间营业室,以便客户能够当面缴纳有关费用。对于退休的老人来说,前往一间营业室支付公共事业费用,是一种社会交往,这对他们来说是一个月中最为高兴的事情。"因此,除非强制要求,肯定有一部分客户仍然会沿用老方法,但在市场经济中,强制要求是行不通的。

客户参与的不完全可能会直接导致服务公司参与的不完全。原因在于,如果服务公

司仍想留住不参加新系统的客户(这一点是肯定的),那么服务公司在参与新系统的同时,必须仍然保留向客户单独发送账单、收回支票的旧系统(至少在相当长的一段时间内是如此),这种新旧两个系统并行的状况,使得新系统降低成本、提高效率的优势大打折扣。

同时,服务公司参与的不完全性,还来自于其他原因。首先,如前所述,服务公司为了增强竞争力,必须根据客户的需求及自身的特点灵活调整费用缴纳条件,从而不愿意受新系统的束缚。其次,服务公司在发送账单的时候,还能够邮寄各种广告宣传资料,同时在邮寄账单时所使用的信封上(以及客户邮寄支票时所使用的、服务公司所提供的专用信封上)的公司名称和标志,会增强客户对服务公司的印象,这样,旧系统实际上是服务公司的一种非常重要的广告渠道。

正是因为标准的不统一和参与的不完全,使得"一份账单、一张支票系统"虽然设计得非常精巧、准备得非常充分,但终因几家主要服务公司的临时退出,而未能正式推行。

资料来源:崔佳颖、何自云,《"一份账单"加"一张支票"》,《农村金融研究》,2002年第3期。

案例思考题:

结合本章案例分析商业银行金融创新的特点。根据这些特点,商业银行应该采取什么样的措施,从而保证银行创新的效果?

第十三章

商业银行的市场营销

【学习目标】
1. 了解商业银行市场营销的基本作用和构成要素,理解其特殊性。
2. 理解银行产品名义价格与实际价格之间的差异,了解银行产品定价的自由度和目标,了解我国利率市场化及其对银行产品定价的影响。
3. 理解银行让客户满意、高兴的方法,了解客户实际所获价值的内容和客户期望的来源。

第一节　商业银行市场营销的总体框架

一、商业银行市场营销的内容与作用

商业银行市场营销是在变化的市场环境中,旨在满足客户需要、实现银行目标的商务活动过程,它主要包括三个方面的活动:(1)售前活动,包括市场调研、选择目标市场、产品开发、产品定价、渠道选择等,其主要目的是确保所生产的产品适合客户的需要,从而为产品的成功销售奠定基础;(2)售中活动,也称为销售活动,包括产品促销、产品储存和运输、产品销售、提供相关服务等,其主要目的是将产品提供给客户,使客户获得银行通过产品和服务为其提供的价值;(3)售后活动,也称为售后服务,是在客户购买银行的产品和服务以后,银行为其提供相关服务,解决客户在使用银行产品过程中所存在的问题。

商业银行市场营销的基本作用,是解决银行产品与客户需求之间在如下几个方面的矛盾:(1)空间上的矛盾,如客户离银行营业网点太远;(2)时间上的矛盾,如银行无法满足客户"7×24"(即每周7天、每天24小时)的服务;(3)产品品种、花色、规格、型号方面的矛盾,如银行标准化的产品往往无法满足客户独特的需求;(4)产品价格上的矛盾,如银行希望提高价格以增加收入,而客户希望降低价格以降低成本;(5)产品数量上的矛盾,如市场可能出现供大于求或供不应求;(6)信息上的矛盾,即银行不了解客户需要什么产品,以及客户在何地、何时需要,在什么价格水平上愿意购买多少数量;而客户则不知道哪家银行能提供自己所需要的产品,以及在何地、何时、何种价格水平上提供。

二、商业银行市场营销的特殊性

相对于一般企业的市场营销来说,商业银行市场营销的特殊性主要源于银行产品的特殊性。

相对于一般商品来说,银行产品具有如下主要特征:(1)无形性,是指银行产品并不具有有形的物质形态。在银行交易中,虽然存在客户能够看得见、摸得着的借款合同、存折、存单等,但是这些纸质文件所记载的客户无法直接感知的权利、义务才是交易的核心。离开了所代表的权利、义务,这些纸质文件将没有任何价值。随着银行业务电子化程度的提高,银行产品的这种无形性得到更进一步加强。(2)回归性,也称偿还性、返还性,是指银行向客户销售的产品具有回流的特征,即存款要支取、贷款要收回。银行产品回归性的原因在于,银行所销售的不是资金的所有权,而只是资金的使用权。在一般商品的销售中,仅仅存在商品从企业到客户的单向流动,商品的所有权和使用权是混合在一起的。(3)同质性,即不同商业银行所提供的产品,在本质上非常类似,差别很小,即使是银行推出创新产品,也可能在很短时间内被其他银行所模仿。银行产品同质性的根本原因在于,所有银行产品的核心是相同的,即都是安全性、流动性和盈利性的组合。

银行产品的无形性、回归性和同质性,使得银行营销在如下两个方面更加突出:

（1）抓住营销机会与有效防范风险的矛盾。银行产品的回归性,要求银行不仅要将产品销售出去,还需要确保资金能够回流。因此,银行营销其产品时,不仅要抓住机会,而且要控制风险。抓住机会,要求营销人员更多地动用右脑,诉诸感性,主动出击,当机立断,从而特别强调个人的主观能动性;而控制风险则要求营销人员更多地动用左脑,诉诸理性,缜密思考,谨慎行事,慎重决策,从而特别强调团队合作。两者之间存在的矛盾,极大地提高了银行营销工作的难度,使银行经常陷入两难境地:风险控制得好,往往又会丧失营销机会;抓住了营销机会,往往又会影响风险控制目标的实现。[①]（2）银行信用、声誉和形象更加重要。这是银行产品所具有的无形性和同质性特征决定的。由于银行的信用、声誉和形象具有整体性,因此,相对于一般企业的营销来说,银行营销更强调整体性。

三、商业银行市场营销的构成要素

市场营销是一系列活动的组合,由许多要素构成。对市场营销的构成要素,有多种不同的概括,包括4P组合(以及后来不断扩展而形成的12P组合)、4C组合和4R组合,因其所概括要素的英文单词分别以字母P、C、R开头而得名,并分别被称为"P字游戏"、"C字游戏"和"R字游戏"。

（一）12P组合

在概括市场营销构成要素的"P字游戏"、"C字游戏"和"R字游戏"中,"P字游戏"出现时间最早、概括最全、影响最大,它开始于美国密歇根大学教授杰罗姆·麦卡锡于1960年提出的4P组合,包括产品(Product)、价格(Price)、渠道(Place)、促销(Promotion)。20世纪70年代服务业的迅速发展,使得传统的4P组合已经不能很好地适应市场营销的需要,有学者又增加了第五个"P",即"人"(People);又因为包装在包装消费品营销中的重要意义,而使"包装"(Packaging)成为又一个"P"。随后,著名营销学大师菲利普·科特勒在强调"大营销"(Mega-Marketing)的时候,提出了两个"P",即公共关系(Public Relations)和政治(Politics);在论述营销战略计划时,又增加了四个"P",即市场调查(Probing)、市场细分(Partitioning)、市场择优(Prioritizing)、定位(Positioning)。这样,4P营销组合已发展成为12P营销组合。从商业银行市场营销的逻辑结构来看,这12P可以按照顺序概括为:市场调查、市场细分、市场择优、市场定位、产品、包装、价格、渠道、促销、公共关系、政治技巧、人。

1. 市场调查(Probing)

市场调查,是商业银行市场营销的起点,是指银行对所有可能影响其整个经营管理或某一方面决策的市场信息进行搜集、整理、归纳、解释和分析的全部过程,其主要目的是使管理层在掌握和了解市场真实信息的基础上做出正确的营销决策。具体来看,市场调查主要有四项功能:(1)确定市场细分的标准和各细分市场的特征;(2)为营销计划的制订提供依据,并对营销计划的实施效果进行检验;(3)对营销活动的结果做出分析;(4)对营销活动提出建议。

[①] 何自云:《我国商业银行市场营销的激励机制》,《农村金融研究》,2002年第9期。

2. 市场细分(Partitioning)

市场细分是指根据客户的异同将市场划分成若干个细小的单位,以便对客户的需求进行精确、具体、真实、细致的把握,从而发现新的市场机会,有针对性地满足客户需要。商业银行在市场营销中,之所以要进行市场细分,其根本原因在于单一的银行产品不能满足所有客户的需要。因此,将相互之间差异很大的市场,按照一定的标准划分成差异较小、同质性较高的子市场,对不同的子市场开发不同的产品,从而更好地满足该子市场的需要。

3. 市场择优(Prioritizing)

通过市场细分,银行在同一时间可能面对多个潜在市场。但是,由于银行并不能同时满足所有市场的需要,因此,银行必须在多个子市场之间进行比较,并从中选择最有吸引力的一个或多个子市场,以充分发挥自己的优势。

4. 市场定位(Positioning)

市场定位是指在客户心目中形成一家银行(及其一种或多种产品)有别于其他银行(及其产品)的独特形象,其目的是使银行(及其产品)在顾客心目中形成一种特殊的偏爱。市场定位是市场细分和市场择优的必然要求,只有准确、明晰的市场定位,才能实现市场细分和市场择优的目标。

5. 产品(Product)

银行为客户传递价值是通过产品(或服务)来实现的。虽然客户总价值是客户的一种主观估计,但其估计的客观基础是银行所提供的产品。在商业银行市场营销的12个要素中,产品处于核心地位。

6. 包装(Package)

商品的包装一般主要具有保护、便利和销售三项功能。(1)保护功能,即商品在经过多次装卸、运输、库存、陈列、销售等环节到达客户手中之前,避免因撞击、潮湿、光线、气体、细菌等而出现损坏;(2)便利功能,即便于商品的使用、携带、存放等;(3)销售功能,即包装具有美化商品从而促进商品销售的作用,因此而被称为"沉默的商品推销员"。

对于银行产品这种软性的服务产品来说,其包装的保护功能和便利功能居于其次,而销售功能更显突出;同时,银行产品的包装大多是无形的。

7. 价格(Price)

银行产品的价格,一方面在银行与客户之间传递着信息,另一方面调节着银行与客户的利益。因此,银行产品的定价是银行营销战略中的重要组成部分,我们将在本章第二节进行详细讨论。

8. 渠道(Place)

营销渠道是指银行产品或服务实现从银行向客户转移的途径或方式。银行的营销渠道通常包括银行网点、邮寄、电话、自动取款机(Automatic Teller Machine,ATM)、销售终端(Point of Sale,POS)、流动银行、在线银行、互联网等。

随着科学技术在银行的广泛应用,尤其是互联网的蓬勃发展,有一种观点认为,银行网点的作用将大幅度下降,最终将趋于消失。但是,调查表明,在金融系统最发达的欧洲26家大型商业银行的管理人员中,有近一半的银行管理人员认为分行是他们销售策略中最为关键的一环,另有42%的管理人员认为分行网络的建设是他们销售任务的重点之一。他们当中甚至没有一位表示在线银行或是其他渠道要比分行网络更为重要。虽然有44%的客户使用网络查看金融产品信息,但仅有5%的客户进行在线交易。大多数客户在做出最终购买决定之前,仍然希望与分行工作人员进行面对面的交流,并听取一些意见与建议。[①] 因此,在可以预见的将来,网点将仍然是银行营销渠道的主体,并且未来的银行网点将更加人性化,能够更好地满足客户的综合性需求。

9. 促销(Promotion)

促销是指结合市场营销组合的其他要素,鼓励购买或销售某一产品或服务的短期刺激行为。促销的具体方法主要包括广告促销、人员促销、利益促销等方式。(1)广告促销,是通过短时间内集中投放某种特定产品的广告,介绍产品的特点、作用、收益,激发顾客的购买欲望;(2)人员推销,是通过银行产品推销人员与客户之间的面对面交流,在充分了解客户需求的基础上,介绍产品,从而实现销售;(3)利益促销,是通过赠送纪念品及提供专有权益、配套优惠、免费服务等方式,吸引客户购买产品。

10. 公共关系(Public Relations)

公共关系指银行与社会公众之间的一种关系,其目标是,通过与社会公众之间信息的沟通,树立银行良好的社会形象和声誉,从而促进银行产品的销售。从一定程度上来说,信誉就是银行的生命,这也决定了公共关系的重要性。

11. 政治技巧(Political Skills)

虽然放松管制是银行业的基本趋势之一,但政府对银行业的影响仍然十分巨大。因此,银行在营销过程中,还需要掌握一定的政治技巧,其目的和作用主要在于:(1)促使政府通过有利于银行业发展的政策和法律;(2)减少政府对银行的干预;(3)获得政府对银行的支持;(4)降低服从政府监管的成本,比如,在向监管当局申请从事某项新业务或新设分支机构时,缩短审批时间,降低公关成本等。

12. 人(People)

人这个因素贯穿于银行营销的整个过程。一方面,银行的客户是人(或是由人组成的集合);另一方面,银行是由人组成的,为客户提供服务的是人。因此,银行在营销过程中,必须充分坚持"以人为本"的基本原则,通过人性化的管理,以人性化的方式,向客户提供人性化的产品和服务,才能在激烈的市场竞争中取得最终的胜利。

(二) 4C 组合

在20世纪90年代,随着消费者个性化的日益突出,加上信息技术和互联网的发展,消费者所能获得的信息大幅度增加,出现了"C字游戏",即市场营销的4C组合。

4C组合概括了市场营销的四个要素,即消费者欲望和需求(Consumer Wants and Needs)、成本(Cost)、便利(Convenience)、沟通(Communication)。4C组合所针对的是传统4P组合,其核心特点是更加强调从消费者的角度出发考虑市场营销。

---

① 雅文:《流程简单化:推动银行网点向销售中心转变》,《金融时报》,2006年9月20日。

1. 消费者欲望和需求(Consumer Wants and Needs)

这个 C 针对的是 4P 组合中的产品(Product),其核心观点是,不要销售能够制造的产品,要销售消费者想要购买的产品。因此,应该把研究消费者的欲望(潜在的需求)和需要(有现实购买能力的需求)放在首位,生产和销售客户所需要的、愿意购买且有能力购买的产品。

2. 成本(Cost)

这个 C 针对的是 4P 组合中的价格(Price),其核心观点是,银行产品定价的基础是消费者在购买某种产品以满足其需求时,愿意付出以及实际付出的成本,只有客户实际付出的成本低于其愿意付出的成本,银行才能赢得客户的满意。同时,客户所支付的成本,并不只是客户支付给银行的货币(即在值上并不等于产品的价格),还包括相当丰富的其他内容,如精神成本、时间成本、能量成本等。因此,银行需要重点考虑的是客户成本,而不只是产品的价格。

3. 便利(Convenience)

这个 C 针对的是 4P 组合中的渠道(Place),其核心观点是,渠道的最终目标是保证客户能够在最短的时间内以最低的成本得到所需要的产品。因此,银行的重心是考虑客户获得产品的便利程度,而不是渠道的形式。

4. 沟通(Communication)

这个 C 针对的是 4P 组合中的促销(Promotion),其核心观点是,随着消费者能够获得的信息的增多及竞争激烈程度的增加,促销的效果越来越小,成本也越来越高。因此,银行要赢得新客户、留住老客户,必须强调与客户之间的沟通,一方面,了解客户的真正需求,另一方面,使客户透彻了解银行及其所提供的产品。

(三) 4R 组合

在 4C 组合理论出现不久,又出现了 4R 组合理论,它概括了关系(Relationship)、反应(Response)、节省(Retrenchment)和回报(Reward)四个要素。[①] 4R 组合理论的最大特点是以竞争为导向,在市场不断成熟和竞争日趋激烈的背景下,着眼于企业与客户的互动和双赢。

1. 关系(Relationship)

关系要素所强调的是,在竞争程度加剧、客户忠诚度不断下降的背景下,要提高客户的忠诚度,赢得长期而稳定的市场,银行必须通过某些有效的方式,将顾客与银行联系在一起,形成一种双方互助、互求、互需、共赢的关系,从而大大降低顾客流失的可能性。

2. 反应(Response)

反应要素强调的是,在市场变化速度不断加快的背景下,"计划总不如变化快"。因此,对银行来说最现实的问题不在于如何制订和实施计划,而在于如何站在客户的角度认真地倾听客户的声音,及时了解客户的需求,并迅速做出反应。

---

① 关于 4R 的另一种概括是关联(Relating)、反应(Response)、关系(Relationship)和回报(Reward)四个要素。由于关联与关系两个要素非常相近,因此,我们采取文中的这种概括。

3. 节省（Retrenchment）

节省要素强调的是，在每个人都非常繁忙、客户已不再把购物当作一种休闲和乐趣的背景下，银行应该尽可能减少客户在购买银行产品时的成本，节省客户的时间、精力和能量消耗，为客户提供尽可能多的方便。

4. 回报（Reward）

回报要素包括两个方面的含义：一是银行需要从产品销售中获得回报，即获得收入和利润；二是客户也需要从购买产品中获得回报，即获得净价值（所付出的成本超过其价值）。在短期来看，这两个回报是此消彼长、互相矛盾的，但从长远来看，两者又是相辅相成和互相促进的。因此，这一要素强调的是银行与客户的双赢合作。

第二节　商业银行产品的定价

价格是银行与客户的直接交锋点，它反映了银行的收入和成本，是银行经营智慧和专业能力的高度融合。

一、银行产品名义价格与实际价格的差异

与一般普通商品和服务的价格相比较而言，银行产品价格的内涵更加丰富、形式更加多样，尤其是银行存贷款价格所包含的内容更是非常丰富，其名义价格与实际价格之间存在很大的差异。

（一）银行产品的名义价格

名义价格是银行产品所标明的价格，对于存贷款产品来说，名义价格就是其名义利率。比如，中国工商银行2014年8月5日的一年期存款利率为3.25%，一年期贷款利率为6%，这就是名义利率。名义利率是银行客户直接接触、显而易见、非常明确和具体的利率，是银行产品价格的核心。名义利率衡量的是银行客户在存款时实际拿到手中的利息，以及在贷款时实际支付给银行的利息。比如，客户按上述利率存入银行一笔1万元的存款，到期时会获得325元的利息；客户按上述利率从银行借入一笔1万元的贷款，到期时需要支付600元的利息。

（二）名义价格与实际价格之间差异的形成原因

1. 通货膨胀的影响

通货膨胀通过影响货币的实际购买力来影响银行客户存款的实际收益和贷款的实际成本。假设每年通货膨胀率为6%，如果按3.60%的利率存款一年，到期时这笔存款的本息和虽然增长到了10 360元，但其实际购买力只相当于存款时的9 773.6元。也就是说，在这一年期间，存款不仅没有增值，而且还贬值了2.27%，即扣除通货膨胀影响以后的实际利率是-2.27%。① 显然，通货膨胀率会降低客户存款的收益，但也会降低客户从

---

① 名义利率与实际利率之间的关系通常表述为：实际利率=名义利率-通货膨胀率。但这只是一种近似的计算方法，并未考虑到所获利息也已贬值的事实。准确的计算方法应该是：实际利率=（1+名义利率）/（1+通货膨胀率）-1。这里计算出贬值2.27%，也可以运用这一准确计算公式直接计算而得。

银行贷款的实际成本。

2. 税收的影响

对于存款来说,利息所得税会直接影响存款人的实际收益。自 2007 年 8 月 15 日起,我国储蓄存款利息税由原来的 20% 调减为 5%。1 万元按 3.60% 的利率存款一年,在利息税为 20% 时,存款人实际得到的利息为 288 元,扣除利息税影响的利率为 2.88%;在利息税为 5% 时,存款人实际得到的利息为 342 元,扣除利息税影响的利率为 3.42%。也就是说,对于按 3.60% 的利率存款的存款人来说,将储蓄存款利息税由原来的 20% 调减为 5%,相当于存款利率提高了 0.54 个百分点。

税收对于贷款的实际成本也有很大的影响,这主要表现在两个方面:(1) 贷款利息可以在税前列支。因此,相对于股息必须在税后列支的股票融资方式来说,贷款的实际成本要低得多。在企业所得税税率为 33%、一年期贷款利率为 7.02% 时,如果利息在税前列支,则银行 1 万元一年期贷款的实际利息成本是 702 元;如果利息在税后列支,则银行 1 万元一年期贷款的实际利息成本增加到了 933.66 元①,相当于 9.3366% 的实际利率。(2) 企业所得税税率的调整也会影响借款人的实际贷款负担。我国企业所得税自 2008 年 1 月 1 日起从原来的 33% 调减为 25%。此时,如果利息在税前列支,前述贷款的实际利息成本仍为 702 元;如果利息在税后列支,则其实际利息成本仅增加到了 877.5 元,相当于 8.775% 的实际利率。因此,所得税税率的调减,降低了贷款相对于权益融资的优势。

3. 360 天与 365 天的影响

中国人民银行 1992 年 12 月 28 日发布的《关于贯彻执行〈储蓄管理条例〉有关事项的通知》规定:"计息每年按 360 天,每月按 30 天计算。"

自 2005 年 9 月 21 日起执行的《中国人民银行关于人民币存贷款计结息问题的通知》规定,商业银行可选择将计息期全部化为实际天数计算利息,即每年为 365 天(闰年 366 天),每月为当月公历实际天数,计息公式为:利息 = 本金 × 实际天数 × 日利率。根据这一规定,许多商业银行已改为按 365 天(闰年 366 天)计息。

一年 360 天或 365 天的差别,对于按实际存款天数计算的活期存款、通知存款等的影响非常大。如果活期存款利率为 0.72%,根据中国人民银行所确定的规则,"日利率 = 年利率/360"。1 万元活期存款在一年中能得到的税前利息,如果一年按 360 天计算,是 72 元;而如果一年按 365 天计算,则为 73 元。两种方法相差 1 元。

4. 单利和复利的影响

利息的计算方法分为单利计息和复利计息。单利计息是指在计算利息时,不论期限长短,仅按本金计算利息,所生利息不再加入本金重复计算。复利是单利的对称。复利计息是指计算利息时,要按一定期限将所生利息加入本金再计算利息,逐期滚算,俗称"利滚利"。在期限和名义利率相同的情况下,按复利计息时的实际利率要比名义利率高一些,而且,计算复利的频率越高,实际利率也就越高。

---

① 计算公式为:实际利息成本 = 10 000 × 7.02% × (1 + 33%) = 933.66(元)。

5. 利息支付方式的影响

利息支付方式对于实际利率也有着非常大的影响。比如,贴现采取的是利息预扣的方式。因此,贴现融资的实际利率要高于其名义利率。假设一笔贴现期限为6个月,年利率为5%,贴现票面金额为100万元。贴现时,贴现申请人拿到的现金是 $100-100\times5\%\times(6\div12)=97.5$ 万元,但到期要偿还银行100万元(由付款人代为偿还)。转换成到期还本付息的贷款方式,其实际年利率是 $(100-97.5)\times2\div97.5\times100\%=5.12\%$。因此,相对于一笔条件完全相同(期限同样为6个月、金额同样为100万元、年利率同样为5%)的到期还本付息的贷款来说,实际年利率高了0.12个百分点。

6. 本金提取与偿还方式的影响

对于贷款来说,本金提取与偿还的方式,会影响借款人实际使用资金的时间,并进而影响借款人实际承担的利率和支付的利息。比如,一笔金额为100万元、期限为5年、利率为10%的贷款,如果借款合同中规定,第1年年初和第2年年初各提取50万元,第4年年末和第5年年末各偿还50万元。借款人实际使用这100万元资金的时间仅为4年,但所支付的利息是按5年期利率计算的。按照"期限越长、利率一般也越高"的基本原理,借款人实际支付的利率(5年期利率)比其应支付的利率(实际使用资金的4年期利率)要高。对于本金偿还,尤其是个人贷款的偿还方式来说,更是多种多样,在不同还款方式下,借款人所实际承担的成本都是不一样的。

7. 产品所蕴含期权的影响

银行存贷款本身所蕴含的期权,对存款人和借款人所实际承担的利率风险和实际成本有着很大的影响。存款人有权随时提前支取其所存款项。因此,在利率上升时,存款人就可以将其存款支取出来,然后再按更高的利率存入,从而获得更高的收益;[1]而借款人一般也有权提前偿还银行贷款。因此,在利率下降时,借款人就可以提前偿还其借款,然后再按更低的利率借入新的贷款,从而降低借款成本。存贷款产品所蕴含的这种提前支取或提前偿还的权利,属于未来可以行使也可以放弃的权利,因而称为期权,对于存款人和借款人来说相当于一种额外收益。也就是说,存贷款产品所蕴含的期权,提高了存款的实际价格,降低了贷款的实际价格[2],是存贷款产品名义价格与实际价格之间差异的重要原因之一。

8. 附带限制的影响

存贷款产品常常还附带一些限制。比如,存款产品的限制包括:必须保持一定的最低余额,在低于最低余额时需要每个月缴纳一定费用;一个月使用支票的次数不能超过3次,对于超过3次的支票,每次需缴纳一定费用;存款对象仅限于非营利性机构或者在读学生;等等。贷款产品的限制包括:借款人提取贷款后必须在银行的存款账户上保持一定的余额(称为补偿余额),通常是借款金额的一定比例(如10%);同时,银行往往还向

---

[1] 但存款人提前支取定期存款,会丧失部分利息损失,即提前支取部分按活期利率计息,而活期利率要低于定期利率。

[2] 银行所发行的债券,常常包含赎回条款,即发行人(银行)有权在债券到期以前赎回债券,这是银行所拥有的一种期权,增加了债券持有人持有该债券的风险,相当于提高了债券的实际价格。

借款人收取一定的费用,比如贷款处理费、收贷费、文件制作费、贷款承诺费等。① 存贷款产品的这些限制,实际上降低了存款产品的价格,提高了贷款产品的实际价格。

二、银行产品定价的自由度与目标

银行产品定价的自由度与目标是银行产品定价的基础,因为它决定了银行产品定价的空间和方向。

(一)银行定价的自由度

银行定价的自由度主要受两方面因素的影响:一是政府管制,二是市场竞争状况。

1. 政府管制的影响

由于银行经营管理的特殊性,政府往往会对银行产品的价格进行严格的管制,管制形式包括:(1)规定绝对价格水平,所有商业银行必须严格遵照执行;(2)规定基准价格及其上下波动幅度,商业银行可以在波动幅度内对产品价格进行调整;(3)规定价格下限,商业银行可以在不低于规定下限的情况下自由确定产品价格;(4)规定价格上限,商业银行可以在不高于规定上限的情况下自由确定产品价格。

显然,政府的价格管制越严格,银行的定价自由度越小。相比较来看,在政府规定绝对价格水平时,银行没有任何定价的自由,银行因此也不必关心定价;在政府规定基准价格和价格波动幅度时,银行定价的自由度就要大一些,而且波动幅度越大,银行的定价自由度就越大。从总体上来看,我国商业银行产品定价的自由度正在不断增大。

2. 市场竞争状况的影响

在没有任何政府干预的自由市场竞争条件下,由于市场状况的不同,银行的定价自由度也各不相同。在经济学中,市场被分为完全竞争、垄断竞争、寡头垄断和完全垄断四大类。在完全竞争条件下,银行是价格接受者,没有任何定价自由;在垄断竞争条件下,银行对价格有着很大的决定权,价格战略是银行的重要竞争手段,但其定价受到市场竞争的约束;在寡头垄断条件下,少数几家大银行呈现出一种相互依存、相互影响的状况,一家银行的定价策略往往受制于其他银行的定价策略;在完全垄断条件下,银行是随意定价者,可以完全根据自身的情况定价。

(二)银行定价的目标

商业银行在自己的定价自由度内具体确定银行产品的价格时,需要首先确定定价目标。银行的定价目标有很多种,但并不是每一种产品、在每一个时点上要达到同样的目标,而是有不同的侧重。一般来说,银行产品的定价目标包括:

(1)追求利润最大化。在银行成本一定的情况下,追求利润最大化目标的定价,要求银行保持总收入的最大化,但无论是提高价格(销售数量一般会下降)还是降低价格

---

① 由中国人民银行发布、自 1996 年 8 月 1 日起实行的《贷款通则》规定:"自营贷款和特定贷款,除按中国人民银行规定计收利息之外,不得收取其他任何费用;委托贷款,除按中国人民银行规定计收手续费之外,不得收取其他任何费用。"中国人民银行、中国银行业监督管理委员会 2004 年发布的《贷款通则(征求意见稿)》对此进行了修改,并规定:"贷款人应依据国家有关规定收取合理费用。"但截至本书定稿时(2014 年 5 月 1 日),修订后的《贷款通则》仍未正式发布实施。

（销售数量一般会上升），银行的销售收入既可能上升，也可能下降。因此，追求利润最大化要求银行保持销售数量和销售价格的平衡。

（2）提高市场占有率。市场占有率是银行经营状况和产品竞争力的综合反映，主要取决于银行产品的销售数量。由于降低价格一般能够增加销售数量，从而是提高银行产品市场占有率的有效方法之一。

（3）实现预期利润。银行如果将定价的目标确定为实现预期利润，那么，银行产品的价格就等于银行产品的全部成本加上一定比例（或金额）的预期利润。因此，银行成本是这一目标下定价的基础和核心。

（4）实现销售增长。这一目标往往是银行新产品进入市场之后最初一段时期内的主要目标，其背后的目的是提高产品的知名度，吸引更多的客户。降低价格是实现这一目标的主要手段之一。

（5）适应价格竞争。在不同竞争环境下，银行定价的目标是各不相同的。价格领导者希望通过价格竞争排挤竞争对手，而价格追随者则只能接受价格领导者所确定的价格。

（6）维持生存。银行在受到内、外部冲击而面临巨大危机时，往往大幅度提高存款和借入款利率融入资金，以维持生存、避免倒闭。

（7）维护形象。作为经营信用业务的企业，良好的社会形象是商业银行生存和发展的重要基础。比如，在产品成本上升时，仍然维持原来的产品价格，以保护客户的利益，不利用降低或提高价格来进行不正当竞争等，都能够帮助银行树立良好的社会形象。

三、银行产品定价的一般方法

（一）主要定价方法

商业银行的产品定价一般有五种基本方法，即法律导向定价法、成本导向定价法、需求导向定价法、竞争导向定价法和关系导向定价法。

1. 法律导向定价法

法律导向定价法，是指银行产品的价格主要依据国家的法律规定来确定。如果政府规定了产品价格的绝对水平，就必须完全按照国家规定来确定，一般不用再考虑另外四种方法；如果政府在规定基准价格的同时，允许有一定的浮动幅度，那么，银行就需要在法律规定的框架内具体考虑价格水平（即浮动幅度）。

2. 成本导向定价法

成本导向定价法，是指银行通过确定一个产品的成本，然后在此成本的基础上加上银行的要求利润率，即形成某一产品的价格。比如说，在贷款定价时，在贷款的资金成本基础上加一个百分比即为贷款的价格。成本导向定价法也称为"成本加成法"。

3. 需求导向定价法

需求导向定价法，是指银行主要以客户的承受能力和需求变化趋势为依据来确定银行产品的价格。客户对银行产品需求的价格弹性将是银行考虑的主要因素。比如，对于价格弹性较低的存款（比如核心存款），银行就可以降低存款的利率，以降低自己的资金成本；而对于价格弹性较高的存款（比如大额的波动存款），银行往往不得不提高存款的利率,以吸引更多的资金。对于价格弹性较低的贷款(比如消费者贷款),银行就可以提高贷款的利率,从而获得较高的收益;而对于价格弹性较高的贷款(如大型企业的短期流动资金贷款),银行往往不得不降低贷款的利率,以吸引或留住客户。

4. 竞争导向定价法

竞争导向定价法,是指银行主要参照在同一市场上的竞争对手的价格来为其产品定价。这是一种以追求市场份额为目标的定价方法,在银行进入一个新的市场时,往往会以低于成本的价格争取客户,以求扩大规模,抢占市场份额,奠定进一步发展的基础。

5. 关系导向定价法

关系导向定价法,是指银行在确定一个产品的价格时,会综合考虑客户在未来可能与银行发生的各种业务往来关系,以及间接带来的其他客户,然后综合确定产品的价格。

(二)银行产品定价方法的综合应用

在具体实践中,商业银行会同时运用多种产品定价方法。首先,银行需要在法律的框架之内行事,因此,法律导向定价法是银行产品定价的基础和核心。其次,银行要能够弥补成本并且获得适当的利润,这是成本导向定价法的体现。在此基础上,银行还需要根据如下三个因素并且按照如下顺序对产品价格进行微调:市场竞争状况(首先要赢得客户);客户的需求(其次考虑客户的这一笔交易);客户的综合利润贡献度(最后考虑客户的其他交易)。

但是,银行在对其产品进行定价时,并不总是能够同时考虑这些因素。比如,在贷款利率管制、人为降低利率的情况下,贷款的法律导向价格就会低于成本导向价格;如果银行在某一时期的主要目标是占领市场、扩大规模,或者是与客户建立一种长期的合作关系,银行可能就不会受到其产品成本的局限,等等。

四、我国商业银行产品的定价

我国商业银行产品定价的实践,是随着我国利率市场化改革的不断推进而发展的。同时,随着商业银行中间业务的蓬勃发展,银行中间业务产品的定价自主权也在不断扩大。

(一)我国利率的市场化

我国早期的改革侧重于理顺商品价格。20世纪90年代初,开始强调生产要素价格的合理化与市场化。资金是重要的生产要素,利率是资金的价格,利率市场化是生产要素价格市场化的重要方面。因此,我国也开始探索和推进利率的市场化,并确定了如下总体思路:先货币市场和债券市场利率市场化,后存贷款利率市场化;在存贷款利率市场化方面,先外币、后本币,先贷款、后存款,先长期、后短期,先大额、后小额。

1. 银行间市场利率的市场化

由于银行间同业拆借市场利率是整个金融市场利率的基础,因此,我国利率市场化改革以同业拆借利率为突破口。1986年1月,专业银行资金可以相互拆借,拆借利率由借贷双方协商议定。此后,同业拆借业务在全国迅速展开。针对同业拆借市场发展初期市场主体风险意识薄弱等问题,1990年3月对拆借利率开始实行上限管理。1996年6月

1日,银行间同业拆借利率正式放开,由拆借双方根据市场资金供求自主确定,标志着利率市场化迈出了具有开创意义的一步。

1991年,国债发行开始采用承购包销这种具有市场因素的发行方式。1996年,财政部通过证券交易所市场平台,采取利率招标、收益率招标、划款期招标等多种方式,启动了我国债券发行利率的市场化进程。1997年6月,全国统一的同业拆借市场开办银行间债券回购业务,回购利率和现券交易价格同步放开,由交易双方协商确定。1998年,政策性银行金融债券实现市场化发行;1999年,财政部首次在银行间债券市场实现以利率招标的方式发行国债,标志着银行间债券市场的利率已经实现市场化。

我国银行间市场利率的市场化,为银行产品的定价确定了重要参照指标,也为存贷款利率的市场化奠定了坚实的基础。

2. 外币存贷款利率的市场化

2000年9月21日,我国放开外币贷款利率,各项外币贷款利率及计结息方式由金融机构根据国际市场的利率变动情况以及资金成本、风险差异等因素自行确定;同时放开大额外币存款利率,300万美元以上(含300万美元)或等额其他外币的大额外币存款利率由金融机构与客户协商确定。

2003年7月,境内英镑、瑞士法郎、加拿大元的小额存款利率放开,由各商业银行自行确定并公布。小额外币存款利率由原来国家制定并公布的7种减少到境内美元、欧元、港币和日元4种。2003年11月,所有币种小额外币存款利率下限放开,商业银行可根据国际金融市场的利率变化,在不超过中国人民银行公布的利率上限的前提下,自主确定小额外币存款利率。2004年11月,放开一年期以上小额外币存款利率。

境内外币存、贷款利率逐步放开,使我国商业银行的利率风险意识和利率风险管理能力不断得到加强。

3. 人民币贷款利率的市场化

1987年1月,我国首次进行了贷款利率市场化的尝试,允许商业银行以国家规定的流动资金贷款利率为基准上浮贷款利率,浮动幅度最高不超过20%。

1996年5月,为减轻企业的利息支出负担,贷款利率的上浮幅度由20%缩小为10%,下浮10%不变,浮动范围仅限于流动资金贷款。在连续降息的背景下,利率浮动范围的缩小,造成银行对中小企业贷款的积极性降低,影响了中小企业的发展。为体现风险与收益对等的原则,鼓励金融机构大力支持中小企业发展,自1998年10月31日起,金融机构(不含农村信用社)对小企业的贷款利率最高上浮幅度由10%扩大到20%;农村信用社贷款利率最高上浮幅度由40%扩大到50%。

为调动商业银行发放贷款和改善金融服务的积极性,从1999年4月1日起,贷款利率浮动幅度再次扩大,县以下金融机构发放贷款的利率最高可上浮30%。同年9月1日起,商业银行对中小企业的贷款利率最高上浮幅度扩大为30%,对大型企业的贷款利率最高上浮幅度仍为10%,贷款利率下浮幅度为10%。农村信用社浮动利率政策保持不变。

2003年8月,在推进农村信用社改革试点时,允许试点地区农村信用社的贷款利率上浮不超过贷款基准利率的2倍。

2004年1月1日,商业银行、城市信用社的贷款利率浮动区间上限扩大到贷款基准利率的1.7倍,农村信用社贷款利率的浮动区间上限扩大到贷款基准利率的2倍,金融机构贷款利率的浮动区间下限保持为贷款基准利率的0.9倍不变。同时明确了贷款利率浮动区间不再根据企业所有制性质、规模大小分别制定。

2004年10月29日,金融机构(不含城乡信用社)人民币贷款利率的上限完全取消;考虑到城乡信用社竞争机制尚不完善,经营管理能力有待提高,仍对城乡信用社人民币贷款利率实行上限管理,但其贷款利率浮动上限扩大为基准利率的2.3倍。所有金融机构的人民币贷款利率下浮幅度保持不变,下限仍为基准利率的0.9倍。至此,我国金融机构人民币贷款利率已经基本过渡到上限放开,实行下限管理的阶段。

2012年6月8日,金融机构贷款利率浮动区间的下限调整为基准利率的0.8倍。同年7月6日,金融机构贷款利率浮动区间的下限调整为基准利率的0.7倍,但为了抑制投机、投资性购房,个人住房贷款利率浮动区间的下限仍然为基准利率的0.8倍。

2013年7月20日,金融机构贷款利率0.7倍的下限取消(但个人住房贷款利率浮动区间的下限仍然为基准利率的0.8倍),农村信用社贷款利率2.3倍的上限也一并取消,由此,我国金融机构贷款利率管制全面放开(个人住房贷款利率管制除外)。

4. 人民币存款利率的市场化

改革开放初期,信托投资公司和农村信用社都曾进行过存款利率浮动的试点,这是我国存款利率市场化的初次尝试。在取得一些经验的同时,也出现了一些问题,如在金融机构缺乏财务约束的情况下,往往是经营状况不好的机构高息揽存,引起存款搬家、利率违规等。因此,存款利率浮动在1990年全部取消。

为探索存款利率市场化途径,兼顾金融机构资产负债管理的需要,1999年10月,我国商业银行法人对中资保险公司法人试办5年期以上(不含5年期)、3 000万元以上的长期大额协议存款业务,利率水平由双方协商确定。2002年2月和12月,协议存款试点的存款人范围扩大到全国社会保障基金理事会和已完成养老保险个人账户基金改革试点的省级社会保险经办机构。2003年11月,国家邮政局邮政储汇局获准与商业银行和农村信用社开办邮政储蓄协议存款。放开长期大额协议存款利率为存款利率市场化改革积累了经验,同时培育了商业银行的存款定价意识,健全了存款利率管理的有关制度。

2004年10月29日,我国允许金融机构人民币存款利率下浮,即所有存款类金融机构对其吸收的人民币存款利率,可在不超过各档次存款基准利率的范围内浮动,但存款利率不能上浮。至此,人民币存款利率实行下浮制度,实现了"放开下限、管住上限"的既定目标。

2012年6月8日,金融机构存款利率浮动区间的上限调整为基准利率的1.1倍。截至本书定稿时,这一管制仍未取消。

(二)银行贷款的定价

贷款利率通常由五部分组成:一是货币的时间价值,二是通货膨胀补偿,三是管理费用,四是要求利润,五是风险补偿。

货币的时间价值和通货膨胀补偿主要取决于借贷双方所无法控制的宏观经济因素,如GDP的实际增长率、社会平均利润率、通货膨胀率等。在竞争压力下,管理费用和要求利润在一个经济体内的各家银行之间也将趋于一致。这四部分内容构成的贷款利率称为无风险贷款利率。

风险补偿是贷款过程中,银行因其承担的各种风险而向借款人收取的一种补偿。银行所承担的风险包括信用风险、流动性风险、市场风险、操作风险、法律风险和国家风险等,其中最为主要的是信用风险。[①] 由于借款人所处国家、地区、行业的不同,本身经营规模和风格、经营者性格和素质、经营方法和理念的不同,以及对外部环境变化敏感程度的不同,每一个借款人为银行所带来的风险是完全不同的。因此,包含在每一笔贷款的利率中的风险补偿是各不相同的。如果由政府来确定管制利率,这一利率能够比较准确地反映前四项内容(即货币的时间价值、通货膨胀补偿、管理费用和要求利润),但却无法反映第五项内容即风险补偿,因为风险补偿不可能以平均方式将高风险借款人和低风险借款人扯平来确定。

因此,贷款利率的市场化,实际上主要是贷款利率中风险补偿部分的市场化,贷款定价的核心是风险定价,即银行能够根据借款人的实际风险状况、每笔贷款所承担的风险程度自主准确地确定贷款利率。

贷款准确风险定价的要求是,在将来银行贷款发生损失时,银行能够以实际贷款利率超过无风险贷款利率以上的部分(即风险补偿部分),刚好弥补实际发生的损失。[②] 例13-1说明了银行贷款定价的基本方法。

例13-1 银行贷款的定价

假设借款人甲向银行申请一笔期限为1年、金额为100万元的贷款,银行无信用风险贷款利率(包括货币的时间价值、通货膨胀补偿、管理费用、银行要求利润、信用风险以外的其他风险补偿)为5%。

假设根据甲所提供的以及银行从其他方面所收集的信息,甲被评为A级,而过去20年中所有A级借款人的违约概率是2%,违约损失率是100%,那么,简单的计算结果是,该笔贷款的利率就应该是7%(即5%+2%×100%),其含义是:

如果包括甲共有100个同属A级的借款人,每人从银行借入相同期限(1年)、相同金额(100万元)的贷款,那么,总共就会有2人到期时违约,给银行造成的损失是200万元。但由于实际贷款利率高于无信用风险贷款利率200个基点,这一信用风险补偿部分加总起来是200万元(即100×100×2%),正好弥补可能造成的损失。

如果进行更准确的计算,贷款利率要高于7%,原因在于:贷款损失率可能高于100%,即不仅损失本金,还会损失应收利息;2人违约所造成的损失不能分摊到全部100人身上,而只能分摊到履约的98人身上。

[①] 下文中所讨论的风险补偿主要是指信用风险补偿。
[②] 更准确地说,银行的贷款损失包括期望损失、非期望损失和异常损失三大类,通过贷款定价获得的信用风险补偿所弥补的只是期望损失部分,而非期望损失和异常损失主要靠银行资本来弥补(参见本书第二章)。

(三) 银行存款的定价

在存款利率严格管制的情况下,银行对其存款增长的控制力很弱。由于我国存款管制利率比较高,存款人投资渠道非常有限,我国商业银行存款呈现出被动增长的态势,存贷比[①]不断下降,银行出现了流动性过剩问题。因此,存款利率下限放开以后,我国商业银行可以在适当的情况下下调存款利率,以主动控制负债规模,实现自我约束,避免资产过度膨胀引发资产质量恶化、资本充足率下降等问题。

银行存款定价需要考虑的最主要的因素,是存款的利率弹性。如果存款的利率弹性很大,即存款利率的小幅度降低就会导致存款的大幅度减少,那么银行在降低存款利率时,就需要格外慎重;如果存款的利率弹性较小,银行就可以降低存款利率,在不影响银行资产正常扩张的情况下,降低资金成本,扩大利差,增加利润。

(四) 银行服务的定价

据中国银监会的调查,除巴西等少数国家和地区以外,其他国家对银行服务的收费项目和收费标准都不从立法的角度进行规定,而是由商业银行自主确定收费项目和收费标准。[②] 但是,由于我国长期对商业银行服务收费的价格实行严格的管制,社会公众对银行收费行为认识不足,缺乏完善的市场监督机制,商业银行自我约束能力还不充分,完全放开对商业银行银行服务价格的管制,纯粹依靠市场进行调节风险较大。因此,国家发改委和中国银监会联合制定颁布了《商业银行服务价格管理办法》(自 2014 年 8 月 1 日起施行),根据银行服务的性质、特点和市场竞争状况,对于商业银行服务价格分别实行政府指导价、政府定价和市场调节价。

1. 政府指导价和政府定价

《商业银行服务价格管理办法》规定,对客户普遍使用、与国民经济发展和人民生活关系重大的银行基础服务,实行政府指导价或政府定价。具体操作方法是,国家发改委会同中国银监会,根据商业银行服务成本、服务价格对个人或企事业单位的影响程度、市场竞争状况,制定和调整商业银行政府指导价、政府定价项目及标准。制定和调整政府指导价、政府定价,按照以下程序执行:(1)组织商业银行等相关机构进行成本调查;(2)征求相关客户、商业银行和有关方面的意见;(3)做出制定或调整相关服务价格的决定,向社会公布。

由国家发改委和中国银监会发布、自 2014 年 8 月 1 日起施行的《商业银行服务政府指导价、政府定价目录》中,规定了 13 项业务的收费标准,其中 7 项为政府指导价、6 项为政府定价(见表 13-1)。

---

① 存贷比是指贷款余额与存款余额之间的比例。
② 中国银监会有关负责人就发布《商业银行服务价格管理暂行办法》答记者问,中国银监会网站(http://www.cbrc.gov.cn)。

表 13-1　商业银行服务政府指导价、政府定价目录

定价形式	序号	收费项目	收费标准
政府指导价	1	个人跨行柜台转账汇款手续费	每笔 0.2 万元以下（含 0.2 万元），收费不超过 2 元； 每笔 0.2 万—0.5 万元（含 0.5 万元），收费不超过 5 元； 每笔 0.5 万—1 万元（含 1 万元），收费不超过 10 元； 每笔 1 万—5 万元（含 5 万元），收费不超过 15 元； 每笔 5 万元以上，不超过 0.03%，最高收费 50 元
	2	对公跨行柜台转账汇款手续费	每笔 1 万元以下（含 1 万元），收费不超过 5 元； 每笔 1 万—10 万元（含 10 万元），收费不超过 10 元； 每笔 10 万—50 万元（含 50 万元），收费不超过 15 元； 每笔 50 万—100 万元（含 100 万元），收费不超过 20 元； 每笔 100 万元以上，不超过 0.002%，最高收费 200 元
	3	个人现金汇款手续费	每笔不超过汇款金额的 0.5%，最高收费 50 元
	4	个人异地本行柜台取现手续费	每笔不超过取现金额的 0.5%，最高收费 50 元
	5	支票手续费	每笔不超过 1 元
	6	本票手续费	每笔不超过 1 元
	7	银行汇票手续费	每笔不超过 1 元
政府定价	8	支票挂失费	按票面金额 0.1%（不足 5 元收取 5 元）
	9	支票工本费	每份 0.4 元
	10	本票挂失费	按票面金额 0.1%（不足 5 元收取 5 元）
	11	本票工本费	每份 0.48 元
	12	银行汇票挂失费	按票面金额 0.1%（不足 5 元收取 5 元）
	13	银行汇票工本费	每份 0.48 元

2. 市场调节价

商业银行提供的除实行政府指导价的银行服务以外的其他服务，均实行市场调节价。实行市场调节价的服务价格，由商业银行总行、外国银行分行（有主报告行的，由其主报告行）自行制定和调整，其他商业银行分支机构不能自行制定和调整价格。

为了确保市场调节价的有效运行，并确保客户的利益得到有效保护，《商业银行服务价格管理办法》还做出了如下规定：

（1）商业银行按照市场化原则接受相关单位的委托，办理代收水、电、燃气、通信、有线电视、交通违章罚款等费用以及代付工资、社会保险金、住房公积金等代收代付业务，应当按照"谁委托、谁付费"的原则收取委托业务相关手续费，不得向委托方以外的其他单位和个人收取费用。

（2）客户因商业银行调整服务价格或变更服务合同，要求终止或变更银行服务的，商业银行应当根据客户要求、相关服务合同或其他已签署的法律文件采取合理有效的措施，依法及时终止或变更相关银行服务和对应的服务合同。

（3）商业银行向客户收取的服务费用，应当对应明确的服务内容。

（4）商业银行应当在其营业场所的醒目位置，设有网站的应当在其网站主页醒目位置，及时、准确公示实行政府指导价、政府定价和市场调节价的服务项目、服务内容、服务价格、适用对象、政府指导价或政府定价的文件文号、生效日期、咨询（投诉）的联系方式等。公示的各类服务价格项目应当统一编号。

（5）商业银行应当在营业场所的醒目位置提供相关服务价格目录或说明手册等，供客户免费查阅，有条件的商业银行可采用电子显示屏、多媒体终端、电脑查询等方式披露服务价格信息；设有商业银行网站的，应当在网站主页醒目位置公示服务价格目录或说明手册等，供客户免费查阅；使用电子银行等自助渠道提供服务的，应当在收取服务费用之前，提示客户相关服务价格，并保证客户对相关服务的选择权；明确界定各分支机构同城业务覆盖的区域范围，通过营业场所公示、宣传手册、网站公示等方式告知客户，并提供24小时查询渠道（同城业务覆盖的区域范围应当不小于地级市行政区划，同一直辖市、省会城市、计划单列市应当列入同城范畴）。

（6）商业银行应当提醒客户提供真实有效的联系信息并在相关信息变更后及时通知银行，以便商业银行调整服务价格时按照合同约定方式及时告知客户。

（7）商业银行关于服务价格信息的公示涉及优惠措施的，应当明确标注优惠措施的生效和终止日期。

（8）商业银行提高实行市场调节价的服务价格，应当至少于实行前3个月按照前述规定进行公示，必要时应当采用书面、电话、短信、电子邮件、合同约定的其他形式等多种方式通知相关客户。商业银行设立新的实行市场调节价的服务收费项目，应当至少于实行前3个月按照前述规定进行公示。

（9）商业银行接受其他单位委托开展代理业务收费时，应当将委托方名称、服务项目、收费金额、咨询（投诉）的联系方式等信息告知客户，并在提供给客户的确认单据中明确标注上述信息。

（10）商业银行应当严格执行服务价格信息披露的有关规定，在为客户提供服务之前，应当告知相关服务项目、服务价格、优惠措施（含生效和终止日期），客户确认接受该服务价格后，方可提供相关服务；客户在使用服务前明确表示不接受相关服务价格的，不得强制或变相强制客户接受服务。

（11）对于需要签署服务章程、协议等合同文件的银行服务项目，商业银行应当在相应的合同文件中以通俗易懂、清晰醒目的方式明示服务项目或服务内容、服务价格、优惠措施及其生效和终止日期、与价格相关的例外条款和限制性条款、咨询（投诉）的联系方式等信息。

第三节　超越客户的期望

一、客户满意公式：超越期望

银行服务的目标是让客户满意，只要客户满意，银行就能赢得并留住客户，就能获得收入和利润。

客户对银行所提供服务的满意程度,是客户享受银行服务后的一种心理感受,是客户将实际所获价值与其期望能获价值进行比较以后得到的一种主观评判结果:当实际低于期望时,客户就会感到不满,而且其间的差距越大,客户的不满程度就越强,通常所谓"期望越高、失望越大"说的就是这种情况;当实际等于期望时,客户就会感到满意;而当实际超过期望时,客户就会感到高兴。因此,存在如下客户满意公式:

客户实际所获价值 > 客户期望能获价值 → 客户高兴
客户实际所获价值 = 客户期望能获价值 → 客户满意
客户实际所获价值 < 客户期望能获价值 → 客户不满

显然,按照上述客户满意公式,要使客户高兴,就必须超越客户期望。具体来看,要提高客户对于银行所提供服务的满意度,要使客户感到满意、感到高兴,也有两个方法:一是增加客户实际所获价值,二是降低客户期望。

二、客户实际所获价值

客户购买银行产品的原因是为了获得价值,称为客户总价值(Total Customer Value);同时也需要支付成本,称为客户总成本(Total Customer Cost);两者相减即为客户实际所获价值,即客户净价值(Customer Delivered Value)[①]。

(一)银行产品的客户总价值

客户购买银行产品所获客户总价值,是指客户预期能从给定产品或服务上所获得的全部收益,可以进一步区分为产品价值(Product Value)、服务价值(Service Value)、人员价值(Personnel Value)和形象价值(Image Value)四个部分。

(1)产品价值是指某项产品的具体功能所带来的价值,比如,银行贷款弥补客户资金缺口、满足客户生活或生产需要的价值。

(2)服务价值是银行在提供某项产品时附加的各种服务,比如,银行在吸收存款时提供的存款查询、转账服务等的价值。

(3)人员价值是指银行人员的知识和态度等的价值,比如,银行服务人员的微笑、热心帮助、真诚关怀等为客户带来的精神上的愉悦等。

(4)形象价值是指银行的形象、声誉等为客户所带来的价值,比如,银行卡中的金卡,不仅有便利的服务,而且更为重要的是持有金卡是一种尊贵和品位的象征,客户因此而获得的价值就称为形象价值。

(二)银行产品的客户总成本

客户购买银行产品所付客户总成本,是指客户预期在评价、获得、使用该产品的过程中所发生的全部费用,可以进一步区分为货币成本(Monetary Cost)、时间成本(Time Cost)、能量成本(Energy Cost)和精神成本(Psychic Cost)四部分。

(1)货币成本是客户购买产品时以货币形式支付的成本,包括两部分:一是直接形

---

① 也有人将"Customer Delivered Value"译为"让客价值",但译为"净价值"似乎更通俗易懂。

成银行收入的部分,即客户支付给银行的价款;二是不形成银行收入的部分,比如客户到银行途中的交通费用等。

(2) 时间成本是客户购买产品时所花费的时间,包括三个部分:一是客户收集、整理、消化信息,学习相关知识所需要的时间;二是购买银行产品所需要的时间;三是在购买银行产品以后,仍需要关注该产品所需要的时间。

(3) 能量成本是指客户在购买、消费银行产品的过程中所消耗的体力和脑力,与时间成本所划分的三个部分相对应,能量成本也包括三个部分,即购买前、购买中、购买后的能量成本。

(4) 精神成本是指客户在购买、消费银行产品的过程中所消耗的心力,也同样包括三个部分,即购买前、购买中、购买后的精神成本。

(三) 银行产品的客户净价值

客户在决定购买某种银行产品之前,会先计算该产品的客户总价值,再计算客户总成本,最后将两者进行比较,并据此做出购买决策。客户决策的具体方法有两种:(1) 绝对值法,即运用客户总价值减去客户总成本,差额即是客户净价值,客户会选择客户净价值最高的那个产品;(2) 比率法,即运用客户总价值除以客户总成本,结果是价值成本比(Value/Cost Ratio),客户会选择价值成本比最高的那个产品。

客户购买决策的关键是客户总价值和客户总成本的计算。但这种"计算"并不是完全准确、客观的,而只是一种主观"估计"。美国著名市场营销专家菲利普·科特勒(Philip Kotler)在其名著《营销管理:分析、计划、执行与控制》一书中对价值所下的定义是:"价值是消费者对产品满足其需要的总体能力的一种估计。"[①]因此,客户总价值实际上只是客户的一种主观估计。同样,客户总成本进而客户净价值也是客户的一种主观估计。

客户进行购买决策时的"计算"之所以只是一种主观估计,原因在于,客户所能够获得的信息是有限的,客户在收集相应信息、进行相应计算时也存在一定成本,同时,人也并不是完全理性的。因此,客户可能不能够或者不愿意去准确计算总价值和总成本。

这种"主观估计"性质,使客户净价值具有了一定的主观性成分,而且随着社会经济的发展、人们生活水平的提高,这种主观性成分所占比重也越来越大,这也是为什么宣传广告、形象设计、品牌建设等对银行来说越来越重要的原因。

三、客户期望的来源

客户期望是客户实际所获价值的比较基准,在很大程度上决定着客户是否满意。因此,要使客户满意,必须充分了解客户的期望。了解客户的需求,实质上就是了解客户的期望;满足客户的需求,实质上是超越客户的期望。只有在深入研究客户期望的基础上,不断超越客户的期望,客户才会满意,银行的经营目标也才会最终实现。

从总体上来看,客户对银行所提供服务的期望,主要来源于如下九个方面:

---

① Philip Kotler, *Marketing Management: Analysis, Planning, Implementation, and Control* (Ninth Edition), Prentice-Hall International, Inc., 1997, P.10, "Value is the consumer's estimate of the product's overall capacity to satisfy his or her needs."

(1) 消费需要。一个人的需要,会影响他的心理倾向,使他期望看到他所需要的东西。比如,一个急需资金治病的人,就会期望银行能够立即提供无抵押的贷款,虽然按照常识这几乎不可能,但由于治病心切,他对银行的期望自然提高。

(2) 消费经验。如果客户以前到一家银行的营业厅时,发现有冰凉的矿泉水、舒适的沙发、最新的报纸和杂志、轻柔的背景音乐,那么,在他第二次光临这家银行时,他就会有同样的期望。这一点说明,与工资不可逆一样,银行服务也是不可逆的,服务项目只能增加而不能减少,服务质量只能提升而不能降低;否则,即使是稍稍有所减少或下降,在客户的心理上也会形成强烈的反差。因此,银行在为客户提供服务时,必须有长远眼光,银行的每一项服务必须是可持续的,不能靠头皮发热、一时兴起。

(3) 消费角色。如果一个客户认为自己是"上帝",是银行职员的"老板"和"衣食父母",那么,可能就会以五星级的标准来要求银行。

(4) 消费心情。心情就像是一种染色剂,使人看到、听到、体验到的所有一切都被染上与其心情一样的色彩。客户在享受银行的服务时,会因为心情的不同而形成不同的期望:高兴时,期望就可能比较低;而沮丧时,期望就可能比较高。

(5) 消费环境。如果室外骄阳似火、十分炎热,客户走进银行大厅时,凉爽宜人的室内环境就会使他感到非常愉快,对银行其他服务的期望相应就会降低。如果遇到自然灾害、意外事故等,客户的期望可能会更低。

(6) 消费知识。银行服务有着一定的知识含量,不同知识基础的客户会对银行有着不同的期望。比如,如果客户非常了解"买者自负"的原则,那么在他从银行购买的基金出现亏损时,就不会迁怒于银行。由于消费知识是客户期望的重要来源,因此,银行有义务加强客户教育,让客户更多地了解银行的相关服务,避免客户形成不适当的高期望。

(7) 银行声誉。客户从其他消费者、新闻媒体以及影响越来越大的互联网上所了解到的银行声誉,会直接影响客户的期望。

(8) 银行承诺。银行自己在宣传广告以及营销人员口头介绍中的承诺,对客户的期望有着决定性的影响。为了吸引客户,很多银行在广告宣传中,往往言过其实。虽然能够将客户吸引过来,但客户心目中会形成过高的期望,而超过实际服务质量的过高期望会导致客户的不满,从多个方面对银行造成损害,从总体来看,银行会得不偿失。妥善地应用承诺,不仅可以避免客户形成不适当的过高期望,而且还可以用来降低客户的期望,从而提升客户满意度。在电脑行业中,产品的更新换代速度非常快,电脑厂商就常常利用广告宣传来降低客户的期望。比如,预计六个月以后会推出一款性能是100、价格是120元的新产品,但在提前发布的消息中介绍说这款新产品的性能是80、价格是150元,这样就降低了客户的期望,新产品推出时,就会给客户带来意外的惊喜。银行也可以从中学习相应的技巧,以发挥"先抑后扬"的效果。

(9) 同类服务。银行属于服务业,服务业的发展、整个服务业服务水平的提升,都会提高客户对银行服务的期望。其中影响最大的是其他银行所提供的服务,尤其是可比较、可替代、与银行直接展开竞争的银行所提供的服务。在一个竞争越来越激烈的银行体系中,最优秀的银行就会形成客户期望的基础。由于每一家银行都在尽力为客户提供更快、更好的服务,因此,客户的期望将会不断提升。

在影响客户期望的前述九大类因素中,银行虽然可以利用承诺降低客户期望,可以通过客户教育防止客户形成不正常的高期望,可以通过确保服务的持续性而避免客户产生心理落差,但从总体上来看,客户对银行的期望是在不断上升的。因此,银行提高客户满意度的主要方法不是降低客户的期望,而是要提高服务质量,从而为客户传递更高的净价值。

判断银行服务质量的高低,并不存在一个客观的、绝对的标准,而只有一个主观的、相对的标准,那就是客户的期望。由于不同客户的期望各不相同,银行的服务也需要因人而异,这也是客户化服务产生的根本原因。同一客户的期望又是在不断变化的,而且是向更高的方向发展变化的,因此,银行必须持续不断地提高服务质量。只有超越客户期望的银行服务,才是优质的服务;只有随着客户期望的提升而以更大幅度提升的服务质量,才能使客户感到满意和高兴。

本章小结

商业银行市场营销的基本作用是解决银行产品与客户需求之间的矛盾,其特殊性主要源于银行产品的无形性、回归性和同质性。商业银行市场营销的构成要素有12P、4C和4R等不同概括。

银行产品价格的突出特点之一,是其名义价格与实际价格之间存在很大的差异。银行产品定价的自由度与目标决定了银行产品定价的空间和方向。随着我国利率市场化改革的不断推进,以及商业银行中间业务的蓬勃发展,我国商业银行存贷款及中间业务产品的定价自主权都在不断扩大。

让客户满意、高兴的方法,是使客户实际所获价值超越客户的期望。客户实际所获价值是客户总价值与客户总成本之间的差额,具有一定的主观性。客户的期望主要来源于消费需要、消费经验、消费角色、消费心情、消费环境、消费知识、银行声誉、银行承诺、同类服务九个方面。

复习思考题

1. 银行产品与客户需求之间存在什么样的矛盾?商业银行市场营销是如何帮助解决这些矛盾的?
2. 结合自己的切身经历,说明商业银行市场营销的特殊性。
3. 运用实例说明商业银行市场营销中12P、4C和4R所包含的内容。
4. 运用实例说明商业银行产品名义价格与实际价格之间差异的形成原因。
5. 从互联网上收集相关资料,了解我国利率市场化的最新进展,并说明这些进展对商业银行产品定价的影响。
6. 商业银行应该如何提高客户满意度?结合你自己作为银行消费者的实际经历进行说明。
7. 本章所介绍"超越客户的期望"的基本原理,还有更广泛的适用性。实际上,"超越期望"可以作为任何一个人、组织甚至整个国家的口号:一个人在学校时要超越老师、同学、亲友以及自己的期望,在工作时还要超越领导、同事、下属、客户的期望;一个组织要超越股东、客户、员工、政府、社区的期望;一个国家要超越人民的期望。你周围的人对你有哪些期望?你将如何超越这些期望?

案例分析

美国唯一 AAA 级银行的关系营销战略

富国银行(Wells Fargo)在2007年英国《银行家》杂志千家银行大排名中居于第十九位,而且从2003年开始一直是美国唯一一家获得AAA级评级的商业银行。富国银行在2000—2005年新销售的产品中,老客户再次购买(相同产品)和交叉购买(不同产品)所占的比例超过了80%。富国银行还进行了详细的利润核算,得出了如下结论:如果一个消费者客户只从银行购买2个产品,银行每年能从该客户身上赚取224美元的净利润,而如果消费者购买的产品达到9个或以上,银行每年就能赚934美元(图13-1);而如果一家企业客户购买3个银行产品,银行每年所获净利润是5 000美元,而如果客户购买产品达到14个,那么,银行每年所获利润就将增长56倍,达到28.5万美元(图13-2)。

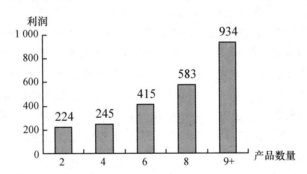

图13-1　富国银行消费者客户购买产品的数量与利润贡献(美元/年)

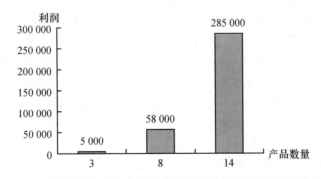

图13-2　富国银行企业客户购买产品的数量与利润贡献(美元/年)

正是基于上述数据,富国银行确立了以充分开发和利用客户关系为核心的经营战略:战略愿景是"满足客户在金融方面的所有需求",战略目标是"赢得客户100%的业务",即只要客户购买金融产品,就要争取使客户从富国银行购买。用富国银行比较形象的语言来表述这一战略就是,富国银行争取的不是市场份额(Market Share),而是钱包份额(Wallet Share)。如何"赢得客户100%的业务"?答案就是"关系",是与客户建立一种长期、稳定的关系。

富国银行关系营销战略的成功实施,依赖于服务、业务多元化和营销渠道三大支柱。

(一) 服务

为了与客户建立良好的关系,富国银行提出了一个口号,那就是"哇!",即通过要求每个员工尽心竭力为客户提供服务,超越客户的期望,使客户感到惊讶、感到高兴,标志就是客户会情不自禁地"哇!"一声。

(二) 业务多元化

客户金融方面的需求当然是多方面的,存款、贷款、结算、证券、基金、保险、信托、遗产规划,等等。富国银行的战略愿景和战略目标意味着,客户所需要的任何产品都要能够从富国银行购买到。为此,富国银行非常明确地提出了这样一个实现产品多元化的口号,力图使其成为一家能够提供客户所需要的任何产品的、"百货超市"式的全能金融机构:"我们不是一家银行,而是一家金融服务公司。"

(三) 营销渠道

产品的多元化并不能解决全部问题。虽然富国银行尽可能地提供更多的产品,但是,科学技术的迅速发展、白热化竞争的不断加剧,使得金融产品呈现出一种日新月异的态势。在这种背景下,富国银行多元化的程度即使再高,也不可能自己提供市场上所出现的、能够满足客户需求的一切产品。同时,客户希望金融产品所提供的方式也是多样化的,要能够方便地进入银行营业网点以便能获得银行员工面带甜蜜微笑的服务,要能够在住宅附近的ATM上随时提取现金,要能够在任何商场和消费场所刷卡购物、消费,要能够坐在家里或在旅游途中通过网络或电话办理银行业务,还要能够享受银行为VIP客户所提供的特别服务……

为了解决"不可能提供一切产品"以及客户对产品提供方式的多样化需求的问题,富国银行在产品多元化策略的基础上,进一步提出了"建立拥有自主权的营销渠道"(Proprietary System of Channels)的策略。富国银行宣称:"我们是一家分销商!"富国银行将自己的学习榜样定为:2005年以在全球拥有5 350家零售店、2004年高达2 879亿美元的销售额蝉联《财富》杂志五百强之首的世界零售业巨头沃尔玛。2005年年底,富国银行在美国国内拥有的银行营业网点数量(6 731家),超过了美国国内的星巴克咖啡店(4 600家)和沃尔玛零售店(3 600家)。除此之外,富国银行还拥有6 500台ATM(居美国第四位)、10个客户呼叫中心(每月接听客户电话超过2 100万人次),以及客户访问量和交易量在美国居于第一位的网上银行。

富国银行将营销渠道作为其核心竞争力:"我们区别于竞争对手的不是产品,而是我们拥有自主权的营销渠道!"富国银行的目标是,建立"客户所需要的任何渠道",以使客户"在任何时间、以任何方式获得所需要的任何产品"。产品不一定是富国银行生产的,但渠道是富国银行的,这与沃尔玛的经营策略是完全一致的,因为沃尔玛所销售的产品并不是自己生产的,它所起的作用只是将生产厂商与客户联系起来。

以"哇!"为目标的服务,业务的多元化,加上完备的营销渠道,构成了富国银行以关系为核心的营销体系,为富国银行充分利用客户关系奠定了坚实的基础,从而使得客户关系所蕴含的巨大潜在利益得以变成现实的销售收入和利润。

资料来源:何自云,《关系:银行综合化经营核心》,《农村金融研究》,2006年第7期。

案例思考题:

结合本章案例,说明关系在银行营销中的作用。关系在我国社会生活和银行经营管理中的作用人所共知。我们通常所说的"关系"与商业银行关系营销中的"关系"有什么不同?

参 考 书 目

1. 安贺新、张宏彦:《商业银行营销实务》,清华大学出版社 2013 年 9 月出版。
2. 陈刚:《我国商业银行信用风险的度量与评估研究》,知识产权出版社 2013 年 11 月出版。
3. 陈晓艳:《商业银行管理》,中国金融出版社 2013 年 8 月出版。
4. 郭浩达、罗永宁:《商业银行运营管理》,中国金融出版社 2012 年 11 月出版。
5. 郭玉侠、周静:《商业银行综合业务实训教程》,哈尔滨工业大学出版社 2014 年 1 月出版。
6. 何铁林:《商业银行业务经营与管理》,中国金融出版社 2013 年 8 月出版。
7. 侯福宁:《商业银行法律合规手册》,复旦大学出版社 2013 年 9 月出版。
8. 黄剑、刘甚秋、〔日〕桥本信哉:《商业银行资产负债管理:理论、实务与系统构建》,北京大学出版社 2013 年 6 月出版。
9. 姜达洋:《商业银行业务与经营实验教程》,中国人民大学出版社 2013 年 8 月出版。
10. 蒋海:《商业银行内部风险控制与外部监管的激励相容机制研究》,暨南大学出版社 2012 年 12 月出版。
11. 晋琳琳:《商业银行贷款定价研究 15 条》,科学出版社 2013 年 1 月出版。
12. 孔庆洋:《商业银行国际化研究》,安徽师范大学出版社 2014 年 3 月出版。
13. 李卫平:《商业银行零售业务新视点》,中国金融出版社 2013 年 5 月出版。
14. 李兴智:《商业银行的区域竞争力培养》,河南人民出版社 2012 年 10 月出版。
15. 梁力军:《商业银行核心竞争力影响因素与提升机制研究》,中国科学技术出版社 2014 年 1 月出版。
16. 林景臻:《跨国方略:商业银行全球化布局与执行》,中信出版社 2012 年 12 月出版。
17. 刘灿辉:《我国商业银行逆周期监管研究》,中国社会科学出版社 2012 年 12 月出版。
18. 刘晶:《中国商业银行债券投资组合优化配置研究》,西南交通大学出版社 2013 年 12 月出版。
19. 栾天虹:《商业银行治理机制与风险承担行为》,中国经济出版社 2013 年 1 月出版。
20. 〔美〕罗斯、赫金斯著,刘园译:《商业银行管理(原书第 9 版)》,机械工业出版社 2013 年 10 月出版。
21. 罗熹:《商业银行合规概要》,中国金融出版社 2013 年 8 月出版。
22. 马时雍:《商业银行小微企业信贷研究》,中国金融出版社 2013 年 5 月出版。
23. 马晓青:《商业银行业务与管理实务》,上海财经大学出版社 2013 年 12 月出版。
24. 马亚:《商业银行经营管理学(第二版)》,东北财经大学出版社 2013 年 1 月出版。
25. 满玉华:《商业银行经营与管理(第三版)》,大连出版社 2014 年 2 月出版。
26. 欧阳兵:《商业银行经营管理》,上海财经大学出版社 2013 年 11 月出版。
27. 潘敏:《商业银行公司治理——基于银行业特征的研究》,人民出版社 2013 年 9 月出版。
28. 彭建刚:《商业银行管理学(第三版)》,中国金融出版社 2013 年 6 月出版。
29. 沈炳熙:《中国商业银行 30 年:业务创新与发展》,北京大学出版社 2013 年 1 月出版。
30. 隋聪:《商业银行贷款定价的理论、实证与方法》,科学出版社 2013 年 6 月出版。
31. 孙秀峰:《中国商业银行规模扩张下的风险管理问题研究》,知识产权出版社 2013 年 12 月出版。

32. 唐士奇:《商业银行典型案例评析》,中国人民大学出版社 2014 年 2 月出版。
33. 田敏:《基于信用风险防范的商业银行贷款定价研究》,中国金融出版社 2013 年 5 月出版。
34. 王晋:《商业银行经营管理》,中国财富出版社 2013 年 9 月出版。
35. 王丽丽:《商业银行资产管理业务实践与探索》,中国金融出版社 2014 年 2 月出版。
36. 王松奇:《中国商业银行竞争力报告(2013)》,社会科学文献出版社 2013 年 12 月出版。
37. 王卫国、李化常:《商业银行中间业务的法律风险及对策研究》,中国政法大学出版社 2012 年 12 月出版。
38. 王允平、李晓梅:《商业银行会计(第三版)》,立信会计出版社 2013 年 8 月出版。
39. 习哲馨:《电子银行业务营销技巧与案例分析》,清华大学出版社 2012 年 10 月出版。
40. 夏斌:《个人银行业务营销技巧与案例分析》,清华大学出版社 2012 年 10 月出版。
41. 肖兰华:《我国中小商业银行经营模式转型研究》,武汉大学出版社 2012 年 12 月出版。
42. 徐文彬、陈雪红、彭娟娟:《商业银行经营学(第二版)》,经济科学出版社 2014 年 3 月出版。
43. 许世琴:《商业银行业务实验教程》,西南财经大学出版社 2013 年 4 月出版。
44. 许学军:《商业银行绩效考核与薪酬》,上海财经大学出版社 2012 年 11 月出版。
45. 岳国锋、王阿林:《银行卡业务营销技巧与案例分析》,清华大学出版社 2012 年 10 月出版。
46. 张立迎、张璇:《商业银行经营管理》,科学出版社 2013 年 1 月出版。
47. 张守川:《商业银行风险策略管理研究》,中国金融出版社 2013 年 8 月出版。
48. 张向菁:《持续成功之道——商业银行竞争力研究》,经济科学出版社 2014 年 1 月出版。
49. 赵晓芳、李鹏:《商业银行业务与经营案例分析》,中国社会科学出版社 2012 年 10 月出版。
50. 中国建设银行研究部专题组:《中国商业银行发展报告(2013)》,中国金融出版社 2013 年 9 月出版。
51. 周毓萍:《基于协同管理理论的商业银行核心竞争力研究》,中国金融出版社 2012 年 10 月出版。
52. 朱克民:《城市商业银行治理:强化监事会职能的实践探索》,吉林大学出版社 2012 年 12 月出版。
53. 朱蓉:《中国商业银行社会责任战略及绩效研究》,经济管理出版社 2013 年 8 月出版。

教师反馈及教辅申请表

　　北京大学出版社本着"教材优先、学术为本"的出版宗旨，竭诚为广大高等院校师生服务。为更有针对性地提供服务，请您认真填写以下表格并经系主任签字盖章后寄回，我们将按照您填写的联系方式免费向您提供相应教辅资料，以及在本书内容更新后及时与您联系邮寄样书等事宜。

书名		书号	978-7-301-	作者	
您的姓名				职称职务	
校/院/系					
您所讲授的课程名称					
每学期学生人数	＿＿＿＿人＿＿＿＿年级			学时	
您准备何时用此书授课					
您的联系地址					
邮政编码		联系电话（必填）			
E-mail（必填）		QQ			
您对本书的建议：				系主任签字 盖章	

我们的联系方式：

北京大学出版社经济与管理图书事业部

北京市海淀区成府路 205 号，100871

联系人：徐冰

电　话：010-62767312 / 62757146

传　真：010-62556201

电子邮件：em_pup@126.com　　em@pup.cn

Q Q：5520 63295

新浪微博：@北京大学出版社经管图书

网　址：http://www.pup.cn